W0171000

Jürgen & Marianne Cieslik

Das große Schildkröt-Buch

Celluloidpuppen von 1896 bis 1956

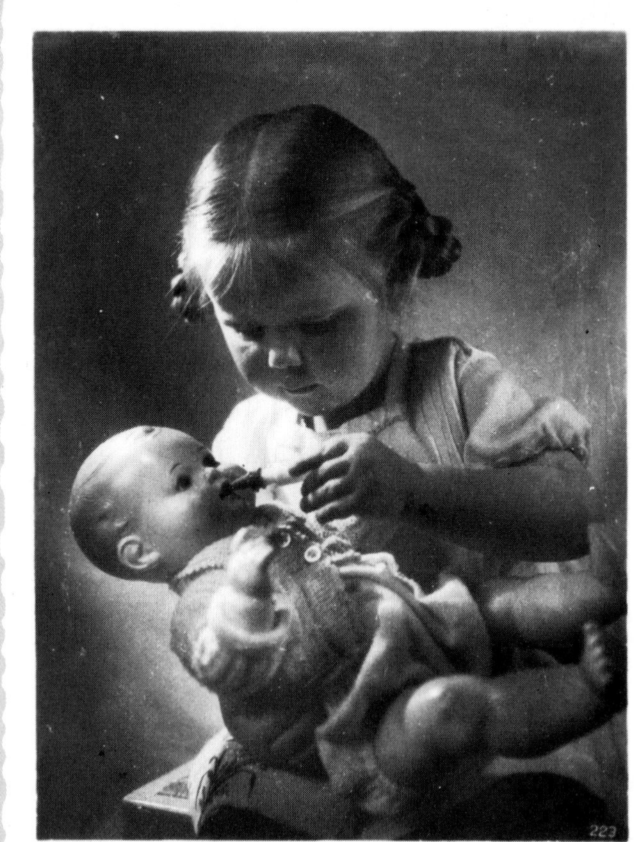

Puppenmütterchen.

Jürgen & Marianne Cieslik

Das große Schildkröt-Buch

Celluloidpuppen von 1896 bis 1956

C

Marianne Cieslik Verlag

Autorisierte Ausgabe
der
Schildkröt-Puppen GmbH.

Gesamtherstellung: B. Kühlen KG, 41061 Mönchengladbach

ISBN 3-921844-09-6

Printed in Germany

Inhalt

Vorbemerkungen

Ein Buch über die Geschichte der Schildkröt-Puppen zu schreiben, zwingt gleichzeitig, sich auch mit der Historie des Unternehmens und des Materials Celluloid zu beschäftigen. Beides ist im vorliegenden Fall geschehen, denn das Werden und Wachsen der „Rheinischen Gummi- und Celluloidwaren-Fabrik, Mannheim-Neckarau" ist untrennbar mit dem Siegeszug der Celluloid-Puppe verbunden. Ab 1896 wurde sie bei der „Rheinischen" produziert; andere, ausländische Firmen hatten Celluloid-Puppen schon früher in ihrem Verkaufsprogramm. Es blieb der „Rheinischen" vorbehalten, die rationellen Herstellungs-Methoden auszutüfteln und damit ein billiges Spielzeug auf den Markt zu bringen.

Man ist versucht, anzunehmen, daß ein so großes Unternehmen wie die „Rheinische" nach ihrem mehr als über 110jährigem Bestehen randvolle Archive hinterlassen hat. Doch die vielen Brandkatastrophen auf dem Werksgelände, die beiden Weltkriege und die ständigen Besitzerwechsel in den letzten 15 Jahren haben die Spuren dieses gigantischen Konzerns verwischt. Selbst ein vollständiger Überblick über die Produktion anhand von Katalogen und Preislisten ist nicht möglich. Zuviel ist verschollen, vernichtet, verbrannt oder verschwunden. So blieb der mühsame Weg durch die Bibliotheken und Wirtschaftsarchive, die erfolgreiche Suche nach Festschriften, Berichten und Persönlichkeiten, um aus vielen Einzelteilen wie bei einem Puzzle ein übersichtliches Ganzes zu bilden.

Dieses Buch erhebt keinen Anspruch auf Vollständigkeit, weder in seiner historischen noch in seiner produktionstechnischen Darstellung. Es wurde versucht, insbesondere dem Sammler von Schildkröt-Puppen einen Wegweiser an die Hand zu geben, damit er seine Puppen möglichst genau bestimmen und bewerten kann. Viele werden entdecken, daß sie ihre Puppen zu früh datiert haben; andere werden überrascht sein, daß das Markenzeichen „Schildkröte" mit und ohne Raute eine andere Geschichte hat, als in der Literatur bisher dargestellt.

Die Geschichte der Schildkröt-Puppe wird weiter fortgeschrieben werden müssen. Wir sind dankbar für alle Anregungen und Hinweise in diesem Zusammenhang. Allen engagierten Sammlern, die uns bei unserer Arbeit geholfen haben, auf diesem Wege ein herzliches Dankeschön.

Jülich, im August 1986

Jürgen & Marianne Cieslik

Danksagung

Für die hilfreiche Unterstützung, die zum Gelingen dieses Werkes beigetragen hat, insbesondere durch die Bereitstellung von Materialien und Fotos, aber auch einzelnen seltenen Exponaten danken wir

Ingrid Altfelder, Dietmar und Käthe Biermann, Silvia Bildt, Auktionshaus Waltraud Boltz, Doris Brüggemann, Margret Bühnen, Maria-Teresa Cappell, Renate Denhardt, Anita Eckner, Puppenmuseum Katharina Engels, Puppenmuseum Hannelore Ernst, Karin Ernst, Evelyn Feldmann, Ernst Fink, Jakobine Frühbauer, Dietrich Graf, Ulrich Gierse, Ursula Gotzheim, Jutta & Günther Griebel, Gisela Grote, Heidrun Grünewald, Antiquitäten Haarmann, Ursula Hanke, Klaus Jörger, Anne Kasten, Hanna Keim, Christel Kerl, Gisela Kiene, Christine Krah, Ilse Krauß, Katharina Lauterbach, Antje Lode-Zietan, Jutta und Norbert Müller, Ilse Nagel, Heide Niedernhöfer, Peter Packert, Ilse Pagels, Inge Piepenstock, Petra Prillwitz, Helene Puls, Ursula Raeck, Familie Seuren, Elfriede Leopoldine Schmidt, Peter und Christa Schultz, Inge Spiegel, Anne Stitz, Karin Wecke, Gisela Wegner und Ralph's Antique Doll Museum, Parkville, Missouri/USA.

Wir danken außerdem für ihre Unterstützung und Mithilfe: Archiv Schildkröt-Puppen GmbH., Familie Heinz Döbrich, Mechthild Kerstadt, Frau Knefeli, Peter Rauls, Claire Hennig, Norbert Hasiba, Meinhard Meisenbach, Verein Geschichte Alt-Neckarau e. V., Stadtamtsrat Helmut Rolli, Erich Werres, Stadtarchiv Mannheim.

Es wurde größte Sorgfalt darauf verwendet, alle Personen und Institutionen zu nennen, die bei der Erstellung dieses Buches behilflich waren. Sollte jemand nicht erwähnt sein, bitten wir um Nachsicht. Es wäre nicht beabsichtigt. –

Quellenhinweise

Folgende Katalog-Ausgaben und Preislisten haben vorgelegen: 1908, 1910, 1911, 1913, 1921, 1923, 1925, 1927, 1930, 1931/32, 1932, 1933, 1934, 1935, 1936, 1937, 1939, 1940, 1949, 1951, 1952, 1954, 1955, 1956, 1957, 1958, 1959, 1961 sowie die Firmen-Zeitschrift „Der Mitarbeiter" in allen verfügbaren Ausgaben. Außerdem wurden als Quellen benutzt die Fachzeitschriften „das Spielzeug", „Wegweiser durch die Spielwaren-Industrie", „Spielzeug-Lade", „Schildkröt-Post", „Spielzeugmarkt" und diverse Tageszeitungen, die jeweils zitiert werden. Für die Firmengeschichte wurden neben der Werks-Zeitung die Festschriften zum 25- und 50jährigen Bestehen herangezogen. Weitere Schildkröt-eigene Veröffentlichungen sind das „Familienbuch der Schildkröt-Puppen" (1938) und „Der Puppendoktor/Schildkröt-Puppen" (1957).

Die „Schildkröt"-Bilderbücher, die in alle Weltsprachen übersetzt wurden, erschienen ab 1933 jährlich. Illustriert wurden sie von der damals bekannten Künstlerin Wanda Lehre. Die Tradition dieser kleinen Reklamebüchlein wurde in den 50er Jahren fortgesetzt, für die Illustrationen zeichnete Lungers-Hausen verantwortlich. Es erschienen:

1933 Im Kinderland (ill. von B. Braun Fock)
1934 Das Buch von der Schildkröte (ill. von E. Reinhardt)
1935 Das Märchen von der kleinen Inge und der klugen Schildkröte
1936 Olympia im Puppenreich
1937 Die Geschichte vom tapferen Hans und der schönen Inge
1938 Wie Hans und Blond-Inge das Naschen verlernten (Ein Märchenbuch zum Singen)
1939 Die Sternenfahrt der Schildkröt-Kinder
1940 Die Schildkröt-Kinder im Zoo
1941 Spiele für das ganze Jahr zeigt die Schildkröt-Puppenschar
1953 Sei so brav, mein liebes Kind, wie die Schildkröt-Puppen sind

Die Geschichte des Unternehmens

3. April 1873: in Mannheim wird die *„Rheinische Hartgummi-Waaren-Fabrik"* gegründet. Zu den Unterzeichnern des Vertrages gehören das Bankhaus H.L. Hohenemser & Söhne, die Gebr. Lenel und Julius Friedrich Bensinger. Die neue Aktiengesellschaft soll sich mit der *„Erzeugung und dem Verkauf von Hartgummi"* beschäftigen.

Es ist die Zeit der Gründerjahre. Überall in Europa schießen neue Unternehmen aus dem Boden; meist verschwinden sie wieder genau so schnell, wie sie geschaffen wurden. Doch dieses frisch aus der Taufe gehobene Unternehmen wird keine von diesen spektakulären Eintagsfliegen sein. Es wird zu einem mächtigen Konzern wachsen und später einmal eine weit über hundertjährige Geschichte vorweisen können.

Friedrich Bensinger und sein Freund und Mitarbeiter A. Levy setzen auf ihr handwerkliches Können: die übrigen Gesellschafter sind *„nur"* die Geldgeber. Ihr Kapital ist gut angelegt: in den ersten Jahren produziert die junge Firma Frisier- und Schmuckkämme und Schmuckgegenstände. Über Exporteure werden fast alle Länder Europas mit ihren Erzeugnissen beliefert.

Bald stellt sich heraus, daß die völlig auf Hartgummi eingestellte Produktion zu einseitig ist. Aus Amerika überschlagen sich Berichte über einen neuen Werkstoff, der dort Furore machen soll: Celluloid. Bensinger und Levy interessieren sich für das neue Material und erkennen die Chancen seiner Verarbeitung und Absatzmöglichkeiten.

Noch kann niemand mit diesem Kunststoff, dem Celluloid, richtig umgehen. Er ist nur unter größten Vorsichtsmaßnahmen ziemlich aufwendig und kompliziert herzustellen. Leicht kann es zu Explosionsunfällen kommen. Der Zufall kommt den Jungunternehmern in Neckarau zu Hilfe: in Berlin experimentiert ein kleines Wissenschaftler-Team mit dem empfindlichen Material, ohne dafür eine amtliche Konzession zu haben. Eine Explosion beendet den Forscherdrang, und vom Labor bleiben nur noch die Ruinen. Der beteiligte Chefchemiker Fritz Jander ist gezwungen, sich ein neues Betätigungsfeld zu suchen. Ihn verschlägt es nach Neckarau zu Friedrich Bensinger. Beide verstehen sich auf Anhieb geschäftlich und privat. Janders Versuche führen nach Monaten zu überzeugenden Ergebnissen: die *„Rheinische Hartgummi-Waaren-Fabrik"* stellt als erstes europäisches Unternehmen Celluloid her.

Zug um Zug wird die Hartgummi-Fabrik umstrukturiert. Maschinen und Anlagen werden den neuen Anforderungen angepaßt. Denn schon bald stellt man fest, daß eine gleichbleibende Qualität des Celluloids nur durch eine eigene, großzügige Produktionsanlage gewährleistet werden kann. Direkt im Nachbarort Rheinau entsteht im Jahre 1882 die dazu notwendige Nitrieranlage.

Ein ernster Rückschlag bremst den Forscherdrang im Sommer 1882, als ein Trokkenturm explodiert und ein Klempner dabei sein Leben verliert. Die Behörden werden aufmerksam und legen strenge Sicherheitsmaßnahmen fest. Eine lähmende Experimentierpause über Monate führt zu neuen Überlegungen und schließlich zu einem anderen Produktionsverfahren, das amtlich sofort genehmigt wird und bis weit in die 20er Jahre die Fertigung und Verarbeitung von Celluloid in Neckarau bestimmt.

Der Aufschwung wird vier Jahre später, am 27. März 1885, durch einen Großbrand zunichte gemacht. Das ganze Werk wird in Schutt und Asche gelegt. In der Jubiläumsschrift zum 50jährigen Bestehen des Unternehmens heißt es dazu: *„So widersinnig es auch klingen mag, darf heute doch gesagt werden, daß erst diese Brandkatastrophe den Boden schuf, auf welchem sich die Werke und ihre Unterabteilungen in voller Selbständigkeit nach ihren eigensten Bedürfnissen entwickeln und ausbreiten konnten."*

Zwar dauern die Verhandlungen mit den Versicherungen fast ein ganzes Jahr, doch der Wiederaufbau geht zügig voran. Die Erfahrungen von Firmenleitung und Mitarbeitern werden in die Konzeption mit einbezogen, so daß sich das Unternehmen schon in der Planungsphase auf Expansion vorbereitet.

Im September 1885 erhält die Firma einen Namen, der ihrer Tätigkeit gerecht wird: *„Rheinische Gummi und Celluloid Fabrik, Mannheim-Neckarau"* (Anm.: die Schreibweise der Firma ändert sich im Laufe der Jahrzehnte mit den ergänzenden Bindestrichen). Die Produktion läuft auf vollen Touren, Weichgummiartikel werden in das Lieferprogramm mit aufgenommen. Doch die Firmenphilosophie richtet sich auf eine ständige Verbesserung und Verfeinerung der Herstellung und Verarbeitung von Celluloid. Frisierkämme, Kinderkämme, Schmuckstücke und Kleinbehälter werden nach der Preßmethode produziert. Der Betrieb floriert, wird weiter ausgebaut. Lakonisch und nicht ohne Ironie heißt es in einer Firmenbeschreibung aus dieser Zeit: *„Die Tatsache, daß jährlich mindestens ein größeres Schadensfeuer Teile des* *neuen Werkes zerstörte, führte zur Entwicklung einer speziellen Sicherheitsbauweise bei den betreffenden Werksanlagen, die der Brandlokalisierung diente".*

Seniorchef Bensinger stirbt 1891, sein 23jähriger Sohn Adolf wird Nachfolger und das Unternehmen in den nächsten 25 Jahren leiten. Die Probleme wachsen. Denn die Massenfertigung von Celluloid-Artikeln bringt mehr Schwierigkeiten, als zunächst vermutet.

Die Kenntnisse über das universale Material sind in der Öffentlichkeit ziemlich gering. Nur seine Feuergefährlichkeit bei Herstellung und Verarbeitung ist jedermann bekannt. Populär sind die Celluloid-Produkte ebenfalls nicht. Die Konzeption der *Rheinischen* ist einfach, aber wirkungsvoll: wo kein Markt ist, muß einer geschaffen werden. Am sichersten müßte er sich über einfache Gebrauchsartikel des täglichen Lebens öffnen lassen.

Und der Bedarf an Celluloid-Artikeln wächst international, zwar langsam, aber stetig. Rohcelluloid wird nur in vier nationalen Fabriken fabriziert: in den USA, England, Frankreich und Deutschland. Beachtliche Qualitäten werden in England erreicht. Frankreich *„entdeckt"* das Celluloid für die Mode. Schildpatt-Imitationen für den Haarschmuck kommen jedes Jahr nach dem neuesten Chic auf den Markt. Bald werden sie wegen ihrer gediegeneren Qualität zum größten Teil aus Neckarau bezogen. Über den französischen Modehandel werden sie dann in alle Welt verkauft.

Frankreich ist in dieser Zeit für die Celluloid-Industrie der ideenreiche Motor. Während die Qualität des französischen Celluloids zu wünschen übrig läßt, ist man bei seiner Vermarktung allen anderen Mitbewerbern überlegen. So entbrennt ein ungleicher Konkurrenzkampf: schlechte Qualität und Preisdumping auf der einen Seite, erschwerte Einfuhr durch Schutz-Zölle auf der anderen.

Angemerkt werden muß, daß man auch in Mannheim-Neckarau nicht kleinlich ist mit der *„Übernahme"* fremder Ideen: so gibt Direktor Bensinger einmal unumwunden zu, daß er in Paris Celluloid in Verbindung mit Geweben (abwaschbare Kragen usw.) gesehen habe und sofort eine Schwestergesellschaft gründete, die sich unter anderem auch der Herstellung von Manschetten widmete: *„Fabrik wasserdichter Wäsche Lenel, Bensinger & Co., Mannheim-Neckarau".*

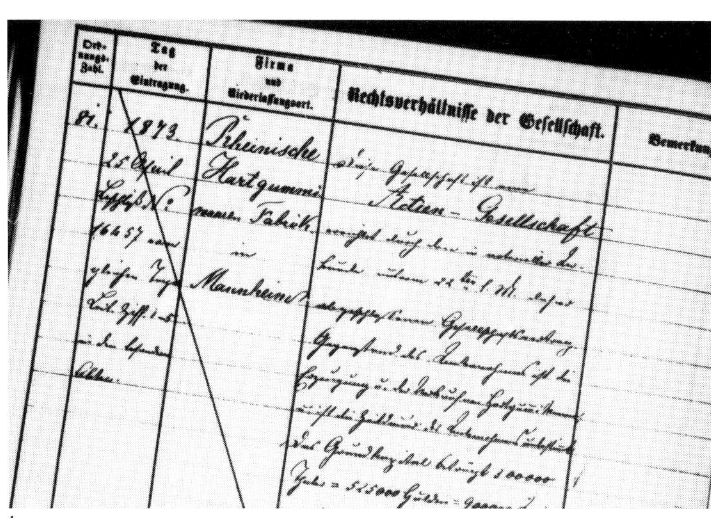

1

GRÜNDUNGS-VERTRAG.

Die Firmen H. L. HOHENEMSER & SÖHNE in Mannheim,
GEBRÜDER LENEL do.
und HERR FRIEDRICH BENSINGER do.
haben unter dem Heutigen folgenden Vertrag unter sich verabredet und geschlossen.

§ 1. Die Vorgenannten vereinigen sich zum Zwecke der Bildung einer Aktien-Gesellschaft unter der Benennung: „Rheinische Hartgummi-Waaren-Fabrik".

§ 2. Die Gesellschaft hat zum Gegenstand die Erzeugung und den Verkauf von Hartgummi-Waaren.

§ 3. Das Aktien-Kapital ist auf Reichsmark 900000 = Th. 300000 = f 525000 festgesetzt und zerfällt in 600 Aktien, jede im Betrage von Reichsmark 1500.— = Th. 500.— = f 875.—.

§ 4. Jeder der Vorgenannten übernimmt hiervon ein Drittel oder Zweihundert Aktien.

§ 5. Mit Zustimmung der drei Beteiligten können noch weitere Personen zugezogen werden, welche ihre Aktienbeteiligung aus der Gemeinschaft erhalten.

§ 6. Die technische Leitung der Fabrik übernimmt Herr A. Levy hier gemäß dem zwischen ihm und Herrn Friedr. Bensinger abgeschlossenen Vertrag vom 27. März 1873, in welchem von heute an die Gesellschaft an Stelle des Herrn Friedr. Bensinger als Selbstkontrahentin mit allen Rechten und Verbindlichkeiten eintritt.

Herr Friedr. Bensinger übergibt den Vertrag zu Handen der Gesellschaft.

§ 7. Die kaufmännische Leitung übernimmt Herr Friedr. Bensinger unter den bereits mündlich mit ihm vereinbarten Bedingungen, worüber noch ein besonderer Vertrag gefertigt werden soll.

§ 8. Herr Friedr. Bensinger sorgt für die Beschaffung des nötigen Terrains, sowie für den Bau und die Einrichtung der Fabrik, ist jedoch bei allen Käufen an die Zustimmung der Mitbeteiligten gebunden.

§ 9. Sämtliche Bankgeschäfte der Fabrik werden vorzugsweise dem Bankhause der Herren H. L. Hohenemser & Söhne hier übertragen.

§ 10. Die Statuten der Gesellschaft werden unter Zugrundelegung der im gegenwärtigen Vertrage enthaltenen Hauptbestimmungen gemeinschaftlich beraten und festgestellt, sowie alle nötigen Schritte eingeleitet, damit das neue Unternehmen in möglichster Bälde ins Leben treten kann.

§ 11. Die drei Kontrahenten erklären sich an gegenwärtigen Vertrag auf die Dauer eines Jahres von heute an gebunden; — derselbe ist nach Ablauf dieser Frist als aufgelöst zu betrachten, falls bis dahin die Konstituierung der Gesellschaft nicht stattgefunden hat.

Dieser Vertrag wurde dreifach ausgefertigt und jedem Teile ein Exemplar ausgehändigt.

Mannheim, 3. April 1873.

gez. H. L. Hohenemser & Söhne.
gez. Gebr. Lenel.
gez. Friedr. Bensinger.

2

Abb. 1: Handelsregister-Eintragung vom 25. April 1873.

Abb. 2: Der Gründungsvertrag vom 3. April 1873.

3

Abb. 3: Gründungsskizze der ursprünglichen Werksanlagen.

Ein anderes Ereignis in Frankreich hat unerwartete Folgen: es führt zur Aufnahme der Produktion von Spielbällen, bringt einen Umsatzschub und bedeutet gleichzeitig die Ausgangsbasis für die spätere Herstellung von Puppen. Die Firmengeschichte aus dem Jahre 1923 befaßt sich sehr ausführlich mit diesem historischen Detail:

Bei seinen regelmäßigen Besuchen in Paris lernte Friedrich Bensinger 1887 einen französischen Erfinder kennen, der Hohlkörperhälften aus Celluloid pressen und zu einem Spielball zusammenkleben konnte. Bensinger erkannte sofort die Chancen für ein solches Produkt und wollte die Erfindung in Lizenz erwerben. Doch der Franzose verlangte einen so hohen Preis, daß Bensinger enttäuscht nach Mannheim zurückkehrte. Nach längerem Überlegen kam es dann doch zum Lizenzkauf. Bensinger zahlte die geforderte Summe unter der Bedingung, daß die Verwertungsrechte für Deutschland allein in seiner Hand bleiben müßten. Wenige Monate später mußte er feststellen, daß er betrogen worden war und auch andere Fabriken das Patent zur Auswertung kaufen konnten. Diese peinliche Angelegenheit war keine Werbung für das Unternehmen. Die technische Entwicklung der Herstellung von Celluloid half über diesen Vertragsbruch hinweg. Die *Rheinische* hatte die Verfahren zu einer solchen Perfektion entwickelt, daß sie aus dem Desaster auch noch Nutzen für sich ziehen konnte: sie vervollkommnete das Patent, produzierte höhere Qualitäten und benutzte das Verfahren wenige Jahre später als technische Grundlage zur Produktion der ersten Celluloid-Puppen.

Am 15. Oktober 1893 *„geruhte unser Landesfürst“* Seine K. Hoheit, Grossherzog Friedrich von Baden, das Unternehmen mit seinem *„allerhöchsten“* Besuch zu beehren: *„Seine K. Hoheit sprach seine allerhöchste Anerkennung aus“*, so vermerkt es die Firmenchronik. Nicht ohne Stolz, denn was sich in diesen Jahren in Neckarau abspielt, ist nur noch mit Gigantomanie zu bezeichnen. Warenniederlassungen unter eigener Regie entstehen in Berlin, Paris, Wien, London, New York usw., Vertretungen in fast allen größeren Städten der Welt zeigen die Produktion. Selbstbewußt behauptet die *Rheinische* von sich: *„... während sich unsere Gesellschaft zu den größten der Branche, vielleicht zur größten der Welt rechnen kann“*.

Kontinuierlich wird der Betrieb umgerüstet: alle Maschinen, die für die Hartgummi-Produktion eingesetzt worden waren, werden nun für die Celluloid-Verarbeitung hergerichtet. Große, eigene Werkzeugmachereien entstehen. Die Struktur des Unternehmens ändert sich. Die durch die zahlreichen Brände zerstörten Fabrikhallen werden nach modernen Gesichtspunkten wieder aufgebaut und der aktuelle Stand der Technik in der Ent- und Versorgung berücksichtigt. Als Beispiel für Detailplanung zur erhöhten Brandsicherheit sei erwähnt: auf sämtlichen Dächern der Neubauten werden tonnenweise Kies und Sand verteilt, damit bei einem möglichen Feuer das rasch einstürzende Holzgebälk durch Sand und Kies verschüttet und die Flammen erstickt werden.

Erst 1901 zieht man weitere Konsequenzen aus den ständigen Feuersbrünsten: man gründet eine eigene *„freiwillige Notwehr"*. Im Dezember 1901 werden die *„Statuten und Dienstanweisungen"* veröffentlicht. Voraussetzung für die Aufnahme ist, daß man Neckarauer Einwohner sein und *„einen guten Leumund"* haben muß. Die Stärke der Feuerwehr schwankt zwischen 40 und 80 Mann, die in drei Kompanien eingeteilt sind: 1. Kompanie aktive Mannschaft, 2. Kompanie Reservemannschaft und 3. Kompanie Sanitäts- und Hilfskompanie. Die Mannschaft muß sich zu einer Dienstzeit von zwei Jahren verpflichten. Harte Strafen erwarten den Ungehorsamen: vom einfachen Verweis bis zur *„ständigen Entziehung des Dienstgrades und Ausstoßung aus dem Korps"*. Im November 1918 wird die Freiwillige Feuerwehr aufgelöst und in eine Pflichtfeuerwehr umgewandelt. Übrigens: in Neckarau wird die *Rheinische* bis heute wegen der häufigen Brände und Explosionen *„die Knall"* genannt.

Abb. 4: Friedrich Bensinger, Mitbegründer und Initiator des Unternehmens.

Das Unternehmensziel des Celluloidwerkes wird mit Arroganz und Selbstbewußtsein ohne Rücksichten verfolgt: *„Während sich andere Celluloid-Fabriken des Auslandes und neu erstandene Konkurrenzfabriken im Inlande mehr und mehr spezialisierten, das heißt den Bedürfnissen bestimmter Warenfabrikationen anpaßten, verfolgte die Neckarauer Fabrik das viel weiter gesteckte Ziel, auf allen Gebieten Spezialist zu sein."* Und 1923 vermerkt die Firmenchronik: *„Heute dürfen wir sagen, daß dieses Ziel auch erreicht worden ist."*

Es muß einer gesonderten technisch-geschichtlichen Darstellung über die *Rheinische* vorbehalten bleiben, die vielen Ideen und zahlreichen vorbildlichen Entwicklungen der Produktionsverfahren, der Energieversorgung, der Brandverhütung und -bekämpfung, der Sozialeinrichtungen usw. zu erläutern. Nur eines soll an dieser Stelle festgehalten werden: die Anforderungen an Technik und Organisation, an Firmenleitung und Mitarbeiter, an fortschrittliches Denken und perspektiver Planung waren in den Jahren von 1885 bis 1914 besonders hoch und wurden mit vorausschauendem, optimistischem Zeitgeist gelöst.

Die Leitung der inzwischen in eine Familien-Aktiengesellschaft umgewandelten Fabrik liegt auf wenigen Schultern. Der Sohn des Firmengründers, Adolf Bensinger, ist Vorsitzender des Direktoriums. Direktor Fritz Jander, der *„Vater"* der Celluloid-Technik, holt seinen Sohn Paul zu seiner eigenen Entlastung in den Betrieb.

Abb. 5: Dr. Karl Bensinger, Sohn des Mitgegründers und späterer Generaldirektor.

1898, das Unternehmen feiert sein 25jähriges Bestehen, sind rund 1000 Mitarbeiter auf einem Firmengelände von 80.000 m^2 beschäftigt. Wer bei der *Rheinischen* arbeitet, kann viele soziale Einrichtungen nutzen. So beziehen die Mitarbeiter verbilligte Kohle zum Heizen. Ein Arbeiter-Unterstützungs-Fond wird gegründet und von der Belegschaft verwaltet. Um den Charakter des Familien-Unternehmens zu unterstreichen und auch die Beschäftigten in diesen Kreis mit einzubeziehen, werden vorbildliche Maßnahmen eingeleitet: kranke Werksangehörige werden durch sogenannte Heimpflegerinnen zu Hause ambulant behandelt. 1905 wird ein Kindergarten (*„eine Kinderbewahranstalt"*) mit Spezialküche für fortschrittliche Kinderernährung eingerichtet: *„Diesem geräumigen und auf das modernste ausgestatteten Institut gliederte man wenig später ein Wöchnerinnenheim an, dessen allgemeines Ansehen bald so anstieg, daß auch ‚Beamtenfrauen und Frauen aus besseren Ständen' von außerhalb um Aufnahme baten."*

Das Gesellschaftskapital wird in kurzen Abständen dreimal erhöht und beträgt 1913 vier Millionen Mark. Die Anteile bleiben in den Händen der Gründerfamilien. Kurz vor dem Ersten Weltkrieg steht

Abb. 6: Fritz Jander, Vater der Celluloid-Technik.

die *„Rheinische Gummi und Celluloid Fabrik"* in ihrer besten Blüte. Ihre Marktpolitik hat mögliche Mitbewerber gar nicht erst groß werden lassen. Die Herstellung von Rohcelluloid liegt fast ausschließlich in ihrer Hand. Wer also Celluloid verarbeiten will, muß das Rohmaterial in Mannheim-Neckarau bestellen. Wer Artikel aus Celluloid verkaufen will, muß sie bei der *Rheinischen* ordern oder anfertigen lassen. Denn selbstverständlich werden auch Auftragsarbeiten für spezielle Märkte angenommen.

Um nicht in das Kreuzfeuer der Kritik zu geraten, läßt man einige kleinere Celluloid-Fabriken am Boom teilhaben. Gefährlich wird es erst dann für die Mitbewerber, wenn sie den ihnen überlassenen Spielraum überschreiten. Eine konsequente Verdrängungspolitik führt zur unangefochtenen Monopol-Stellung mit aller Macht eines Marktführers. So ist es nicht verwunderlich, daß nicht nur der Inlands-, sondern auch der Auslandsmarkt immer abhängiger von dem Branchenriesen wird. Wer die Zusammenarbeit mit der *Rheinischen* sucht, ist stets willkommen. Die Spielregeln werden allerdings von den Vorstands-Etagen in Mannheim-Neckarau diktiert. So wird das Rohcelluloid auch an interessierte Puppenfabriken geliefert, allerdings unter einer Bedingung: die maschinelle Ausrüstung zur Verarbeitung und die Werkzeuge müssen auch von der *Rheinischen* in Neckarau bezogen werden.

Ein typisches Beispiel, welche Folgen ein Mißachten einer solchen einseitigen Kooperation bedeuten kann, ist mit der kleinen Puppenfabrik Buschow & Beck in Reichenbach/Sachsen zu rekonstruieren. Buschow & Beck stellte schon etwa zehn Jahre Puppenköpfe aus Blech her. Das junge Unternehmen zeigte sich experimentierfreudig und versuchte, Blech-Puppenköpfe mit Celluloid zu überziehen und eigene Celluloid-Köpfe herzustellen. Bis zum Jahre 1903 hatte Buschow & Beck sein Rohcelluloid und auch Puppenköpfe direkt von der *Rheinischen* bezogen und unter strengen Auflagen verarbeitet. Als in Mannheim-Neckarau bekannt wurde, daß im fernen Sachsen eine kleine Fabrik eigene Versuche mit Celluloid vornahm, wurden kurzerhand alle Lieferungen eingestellt und Buschow & Beck auf dem Markt völlig isoliert. Die Puppenfabrik wehrte sich verzweifelt, denn diese Verdrängungspolitik bedeutete für sie den absehbaren Konkurs. In Rundschreiben an ihre Kunden, in Presseaufrufen und Verlautbarungen wandte sich Buschow & Beck an die Öffentlichkeit, um die Situation aus seiner Sicht und den Hintergrund des Boykotts zu erläutern: *„... Als obengenannte Firma (Anm.: die Rheinische) Celluloid-Badepuppen auf den Markt brachte, entschlossen wir uns, diesen Artikel aufzunehmen und als sie einige Jahre später auch geblasene Puppenköpfe aus Celluloid herausgab, brachten wir diesem Fabrikat ebenfalls unser Interesse entgegen. Unsere Firma hat sich nachweislich schon vor 8 bis 9 Jahren mit Versuchen zur Herstellung von Puppenköpfen aus Celluloid befaßt, hat dieselben aber damals wieder aufgegeben. Neuerdings sind wir in der Lage, Puppenköpfe aus Celluloid nach unserem eigenen Verfahren liefern zu können."*

Obwohl die Puppenfabrik allein von 1900 bis 1903 für mehr als 200.000 Mark Celluloid-Produkte in Mannheim-Neckarau bezogen hatte, war der Branchenriese verärgert und nicht umzustimmen. Buschow & Beck wurde von der *Rheinischen* mit Drohbriefen eingedeckt. Kunden, denen man nachweisen konnte, daß sie trotz dieser Auseinandersetzung bei Buschow & Beck einkauften, wurden auf die *„Schwarze Liste"* gesetzt. Sie konnten bei der *Rheinischen* vorläufig keine Ware mehr bestellen. Die Diffamierungskampagne zog sich noch mehrere Wochen hin. Buschow & Beck überstand sie zwar angeschlagen, aber wirtschaftlich ohne existenzgefährdende Folgen.

Vor Ausbruch des Ersten Weltkrieges ist die *Rheinische* vermutlich der weltgrößte Celluloid-Betrieb. Der Bedarf an Celluloid-Artikeln wächst ständig. Moderne Technologie ermöglicht neue Verwertungen in allen Lebensbereichen. Natur-Rohstoffe wie Schildpatt, Elfenbein, Horn usw. sind weltweit beliebt und teuer geworden, Celluloid ist ein billiger, gleichwertiger Ersatz. Deshalb trifft es das Unternehmen hart, als durch den Kriegsausbruch 1914 alle Expansionspläne vom Tisch gewischt werden. Das Nitrierwerk Rheinau wird auf Sprengstoff-Produktion umgestellt, die Kunstseide-Herstellung in Schwetzingen muß stillgelegt werden.

Kuriosum der Zeit: Das Kinder- und Wöchnerinnenheim verwandelt sich in ein Kriegslazarett. Die Zahl der Beschäftigten geht auf 1020 zurück. Der Betrieb hat seine Produktion eingeschränkt, fährt nur noch mit gebremster Kraft. In einem amtlichen Schreiben an den Wirtschaftsausschuß wird 1917 die noch verbliebene Aktivität aufgelistet: *„Rohcelluloid* *und Celluloidwaren für Heeres- und Privatbedarf, Celluloid-Minenscheiben, Metallmunition, Imprägnieren von Leuchtpatronenhülsen. Technische Gummiwaren ausschließlich für den Heeresbedarf. Ein großer Teil der Fabrik ist an die Kriegsgesellschaft zur Verarbeitung von Landeserzeugnissen für die Herstellung von Dörrgemüse verpachtet.“*

Nach 1918 ist nicht mehr alles wie zuvor. Das Wöchnerinnenheim wird in Betriebswohnungen umgewandelt, die Erzeugung von Kunstseide läuft nur sehr langsam an, die übrigen Celluloid-Produktionen leiden unter Rohstoff-Mangel. Mit der Inflation Anfang der 20er Jahre wachsen die Schwierigkeiten. Das 50jährige Bestehen des Unternehmens wird schlicht, aber feierlich in alter Tradition begangen: Gedenkstunde am Grabe des Gründers Friedrich Julius Bensinger und anschließend um 10.30 Uhr die 50. Generalversammlung der Firmenleitung in den Räumen des Zentralbüros. Eröffnung einer Ausstellung, die in drei großen Räumen (*„ein herrliches Schaustück deutscher Arbeit und deutscher Schöpfungskraft“*) Beispiele aus der großen Produktions-Palette des Werkes zeigt. Nach dem gemeinsamen Choral *„Nun danket alle Gott“* spricht Firmenchef und Sohn des Gründers, Kommerzienrat Dr. h.c. Karl Bensinger eine Festrede über das Thema: *„Goethes Blick in die Zukunft und unser Industrieleben“*. Seinen Abschluß findet der festliche Rahmen mit der Übergabe von 16,5 Millionen Mark (Anm.: es ist Inflationszeit !) an 108 Werksjubilare: *„Der Zeit gemäß verlief die Feier in einfacher aber tief empfundener Weise.“*

Eine Beschreibung der Ausstellung in der örtlichen Tageszeitung vermittelt die Reichhaltigkeit der Erzeugnisse, die in dieser Zeit hergestellt wurden: *„Wir sehen da ganz merkwürdige Dinge, Armringe für Indien und Amerika, Madonnen für Argentinien, allerlei Tauschartikel für die Eingeborenen in Afrika, Asien und den Südseeinseln, primitive Kaurimuscheln, die an der westafrikanischen Küste anstelle des Geldes dienen. Ferner Löwenkrallen, Leopardenzähne, chinesische Eßstäbe, Häuptlingsschmuck, Haifischzähne usw. Das Großartige ist nur, daß alle diese Gegenstände aus Celluloid in der ‚Gummi‘ hergestellt wurden... In der Puppenabteilung interessiert zunächst die reizende Anordnung... Hier sieht man zunächst die Arche Noah auf einem Berge mit hunderten von Tieren, die paarweise die Arche verlassen. Dann folgt ein kompletter Zirkus, eine schöne Schneelandschaft, ein Sportsverein, Karawanen, eine Idylle am Badestrand, Holländer, Mädchen usw. Das*

7

Abb. 7: Firmenansicht, die deutlich den Aufbau des Werkes in getrennten Einheiten zeigt.

Abb. 8: Walzensaal, in dem das Celluloid zu Platten gewalzt wurde (1905).

Abb. 9: Kaufmännisches *„Centralbüro"* (1905).

ganze macht einen hübschen, gefälligen Eindruck."

Das Ausland baut nach dem Krieg seine Schutzzölle weiter aus, um die lästige deutsche Celluloidkonkurrenz auszuschalten. Selbst der Postversand wird unnötig erschwert. Aus *„Sicherheitsgründen"*, heißt es 1928 offiziell. Beispiel: um ein Paket mit Celluloid-Artikeln nach England zu versenden, *„müssen die Gegenstände in Blechschachteln verpackt werden; jede Blechschachtel muß wiederum in eine Holzschachtel gepackt sein, deren einzelne Brettchen mittels Metallklammern aneinander befestigt sind. Zwischen beide Schachteln ist Verpackungsmaterial zu stopfen, so daß jede Berührung vermieden wird; die äußere Holzschachtel ist fest zu verschrauben"*. Das fertige Paket ist mit einem weißen oder roten Zettel zu bekleben, der in deutlichen, schwarzen Buchstaben das Wort *„Celluloid"* trägt. *„Pakete, die diesen Vorschriften nicht genügen, werden in Zukunft zurückgewiesen."*

Der Export fällt in den 20er Jahren spürbar zurück. Während *Schildkröt* noch 1913 etwa 60 Prozent seiner Produkte exportiert, sind es 1927 nur noch 42 Prozent. Dieser Rückgang, von dem die gesamte Spielzeugindustrie betroffen ist, hat seine Ursachen in den vielen kleinen nationalen Industrien, die in Europa und Übersee entstanden sind. Eine Folge des Krieges! So haben sich Fabriken mit Celluloid-Spielwaren entwickelt in der Tschechoslowakei, Österreich, Ungarn, Italien und Spanien. In den USA ist eine eigene, mächtige Celluloid-Industrie gewachsen. *Schildkröt* liefert hauptsächlich nur noch Puppenköpfe in die Vereinigten Staaten: „*Die werden drüben sehr geschmackvoll zu Puppen konfektioniert.*"

Am schlimmsten ist es jedoch mit der japanischen Konkurrenz. Aus dem fernen Nippon werden Celluloid-Spielwaren auf dem gesamten Weltmarkt zu Schleuderpreisen angeboten. *Schildkröt*-Direktor Leidinger 1928 vor einem Untersuchungsausschuß der Reichsregierung in Berlin berichtet über seine Erfahrungen: „*Während ich vor dem Kriege in New York keine einzige japanische Puppe gesehen habe, gibt es heute umgekehrt kaum eine Puppe, die nicht aus Japan kommt. Nach unseren Beobachtungen haben sich die Japaner während des Krieges zunächst auf Amerika gestürzt. Dann kamen die englisch sprechenden Kolonien und darauf England an die Reihe. Alsbald merkten wir ihre Konkurrenz in Holland so stark, daß wir nur noch für ganz wenige tausend Reichsmark nach dort exportieren konnten, während wir früher das ganze Geschäft machten. Ich habe persönlich in holländischen Geschäften festgestellt, daß von 35 Celluloid-Puppen 30 japanischer Herkunft waren.*"

Nathan Heß, Inhaber des großen Hamburger Exporthauses John Heß, hat für den ja-

Abb. 10: Fabrikhalle (1905).

Abb. 11: Kantinensaal (1905).

Abb. 12: *„Bedienungspersonal des Kinder- und Wöchnerinnenheimes“* (1905).

panischen Erfolg eine einleuchtende Erklärung. Nach seiner Erfahrung, so erklärt er auf die Ausführungen des *Schildkröt*-Direktors, sei die japanische Celluloidindustrie wesentlich großzügiger als die heimische: *„Wenn ich heute von Japan Muster verlange, bekomme ich ein Postpaket gratis. Wenn ich von einer deutschen Firma ein einziges Muster will, bekomme ich eine Rechnung über Puppe, Verpackung und Porto. Die Japaner tun alles, um ins Geschäft zu kommen.“*

Die Japaner setzen wirklich alles daran, die deutsche Celluloid-Industrie aus dem internationalen Geschäft zu drängen (→ Seite 208). Darunter leidet zwar die Qualität, aber die Preise der fernöstlichen Produkte sind so niedrig, daß sie konkurrenzlos in jeden Winkel der Erde geliefert werden können. Man hat offensichtlich von dem größten, aber angeschlagenen Branchenriesen gelernt. Ohne Hemmungen werden die Modelle von *Schildkröt* kopiert. Oft tauchen die Plagiate sogar mit der *Schildkröt*-Marke auf. Ihre japanische Herkunft ist aber an der schlechten Verarbeitung sofort zu erkennen. 10 große und 150 kleinere Firmen stellen Celluloid-Spielwaren in Japan her. Die größte unter ihnen, die Dai-Nihon-Celluloid-Co., stellt sogar einen deutschen Graveur- und Ziseleurmeister ein; denn gute, millimetergenaue Formen herzustellen, ist eine Kunst in der Celluloid-Branche. Ziel der Japaner: deutsche Qualität, made in Japan.

Hauptexportland für die deutsche Celluloid-Industrie bleibt auf Jahre Großbritannien. Im zweiten Halbjahr 1929 werden 1 058 000 Dutzend Celluloid-Spielwaren-Artikel auf die grüne Insel exportiert. An 2. Stelle stehen die USA (210 000 Dtzd.), dicht gefolgt von den Niederlanden mit 198 000 Dtzd. Der Absatz im eigenen Binnenmarkt wird durch die Japaner auch für *Schildkröt* immer enger. Der Preisunterschied zwischen japanischer und deutscher Ware liegt bei 135 bis zu 250 Prozent. *Schildkröt* kämpft um seine Marktanteile. Der Riese gerät ins Wanken.

1924 wird die Kunstseide-Fabrik in Schwetzingen geschlossen. Eine Fehlinvestition von 4 Millionen Rentenmark in die Einrichtung einer neuen Kampferfabrik lähmt das Unternehmen derart, daß es 1929 ein billiges Objekt für die gefräßigen IG Farben-Gruppe wird. Die Tochter-Firmen dieses Chemie-Giganten kaufen die *Rheinische* auf: Rhein.-Westf. Sprengstoff AG., Köln 60 Prozent und die WASAG 40 Prozent der Aktien. Teile des Unternehmens werden stillgelegt, die nachfolgende Weltwirtschaftskrise mit ihrem *„Schwarzen Freitag“* greift tief in die Strukturen der Firma.

Die IG Farben bringen eine weitere Celluloidfabrik in diese *„Ehe“* ein. Sie hatten das

Unternehmen schon wenige Jahre zuvor günstig gekauft. Es ist die Celluloidfabrik Dr. P. Hunaeus, Hannover, die auch Kinderspielzeug und Puppen in ihrem Programm führt. Dieses Unternehmen hatte 1926 mit der Celluloidfabrik Kohl & Wengenroth in Offenbach fusioniert. Kohl & Wengenroth, 1864 gegründet, besteht seit der Übernahme nur noch als Herstellungswerk, die gesamte Verkaufsorganisation ging am 1. Januar 1927 zu Hunaeus über. Als die Celluloid-Fabriken Hunaeus und die *Rheinische* zusammengelegt werden, steht der gesamte Formenschatz von drei (!) Celluloid-Puppenherstellern in einer Hand zur Verfügung. Hunaeus und die *Rheinische* werden kurzfristig umorganisiert, um gegenseitige Konkurrenz auszuschließen. Als Direktor wird der bisherige Hunaeus-Inhaber Carl Scheu ernannt, ein Technokrat und Manager norddeutscher Prägung. Er war es wohl auch, der sicherlich nicht ohne Vergnügen den angeschlagenen Widersacher mit den ersten Übernahme-Angeboten konfrontierte.

In der Firmenchronik wird dieser düstere Abschnitt in der Firmengeschichte ohne Beschönigungen vermerkt: *„Es ist das große Verdienst des damaligen Vorstandes Carl Scheu, daß der Bestand des Neckarauer Werks über diese Phase hinweggerettet wurde, allerdings unter Reduzierung der Belegschaftsstärke auf 1000 Mitarbeiter, wobei Steuerstundungen der Stadt Mannheim und ein freiwilliger zehnprozentiger Lohnverzicht der Belegschaft eine bedeutende Rolle spielten".*

Carl Scheu kommt mit einer fertigen Konzeption: die unrentablen und teuren Fabrikzweige werden stillgelegt. Die *„Interessengemeinschaft"* zwischen den Celluloidbetrieben *„Dr.P. Hunaeus"* und *„Rheinische Gummi und Celluloid Fabrik"* wird mit einer sinnigen, großen Anzeigen-Aktion in der Öffentlichkeit vorbereitet: zwei typische Celluloid-Puppen aus jeder Fabrikation reichen sich die Hände.

Rationalisierung ist das oberste Gebot der Stunde. Die Erzeugnisse der beiden Firmen werden aufgeteilt: Wäsche, technische Artikel usw. verbleiben in Hannover, Fabrikation und Vertrieb von Puppen und Spielwaren gehen am 1. März 1930 nach Mannheim.

IG Farben beschließen, daß die *Rheinische* Rohcelluloid künftig nur noch an zwei Großkunden und für die eigene Puppen-Fabrikation herstellen darf. Die so zurechtgestutzte Firma findet sich nur schwer in ihre neue Bestimmung. Doch kann der Gesamtumsatz von 1933 bis 1939 von 5.300.000 auf 15.000.000 Mark gesteigert werden. Die Chronik vermerkt nicht ohne Stolz mit Hinweis auf das neue Management: *„In der gleichen Zeitspanne stieg die Kurve der Rentabilität im Unternehmen noch steiler an als der Umsatz."*

Neben Celluloid wird zukunftsorientiert an der Entwicklung neuer Kunststoffe gearbeitet wie zum Beispiel an Mischpolymerisaten; natürlich in engster Zusammenarbeit mit der Konzern-Mutter. 1937 wird Polystyrol für die Spritzgußfertigung von Kämmen eingesetzt und die Herstellung von PVC erprobt. Doch bei allem Optimismus und steigenden Gewinnen: der Zweite Weltkrieg steht vor der Tür. Er bereitet dem Wiederaufstieg ein jähes Ende.

Die Produktion muß wieder auf die Erfordernisse der Kriegsmaschinerie umgestellt werden. Munition und Kunststoffe werden benötigt. Über die Herstellung von kriegswichtigem Material

Abb. 13: Fabrik-Feuerwehr (1925).

14

zwischen 1939 bis 1945 schweigen die offiziellen Firmenchroniken und Unterlagen.

Aber: die Auswirkungen des Krieges auf den Betrieb sind zum ersten Mal 1941 spürbar, als ein viermotoriges Flugzeug mit voller Bombenlast auf die Celluloid-Fabrik stürzt. 19 Luftangriffe folgen in den nächsten Jahren. Der Krieg endet 1945 für die *Rheinische* mit intensivem Artillerie-Beschuß. Das *„Herz"* der Fabrik wird dabei nicht in Mitleidenschaft gezogen: die Energiezentrale war in den sechs Kriegsjahren unbeschädigt geblieben, so daß mit Improvisation und Engagement eine Notfertigung aufrecht erhalten werden kann.

Beim Herannahen der militärischen Front werden alle Mitarbeiter mit zwei Monatsgehältern in Zwangsurlaub geschickt. Der Befehl der deutschen Wehrmacht, sämtliche Kesselanlagen und die Energieversorgung zu sprengen, wird von den Betriebsangehörigen nicht ausgeführt. Bereits wenige Tage nachdem die Alliierten über Mannheim hinweggerollt waren, *„fanden sich die ersten Arbeiter und Angestellten für die Aufräumungsarbeiten"* ein.

Abb. 14: Anzeige von 1930 anläßlich der Zusammenlegung mit Dr. Paul Hunaeus. Das Foto zeigt das *„Modell VI"* von Schildkröt und das *„Pe-Ha"*-Baby von Hunaeus beim symbolischen Händedruck.

Eine Inbetriebnahme der Fabrikanlage wird durch die Tatsache erschwert, weil *Schildkröt* ein Tochterunternehmen der IG Farben gewesen ist und damit unter amerikanische Kontrolle gestellt werden muß. Die Firmierung lautet nun: *„Rheinische Gummi- und Celluloid-Fabrik US Administration, Rudolf Mattis, Trustee“*. Rudolf Mattis, der jetzt im Auftrage der US-Besatzung den Betrieb leitet, ist Deutsch-Amerikaner. Seine *„alte“* Liebe zu den *Schildkröt*-Puppen ist es, die ihm diesen verantwortungsvollen Posten eingebracht hat. Und sie ist es auch, die ihm noch weit über die *„amtliche“* Tätigkeit hinaus als Direktor der Fabrik die Treue hält.

Gummisohlen und Regenmantel-Folien sind die ersten Erzeugnisse, die unter alliierter Verwaltung hergestellt werden. 1947 meldet die Fachzeitschrift *„Spielzeuglade“*, daß seit anderthalb Jahren in Neckarau wieder Puppen und anders Spielzeug angefertigt werden. Allerdings mit einer entscheidenden Einschränkung: nur für den Export, das heißt für den *„Army Exchange Service“*. Von den vielen Puppenmodellen der Vorkriegszeit werden nur vier in die Produktion aufgenommen: *„Inge“* mit der Haarrolle, *„Bärbel“* mit den Haarschnecken, *„Christel“*, die auch als Junge angezogen werden kann und das *„Strampelchen“* als Sitzbaby mit Kugelgelenken. Besonders betont wird in dem Bericht, daß die sonnenbraune Bemalung mit silberblondem Haar bei den Besatzern besonders beliebt ist.

Rohstoffschwierigkeiten bestehen durch die komplizierten Nachkriegsverhältnisse. Die für das Celluloid notwendigen Stoffe sind nur schwer zu beschaffen: Cellulose kommt aus der Produktion der US-Zone; bearbeitet (*„nitriert“*) werden kann sie nur in der englischen Zone (wenn dafür gesorgt ist, daß genügend Alkohol für die Kollodiumwolle zur Verfügung steht). Kampfer, künstlich gewonnen aus Chlorwasserstoff auf Terpentinöl und dann mit der Kollodiumwolle zusammengeknetet, ist knapp; die benötigten Mengen werden noch aus Vorkriegsbeständen *„bezogen“*. Glasaugen aus Thüringen sind schwer zu beschaffen (Anm.: schon lange vor dem Krieg wurden Schlafaugen nur selten verwendet, weil sie angeblich *„zu empfindlich“* waren). Gummikordel zum Spannen des Körpers kann nur ein Spezialbetrieb in Wuppertal liefern, doch der hat keine Rohstoffe. Puppenkleidung, die früher aus Thüringen kam, wird nun von Heidelberger Kleiderfabriken bezogen. Die Puppenschuhe werden aus dem Kunststoff *„Igelit“* direkt im Werk hergestellt.

Man schöpft Optimismus bei *Schildkröt:* Der Frau des Oberbefehlshabers der alliierten Besatzungstruppen und späteren Präsidenten der Vereinigten Staaten von Amerika, Dwight D. Eisenhower, gefallen die Celluloid-Puppen so gut, daß sie während eines Besuches in Neckarau *„eine Anzahl“* mit nach Amerika nimmt. Das wird als günstiges Omen gewertet.

Bis Ende 1951 klettert die Produktion wieder auf Vorkriegsniveau. Der ungeheure Nachholbedarf beschleunigt den Wiederaufbau und die führende Stellung in der Industrie. Am 5. Dezember 1952 werden alle einschränkenden Vorschriften, die von den Amerikanern erlassen worden waren, aufgehoben. Ein halbes Jahr später ist die WASAG-Chemie AG. alleiniger Inhaber der *„Rheinischen Gummi- und Celluloid-Fabrik“*.

1954 zählt das Unternehmen wieder 2.500 Mitarbeiter. Das gesamte Fabrikgelände ist etwa 416.500 m^2 groß: *„Man braucht nahezu 3/4 Stunden, um es zu umwandern, und der Weg quer durch das Werk vom Haupteingang zur Puppenfabrik dauert 15 Minuten.“* Eine Umsatz-Statistik aus dem Jahre 1954 zeigt nicht nur die Produktpalette, sondern beweist auch die ungeheure Kraft, die in den wenigen Jahren nach dem Krieg das Unternehmen nach vorn gebracht hat:

Celluloid 15.3 Millionen Mark = 36,2 %
Puppen 12,3 Millionen Mark = 29,1 %
Techn.Gummi 6,2 Millionen Mark = 16,6 %
Kämme 5,4 Millionen Mark = 12,8 %
Dauerwäsche 1,6 Millionen Mark = 3,8 %
Kunststoffe 1,5 Millionen Mark = 3,5 %

1955 verblüfft *Schildkröt* auf der Nürnberger Spielzeugmesse die Fachwelt mit einer Sensation: sie zeigt Käthe-Kruse-Puppen aus Tortulon, einem celluloidähnlichen Kunststoff. Daß die 70jährige Käthe Kruse die Öffentlichkeit mit einer *Schildkröt*-Puppe überrascht, hat einen ernsten Hintergrund: Käthe-Kruse-Puppen sind in einer Zeit knappen Geldes für breite Käuferschichten zu teuer. Mit dem neuen Material können die Puppen um die Hälfte billiger angeboten werden. Für Käthe Kruse geht es um das Überleben ihrer eigenen Puppenfabrik. Die ist wirtschaftlich angeschlagen und hat die kriegsbedingte Neugründung (früher Bad Kösen, jetzt Donauwörth) nicht ohne Blessuren überstanden. 1959 übernimmt *Schildkröt* mit einer Kapitalmehrheit von 70 Prozent die Käthe-Kruse-Werkstätten. (Anm.: in den späten 70er Jahren kauft die Familie Kruse diese Beteiligung zurück, um die Puppenfabrik als reinen Familienbetrieb in alter Tradition fortzuführen).

In der Zeit dieser Übernahme gerät die Konzern-Mutter, die WASAG AG., offensichtlich in einen Zustand, der mit der Wachstums-Euphorie der Gründerzeit vergleichbar gewesen sein muß und von Fachleuten als *„Höhenflug“* bezeichnet wird. Zug um Zug werden weitere Firmen hinzugekauft oder neu gegründet: 1963 die Tochterfirma *„Spezialkleider Altlußheim GmbH.“* und die *„Schildkröt-Klemmer Tischtennis*

GmbH.". Vier Jahre später erfolgt die Gründung eigener Vertriebsgesellschaften in den USA und Frankreich. Eine gewagte Entscheidung, denn an einer solchen Verschachtelung und Gigantomanie war Anfang der 30er Jahre der größte Spielzeug-Hersteller der Welt, der Bing-Konzern in Nürnberg, gescheitert und Konkurs gegangen. Ähnlich wird es jetzt den *Schildkröt*-Werken ergehen, wie die Historie zeigt.

Die Fachzeitschrift *„Spielzeug-Markt"* schreibt in einem Rückblick über diese Zeit: *„Die Mannheimer Schildkröt-Kinder gehörten damit zu einer großen Konzernfamilie, doch die WASAG-Chemie war alles in allem keine gute Mutter. Guten Willens war sie schon, letztlich aber unfähig, den richtigen Rhythmus für den Puppentanz zu finden. In einem Konzern-Sammelsurium aus Sprengstoff-Produktion, Chemie-Kocherei, Bremsbeläge-Fertigung und Kunststoff-Herstellung sollten die Puppen als Teile eines Unternehmensbereich Spielwaren im wilden Expansionsschritt nach vorne marschieren. Auch Käthe Kruse, die Nobelste aus der deutschen Puppenstube, wurde einverleibt – bekommen ist es den Puppen nicht".*

Schildkröt wird zwar wieder die Nummer eins unter den deutschen Puppenherstellern, doch nur Anfang der 60er Jahre. Der Konzern trifft weitere Fehlentscheidungen und laboriert mit pausenlosen Umorganisationen in Struktur und Management. Das ist noch keinem Unternehmen gut bekommen.

1966 wird die *„Rheinische Gummi- und Celluloid- Fa-*

Abb. 15: Ausstellungsraum während der Leipziger Messe um 1938 im *„Dresdner Hof"*. Unter engsten Verhältnissen wurden tausende von Spielzeugen aus Celluloid gezeigt, besonders schön erkennbar die vielfältigen Puppenangebote.

15

Abb. 16: Original-Bildunterschrift von Schildkröt (1954): *„Sämtliche Modelle der Puppenfabrik sind zur Parade angetreten. Ganz rechts versucht ‚Sternchen' die Aufmerksamkeit des Bundeswirtschaftsministers (Anm.: Ludwig Erhard) auf sich zu lenken. Daneben eine weitere Neuschöpfung: die größte Celluloid-Puppe Deutschlands, die 70 cm große ‚Erika'"*.

brik" in *Schildkröt AG. vorm. Rheinische Gummi- und Celluloid-Fabrik"* umbenannt. Eigentlich ist die Umfirmierung schon längst fällig gewesen, denn Puppen von der *Rheinischen* kaufte niemand, *Schildkröt*-Puppen wollte man haben. Der Namenswechsel ist außerdem mehr als ein Abschied von einem *„antiquiert anmutenden Firmenschild"*, so schreibt es damals optimistisch der *„Mannheimer Morgen"*.

Über die WASAG AG. regieren deren Besitzer und Brüder Berthold und Harald von Bohlen und Halbach in die Firma hinein. Beide wollen offensichtlich einen Gemischtwarenladen: Spielzeug und Chemieprodukte. Die Spielzeug-Herstellung scheint die Eigentümer zu faszinieren: noch im gleichen Jahr wird die Nürnberger Modelleisenbahn-Firma *„Trix Vereinigte Spielwarenfabriken Ernst Voelk KG."* Mitglied in der Konzernrunde. *„... hofft man in Mannheim als auch in Nürnberg, daß aus einer Zusammenarbeit der Forschungs- und Entwicklungsabteilungen sich für beide Unternehmen Impulse ergeben, die bisher unbekannte Märkte erschließen können"*, vermerkt der Firmenchronist. Alles in allem ist jetzt eine Firmen-Gruppe entstanden, die 3400 Mitarbeiter beschäftigt. In Neckarau treten die Puppen- und Ball-Herstellung in den Hintergrund. Kunststoff und Baufolien werden die Schwerpunkte des Konzerns.

Ein weiterer, entscheidender Rückschlag: der amerikanische Spielzeug-Konzern Mattel drängt auf stärkere Zusammenarbeit. Schon seit Jahren hat die *„Schildkröt AG."* den

16

Vertrieb der *„Barbie“*-Puppe mit großem Erfolg übernommen. Doch an einer engeren Kooperation ist man in Neckarau nicht interessiert. So kündigt Mattel zum 31. Dezember 1966 seinen Vertriebsvertrag mit *Schildkröt* und gründet im hessischen Babenhausen mit der Übernahme einer kleinen Puppenfabrik (Anm.: *„Cellba“* Celluloidwarenfabrik Schöberl & Becker) eine eigene deutsche Tochtergesellschaft.

1967 wird die Gummifabrik stillgelegt, 270 Beschäftigte werden freigesetzt. Im gleichen Jahr werden auf der Nürnberger Spielwarenmesse 150 Puppen aus dem laufenden Sortiment gezeigt, darunter die neue *„Stapsi“*, eine Laufpuppe, die allein gehen kann. Stellt man den Kopf aufrecht, geht sie langsam, wird er nach vorn geneigt, geht sie schneller. Die Laufrichtung wird mit einer kurzen Armbewegung eingestellt. Ewiger Dauerbrenner im Programm ist das *„Schlummerle“*, das anläßlich seiner millionsten Herstellung kostenlos an 200 Waisenhäuser verschenkt wird.

Die Produktion ist durchrationalisiert. Täglich könnten 10 000 Puppen das Werk verlassen, fix und fertig montiert, bekleidet und versandfertig verpackt: *„Die Köpfe werden von freischaffenden Künstlern entworfen, die Kleidung von Modeschöpfern und die Frisuren von Meisterfriseuren“*.

Wegen sinkender Erträge macht die *„Schildkröt AG.“* im Jahre 1968 den entscheidenden Fehler: sie kündigt an, daß sie künftig den Großhandel ausschalten und direkt an den Einzelhandel liefern will. Damit könne man wieder, so wird argumentiert, mit höheren Gewinnen rechnen und eine schlagkräftigere Absatzstrategie verfolgen. Dieser Schritt ist *Schildkröt* nicht gut bekommen. Meist werden solche einschneidenden vertriebspolitischen Entscheidungen von Firmenleitungen getroffen, die im Spielzeug-Handel nicht groß geworden sind und seine Gesetzmäßigkeiten nicht besonders gut kennen. *Schildkröt* aber ist bester Dinge und kündigt auf einer Pressekonferenz in aller Maßlosigkeit und in Verkennung seiner eigenen Situation an, *„größter Hersteller für Spielzeug in der Europäischen Wirtschaftsgemeinschaft“* zu werden.

Zwei Monate später wird die französische Puppenfabrik *„Poupées Bella“* in Perpignan hinzugekauft. Kooperation will man miteinander pflegen. Mitten hinein in die scheinbare Expansion zerplatzt der Traum vom Größerwerden wie eine Seifenblase, als Ende September 1970 bei der *„Schildkröt AG.“* Massenentlassungen angekündigt werden. *„Die Spielzeugecke wird aufgeräumt“*, heißt es in der heimischen Tagespresse. Es rächen sich Fehlinvestitionen und Fehlbesetzungen im Vorstand. 6,5 Millionen Mark Jahresverlust sind zu verkraften.

Die Eigentümer beschließen: es soll alles anders werden. Die *„Schildkröt AG.“* wird organisatorisch und rechtlich aufgeteilt und zwar in die *„Schildkröt Kunststoffwerke AG.“* und die *„Schildkröt Trix Spielwaren GmbH.“*. Spielzeug wird künftig nur noch in Nürnberg hergestellt. Die Puppenherstellung wird zum französischen Tochter-Unternehmen *„Bella“* verlegt. Maschinen und Werkzeuge werden zur künftigen Produktionsstätte transportiert, aufgestellt und in Gang gesetzt. Das Sortiment wird wieder einmal gestrafft.

Aber: in Mannheim-Neckarau kehrt keine Ruhe ein. 1971 werden die *„Schildkröt Kunststoffwerke AG.“* an die Firma *„Braas & Co. GmbH.“* in Frankfurt verkauft. Die *„Schildkröt Trix Spielwaren GmbH.“* wird aufgelöst, der Modelleisenbahnteil *„Trix“* erhält einen neuen Eigentümer. Jetzt entsteht die *„Schildkröt Spielwaren GmbH.“*, die wieder in Mannheim-Neckarau in Produktion geht. Der Maschinenpark wird teilweise zurückgeholt und in Neckarau wieder aufgestellt. Doch so richtig froh ist niemand im Mutterhaus WASAG AG. über das ungeliebte Kind *Schildkröt.*

Gerüchte überschlagen sich: *Schildkröt* steht zum Verkauf an! Die WASAG dementiert. Nur schwer kann die angeschlagene und gebeutelte Puppenfabrik sich von der Konzeptionslosigkeit seiner Inhaber und seines Managements erholen. Sechs Produktgruppen sollen das Geschäft konsolidieren: *Schildkröt*-Puppen, *Schildkröt*-Puppenkleider, Baby- und Kleinkind-Spielwaren, Vorschul-Spielmittel, Handelsware Gloria und *Schildkröt* Tischtennis-Produkte.

„Schildkröt wieder im Aufwind“, schreibt die Fachpresse 1972. Sie irrt, und zwar gewaltig!

Immer wieder wird an der verbliebenen Restsubstanz der einst so renommierten Firma herumlaboriert. 1974 wird die *„Schildkröt Spielwaren GmbH.“* zu einer reinen Spielzeug-Vertriebsgesellschaft degradiert. Produziert wird in einem Zweigwerk der WASAG-Chemie. Auftraggeber: die *„Schildkröt Spielwaren GmbH.“* 1975: die Puppenproduktion in Mannheim-Neckarau, nun ein Nebenbereich der Firma *„Braas & Co.“*, wird wegen schlechter Beschäftigungslage stillgelegt. 90 Mitarbeiter werden entlassen. Nicht betroffen ist die *„Schildkröt Spielwaren GmbH.“*, die weiterhin Puppen der französischen Tochterfirma *„Bella“* verkauft. Auch Original *Schildkröt*-Puppen sind weiterhin zu kaufen, doch sie werden nicht mehr an der traditionsreichen Stätte in Mannheim-Neckarau hergestellt, sondern bis 1982 bei *„Bella“* in Frankreich, dann für kurze Zeit in Italien.

Die Bohlen-Gruppe sucht nach einem neuen Partner und findet ihn in der *„Schmidt Spiel + Freizeit GmbH.“* in Eching bei München. 50prozentige Beteiligung, heißt es, soll neue Impulse geben.

Die Zweckgemeinschaft hält aber nicht lange vor. Die WASAG-Chemie gerät selbst ins Schleudern und verkauft kurzfristig die restliche Beteiligung an den Münchner Partner. Die französische Puppenfabrik *„Bella“* muß vor den Konkursrichter.

Doch auch die *„Schmidt Spiel + Freizeit GmbH.“* hat keine rechte Freude an der neuen Tochter. Puppen, das ist eine andere Welt als die der Spiele. Wieder wird ein Käufer gesucht und gefunden: im bayrischen Kaufbeuren! Das spielzeugerfahrene Fachhändler-Ehepaar Hubertus und Hannelore Biemann kann das begehrte Markenzeichen und die Überreste an Modellen und Formen für einen annehmbaren Preis erwerben. Beide widmen heute ihre Arbeit ganz dem Wiederaufbau einer Puppenlegende. Ihr Bestreben ist es, mit der *„Schildkröt Puppen GmbH.“* einer alten Nobelmarke wieder Glanz zu verleihen.

Eine fast 50jährige Irrfahrt in einer über 100jährigen Geschichte scheint ihr vorläufiges Ende gefunden zu haben. In Kaufbeuren nimmt man sich mit viel Enthusiasmus und Liebe zum Objekt des Namens *Schildkröt* und seiner Produkte an. Alte Serien werden heute in der Klassik-Collektion wieder aufgelegt; neue, überzeugende Modelle vorgestellt. Sie müssen sich nun bewähren in der harten Welt der Spielzeug-Industrie.

Abb. 17: Die neue Klassik-Collektion, wie sie heute wieder in allen Spielwarengeschäften zu kaufen ist: (von links nach rechts) *„Inge“*, *„Erika“*, *„Hans“* und *„Margrit“* mit den Zöpfen.

17

1908
PREIS-LISTE
Das Kind
Allgemeine Ausstellung für Erziehung, Schutz und Gesamtwohl des Kindes.
WIEN 1907. HÖCHSTE AUSZEICHNUNG
Ehrendiplom mit Goldener Fortschrittsmedaille.
mit Wirkung ab 1. Januar 1908 bis auf Widerruf
über
Unzerbrechliche Puppenköpfe
Kurbel- und Drehköpfe
Alle vorhergehenden Listen sind hierdurch annulliert.
Rechtskräftiger Fabrikationsschutz
durch diverse
Deutsche Reichspatente
und
D. R. G. M.
FABRIK IN SCHWETZINGEN
FABRIK IN RHEINAU
FABRIK ZEICHEN
FABRIKEN IN NECKARAU
18

Vom Celluloid zum Puppenkind

Es war der Siegeszug von Eisen und Stahl, der die festgefügten Normen der Tradition durcheinander brachte. Kohle erzeugte die erforderliche Energie und Wasserdampf die ungeheure Kraft. Die Menschheit geriet in den Taumel des Fortschritts. Die scheinbar unerschöpflichen Reserven an Rohstoffen brachten Kolonisation und weltweiten Handel, Reichtum und Größe. Industrialisierung bedeutete für viele Hoffnung auf Arbeit, insbesondere für die total verarmte Landbevölkerung. Sie kam in die Städte und hoffte auf ihre Chance und einen Lohn, von dem sie leben konnte. Doch es reichte nur zu einer kärglichen Existenz am Rande der Armut.

Den Segen des Booms genossen nur wenige, denn der überquellende Luxus war teuer und für die Masse unerschwinglich. Die meisten mußten sich mit dem Einfachen zufrieden geben. Warum sollte es ein goldenes Armband sein, wenn eine gute Imitation auch ihren Zweck erfüllte. Teure Materialien aus fernen Ländern konnten durch einfache und billigere Stoffe ersetzt werden. Wen störte es schon, wenn man statt mit teuren Edelsteinen mit bunten Glassteinen ebenso *„glänzen"* konnte. Wen wundert's, daß in dieser Zeit die Margarine und der Brühwürfel erfunden wurden. Ersatzstoffe – das war ein Zauberwort jener Zeit zwischen 1860 bis weit über die Jahrhundertwende. Damit konnte man neue Märkte erobern. Für die Unternehmer bedeutete das Gewinne, für die Beschäftigten Arbeitsplätze und für die Konsumenten die Gewissheit, daß sie die Wunder der Industrialisierung auf billige Weise genießen konnten.

Auch das Celluloid war damals ein solcher Ersatzstoff. Es mußte für vieles herhalten: Elfenbein, Hartgummi, Blech, Pappe, Holz, Stoff usw. usw. Nur diese, seine universelle Einsatzmöglichkeit erklärt seinen Siegeszug um die ganze Welt. Niemand hätte 1862 ahnen können, als ein gewisser Parkes aus Birmingham/England in einem kleinen Labor seine ersten Versuche anstellte, daß er der Urvater des Celluloids sein würde. Er hatte eine hornartige Masse entdeckt, die aus Schießbaumwolle und Rizinusöl unter Zusatz von Schellack und Kopallack bestand. Sie ließ sich phantastisch bearbeiten: hart wie Stein, aber geschmeidig wie Leder. Die Lösung eignete sich zum Überziehen von Geweben (es wurde wasserdicht) oder festen Körpern. Die ersten Regenmäntel sind nur ein Beispiel für die Nutzung der nach seinem Erfinder genannten Masse *„Parkesin"*.

Zwei Buchdrucker in New York, die Brüder John Wesley und Isaiah Hyatt, hatten 1869 ganz andere Probleme, als die Arbeit von Parkes zu beenden und das Celluloid zu erfinden. Sie suchten eine Masse, die nicht zu feucht und nicht zu trocken war und sich zum Überzug für Buchdruckwalzen eignete. Auf der Grundlage des *„Parkesin"* mixten sie zahlreiche Pasten und glaubten die Lösung gefunden zu haben, als sie Nitrocellulose mit Kampfer zusammenrührten. Damit war das Celluloid *„geboren"*. Die Nachricht von dem neuen *„Kunststoff"* verbreitete sich schnell und die Chemiker in den Forschungslabors setzten dem Material so viele unterschiedliche Lösungen zu, daß es nach kurzer Zeit mehrere Dutzend Verfahren für die Herstellung von Celluloid gab.

In den Fachzeitschriften jener Tage werden große Loblieder auf das Celluloid und seine mögliche Verwendung veröffentlicht. So wird auch der Gründer der *Rheinischen*, Friedrich Julius Bensinger, aufmerksam. Kleinere Celluloidfabriken waren Ende der 70er Jahre des vergangenen Jahrhunderts schon in den USA, England und Frankreich entstanden. *„In Deutschland wußte man von der Erfindung so gut wie gar nichts"*, heißt es in der Firmenchronik der *Rheinischen*. In den USA war man weiter. Die Brüder Hyatt hatten beispielsweise eine eigene Firma gegründet. Sie allein stellte den begehrten Rohstoff für die gesamte USA her. *„Niemand darf Celluloid verarbeiten, der nicht von dieser Gesellschaft eine Lizenz erhalten hat und diese Lizenz wird nur solchen Fabrikanten erteilt, die Gegenstände aus Celluloid herstellen, welche noch von keinem anderen Lizenzinhaber fabriziert werden"*, berichtet 1879 die *„Bayerischen Gewerbezeitung"*.

Von einer abenteuerlichen Preispolitik ist die Rede, die die Brüder Hyatt mit ihrer Monopolstellung durchgesetzt haben und die potentielle Nachahmer fasziniert: die Preise für das Rohcelluloid richten sich nach dem Zweck der weiteren Verarbeitung. Ein Pfund Celluloid, das zur Herstellung von Schmucksachen benötigt wird, kostet 4 bis 5 Dollar. Für das gleiche Rohcelluloid muß ein Fabrikant von Schirmgriffen nur 2 Dollar zahlen.

Amerika gerät in einen Celluloid-Rausch. Alles scheint durch Celluloid ersetzbar zu werden, selbst das empfindliche Porzellan, das teure Elfenbein oder die strapazierten Buchumschläge aus Pappe. *„Zu allen Verwendungen ist seit etwa einem Jahr noch eine Benutzung gekommen ... für die Herstellung von Manschetten, Kragen etc. Das hierzu bereitete Celluloid hat* *das Aussehen gut gestärkten Leinens, ist ausreichend leicht und biegsam, wird nicht kraus, leidet nicht unter Schweiss und kann monatelang getragen werden. Die Reinigung ist auf einfachste Weise mit ein bißchen Wasser und Seife zu beschaffen... Sehr zu empfehlen.“*

Bei solchen Nachrichten aus dem Land der unbegrenzten Möglichkeiten ist es nicht weiter verwunderlich, daß sich der experimentierfreudige Firmengründer Bensinger dieses Stoffes annimmt. Er kauft das erste Rohcelluloid als Platten in Frankreich. Man studiert die Eigenschaften, verarbeitet es auf den vorhandenen Maschinen, die eigentlich für das Hartgummi bestimmt waren und ist überrascht von der Haltbarkeit und Festigkeit des Celluloids, aber auch von seiner Formbarkeit im erhitzten Zustand.

Die Versuche zeigen, daß das in Frankreich besorgte Rohcelluloid nicht den Qualitätsansprüchen der *Rheinischen* genügt. Wirkliche Erfolge sind nur durch eine eigene Herstellung von Celluloid zu erreichen. Deshalb wird schon 1881 eine Nitrieranlage in Rheinau errichtet. Die Eigenfabrikation verläuft nicht ohne Schwierigkeiten, wie der folgende Satz in der Jubiläumsschrift zum 50jährigen Bestehen des Unternehmens beweist: *„Hier (1881) beginnt denn auch ein Leidensweg, der sich über weitere Jahrzehnte erstreckte, da dieses chemische Zwischenprodukt (Nitrocellulose) mit ganz besonderen Eigenschaften in vielerlei Hinsichten versehen sein muß, während seine Herstellung außergewöhnliche Fabrikationsschwierigkeiten bietet.“*

Abb. 19: Aus der französischen Preisliste 1908: ein sprechender Papagei, der „Papa“, „Mama“ und „Lora“ sagen konnte.

Mit anderen Worten: bis zum fertigen Produkt aus Celluloid sind hochgefährliche chemische Prozesse notwendig, die oft genug zu Bränden und Explosionen führten. Denn Grundlage des begehrten Materials ist Schießbaumwolle, ein hochexplosives Gemisch. Selbst in einer Munitionsfabrik ist die Arbeit weniger gefährlich wie bei der *Rheinischen*. Deshalb die vielen Sicherheitsmaßnahmen, deshalb auch die Gründung einer eigenen Werksfeuerwehr, die von Firmenleitung und Mitarbeitern gleichermaßen gehätschelt wird.

Die Feuergefährlichkeit der Herstellung überträgt die Öffentlichkeit auch auf das Endprodukt. Die Kundschaft steht den Celluloid-Artikeln zurückhaltend gegenüber. Kampagnen und Aktionen sollen für Aufklärung sorgen: *„Celluloid konnte sich nicht selbst entzünden! Stichflammen konnten nur bei Erhitzen durch das flüchtige Kampher entstehen. Papier ist ebenso leicht entzündbar wie Celluloid!“* In einer Verteidigungsschrift hält die *Rheinische* fest: *„Das Perückenhaar eines Puppenkopfes zum Beispiel oder der leichte Mullkleiderstoff, dem Feuer nahe gebracht, brennt mindestens ebenso schnell als die Puppenköpfe aus Celluloid; übrigens sollen ja Kinder dem Feuer immer fern gehalten werden.“*

Doch so einfach ist es nicht, Vorurteile abzubauen.

Noch 1893 (!) gibt es kritische Anmerkungen, die sogar aus dem *„eigenen“* Lager kommen. So äußern sich die Gebr. Dobler, Celluloid-Fabrikanten zu Berlin: *„Wir glauben, daß alle guten Eigenschaften des Celluloids demselben wenig nützen werden, da eine unvernünftige Geschäftspraxis es bereits abgewirtschaftet hat...Ferner schädigten das Ansehen, welches Celluloid beim Publikum genoß, jene Zeitungsartikel, welche von konkurrierenden Interessenten ausgingen...“.* Und der Kulturkritiker Prof. Reuleaux: *„Nur zu leicht könnte man auf den Abweg geraten, mit dem neuen Stoff den Weg der Imitation zu betreten, der Imitation, dieses schleichenden Übels, welches unsere Industrie schon vielfach geschädigt hat...“.*

Die Hauptbedenken bestanden allerdings nach wie vor in der angeblichen Feuergefährlichkeit. Dazu vermerkt beschwichtigend der Fachautor Dr. Fr. Böckmann 1894: *„... Aus all' dem Gesagten geht zur Genüge hervor, daß das Celluloid, wenn es nicht gerade unmittelbar in eine brennende Flamme oder ganz dicht über eine konzentrierte Wärmequelle gehalten wird, keinewegs sofort lichterloh bei Annäherung an eine Flamme brennt, vielmehr entwickeln sich zuerst Dämpfe und dann erst tritt die Entzündung derselben und auch des Celluloides ein. Die Träger von Celluloid-Gegenständen werden sich jedenfalls hüten, einer Flamme zu nahe zu kommen, aber nicht aus Furcht, daß das Celluloid brennend werde, sondern weil in erster Linie die Teile des Körpers, zum Beispiel Haare usw. Feuer fangen würden“.*

20

21

Abb. 20: Anzeige aus dem Jahr 1899.

Abb. 21: Anzeige aus dem Jahr 1897.

Das Standardverfahren zur Herstellung von Rohcelluloid läßt sich vereinfacht wie folgt darstellen: Cellulose (wie z.B. Seidenpapier) wird maschinell in feinste Teile zerrissen und mit konzentrierter Schwefel- und Salpetersäure gemischt. Dadurch entsteht die hochexplosive Nitrocellulose, auch Schießbaumwolle genannt. Diese Mischung wird sauber ausgewaschen und durch starkes Pressen entwässert. Die trockene Nitrocellulose wird mit Äther übergossen und dann mit Kampfer verrührt, und zwar so lange, bis eine zähbreiige Masse entsteht. Dieser Teig wird zu Platten gewalzt, die an der Luft in großen Hallen getrocknet werden. Schließlich wird dieses Rohcelluloid dann zwischen Zink- und erwärmten Eisenplatten in hydraulischen Pressen einem starken Druck ausgesetzt, um den Kampfer und die Schießbaumwolle miteinander zu verbinden und so das bearbeitungsfähige Celluloid entstehen zu lassen. Es ist hornartig und wenn das Celluloid nicht beim Mischen mit Kampfer gleichzeitig gefärbt wurde, ist es durchscheinend, geruchlos (wenn man vom Kampfergeruch einmal absieht, der allen Celluloid-Erzeugnissen einschließlich der Puppen eigen ist), fest und elastisch. Die

Herstellungsverfahren für das Celluloid ändern sich nicht grundsätzlich. Sie werden den technischen und modernen chemischen Erkenntnissen angepaßt, bleiben aber im Prinzip dieselben für Jahrzehnte.

Die Verarbeitung von Rohcelluloid kann *„kalt"* oder *„warm"* erfolgen. Bei warmer Bearbeitung (130 Grad) kann die Rohplatte nicht nur jede gewünschte Form annehmen und sich auch plastisch zu reliefartigen Mustern oder Darstellungen pressen lassen: sie läßt sich auch zu größeren Einheiten zusammenschweißen. In kaltem Zustand kann Celluloid gesägt, gefeilt, gehobelt, gebohrt, gefräst, gebogen, geprägt, gepresst, gezogen, geweitet, poliert und geschnitten werden. Ein idealer Werkstoff, der sich in Verbindung mit Aceton auf jeder Holz- oder Metallfläche bombenfest verkleben läßt. Damit entsteht ein waschbarer Überzug, der selbst beim Biegen keine Risse bekommt oder abspringt.

Nach dem großen Brand 1885, bei dem die 12jährige Aufbau- und Forschungsphase der *Rheinischen* in Rauch und Flammen aufgeht, wird die neue Werksanlage so konzipiert, daß jedes Werk und jede Abteilung als selbständige Einheit eigene Gebäude und Hallen erhält. So kann sich jeder Produktionszweig nach eigenem Bedarf in voller Selbständigkeit entwikkeln (und auch abbrennen).

Auch die Puppenfabrikation. Sie ist von Anfang an eng verbunden mit dem Namen Robert Zeller. Er war, bevor er Anfang 1895 nach Mannheim-Neckarau kommt, bei einem Berliner Unternehmen tätig, das *„Gegenstände aus Celluloid"* herstellte. Ihm, dem *„jugendfrischen, energischen Spezialfachmann"*, wird die neu gegründete Abteilung Schirm- und Stockgriffe unterstellt. Man setzt große Hoffnungen in das junge Talent, insbesondere, weil unter seiner Leitung die ersten Anfänge *„eines eigenartigen Blasverfahrens"* weiter vervollkommnet werden sollen. Man hatte in Neckarau bereits damit experimentiert und gute Ergebnisse in der Schirm- und Stockherstellung erzielt.

Monate später jedoch erhält Zeller die Aufgabe, das Verfahren zu modifizieren, um Celluloidpuppen, Puppenköpfe und Figuren in Massenproduktion zu fertigen. Frühere Versuche mit zwei Plattenhälften, die dann zusammengeklebt werden mußten, hatten keine überzeugenden Ergebnisse gebracht. Nun soll es Robert Zeller mit der Blasmethode versuchen. Ende 1896 (!), so die Firmengeschichte aus dem Jahre 1923, erreicht man *„erste greifbare Resultate"*. Sofort werden die notwendigen Patente angemeldet.

In die Freude über das Erreichte mischt sich jedoch ein unangenehmer Patentstreit. Fast zeitgleich hat eine andere Firma dasselbe Blas-Verfahren, allerdings nicht für Puppenköpfe, patentrechtlich schützen lassen. Das Kuriose an der Situation: beide Celluloidfirmen hatten unabhängig voneinander geforscht und waren zu denselben Ergebnissen gekommen. Man kann sich lange nicht darüber einigen, wer nun die Patentrechte über die neuartige Verarbeitung für Celluloid besitzt. Ein Vergleich bringt die Lösung: die Patente werden zusammengefaßt und so aufgeteilt, daß die *Rheinische* sämtliche Rechte zur Herstellung von Puppen, Puppenköpfen und Puppenteilen erhält, während die gegnerische Partei die Rechte für alle weiteren *„Celluloid-Gegenstände"* übertragen bekommt.

Abb. 22: Robert Zeller, der „Vater" der Celluloidpuppe.

Die Puppen entstehen nun aus Celluloid-Platten oder -Röhren. Diese werden durch Wärme aufgeweicht und in heiße Metallformen gelegt.

Die Formen bestehen aus zwei Hälften und werden aufeinander gepreßt. In diesen Hohlraum, den die beiden Formen bilden, wird unter starkem Druck Dampf eingе-*„blasen"*, so daß sich die Röhre oder die beiden aufeinanderliegenden Platten geschmeidig in die Form einpressen. Die Formen werden dann gekühlt und geöffnet. So entstehen geformte Puppenteile, also Köpfe, Rümpfe, Arme und Beine. Da in jeder Form bis zu 8 Teile auf einmal gepreßt werden, müssen die einzelnen, an den Rändern verbackenen Stücke voneinander getrennt werden. Dabei entstehen sogenannte Grate oder andere Verunreinigungen, die dann in Handarbeit abgefeilt werden müssen. Auch die Oberfläche wird auf einer drehenden Stoffscheibe mit Bimssteinpulver und Wasser geglättet. Nach dem Bohren der Löcher für die gliederverbindende Gummikordel und dem Aushöhlen der Augen zum Einsetzen von Schlaf-, Schelmen- oder festen Glasaugen werden die einzelnen Teile zusammengesetzt. Zum Schluß erhalten die Puppen, wie in der *Schildkröt*-eigenen Broschüre *„Familienbuch der Schildkröt-Puppen"* nachzulesen ist, in der Malerei *„ihre letzte Vollendung"*. Teils werden nur die Köpfe bemalt, teils wird die ganze Oberfläche durch eine Mattierung verfeinert.

Abb. 23: Gipsform (Anm.: von „Hans" – Umschlagtitel „Bärbel"), aus der die Metallformen zum Blasen der Celluloidköpfe angefertigt wurden. Diese Formen werden heute noch für die Klassik-Collektion verwendet.

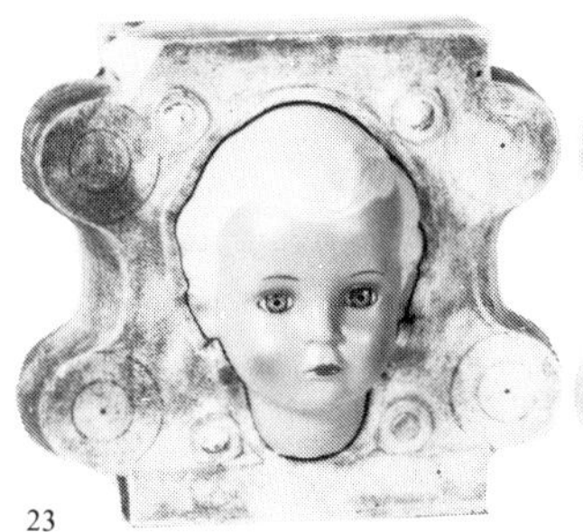

23

1896 allerdings bestehen die ersten Puppen nur aus zwei aufeinandergeklebten Hälften ohne bewegliche Glieder (ähnlich den Badekindern aus Porzellan) oder aus Brustblattköpfen. Sie finden bei den Großhändlern *„keine freundliche Aufnahme"*. Direktor Adolf Bensinger schreibt dazu enttäuscht: *„Ein Teil derselben vermochte den Wert der Erfindung selbst nicht einzusehen, ein anderer Teil beanstandete die verhältnismäßig hohen Preise im Vergleich zu Puppen aus anderen Rohstoffen wie aus Pappe, Porzellan, Holz u. dergl."* In einem Nachruf auf den Vertreter der *Rheinischen* in Berlin Ernst Neher aus dem Jahre 1926 wird seine Pionierarbeit für die Einführung der Celluloidpuppe gewürdigt: *„Als die Rheinische... 1895 die Erzeugung von Celluloidpuppen aufnahm, war Ernst Neher der erste, der solche Puppen einführte, wobei große Schwierigkeiten zu überwinden waren, da die Preise im Verhältnis zu Papp- und Porzellanpuppen hoch waren; doch durch geschickte Werbearbeit gelang es Neher, Großhandlungen zu finden, die sich ausschließlich mit dem Vertrieb von Celluloid-Puppen befaßten"*.

Die *Rheinische* selbst unterlief die Großhändler in den übrigen Gebieten: *„Unter solchen Umständen wußte das Neckarauer Werk die Nachfrage dadurch zu beheben, daß es die Ware dem Publikum zunächst fast im direkten Wege darbot"*. – Diese ersten Puppen, unbeweglich und mit gemalten Gesichtszügen, trugen noch kein Markenzeichen. Erst 1899, als die *Rheinische* sich eine *„Schildkröte"* als Schutzmarke eintragen läßt, werden die Puppen damit gemarkt (→ Seite 53). *„Bald verließ keine Puppe mehr die Erzeugungsstätte, bei welcher dieses Erkennungszeichen nicht plastisch eingeprägt gewesen war. Auch die Packungen zeigten in sehr erkennbarer Weise diese Schutzflagge und ein kleines Zettelchen in verschiedenen*

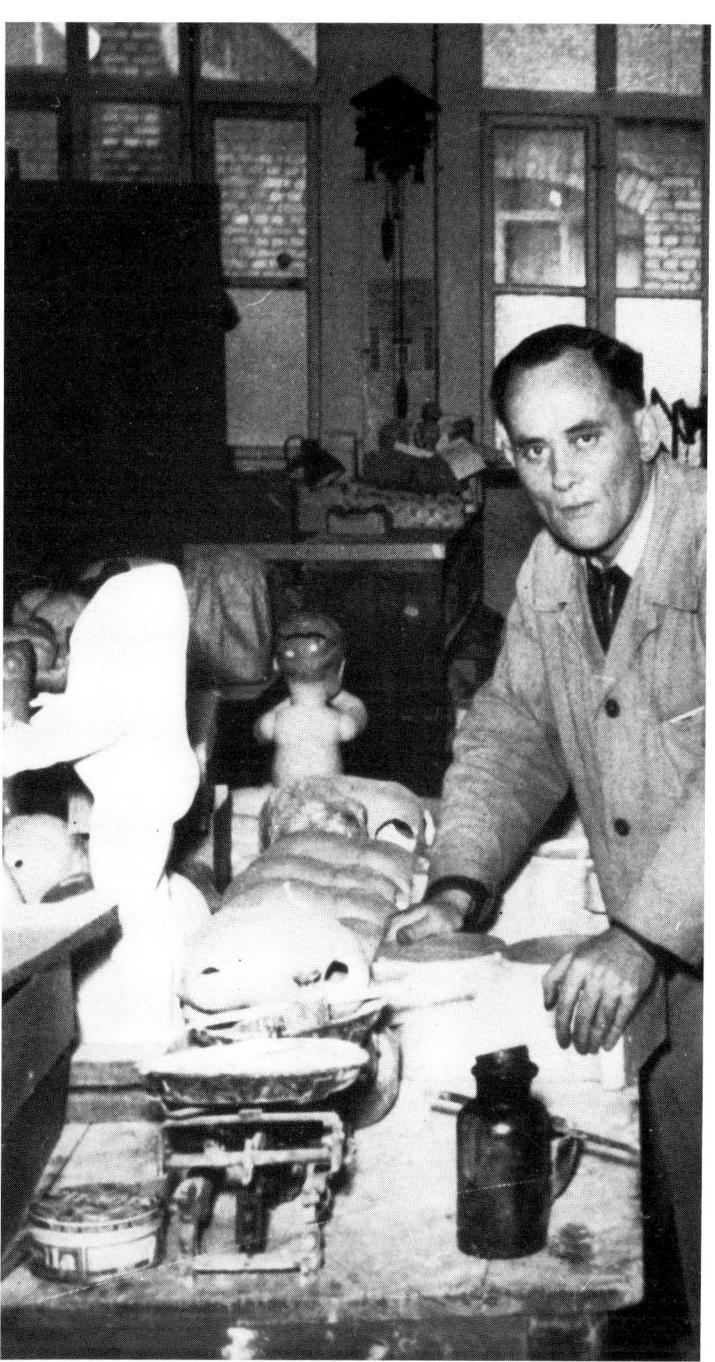

Abb. 24: In der Werkstatt der Formerei, in der die Gipsformen entstanden.

Sprachen wies ganz besonders auf die Vorzüge des Fabrikates sowie auf seine Erkennungsmarke hin. Dazu gesellte sich dann noch eine besonders ausgestaltete, geschützte Verpackungsart".

Das war alles, was sich der Celluloid-Riese aus Mannheim-Neckarau zur Werbung für Celluloid-Puppen einfallen ließ. Es reichte vollauf! Mit wachsender Produktion wird die anfänglich starre Puppenfigur zu einer annehmbaren Puppe mit beweglichen Gliedern, eingesetzten Augen und Perücke. Die Patent-Schriften jener Zeit sind nicht nur ein Dokumentation über den Werdegang und die Entwicklung der Celluloid-Puppe (→ Seite 46). Sie sind gleichzeitig belegte Geschichte eines Unternehmens im Bemühen, einen ihr völlig fremden Markt zu erobern. Daß dafür ideale Voraussetzungen gegeben waren, erleichtert die Absatzstrategie: verschärfte Gewichtszölle behinderten den Export der schweren Porzellanpuppen; Maßstäbe für Puppen-Entwicklung und -Qualität lieferte die Thüringer Puppenindustrie seit Jahrzehnten und eine noch billigere Herstellung von Puppen als die in Heimarbeit im Thüringer Wald hatte natürlich eine große Chance, die Märkte an sich zu reißen.

Durch den Erfolg werden die Fabrikationsstätten bald zu eng. Wie immer bei der *Rheinischen* denkt man vonvornherein an eine großzügige Lösung. 1902 werden, völlig getrennt von den bisherigen Fabrikanlagen, größere Grundstücke erworben. Kurzfristig, innerhalb eines Jahres, wird die Puppenfabrik neu geordnet. Sie erhält unter anderem eine eigene, selbständige Kraft- und Wärmeanlage. Die Expansion hält an und schon bald muß an einen weiteren Ausbau gedacht werden. Aber ein völlig unerwartetes Problem zwingt zu neuen Überlegungen: eine Vergrößerung kann die Engpässe nicht abbauen helfen, weil das Arbeitskräfte-Potential in Mannheim und Umgebung erschöpft ist. Um die Weiterentwicklung des Unternehmens nicht zu gefährden, erwirbt die Gesellschaft 1905 ein Gelände von rund 200.000 m² in Schwetzingen, um dort in der Nähe des Bahnhofes eine *„Puppen-Filialfabrik"* zu errichten. Schon 1906 wird sie in Betrieb genommen.

Doch die Errichtung des Zweigbetriebes in Schwetzingen bewährt sich überhaupt nicht. Auseinandersetzungen zwischen den beiden Werken gehören zur Tagesordnung, Koordinierung der Produktion und Austausch von Erfahrungen findet nicht statt: *„Die räumliche Trennung erwies sich ... als undurchführbar"*. Schwetzingen wird kurzfristig geschlossen. Als einziger Ausweg bietet sich die strenge Rationalisierung des Neckarauer Betriebes an.

Ein Wettbewerb wird unter den Betriebsangehörigen ausgeschrieben. Verbesserte Ma-

Abb. 25: Antriebsmaschine mit 350 PS, die 1911 aufgestellt wurde.

schinen, rationellere Arbeitsprozesse und ausgetüftelte Fertigungsmethoden sind die brauchbaren Ergebnisse. Aber auch die Arbeitstechniken werden untersucht. Eine genaue Einteilung und Zerlegung der Arbeitsgänge sowie *„die Berücksichtigung der neuesten Ergebnisse der Fließband-Fabrikation"* werden diskutiert und umgesetzt. Techniker und Ingenieure müssen eingestellt werden. Hilfsbetriebe entstehen: Form-, Modellier- und Gravieranstalt mit angeschlossenen Werkstätten.

Die alte Dampfmaschine wird 1911 durch eine supermoderne *„Sulzermaschine"* mit etwa 350 PS ersetzt. Die einstöckigen Gebäude werden zweistöckig ausgebaut, die Brandschutzmaßnahmen verfeinert. Die *Rheinische*, oder wie sie jetzt mehr und mehr genannt wird, die *Schildkröt*, läuft auf Hochtouren.

Große Konkurrenz fürchtet man in dieser Zeit nicht: schlichte Celluloid-Puppen kommen aus kleineren Fabriken. Der Massenfabrikation bleibt die große Modell-Politik vorbehalten, denn die Umsetzung vom gezeichneten Puppen-Modell bis zur fertigen Metallform erfordert Zeit und Geld. Bei einer Anhörung des Unterausschusses für allgemeine Wirtschaftsstruktur in Berlin im Jahre 1930 erklärte der von *Schildkröt* als Sachverständiger entsandte Direktor Leidinger: *„Typung und Normung sind für uns nicht gut denkbar. Wir fertigen ein Baby in allen möglichen Größen zwischen 8 und 67 cm an. Das ist unbedingt notwendig. Man muß sich nach den Erfordernissen des Marktes richten. Die Serien werden anstatt kleiner von Jahr zu Jahr größer. Heute gibt es vielleicht zehnmal so viele wie vor dem Krieg. Die Zahl der Modelle beträgt schätzungsweise das Dreißigbis Vierzigfache der Vorkriegszeit."*

Viele alteingesessene Puppenfabriken fragen sich, worin das Geheimnis des Erfolges bei der *Rheinischen* liegen mag. Ist es Leichtigkeit oder vielleicht Robustheit? Puppenhersteller, die selbst Geschichte mit ihren Produkten geschrieben hatten, gehen dazu über, auch Celluloid-Puppen in ihr Programm mit aufzunehmen. Entweder kaufen sie die notwendigen Köpfe direkt bei *Schildkröt* oder sie lassen dort nach eigenen Modellen und Entwürfen Köpfe, Glieder und auch Körper anfertigen.

Wer in den Jahren zwischen 1895 bis etwa 1920 die Entwürfe für *Schildkröt*-Puppen und -Kinderspielzeuge anfertigte, bleibt vermutlich im Dunklen. Aufgrund der Vielfalt und unterschiedlichen Gestaltung müssen es mehrere gewesen sein. Daß die besten Spielzeugmacher und -Designer mit der fundiertesten Ausbildung aus Thüringen kamen, war in Fachkreisen bekannt.

Deshalb sucht *Schildkröt*, als ein eigener Modelleur wegen des immer größer werdenden Puppenbetriebes benötigt wird, direkt in der Thüringer Spielzeugmetropole Sonneberg. Dort existiert seit 1835 eine sogenannte Industrieschule, in der alle Fächer erlernt werden können, die mit der Herstellung von Spielzeug zu tun haben.

Abb. 26: Mutterformen für das Modell „Ursel" in den Größen 36, 40 und 44 cm.

Schildkröt stellt den Porzellanmodelleur Franz Robert Döbrich für die wichtige Schlüsselposition ein. Döbrich, am 2. 2. 1891 geboren, hat seine Ausbildung mit besten Noten abgeschlossen. Bis zum Beginn des Ersten Weltkrieges arbeitete er als Modelleur in den Puppenfabriken Gustav Neubronner in Frankenthal und Guido Knauth in Orlamünde sowie in der Porzellanfabrik Conta & Böhme in Pößneck. Das Angebot der *Rheinischen* erreicht Döbrich 1920, als er, ohne feste Anstellung (die Porzellanfabriken fahren wegen Kohlenmangel noch keine volle Produktion) bei seinem Schwiegervater, dem Gemischtwarenhändler Louis Ferdinand Trabert in Pößneck arbeitet. Die Konditionen aus Mannheim-Nekkarau klingen verlockend und Wochen später beginnt er seine neue Tätigkeit.

Franz Döbrich macht die Arbeit Spaß. Er spürt die Verantwortung und die Erwartungen, die man mit seinem Schaffen verbindet. Aber er benötigt Verstärkung, um den Aufgaben gerecht zu werden und am 16. April 1923 wird ihm Hans Haueisen zur Seite

27

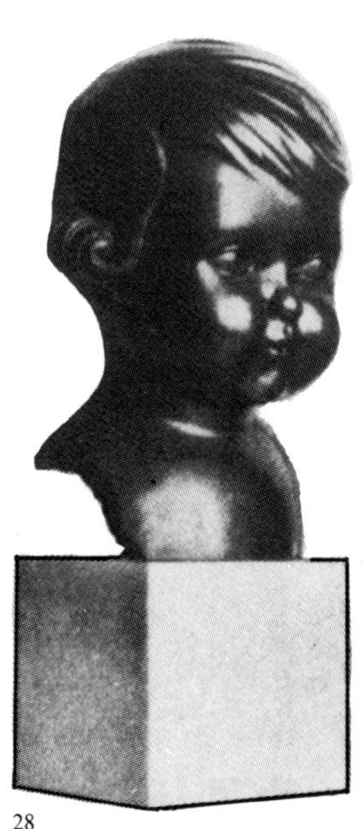

28

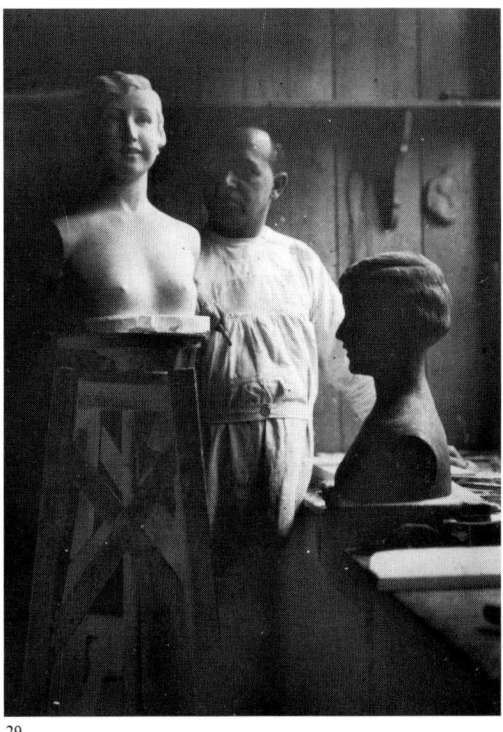

29

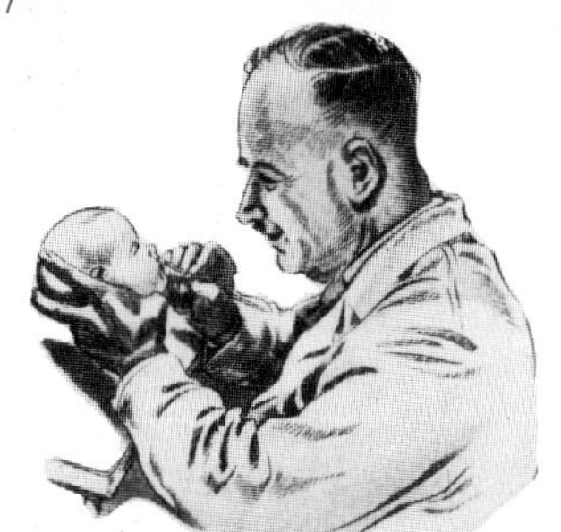

30

Rheinische
Gummi- und Celluloid-Fabrik
Mannheim-Neckarau
ZENTRALE.
Drahtanschrift: India Mannheim
Fernsprecher Nr. 7300-7305
Postscheckkonto Karlsruhe Nr. 17040.

Wr/Bg.

9. Mai 1922.

Herrn
Franz Döbrich, Modelleur
Puppenfabrik.

Es freut uns, Jhnen mitteilen zu können, dass wir uns entschlossen haben, Jhnen für gute Leistungen für das Jahr 1921 eine Gratifikation von

Mk. 1600.-

zu überweisen. Beiliegend überreichen wir Jhnen Mk. 1440.- in bar und Mk. 160.- in Steuermarken zur gefl. Bedienung. -

Hochachtungsvoll !
RHEINISCHE GUMMI- UND CELLULOID-FABRIK

Mit Bitte um Geheimhaltung.

31

Abb. 27: Franz Döbrich, Chefmodelleur bei Schildkröt, an seinem Arbeitsplatz (Ende 30er Jahre)

Abb. 28: Aus dem „Familienbuch der Schildkröt-Puppen" (1938): Bronzebüste von „Inge", Modell Franz Döbrich.

Abb. 29: Franz Döbrich in seinem Atelier in den frühen 20er Jahren bei der Gestaltung von Schaufenster-Büsten.

Abb. 30: Aus dem „Familienbuch der Schildkröt-Puppen" (1938): Franz Döbrich bei der Arbeit.

Abb. 31: Original der Gratifikations-Anweisung für Franz Döbrich für gute Leistung (→ Text).

gestellt. Hans Haueisen ist am 12. Mai 1905 in der kleinen Spielzeugstadt Neustadt bei Coburg geboren, nur wenige Kilometer von der Spielzeugmetropole Sonneberg entfernt. Wie Döbrich, besuchte auch er die Industrieschule und ließ sich zum Porzellan-Modelleur ausbilden. Sein Sonneberger Professor vermittelte ihn nach Mannheim-Neckarau. Beide, Döbrich und Haueisen, verstehen sich auf Anhieb und ergänzen sich in ihrer Arbeit. Man kommt so gut miteinander aus, daß Haueisen 1931 sogar in das Zwei-Familien-Haus mit einzieht, daß die Döbrich-Familie ein Jahr zuvor bezogen hatte.

Franz Döbrich wird der erfolgreichste Puppen-Modelleur seiner Zeit. Seine Schöpfungen gehen in Millionenauflage in alle Welt. Und die Firmenleitung honoriert schon nach einem Jahr seine außergewöhnlichen Leistungen. Am 9. Mai 1922 erhält er ein kurzes Schreiben: *„Es freut uns, Ihnen mitteilen zu können, daß wir uns entschlossen haben, Ihnen für gute Leistungen für das Jahr 1921 eine Gratifikation von Mk. 1600.-- zu überweisen. Beiliegend überreichen wir Ihnen Mk. 1440,- in bar und Mk. 160.- in Steuermarken zur gefl. Bedienung.“* Handschriftlich wird noch vermerkt: *„Wir bitten um Geheimhaltung“*!

Zu den Rennern der Celluloid-Puppen-Modelle von Döbrich gehören: *„Bebi 1925“*, *„Bebi 1927“*, *„Liselotte“*, *„Klein-Else“*, *„Klein-Erna“*, *„Klein-Ella“*, *„Anneliese“* und die alle Rekorde schlagenden Erfolge *„Hans“*, *„Inge“*, *„Bärbel“*, *„Christel“* und *„Strampelchen“*. Die Köpfe der Topmodelle werden jedes Mal in Bronze gegossen, auf einem Marmorsockel befestigt und von Döbrich signiert. Etwa 26 dieser Bronze-Köpfe schmücken bald das Arbeitszimmer von Direktor Schmadel (Anm.: diese Modellköpfe sind nach dem Zweiten Weltkrieg verschwunden. Nach Angaben von Mitarbeitern *„wurden es nach und nach weniger“*. Vermutlich sind sie von den amerikanischen Besatzern als Souvenir mit nach Hause genommen worden).

Franz Döbrich stirbt unerwartet an seinem Geburtstag, dem 2. 2. 1942. Hans Haueisen nimmt seine Stelle ein und ist künftig zuständig für das Herstellen der Modelle aus Plastilin, dem Formen dieser Modelle in Gips, der wichtigen und schweren Retusche und dem Anfertigen der endgültigen Gipsformen. 1963 wird er für seine 40jährige Treue bei *Schildkröt* in einer kleinen Feierstunde geehrt. In einer Würdigung seiner Arbeit heißt es unter anderem: *„Es sind nun seit seinem Arbeitsbeginn in der Rheinischen viele Größen und Typen von Enten, Fischen, Rasseln, Puppenköpfen unter seinen geschickten Händen*

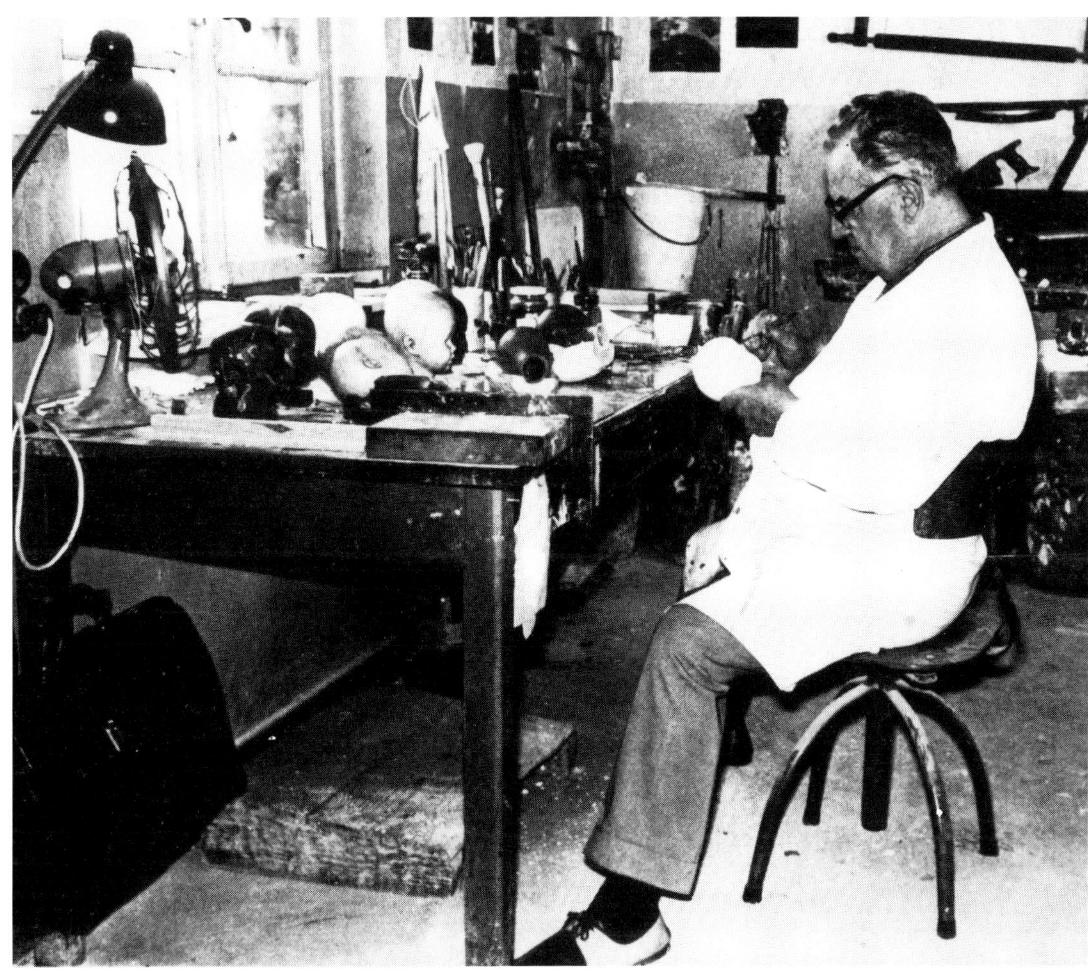

Abb. 32: Modelleur Hans Haueisen bei der Korrektur eines Puppenkopfes.

geboren worden, und nur wenige wissen, wo der Schöpfer dieser Modelle sitzt."

1953 bekommt Haueisen einen neuen Chef: Ottomar Gurth, geborener Berliner und von nun an für die Modelleurabteilung verantwortlich. Gurth hat elf Semester Plastik studiert und war danach Jahrzehnte als freischaffender Künstler tätig. Über ihn und seine Arbeit ist in der Firmenchronik vermerkt: *„Seine Anregungen nimmt Herr Gurth aus den Begegnungen mit Kindern. Er studiert genau Gestalt, Bewegung und Reaktion und beobachtet den Wandel des kindlichen ‚Schönheitsideals,, denn daß es ein solches gibt, das weiß zum Beispiel unsere Verkaufsabteilung nur zu gut."*

Es kann bis zu drei Jahren dauern, bis ein Puppenkind bei *Schildkröt* geboren wird. Die Hauptlast liegt bei den Modelleuren. Sie beginnen mit einem Klumpen Ton oder Wachs. Ein Köpfchen entsteht mit Stupsnase und großen Augen. Oft sind es bis zu dreißig verschiedene Köpfe, die der Modelleur in einem Jahr plastisch gestalten muß. Zum Kopf werden dann Arme, Beine und Rumpf gesondert geformt (je nach Zeitgeschmack mollig rund oder glatt schlank). In der Modelleur-Werkstatt werden fertige Abdrücke aus Gips gegossen, je einen für den Vorder- und Hinterkopf, sowie je einen von der äußeren und inneren Hälfte der Arme, Beine und des Rumpfes. Die so entstandenen Gipsformen werden in der Metallgießerei in Bronce gegossen und von Ziseleuren und Graveuren ausgearbeitet. Die fertigen Metallformen, die dann entstehen, werden mit Heiz- und Kühleinrichtungen zur Bearbeitung des Celluloids versehen und in hydraulische Pressen einmontiert. Erst jetzt beginnt die eigentliche Fabrikation. In 40 Arbeitsgängen, zum Teil am Fließband, wachsen die Einzelteile zu einer Puppe zusammen.

Das Celluloid wird bis etwa 1953 direkt bei der *Rheinischen* hergestellt. Mit der Übernahme durch die WASAG-Chemie wird die Produktion des wichtigen Rohstoffes im konzerneigenen Nitrierwerk Aschau aufgenommen, die entsprechenden Anlagen in Neckarau stillgelegt. Steter Erfahrungsaustausch zwischen Hersteller und Anwender ist notwendig. Die Nitrocellulose wird bereits fertig in eisernen Tonnen nach Aschau geliefert, sie ist schneeweiß und läßt sich leicht zerbröckeln. In alkoholfeuchtem Zustand wird sie mit Kampfer zu einer plastischen Masse gemischt. Das Verhältnis: 75 Prozent Nitrocellulose und 25 Prozent Kampfer. Reinigen, Mischen und Färben gehören zu den nächsten Arbeitsgängen, bevor die hydraulischen Pressen unter Wärme und Druck den zähen Brei zu Blöcken verarbeiten. Die fertigen Platten oder Röhren werden in Trokkenhäusern gelagert, um den restlichen Alkohol zu entziehen. So wird das Celluloid nach Neckarau geliefert, wo

Abb. 33: Ottomar Gurth, Chefmodelleur in den 60er Jahren, mit dem Entwurf eines Puppenkopfes.

Abb. 34: Automatisches Spritzverfahren, mit dem Körper und Glieder von Puppen um 1959 gefärbt wurden.

Abb. 35: Aus der Frisurstube von Schildkröt Ende der 50er Jahre.

es dann in Metallformen zu Puppenteilen gepreßt wird.

Um 1955 hat das Celluloid seine Bedeutung für die Puppenherstellung verloren. Zwei neue Kunststoffe, die ungefährlicher angefertigt werden können und leichter zu verarbeiten sind, haben Einzug in die Kinderzimmer gehalten: Tortulon und Vinyl. Während das Vinyl in den nächsten Jahrzehnten einen weltweiten Siegeszug antreten wird, setzt sich das Tortulon (seit 1952/53 in der Verarbeitung) nicht durch. Es ist zwar celluloidähnlich und leicht zu verwechseln, doch wird es vom Markt offensichtlich nicht angenommen.

In der Geschichte der Puppe gibt es eine streitbare Dame, die fast ein Jahrhundert lang ein Markenzeichen für Qualität und Anspruch gewesen war. Seit 1909 mischt sie mit in der Puppenindustrie, prozessiert 1925 gegen den größten Spielzeugkonzern der Welt, die Bing-Werke, (...und gewinnt zur Verwunderung der Fachwelt → Seite 208) und kämpft an allen Fronten gegen die etablierten Puppenhersteller: Käthe Kruse. Auch über die Celluloidpuppe hat sie eine eigene Meinung: *„Eine Celluloid-Puppe ist kein Baby, sondern Luft."* Sie hält nicht viel von anderen Puppen außer den eigenen Schöpfungen. Deshalb ist es eine Riesenüberraschung, als 1955 auf der Nürnberger Spielwarenmesse die Firma *Schildkröt* und Käthe Kruse zusammen auftreten und ein gemeinsames Erzeugnis vorstel-

34

35

36

len: eine Serie von Käthe-Kruse-Puppen aus ... Tortulon, gefertigt in Mannheim-Neckarau und nicht in der Kruse-eigenen Fabrik in Donauwörth (→ Seite 198 ff).

Den Coup hatte bei *Schildkröt*-Prokurist Karl Kühn in aller Stille vorbereitet. Kühn hatte 1952 die Leitung der Puppenabteilung übernommen. Ihm gelang es, die streitbare Dame für sich zu gewinnen (Anm.: ihm half dabei indirekt die angeschlagene wirtschaftliche Situation der Kruse-Werkstätten) und in gemeinschaftlicher Arbeit eine neue Puppe herauszubringen, die, wie Kühn selbst schrieb *„hinsichtlich ihres Charakters und in bezug auf die ihre Herstellung und Beschaffenheit der gesamten Puppenindustrie einen neuen Impuls geben sollte"*. Der entscheidende Vorteil dieser Puppen ist, daß sie gegenüber der Original-Käthe-Kruse-Puppe rund um die Hälfte billiger und somit für alle Käuferschichten erreichbar wird.

Tortulon hat das Celluloid abgelöst. Nun verdrängen andere Kunststoffe das Tortulon: Anfang der 60er Jahre werden bei *Schildkröt* hauptsächlich Kunststoffe aus weichgemachtem PVC, aus Polyäthylen, Celluloseacetat und schlagzähem Polystyrol hergestellt. Aber: es gibt immer noch eine kleine Produktion für *„Puppen aus Celluloid"*(!). Auch bei Baby-Rasseln, kleinen Schwimmtieren usw. findet es noch Verwendung.

„Die qualitativ hochwertigste Schildkröt-Puppe besteht aus Celluloseacetat", beschreibt die Firma 1962 ihre Produktion, *„Sie führt deshalb im Hause der Rheinischen den Namen ‚Der Rolls-Royce' aller Puppen,"*. Vielfach werden die Puppen auch in kombinierten Verfahren produziert. Das heißt, der Puppenrumpf besteht zum Beispiel aus Polyäthylen und der Kopf aus weichgemachtem PVC.

Die Kinder haben die neuen Materialien angenommen, die Erwachsenen müssen sich an sie gewöhnen und für die Puppenfreunde eröffnen sich neue Sammelgebiete. Zeitgeist!

Abb. 36: Puppen-Montage am Fließband (Ende 50er Jahre).

Abb. 37: Im benachbarten Belgien ist dieses wunderschöne Foto entstanden. Das Schaufenster eines Spielwarengeschäftes in Lüttich warb für die gediegende Kleidung der Schildkröt-Kinder mit allen Typen und Varianten. Zu Millionen gefertigt, wurden sie in die ganze Welt exportiert.

POUPÉE "TORTUE"
29 F
Voyez notre Collection de
ROBES de POUPÉES
nos ROBES de POUPÉES
Fraiches et Jolies
POUPÉE "TORTUE"
Lavable - Incassable
Hauteur 35cm.
18 F
La Robe
5 F

37

Wichtige Vorbemerkungen

Puppenfabriken haben unterschiedliche und eigene Normen für ihre Produktionen geschaffen. Die einen benutzen fortlaufende Nummernsysteme, die anderen scheinen ein Durcheinander von Zahlen und Buchstaben zu bevorzugen. Die meisten Puppensammler wissen, daß häufig hinter noch so unsystematisch erscheinenden Angaben ein *lesbarer* Hinweis verborgen ist, mit dem sich Produktionen zeitlich oder auch spezielle Auftraggeber bestimmen lassen.
Diese Vorbemerkungen sollen in die Gesetzmäßigkeiten der Puppen von *Schildkröt* einführen. Sie sollen viele Vorurteile, die im Laufe der Zeit entstanden sind, abbauen helfen. Sie sollen Ordnung schaffen, damit der engagierte Sammler seine *Schildkröt*-Puppen systematisieren und erkennen kann. Viele der nachstehenden Angaben werden nicht den Beifall einzelner Puppenfreunde finden, weil mit ihnen ihre festgefügten Vorstellungen (die häufig auch mit dem Sammlerwert einer Puppe zu tun haben) ins Wanken geraten. Puppengeschichte schreiben heißt, von vielen alten, liebgewonnenen *„Annahmen“* oder *„Gerüchten“* Abschied nehmen zu müssen.

Folgende grundsätzliche Regeln lassen sich für die Puppen-Produktion von *Schildkröt* aufstellen:

- bei *Schildkröt*-Puppen aus hauseigener Produktion sind bis etwa 1940 Kopf, Körper und Glieder immer aus Celluloid. Andere Materialien wurden nicht verarbeitet.

- sämtliche Modelle gibt es in **fleischfarbig**. Sie sind auch in **schwarz** und/oder **braun** hergestellt worden, wenn eine lohnende Stückzahl in Auftrag gehen konnte. Dabei unterscheidet man in sich oder nur an der Oberfläche gefärbtes Celluloid.

- die Ausführungen des Materials können unterschiedlich sein: **dünn** oder **extra stark**. Eine *Spezial*-Ausführung ist möglich: **mattiert**.

- der Begriff *„Celtid“* wird als Celluloid-Ersatz um 1904 von *Schildkröt* geschützt. Er wird nur für den US-Markt verwendet. Für die *Umbenennung* gibt es vermutlich zwei Gründe: *Schildkröt* durfte das Wort *„Celluloid“* in den USA nicht verwenden, weil es dort unter Markenschutz stand oder man wollte von der verbreiteten Angst der Feuergefährlichkeit ablenken, die mit dem Wort Celluloid verbunden ist. In einem US-Katalog von Marshall Field & Company aus dem Jahre 1914 werden hunderte von Puppen von *Schildkröt* unter *„Celtid“* angeboten, zwar ohne Hinweis auf den Hersteller, aber mit dem aussagekräftigen Satz: *„Celtid ist in jeder Beziehung dem Celluloid ebenbürtig.“* Viele Köpfe, ganze Puppen und bemalte Figuren sind aus *„Celtid“* hergestellt. Einige GM-Eintragungen sind direkt mit dem Begriff verbunden. Auch das Etikett von *„Bebi N“* um 1920 trägt noch diesen Zusatz.

- **alle Kopfmodelle**, die **ab 1926** auf dem Markt kommen, sind auch in der **Miblu**-Ausführung (Miblu = **Mi**lch und **Blu**t) möglich. Das Miblu-Celluloid wirkt wachsartig durchscheinend und ist mit *„vornehmer Gesichtsblässe“* gut beschrieben. Es sollte die menschliche Hautfarbe besser zur Geltung bringen. Das wurde erreicht durch die Einfärbung mit cremigweißer Farbe, die leicht grün wirkte. Eine zusätzliche rote Tönung brachte dann den Hauteffekt zur Geltung. Oft jedoch verlor die rote Tönung sehr schnell ihre Wirkung, so daß es heute Miblu-Puppen gibt, die grünlich aussehen. **Wichtig:** diese Miblu-Köpfe sind häufig schon in der Fabrik auf normale fleischfarbene Körper montiert worden!

- 1938 kommt der Kunststoff *„Rhenalon“* auf, aus dem kleine Püppchen gepreßt werden. Anfang der 50er Jahre wird dieses Material unter der Bezeichnung *„Rhenanit“* verwendet (die Abkürzung *Rh* ist in den Katalogen als Hinweis zu finden). Puppen aus *„Tortulon“* sind mit einem *T* oder *„Tortulon“* gekennzeichnet.

- Celluloid kann sich, je nach Lagerung, verfärben. Wenn es beispielsweise zu starker Sonnenbestrahlung ausgesetzt war, bleichen die Farben und das Material wird spröde. Wenn Puppen gleichen Typs verschieden wirken, ist das vermutlich darauf zurückzuführen.

- in den 50er Jahren wird **dickwandiges**, rosa oder fleischfarben getöntes Celluloid und vor 1940 das **dünnere** für Puppen verwendet.

Neben diesen generellen Aussagen lassen sich typische Merkmale an *Schildkröt*-Puppen wie folgt beschreiben:

Augen: jedes Modell wird in verschiedensten Ausführungen angeboten: mit gemalten Augen, festen Glasaugen oder Schlafaugen mit und ohne Wimpern. Ende der 30er Jahre kommen die sogenannten *„Rollaugen“* oder auch Schlaf-Schelmenaugen dazu. Als Besonderheit müssen die *„lebenden Glasaugen* oder *fest eingesetzte gemalte lebende Augen“* genannt werden, die 1937/38 auf der Leipziger Messe vorgestellt werden. Der Katalogtext vermerkt: *„Das lebende Auge ist wunderbar ausdrucksvoll; es hat einen weichen, tiefen Blick, der nach links und rechts folgt, wie das schöne Augen eines lieben*

Kindes.“ Die tief im Glas sitzende Iris strahlt Reflexe aus, die das *„Gefühl der Lebendigkeit“* vermitteln.

Mund: jedes Modell ist mit unterschiedlich ausgeschnittenem oder bemaltem Mund zu finden: mit oder ohne gemalten Zähnen, offen/geschlossen gemalt, ausgeschnitten für offenen Mund mit oder ohne Zähne (die Zähne können aus Celluloid oder Porzellan sein) oder Zunge. Miblu-Köpfe haben oft ein transparentes, rot getöntes dünnes Rechteck hinter die Mundöffnung geklebt. So erscheint die Mundöffnung zart und durchsichtig.

Modelle: jedes Kopfmodell wurde auch als Kurbel- und Brustblattkopf angefertigt, vielfach auch als Halskopf oder Maske. Eine lückenlose Aufstellung aller Modelle ist auch in absehbarer Zeit nicht möglich, insbesondere, weil nur wenige Unterlagen aus dem Firmenarchiv erhalten geblieben sind und amtliche Unterlagen allein nicht ausreichen. Selbst das Katalogmaterial lag zur Bearbeitung dieses Buches nicht vollständig vor. Die meisten Puppen konnten korrekt mit Hilfe der **Geschmacksmuster-Eintragungen** bestimmt werden.

Größen: die auf Köpfen oder Körpern angegebenen Nummern sind ein firmeneigenes System und entsprechen annähernd den Puppengrößen in Zentimetern. Arme und Beine sind ebenfalls entsprechend numeriert. Beispiel: 45er-Kopf auf 45er-Körper mit 45er-Gliedern. In den 30er Jahren wird rationalisiert und die Vielfalt der Größen gestrafft: ein Kopf kann auf zwei oder drei verschiedene Körper von Steh- oder Sitzbabies passen. Um dieses System zu ordnen, werden Doppel- oder Dreifach-Größennummern in Köpfe und Körper geprägt. Für die thüringische Puppenindustrie, die andere Maße verarbeitet, werden spezielle Serien von Kurbel- und Brustblattköpfen angefertigt, die dann auf Papiermache-, Leder- oder Stoffkörper gesetzt werden. Auf diese *Schildkröt*-Köpfe ist das *Schildkröt*-eigene Nummernsystem nicht (!) anzuwenden. Bei der Beschreibung der Puppen in diesem Buch ist der Versuch unternommen worden, möglichst alle lieferbaren Größen einer Puppe anzugeben. Jedoch ist die festgestellte Unterschiedlichkeit verwirrend. Beispiel: eine neue Puppe wird mit der Größe 20 vorgestellt und ein Jahr später mit der Größe 20 ½ angeboten.

Serien-Nummern: Eine übersichtliche und verständliche Aufstellung von Serien-Nummern für *Schildkröt*-Puppen ist nicht möglich. Viele Kataloge enthalten Modell-Nummern, die Jahre später für ganz andere Modelle wieder benutzt wurden. Bei dem Zusammenschluß mit der Celluloidfabrik Dr. P. Hunaeus wird das Nummern-System überarbeitet und gestrafft. So sind Hunaues-Modelle bei *Schildkröt* produziert worden. Später erhalten die gleichen Modelle die *Schildkröt*-Marke, so daß gleiche Modelle mit zwei verschiedenen Firmenzeichen gemarkt ist. – Wenige Köpfe tragen Serien-Nummern, die auch im Katalog als Modell-Nummern angegeben werden. Nur diese werden in diesem Buch ausdrücklich genannt, alle anderen Angaben wären nicht darstellbar und würden den Leser nur verwirren. – Eine Serie von Köpfen und Körpern tragen das Entstehungsjahr am Hals oder auf dem Rücken aufgeprägt: 1913, 1925, 1926 oder 1927. Diese Jahresangabe bedeutet nur, daß dieses Puppenmodell in dem entsprechenden Jahr zum ersten Mal hergestellt wurde. Diese Serien wurden oft Jahre im Programm gehalten. – Jahreszahlen sind auch abgekürzt eingeprägt wie zum Beispiel *25*. Die Zahl direkt unter dem *Schildkröt*-Markenzeichen ist die Größe der Puppe in cm, darunter steht dann die Modell-Nummer.

Namen: Zur Tradition im Hause *Schildkröt* gehörte es, jeder Puppe einen eigenen Namen zu geben: *Hans*, *Inge*, *Bärbel* usw. An Hand der Kataloge war es möglich, viele vergessene Namen für die einzelnen Puppen wieder aufzufinden.

Bezeichnungen: *Schildkröt* benutzt im Gegensatz zur thüringischen Puppenindustrie eine eigene Puppensprache. In Thüringen *Brustkopf*, bei *Schildkröt Brustblattkopf*. Oder: *Baby* = *Bebi*. Diese Spezialausdrücke sind auch von anderen Celluloid-Fabriken übernommen worden.

Abb. 38: Aus dem Katalog 1925: Affe, 12 cm, grüßend.

Patente schreiben Puppen-Geschichte

Es gibt nur wenige Industrieunternehmen, die mit ihrer Gründung produktionstechnisches Neuland betreten und dann mit ihrer Forschung und Entwicklung über Jahre hindurch für die Konkurrenz unerreichbar werden. Die *Rheinische* gehört zu diesen seltenen Ausnahmen. Schon die Entscheidung, sich ausschließlich auf die Herstellung und Verarbeitung von Celluloid zu konzentrieren, war zum damaligen Zeitpunkt Wagnis und Chance zugleich. Die Ausgangssituation war ideal: Celluloid war im Grundsatz erfunden und wurde, wenn auch mit recht primitiven Verfahren, verarbeitet. Die *Rheinische* versuchte, eigene chemische Lösungen zu finden, um das Material für eine Produktion im großen Stil anzupassen. Glück im Unglück hatte das Unternehmen durch die zahlreichen Brände, von denen es immer wieder heimgesucht wurde. Die Versicherungen mußten den Schaden bezahlen, die *Rheinische* modernisierte ihre Anlagen jedes Mal auf den neuesten Stand der Technik.

Über Forschungsergebnisse und maschinelle Entwicklungen schwieg man sich in Mannheim-Neckarau aus. Was sich hinter den Werkmauern in den Labors und Werkzeugmachereien abspielte, blieb Geheimnis: *„Hierin ist wiederum die Erklärung zu finden, daß unser Etablissement mit eigenen, allgemein unbekannten Verfahren und Maschinen, die weder in der Literatur, noch in in- oder ausländischen Patenten beschrieben sind, arbeitet".*

Dieses Abschotten vor der Öffentlichkeit läßt sich aber auf Dauer nicht durchhalten. Auch die Konkurrenz schläft nicht und die auf ein Material konzentrierte Forschung kann bei verschiedenen Firmen zu gleichen Ergebnissen führen. Wer darf das *„erfundene"* Verfahren dann benutzen? Richtungsweisende Entwicklungen müssen, das erkennt man bald bei der *Rheinischen*, gesetzlich geschützt werden. Nicht die Celluloid-Mischungen, sondern die Verarbeitung des Werkstoffes und die Konstruktion der Maschinen sind schutzbedürftig. Seit 1876 können Patente in Deutschland angemeldet werden. Die *Rheinische* macht erst um die Jahrhundertwende regen Gebrauch davon.

Mit ihren Patenten und Gebrauchsmustern, den sogenannten kleinen Patenten, schreibt man in Mannheim-Neckarau Puppen-Geschichte. Wiederum ist das Unternehmen auf dem Gebiet der Puppen-Herstellung durch seine einmalige Monopol-Stellung führend und richtungsweisend. Die Reihenfolge der Patent-Anmeldungen (DRP = **D**eutsches-**R**eichs-**P**atent) und der Gebrauchsmuster (DRGM = **D**eutsches **R**eichs-**G**ebrauchs-**M**uster zeigt die faszinierende Entwicklung der Celluloid-Puppe aus einer Hand auf. Sie vermittelt die Anstrengung und das Bemühen des Konzerns, endlich attraktive Puppen, die den Konkurrenz-Materialien Porzellan usw. ebenbürtig sind, herstellen zu können.

Puppenköpfe, -Glieder und -Körper aus zwei Hälften anfertigen, diese Kunst beherrscht man bei der *Rheinischen* schon seit 1887. Man hat ein französisches Patent erworben, das für die Herstellung von Hohlkörperhälften aus Celluloid für Spielbälle gedacht ist (→ Seite 10). Die Celluloid-Platte wird halbkugelförmig gepreßt. Die beiden Kugelhälften werden mit Aceton fest miteinander verklebt, fertig ist der Spielball. Natürlich muß die Form nicht rund und halbkugelförmig sein. Sie kann den Umriß von einem Körper haben, also vordere und hintere Hälfte einer Figur. Beide Teile werden nach dem Pressen zusammengefügt und eine Figur entsteht. Das Problem: die aus zwei oder mehreren Teilen bestehenden Puppen müssen nach dem Verkleben an den Fugen beschnitten, abgefeilt oder geschmirgelt werden. Ein langwieriger Prozeß, der das Endprodukt erheblich verteuern würde.

Eine gute Idee kann durchaus zu Resultaten bei anderen, meist bei der Konkurrenz, führen, das beweisen die Industrie- und Patent-Geschichte. Mit der *„Übernahme"* von Anregungen ist man bei der *„Rheinischen"* nicht kleinlich, wie Firmenchef Bensinger selbst zugibt. So ist es auch nicht verwunderlich, daß die Grundlage der Herstellung von Puppen aus Celluloid von den Franzosen stammt.

Am 26. März 1893 läßt die *„Société Vallé et Schultz"* in Paris auch in Deutschland ein Patent schützen, daß die Überschrift *„Verfahren zur Herstellung von Puppenköpfen oder dergleichen aus einem Stück"* trägt. Technisch eine recht aufwendige Lösung, von der man aber nicht weiß, ob sie jemals realisiert wurde. Im Prinzip sollte es wie folgt funktionieren: in eine Celluloid-Röhre wird ein Stempel gesteckt, der sich wie ein Regenschirm öffnen und nach allen Seiten gleichmäßig ausdehnen kann und dann die Umrisse des fertigen Puppenkopfes trägt. Zur äußeren Begrenzung ist eine runde Matritze installiert, die wie der Stempel die Formen eines Puppenkopfes hat. Stempel und Matritze werden erhitzt, der Stempel drückt die Celluloid-Röhre auseinander und preßt das Material von innen mit dem Stempel gegen die

Außenmatritze. Nach dem Abkühlen, das Celluloid ist nun stabil, wird der Stempel zusammengeklappt und aus dem oben offenen Kopf entfernt (**Abb. 39**).

In Mannheim-Neckarau experementiert man weiter. Bekannt ist, daß Celluloid-Röhren, ähnlich wie bei den Glasbläsern, erhitzt und mit Wasserdampf in Formen aufgeblasen und geformt werden. Der Nachteil: die Röhren müssen nachbehandelt werden (z.B. durch Beizen, um bestimmte Farbtöne zu erreichen). Und: nur flaschenartige geformte Gegenstände sind nach dieser Methode herstellbar. Bei der *Rheinischen* findet man ein weiteres Verfahren, das die Ausgestaltung feinster Details zuläßt und aus dünnwandigem Celluloid besteht: dem sogenannten Preßblasen. Zwei dünne Celluloid-Platten werden in eine aus zwei Hälften bestehende Form gelegt.

Die Form wird geschlossen, das Celluloid erhitzt und von außen mit einer heißen Flüssigkeit (z.B. Wasser) *„aufgeblasen“* wie ein Luftballon. Das aufgeblasene Celluloid preßt sich gegen die Innenwände der Form, nimmt deren Höhen und Tiefen an. Wenn die Form abgekühlt ist, wird das Celluloid entnommen, das nun die Umrisse der Form angenommen hat. Entstanden ist ein Hohlkörper aus einem Stück, zum Beispiel ein Puppenkopf. Die *Rheinische* meldet die Fertigungsmethode sofort als Patent an und ... erhält eine Ablehnung. Ein anderes Unternehmen hat zeitgleich dasselbe Verfahren entwickelt: die Offenbacher Celluloid-Fabrik Schreiner & Sievers (→ Seite 28). Beide Unternehmen einigen sich: die *Rheinische* fertigt nach der neuen Methode nur Puppen und Spielzeug, während die Offenbacher das Verfahren für alle anderen Gegenstände anwenden dürfen. Patent-Inhaber ist aber nicht die *Rheinische!*

Zeittafel

1897: DRGM 75 442 *„Celluloid-Augen für Puppen“*. – DRGM 80 478 *„Celluloid-Augen für Puppen“* (Verbesserung von DRGM 75 442).

1898: DRGM *„88 097 „Puppenaugen aus Glas mit Celluloidfassung“*. – DRP 112 769 *„Verfahren zur Herstellung von Hohlkörpern aus zwei Celluloid-Blättern durch Einlegen in eine zweiteilige Form, Einpressen der Blätter in die beiden Formhälften durch Aufblasen und Vereinigen der beiden getrennt erhaltenen Hälften durch nachträgliches stumpfes Verkitten“*.

1899: DRP 112 770 *„Verfahren zur Herstellung geblasener Hohlkörper aus Celluloidröhren“*. – DRP 122 297 *„Verfahren zur Befestigung und Conservierung von Schlafaugen für Puppen mittels Celluloid.“* – DRP 120 557 *„Puppenkopf mit modellierter Frisur“*. – DRGM 123 902 *„Schwimmende Puppe mit beweglichen Gliedern“*. – DRGM 124 968 *„Decke von Celluloid zur Befestigung der Lagerung von Puppenaugen“*. – DRGM 124 969 *„Befestigung und Konservierung von Glasaugen für Puppen mittels Celluloid“*.

1901: DRGM 147 393 *„Aus Celluloid in einem Stück hergestellte Badewannen für Schwimmpuppen, Schwimmfiguren und drgl.“*. – DRGM 160 454 *„Hohle Schwimmfigur mit Zutrittsöffnung für Wasser und angeschlossenem Gummiball“*.

1903: DRGM 198 767 *„Puppenkopf mit Kurbel- oder Schlafaugen und einem in der Querachse dieser Augen liegenden Versteifungsstabe“*.

1904: DRGM 218 095 *„Celluloid-Puppenbalg mit durch Einschaltung von biegsamen Zwischengliedern in die Beugestellen beweglich gemachten Gliedern“*. – DRGM 229 913 *„Badepuppen aus Celluloid mit Badehosen aus Stoff“*.

1905: DRP 170 308 *„Verfahren zum Einsetzen von Glasaugen in die Köpfe von Puppen, Tierfiguren u. dergl. aus Celluloid“*.

1909: DRP 215 503 *„Spielzeug aus Celluloid“*. – DRGM 379 769 *„Aus Wickelkissen und Puppe bestehendes Spielzeug aus Celluloid“*.

1910: DRGM 430 791 *„Aus imitiertem Fell bekleidete Tierfigur aus Celluloid oder dergl.“* – DRGM 437 537 *„Mit imitierter Bekleidung verse-*

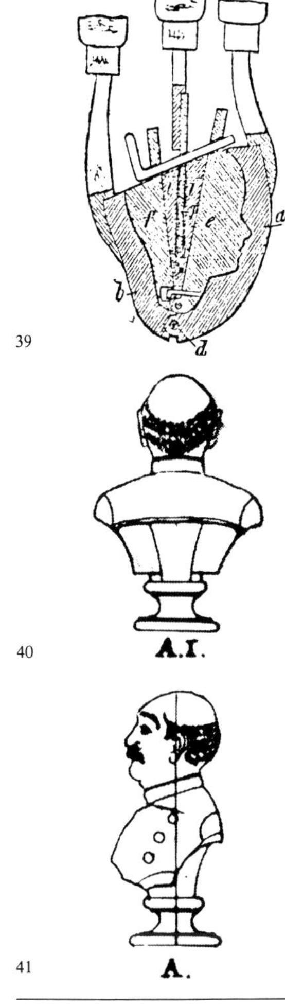

Abb. 39: Patent-Zeichnung des französischen Verfahrens zur Herstellung von Celluloid-Puppenköpfen aus dem Jahre 1893.

Abb. 40 und 41: Das von Schildkröt entwickelte Blasverfahren zur Herstellung von Celluloid-Hohlkörpern wurde mit diesen beiden Zeichnungen beim Patentamt eingereicht, aber nicht angenommen. Ein Konkurrenz-Unternehmen hatte gleichzeitig dasselbe Verfahren entwickelt.

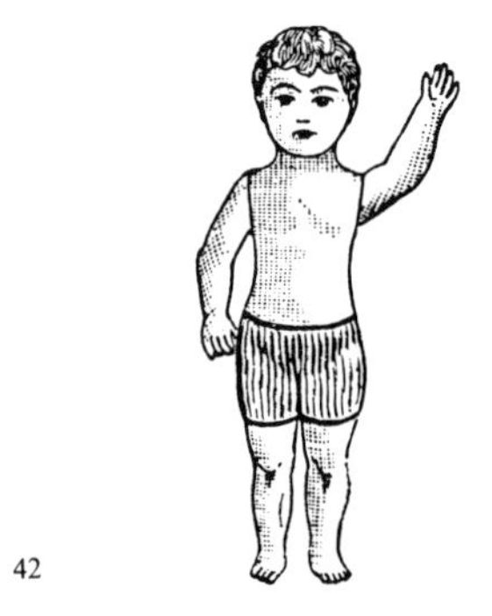
42

43

Abb. 42: Katalog-Zeichnung zum DRGM 229 913.

Abb. 43: Katalog-Zeichnung zum DRGM 147 393.

hene Menschenfigur aus Celluloid". DRGM 447 828 *„Puppe mit auswechselbarem Kopf"*.

1911: DRGM 456 987 *„Kurbelkopf aus Celluloid mit Glasaugen für Puppen"*.

1912: DRGM 538 445 *„Bewegliche Celluloidfigur"*. – DRGM 497 630 *„Knallbüchse"*.

1914: DRGM 589 749 *„Puppe"*.

1916: DRGM 662 155 *„Schaufiguren und Puppen sowie Köpfe und Glieder solcher aus Celluloid oder celluloidartiger Masse"*.

1922: DRP 365 870 *„Gliederverbindung für Celluloidpuppen"* (Patent-Inhaber: Willy Schlütter, Mannheim-Neckarau).

1923: DRGM 870 069 *„Vorrichtung zur Befestigung von beweglichen, massiven oder halbmassiven Gummigliedern an Gummipuppenköpfen"*.

1924: DRGM 906 751 *„Puppenbestandteil"*.

1925: DRGM 937 731 *„Celluloidpuppe oder Puppenteil"*.

1926: DRP 463 867 *„Puppenkopf mit beweglichen Augenlidern und fest im Kopf sitzenden Augäpfeln"*.

1933: DRGM 1 249 370 *„Celluloidpuppe"*.

1934: DRP 640 104 *„Celluloidpuppe mit beweglichen Gliedern"*. – DRP 640 624 *„Gelenkpuppe, deren Gelenkkugeln federnd gegen die an Puppenkörpern angebrachten Kugelpfannen gedrückt werden"*. – DRP 642 097 *„Puppe aus Celluloid und anderen dünnwandigen Werkstoffen, deren Glieder mit ihrem kugelförmigen Ende beweglich mit dem Hohlrumpf der Puppe verbunden ist"*.

1935: DRGM 1 339 714 *„Stimmvorrichtung für Puppen"*. – DRGM 1 338 593 *„Sperrvorrichtung für Puppenschlafaugen"*.

1936: DRGM 1 378 859 *„Schlafaugengestell für Puppenköpfe"*. – DRGM 1 396 046 *„Puppenkopf"*.

1937: DRP 663 330 *„Verfahren zum Herstellen von Puppen-Perückenköpfen aus Celluloid, Gummi o.dergl. mittels Formen für geschlossene Köpfe"*. – DRP 688 323 *„Schlaf- und Schelmenaugen für Puppenköpfe"*. – DRP 690 173 Zusatz zu DRP 688 323. – DRP 693 268 3"Befestigung für Schlaf- und Schelmenaugen". – DRGM 1 403 082 3"Puppenkopf aus Celluloid, Gummi und anderen Werkstoffen". – DRGM 1 419 003 *„Schlaf- und Schelmenaugenanordnung für Puppenköpfe"*. – DRGM 1 421 770 *„Kurbelverschluß für Puppenköpfe"*.

1938: DRP 684 631 *„An ihren Enden mit knotenartigen Verdickungen versehene Litze aus Gummi für die Gliederbefestigung von Figuren"*.

1939: DRGM 1 466 003 *„Befestigungsanordnung für die Schlafaugen von Puppenköpfen aus Celluloid oder dergl."*

1952: DP 810 484 *„Auge für Puppen o.dergl."* – DP 834 222 *„Befestigungsplatte für bewegliche Teile, insbesondere Glieder an Spielkörpern"*. – DP 834 223 *„Bewegliche Augen für Puppen oder sonstige Spielfiguren"*.

Erläuterungen

DRP 120 557 *„Puppenkopf mit modellierter Frisur"* (3.10.1899): Kurbelköpfe aus Celluloid werden bis Ende 1899 nur mit gemalten Augen hergestellt, weil die untere Halsöffnung zu klein war, um Glasaugen im Innern des Kopfes zu befestigen. Mit diesem Patent wird eine verblüffend einfache Lösung des Problems gefunden: der Kopf wird in zwei Hälften geteilt. Die obere Hälfte besteht aus einer modellierten Frisur, die der fertigen unteren Kopfhälfte wie ein Deckel aufgesetzt wird, lösbar oder verleimt. So können Glasaugen oder auch Schlafaugen von einer größeren Öffnung von oben im Kopf befestigt werden. Das Verfahren ist auch für Brustblattköpfe anwendbar. Der Vorteil: bei Reparaturen muß nicht der ganze Kopf vom Körper gelöst werden. Durch Abheben der *„Perücke"* kann der Puppendoktor sofort die Reparatur vornehmen. **Abb. 44** zeigt die Original Patentzeichnungen. Die **Abb. 45** verdeutlicht die Patent-Lösung: nach Abneh-

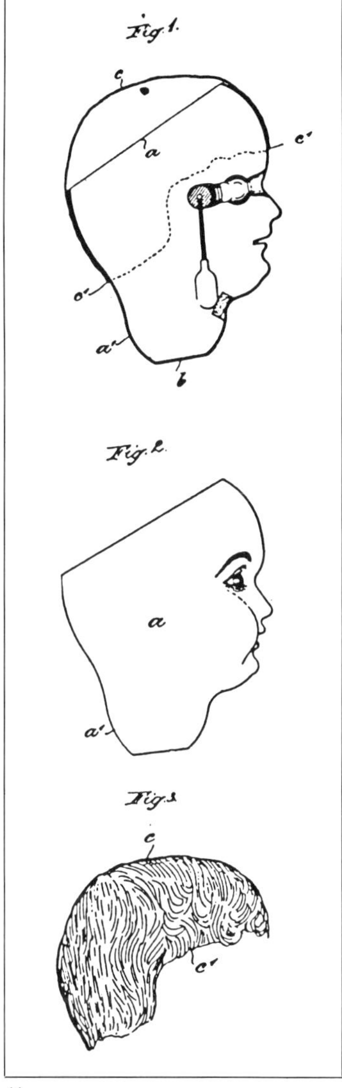
44

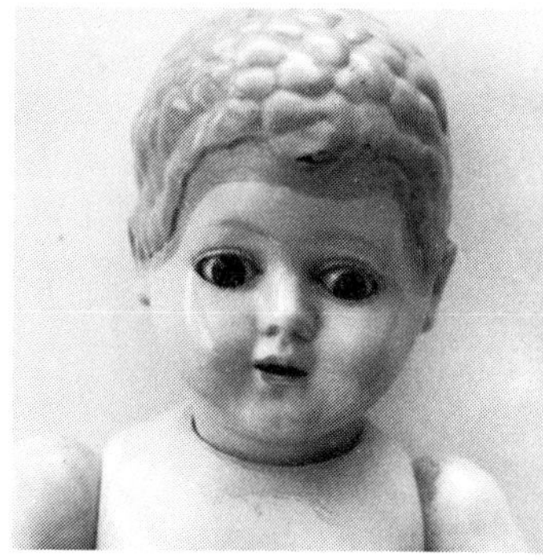
46 Sammlung Fink/Foto Dahms

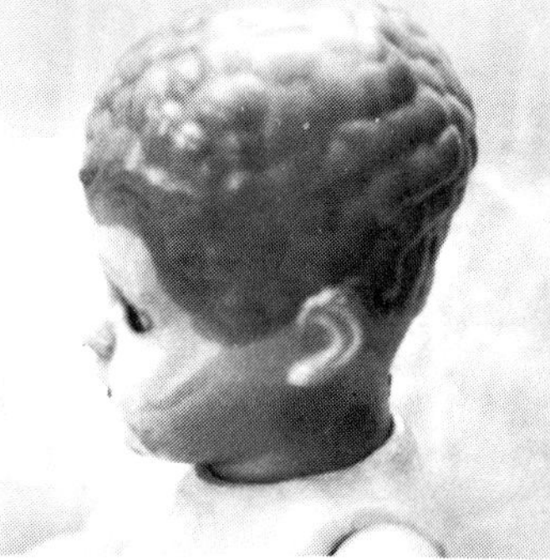
47 Sammlung Fink/Foto Dahms

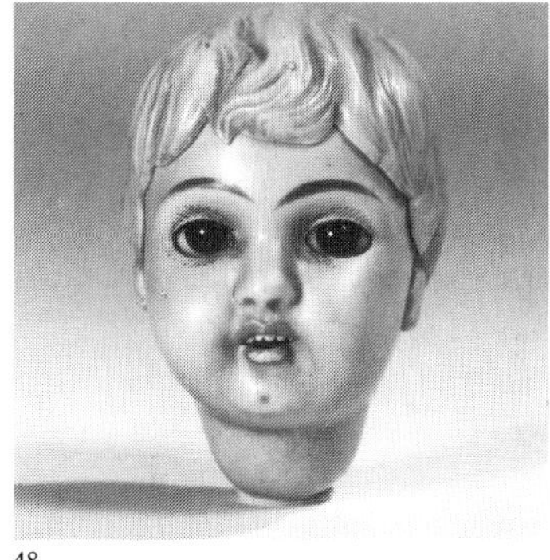
48

45

men der Perücke ist ein Holzstab erkennbar, der quer durch den Kopf an den Enden festgenagelt ist. Die festen Glasaugen sind mit Stoff und Gips befestigt. Dieser Kopf trägt nur die Größenbezeichnung 6 ½ und keine (!) Schildkröte. **Abb. 48**: der vollständige Kopf mit aufgesetzter Perücke. Etwas eigenartig wirkt die gleiche Lösung, die bei einem Kopf gefunden wurde, der eindeutig aus dem Jahre 1913 stammt (**Abb. 46** bis **47**). Die Verbindungsstelle zwischen Kopf und Perücke ist laienhaft bemalt und wirkt *„unwirklich"*. Es bleibt fraglich, ob es sich um ein *„Original"* oder eine *„Bastelarbeit"* handelt.

DRP 215 503 *„Spielzeug aus Celluloid"* (7.5.1909): Ein kombiniertes Puppenspielzeug, mit dem das Kind im Bad oder im Kinderzimmer spielen kann, verbirgt sich hinter diesem Patent. Das Spielzeug selbst besteht aus zwei Teilen: einer Puppe und einem Wickelkissen, beides aus Celluloid. Die Puppe kann in das Wickelkissen hineingeschoben oder herausgezogen werden. Beide Teile sind miteinander oder getrennt schwimmfähig (**Abb. 49**). So simpel der Patent-Anspruch auch klingt, die Kinder fanden offensichtlich gefallen daran. Im Katalog wird hervorgehoben: *„Auf Wunsch können Puppen jeder beliebigen Serie zusammen mit dem Wickelkissen (in dieses hineingesteckt) geliefert werden."* Die Wickelkissen gibt es in den Größen 10, 12, 14, 16, 18 und 20. Die entsprechenden Puppengrößen sind 8 ½, 9 ½, 12, 14, 15 ½ und 17 ½. Ein Wickelkissen mit Puppe 8 ½ kostet beispielsweise per Dutzend 3,90 Mark.

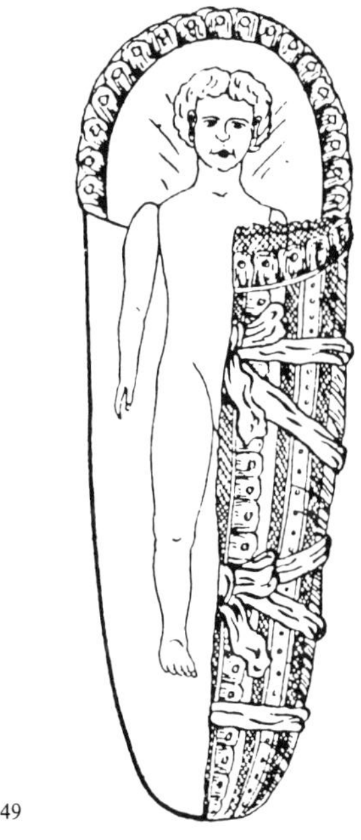
49

MVZ	=	**M**arken**v**er**z**eichnis Seite 56
SoR	=	**S**childkröte **o**hne **R**aute
SmR	=	**S**childkröte **m**it **R**aute
GM	=	**G**eschmacks**m**uster
DRP	=	**D**eutsches **R**eichs**p**atent
DRGM	=	**D**eutsches **R**eichs**g**ebrauchs**m**uster

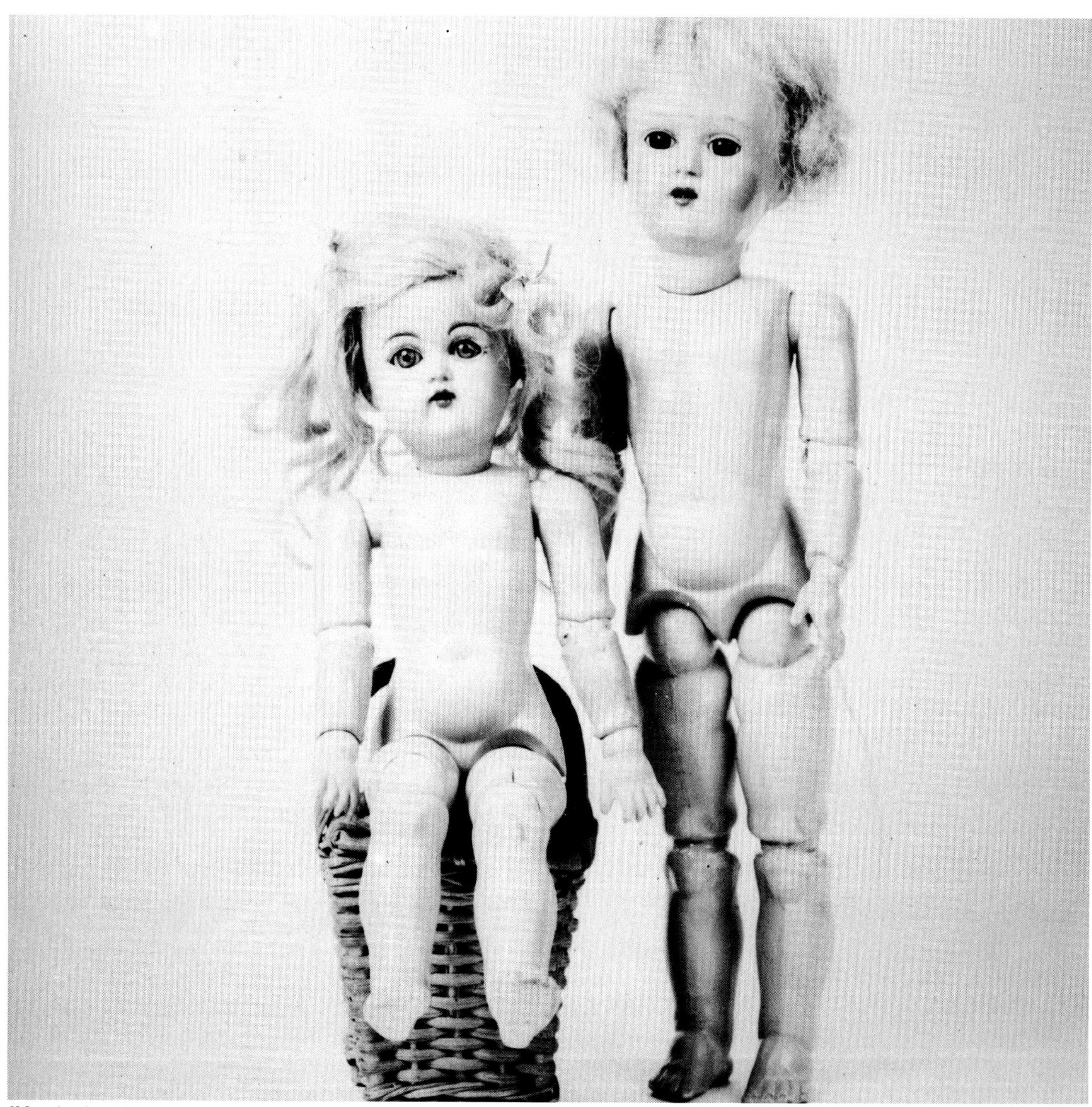

50 Sammlung Anne Stitz

51

DRGM 218 095 *„Celluloid-Puppenbalg mit durch Einschaltung von biegsamen Zwischengliedern in die Beugstellen beweglich gemachten Gliedern“* (21.1.1904): Kugelgelenkpuppen ganz aus Celluloid gehören zu den raren Exemplaren. Das obige Gebrauchsmuster ist offensichtlich die Anpassung eines Patentes der Puppenfabrik Heinrich Handwerk, Waltershausen, an die Bedürfnisse des Materials Celluloid. Handwerks Patent zeigt eine ähnliche Oberschenkelaufhängung mittels eines Stabes, der quer durch gebohrte Löcher in den Oberschenkelkugeln geführt wird. Einige *Schildkröt*-Modelle mit diesem Körper tragen einen Celluloidkopf Modell *„1913“*, häufiger aber die Serien-Nummer *„406“* von Kämmer & Reinhardt, Waltershausen, gemarkt mit der Schildkröte ohne Raute. In dem Katalog von 1908 werden diese Gelenkpuppen in den Größen 22 ½, 25, 26 ½, 28, 31 und 33 ½ cm angeboten (Wichtig: Größe ohne Kopf!), dazu Köpfe mit festen Glas- oder Schlafaugen und den Locken- und Scheitelperücken oder als Glattkopf. Die Konstruktion der Gelenke ist nicht robust genug für Kinderhände. Deshalb vermutlich die kurze Produktionszeit. Aber: noch im Katalog 1913 wird sie angeboten. Die **Abb. 50** zeigt links diesen Puppentyp in 22 ½ Größe mit dem K&R-Kopf *„406“*, insgesamt 29 cm groß. Die Schlafaugen sind mit einem interessanten, brillenartigen Metallgestell im Kopf verankert. Die Kopföffnung ist mit einem Holzstab, der an beiden Seiten des Kopfes angenagelt ist, stabilisiert und abgestützt. Die Puppe rechts stehend entspricht der 25er Größe mit einem *Schildkröt*-Kopf ohne Raute Größe 8. Sie hat Glasaugen und einen offenen Mund, insgesamt ist sie 32 cm groß (→ Kurbelköpfe *„1913“*). **Abb. 51**: Katalog 1908.

DRGM 430 791 *„Aus imitiertem Fell bekleidete Tierfigur aus Celluloid oder dergleichen Material“* (11.7.1910) und **DRGM 437 537** *„Mit imitierter Bekleidung versehen Menschenfigur aus Celluloid“*: Perücken aus Mohair oder Echthaar auf Puppenköpfen eignen sich nicht zum Spielen im Wasser. Eine Spezial-Frisur aus *„imitiertem Fell“*, aufgespritztem geflocktem Haar, soll Abhilfe schaffen. Sie ermöglicht, daß diese Puppen auch gebadet werden können. Doch nur wenige haben ihren Zweck bis heute überlebt, weil im Laufe der Spieljahre die Kunsthaare ausfielen. Diese *„imitierte Fell“*-Frisur ist auch auf Charakterbrustköpfen zu finden und wurde ferner bei folgenden Puppen verwendet: Eskimo mit imitiertem Pelzkleid (→ Abb. 299), Skiläufer mit imitiertem Pelzkleid und Pelzmütze (→ Abb. 296), Rodler mit imitiertem Pelzkleid (→ Abb. 292), Stehpuppe AF und bei *„Eisbären auf Rädern“*. Puppenköpfe mit Schlafaugen und *„Spezial“*-Augenbrauen wurden auch nach diesem Verfahren hergestellt. Die **Abb. 52** zeigt den Charakterkopf *„Bebi 1910“* mit geflockten Haaren, gemalten Augen mit rotem Lidstrich, offen/geschl. Mund mit Zunge, Größe 30 (MVZ 1).

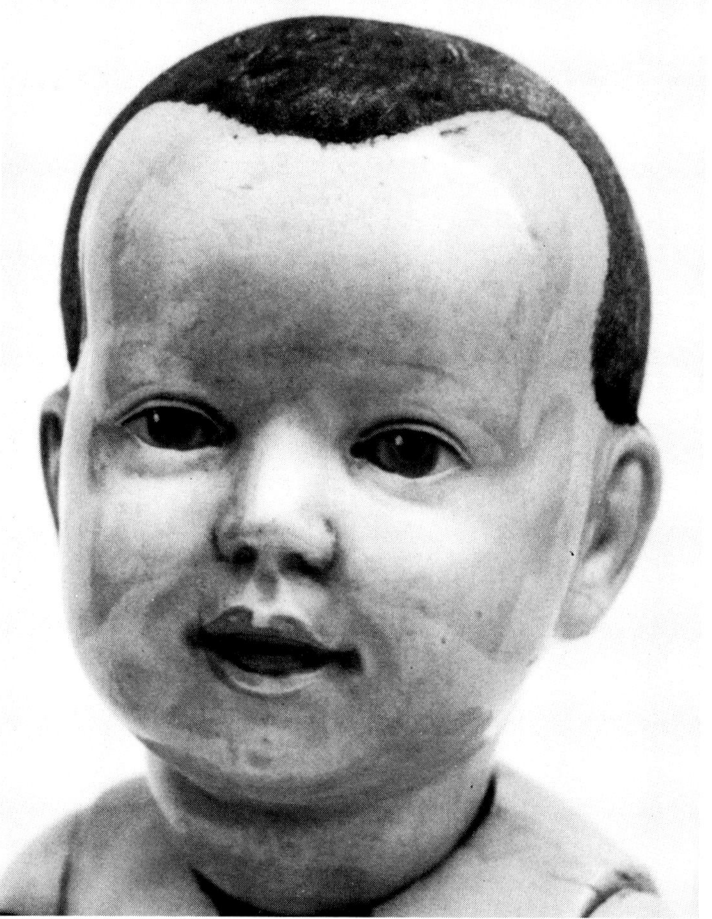

52

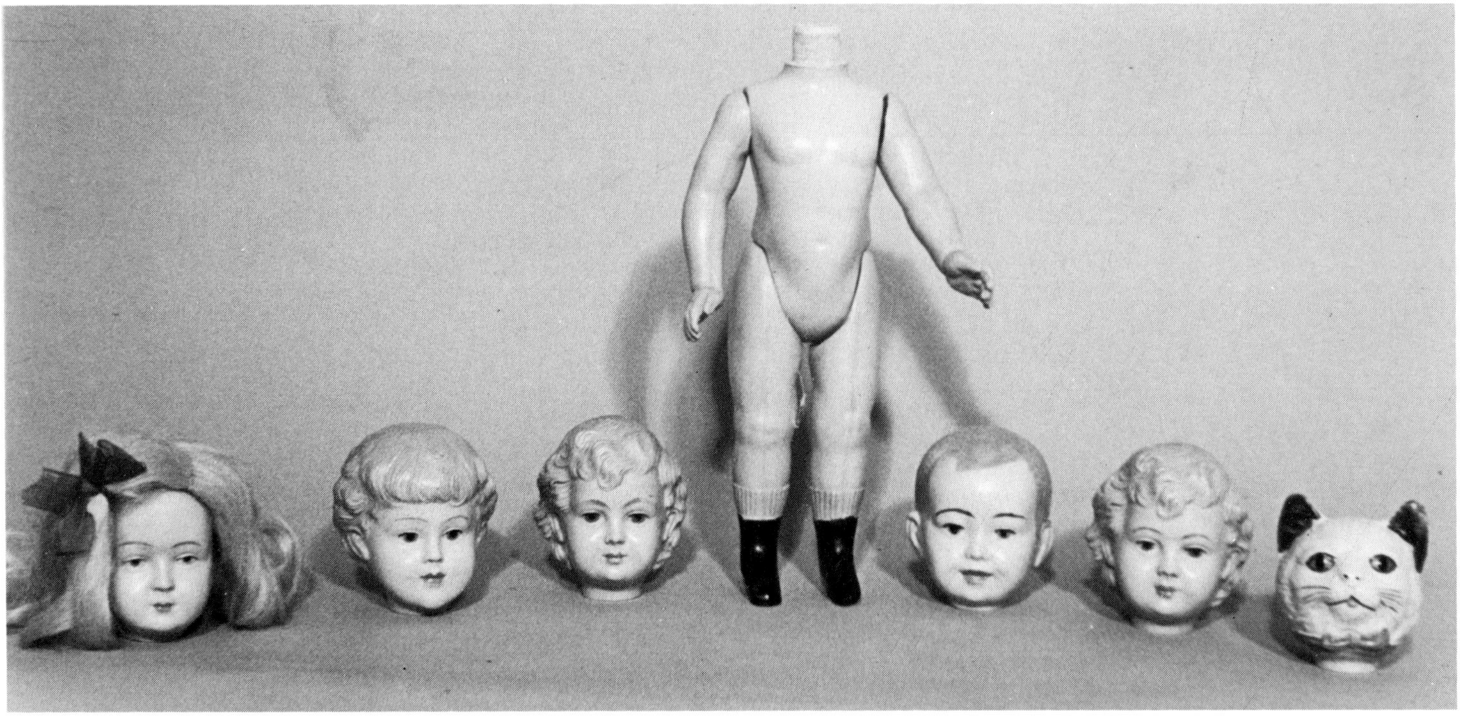

53 Ralph's Antique Doll Museum, Parkville, Missouri/USA

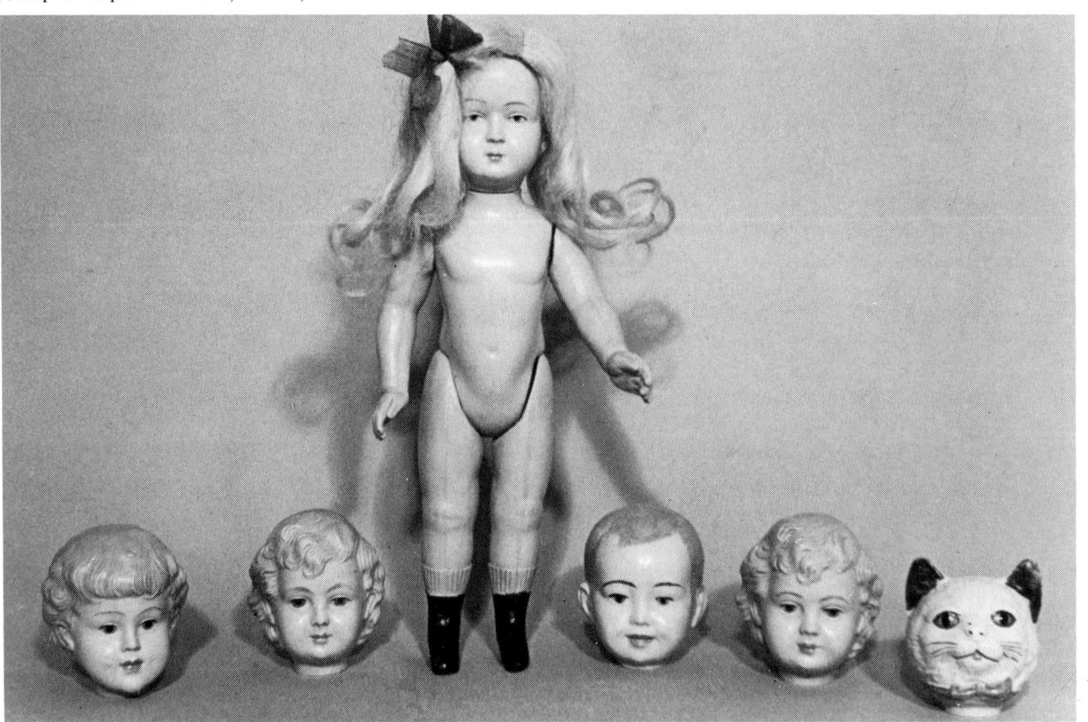

54

DRGM 447 828 *„Puppe mit auswechselbarem Kopf"* (18.8.1910): Puppen mit auswechselbaren Köpfen sind in dieser Zeit um 1910 nichts Ungewöhnliches. Zur Erinnerung sei nur J.D. Kestner's *„Wunderkind"* mit 4 verschiedenen Köpfen erwähnt. Ob die Kinder mit einem solchen Veränderungs-Spielzeug glücklich gewesen sind, darf bezweifelt werden. Durchgesetzt hat sich diese Puppen-Variante nie. Auch nicht die *Schildkröt*-Lösung, die nur einen mäßigen Erfolg hatte. Unter heutigen Maßstäben ist sie durch ihre originelle Vielfältigkeit ein Abschnitt in der Puppengeschichte, aber nur in wenigen Sammlungen vertreten. Katalog-Text 1913: *„Wechsel-Puppe. Künstlerisch ausgeführte Charakter-*

Puppe mit auswechselbarem Kopf sowie mit beweglichen Armen und Beinen. Man kauft **eine** *Puppe und kann durch einfache Manipulation* **fünf** *verschiedene Puppen daraus herstellen, welche teils als Bade-, teils als Ankleide-Puppe dienen können. Zwei Größen: 16 und 24 cm. Jede Schachtel enthält einen Puppenrumpf, 5 Stück künstlerisch ausgeführte Charakterköpfe (nämlich 2 Knabenköpfe und 3 Mädchenköpfe) und eine Gebrauchsanweisung. Die Köpfe besitzen teilweise gemaltes Haar, teilweise Perücken; ein Kopf ist mit Spezialfrisur versehen."*

Die Puppe **Abb. 53** und **54** ist 24 cm groß und entspricht dem Modell der Stehpuppe *„DN"* von 1910. Vermutlich hat man an diesem Exemplar *„herumgebastelt"* und das Modell am Halsrand auseinandergesägt und mit einem Dübel geschlossen. Die Beine sind schon nach dem neuen Geschmacksmuster von 1910 mit einer verbesserten Konstruktion ausgerüstet, die eine besonders schöne Sitzstellung ermöglicht. Strümpfe und Stiefel sind anmodelliert. Die Strümpfe sind gerippt und hellbraun getönt und die braunen Stiefel haben Absätze und 4 Knöpfe. **Abb. 53** zeigt von links nach rechts die Köpfe Künstlerkopf, Mädchen aus der Serie 1910, Kopf der Stehpuppe *„DN"* von 1910 (→ Abb. 274), Kopf aus der Künstlerserie von 1909, Modell *„Bebi"* mit Spezialfrisur nach DRGM 430 791, Kopf aus der Künstlerserie von 1909 und ein sehr seltenes

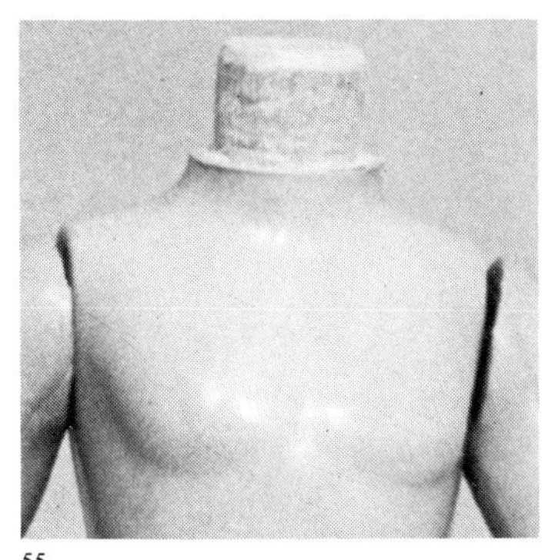

55

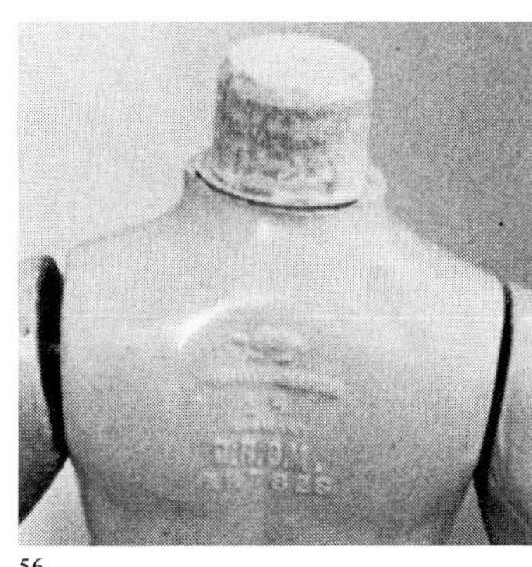

56

Modell eines Katzenkopfes, weiß mit schwarzen Ohren und Barthaaren, grünen Augen und roter Schleife. Die Kombination mit Katzenkopf wird nur 1910 angeboten (**Abb. 57**). Eine vollständige Puppe zeigt die **Abb. 54**; die **Abb. 55** und **56** Front- und Rückenausschnitte mit der Marke und der DRGM-Nummer.

57

DRP 463 867 *„Puppenkopf mit beweglichen Augenlidern und fest im Kopf sitzenden Augäpfeln"* (1.6.1926): Schon die Patent-Überschrift verrät die Funktion des Augenschließens. Zwei Halbkugeln, die von einem Pendelgewicht beeinflußt werden, umschließen die fest im Kopf sitzenden Augäpfel. Durch Gewichtsverlagerung wirkt die Kraft des Pendels so auf die beiden Halbkugeln, daß sie sich wie Augenlider bewegen und die Augen öffnen oder schließen. Der komplizierte Mechanismus darf sich nicht verziehen, auch nicht um Millimeter, denn dann würde

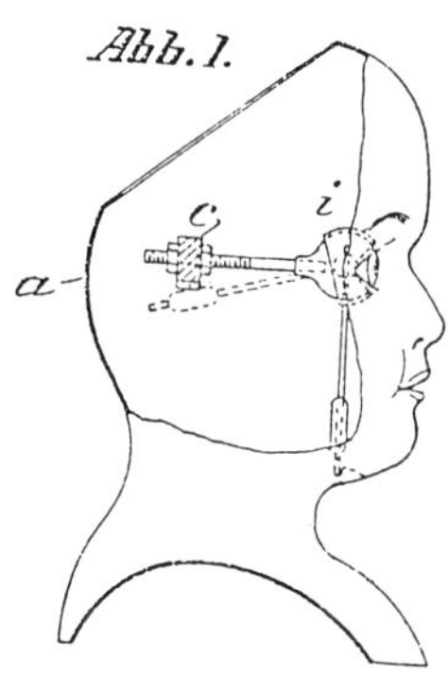

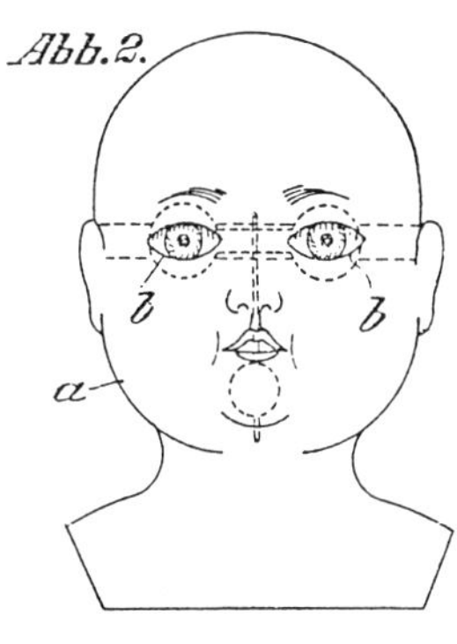

Abb. 58: Original-Patentzeichnung zum DRP 463 867.

das *„Lid“* an den Augen schleifen und defekt werden. Deshalb wurde die Hebeltechnik an einem Holzsteg befestigt, der wiederum seinen Halt an der Außenwand des Kopfes findet. Dieser Holzsteg ist bei Kurbelköpfen an der Kopfkrone angebracht, beim Brustblattkopf am engsten Teil des Halses und bei Halsköpfen an der Halsöffnung. Diese Konstruktion gibt den Halt für einstellbare Metallstangen, an deren vorderen Enden die Augäpfel aus Glas befestigt sind. Das Verfahren eignet sich besonders gut für Miblu-Köpfe. Durch die Befestigung wurde nämlich das Entstehen von durchschimmernden Flecken vermieden, die durch die Eingipsung des Augenmechanismus entstanden und von außen zu erkennen waren.

Abb. 59: An der engsten Stelle des Halses ist die Holzstange, die den Mechanismus der Augen trägt, befestigt (Brustblattkopf *„Modell 1926“*, → Abb. 120). – **Abb. 60**: In diesem Kurbelkopf (Miblu) ist die Haltestange an der Kopfkrone angenagelt (→ Abb. 232).

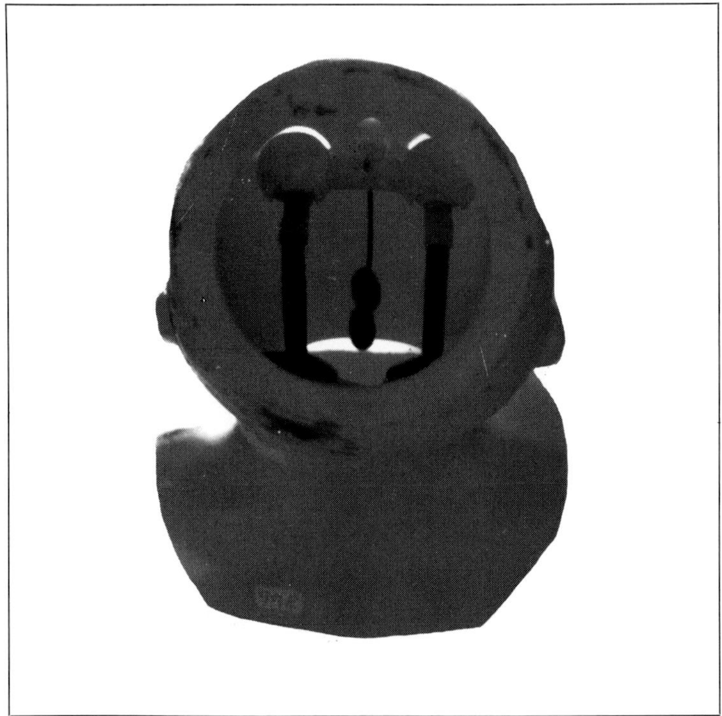

59 Foto: Gisela Grote

60

DRP 640 104 *„Celluloidpuppe mit beweglichen Gliedern“* (20.12.1934): Das mühelose Befestigen von Kopf, Armen und Beinen am Puppenkörper hat zahllose Erfinder angeregt und zu unterschiedlichsten Lösungen geführt. Celluloid-Puppen sind empfindlich und in Kinderhänden gefährdet. Oft genug mußte der Puppendoktor, den es früher in jedem Wohnviertel gab, neue Glieder, Augen usw. er- oder einsetzen. Deshalb waren die Puppenfabriken bemüht, möglichst einfache Austausch-Mechanismen in die Puppen einzubauen. Diese Erfindung besteht aus einem simplen Trick: Die Gummikordel zum Spannen der Puppe wird mit ihrem Ende durch ein Loch in einer gebogenen, ellipsenförmigen schmalen Fläche gezogen und am Ende verknotet, damit die Schnur nicht herausrutschen kann. Diese sogenannte Zwischenplatte wird dann mit der Gummikordel durch die nach innen gewölbte Gelenkpfanne gesteckt, so daß sie sich von innen um die Gelenkpfanne legt und die Kordel hält. Berühmt wird diese Verbindung Ende der 30er Jahre bis in die 50er Jahre als *Schildkröt*-Verankerung. Die Zwischenplatte wird zum *„Anker“*, womit das Funktionsprinzip hinlänglich erklärt ist.

Abb. 61: Original-Patentzeichnungen zum DRP 640 104. Deutlich ist die Halterung erkennbar. – **Abb. 62**: Ein unscheinbares Celluloid-Plättchen, der *„Anker“*, *„bewirkt den tadellosen Sitz der Glieder, verhindert das Ausreißen und macht Reparaturen zu einem Kinderspiel“* (erst ab Größe 28).

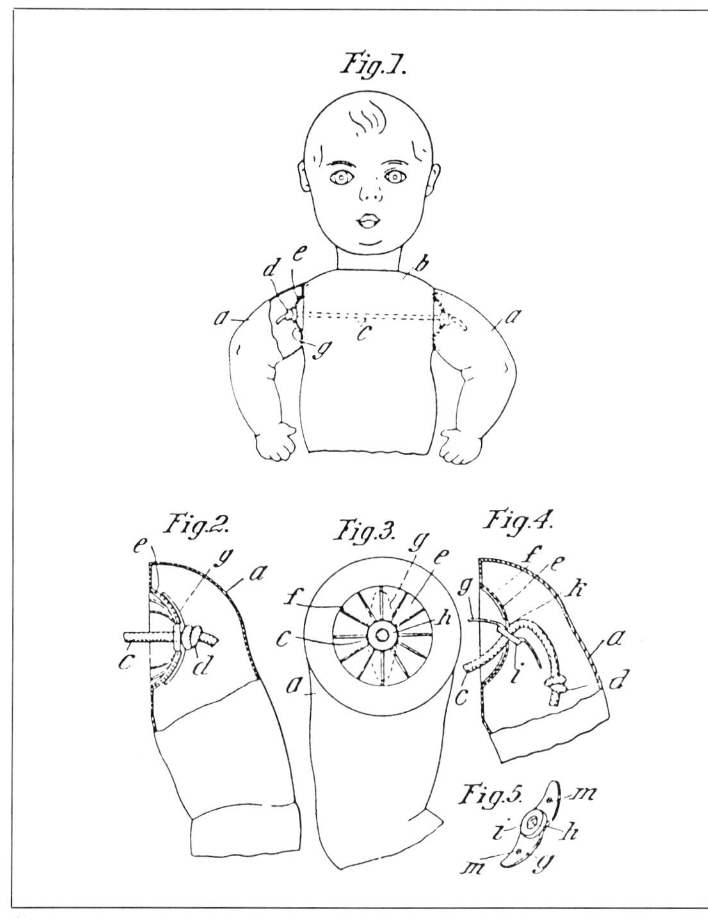

61

62

DRP 663 330 *„Verfahren zum Herstellen von Puppen-Perückenköpfen aus Celluloid, Gummi o.dergl. mittels Formen für geschlossene Köpfe“* (9.3.1937): Die Herstellung von Metallformen für Puppenköpfe aus Celluloid ist aufwendig und teuer. Nur besonders geschickte Graveure durften die Modellformen anfertigen. Wegen der hohen Material- und Lohnkosten wurden nur solche Köpfe in die Produktion aufgenommen, die mehrere Jahre im Verkaufsprogramm angeboten werden sollten. Hinzu kommt, daß Puppenköpfe eines Modells in verschiedenen Sorten angeboten werden müssen, und zwar als geschlossene Köpfe mit modellierter Perücke oder offene Köpfe für Echthaarperücken. Das Patent ermöglicht ein Verfahren, das gestattet, mit den teuren, einmal vorhandenen Formen für geschlossene Köpfe zugleich auch offene oder Perückenköpfe herzustellen. Im Prinzip werden künftig nur geschlossene Kurbelköpfe hergestellt. Die obere Kopfhälfte, von Haaransatz zu Haaransatz, wird weggeschnitten. Der Kopf wird am Schnittrand durch Einkleben eines Ringes von etwa U-förmigen Querschnitt versteift.

Abb. 63: Original-Patentzeichnung zum DRP 663 330. – **Abb. 64**: Der eingeklebte U-förmige Ring zur Verstärkung des Kopfausschnittes ist deutliche erkennbar. – **Abb. 65**: Der stark abgeschnittene Hinterkopf bei einem *„Strampelchen“* (auf Lederkörper, Größe 35, MVZ 26).

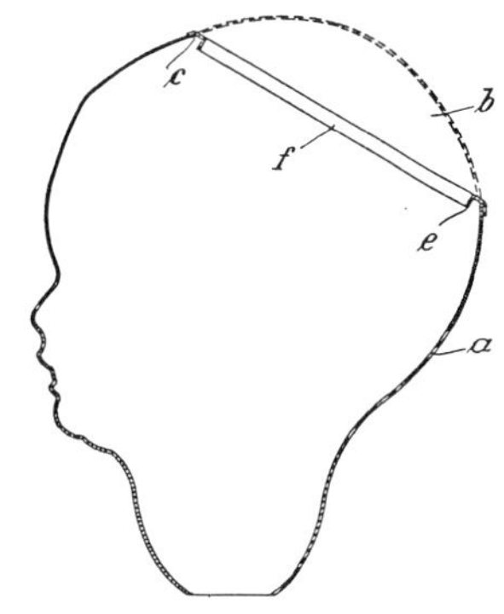

63

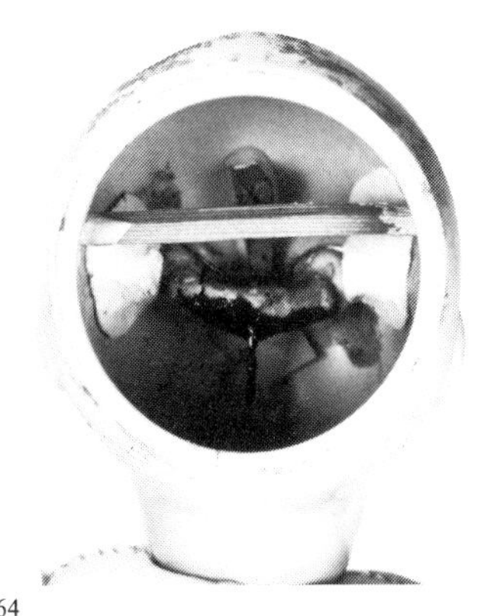

64

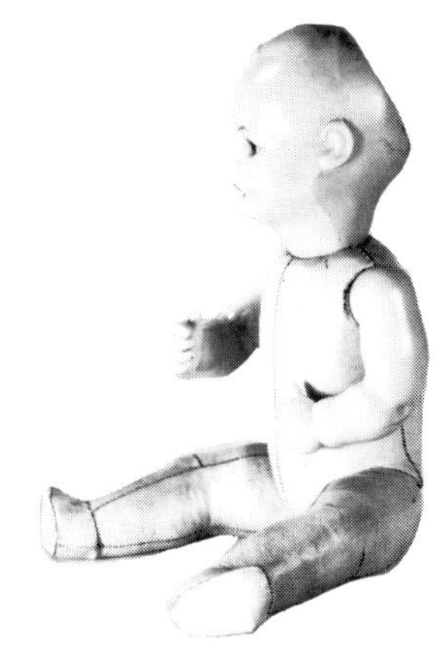

65 Antiquitäten Haarmann

Bei den frühen *Schildkröt*-Kindern ab 1937 findet man am Ende des Kurbelkopfes einen halbmondförmigen, eingeklebten Celluloid-Abschnitt. Dieser Ausschnitt ist schon bei der Herstellung des Puppenkopfes zum Einsetzen der Schlaf- und Schelmenaugen entstanden. Es handelt sich also nicht, wie allgemein angenommen, um die Reparaturstelle eines Puppendoktors. Notwendig wurde dieser Ausschnitt, um eine Pendelstange im Kopf zu befestigen, die zum Augenmechanismus gehört (damit die Augen sich unabhängig voneinander bewegen konnten). Die Befestigung dieses Augengestells bereitete *Schildkröt* große Kopfschmerzen. Im Werkgelände wurde auf dem Kopfsteinpflaster der sogenannte *„Rütteltest"* vorgenommen: die Puppenköpfe wurden auf einem Fahrrad befestigt und hin und her gefahren, um die Befestigung der beweglichen Augen zu überprüfen. Ab etwa 1952 konnte *Schildkröt* auf das Aufschneiden des Halses verzichten. Ein englisches Patent (DRP 834 222) mit einer gebogenen Pendelstange ermöglichte einen wesentlich einfacheren und weniger komplizierten Einbau der Augen. **Abb. 66**: Gebogene Pendelstange nach DRP 834 222. – **Abb. 67**: Eingeklebter Halsausschnitt an einem *„Bärbel"*-Kopf. – **Abb. 68**: Geöffneter Halsausschnitt, in dem deutlich Teile des Augenmechanismus zu erkennen sind.

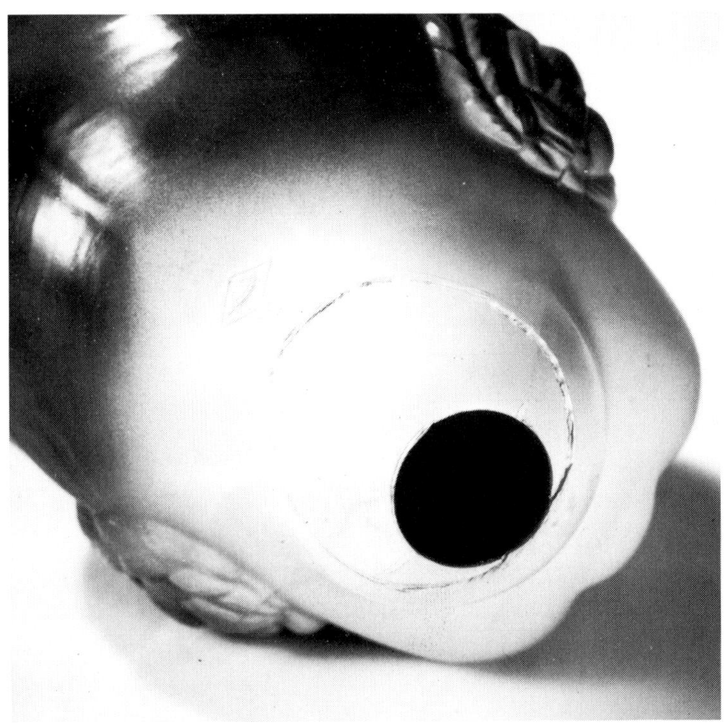

67

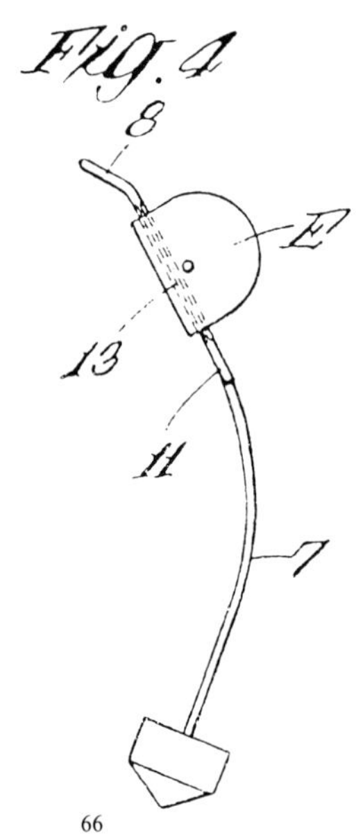

66

68

Mechanisches

Abb. 69 und **70**: Ungemarkte Laufpuppe von *Schildkröt* nach dem GM von 1913: *„Nr. 1 und Nr. 2 Knabe, Nr. 3 Mädchen"*. Der „Knabe" auf dem Foto hält eine Kasper-Figur in der Hand. Durch ein Schwungrad, das an den Seiten gelagert ist (siehe rechts einen Teil der überstehenden Achse) läuft die Figur auf Rädern. Höhe 15 cm, Durchmesser am Fuß: 6 cm. – **Abb. 71**: Mit dem Inserat-Text *„Der Jazz-König begrüßt Sie in neuer Gestalt"* stellte *Schildkröt* im Jahre 1930 eine Tanzfigur mit Uhrwerk und beweglichem Hut vor. Das Modell stammt aus dem reichhaltigen Formenschatz der Celluloidfabrik Hunaeus.

71

69 Sammlung Klaus Jörger/Foto: Dietrich Graf

70 Sammlung Klaus Jörger/Foto: Dietrich Graf

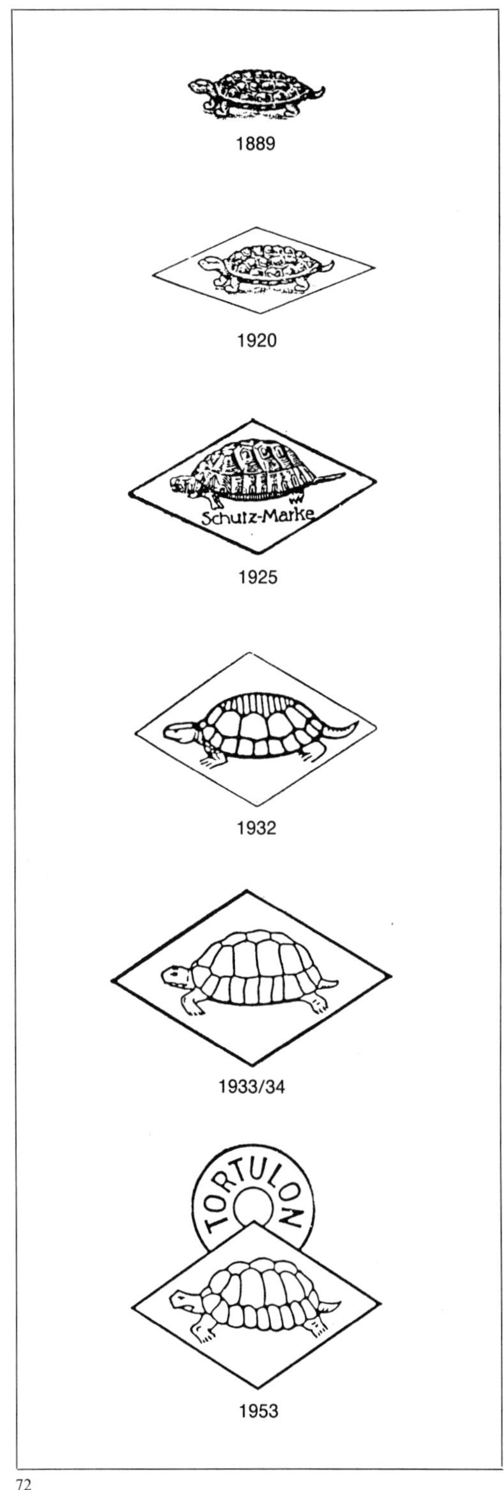

72

Eine Puppenwelt im Zeichen der Schildkröte

Die Schildkröte gehört zur Familie der Reptilien. Sie ist eines der wenigen Lebewesen auf der Erde, das sich seit Millionen Jahren nicht verändert hat. Schildkröten liefern das im 19. Jahrhundert so beliebte *„Schildpatt"* oder auch *„Schildkrot"*. Es wächst als verdickte Hornschicht bei bestimmten Arten auf dem Rücken. Schildpatt ist biegsam, läßt sich in Wärme erweichen und schmelzen. Es zeichnet sich durch Geschmeidigkeit und Dauerhaftigkeit aus und läßt sich zu Kämmen, Haarnadeln, Dosen, Galanteriewaren, Knöpfen usw. verarbeiten.

Schon im 19. Jahrhundert werden die Schildkröten gejagt und fast ausgerottet (erst in diesem Jahrhundert werden sie unter Naturschutz gestellt), Schildpatt ist dementsprechend teuer auf dem gesamten Weltmarkt. Da liegt es auf der Hand, das Celluloid als idealen Schildpatt-Ersatz zu verwenden. Es hat mindestens die gleichen Eigenschaften und ist haltbarer und billiger durch seine chemische Herstellung. Und damit auch jedermann weiß, welches teure Naturmaterial das Celluloid ersetzen soll, markt die *Rheinische* ihre Erzeugnisse aus Celluloid mit einer... Schildkröte.

„Die Schildkröte ist das Sinnbild der Unverwüstlichkeit, Dauerhaftigkeit und Widerstandsfähigkeit", heißt es in einer firmeneigenen Werbebroschüre. Ab 1889 verwendet die *Rheinische* die Schildkröte als Warenzeichen, kann es aber erst 1899 *„rückwirkend"* bis 1889 gesetzlich schützen lassen. Der Kasten **Abb. 72** zeigt die Entwicklung und graphische Umgestaltung der *Schildkröt*(e) im Laufe der Jahrzehnte. Bis heute ist diese Schildkröte als eingetragenes Warenzeichen registriert. Deutlich kann man die Veränderungen der Strukturen im Panzer erkennen. Ein wesentlicher Hinweis zur zeitlichen Bestimmung ist die 1933/34 vorgenommene Korrektur der Fußhaltung. Bis zu diesem Zeitpunkt sind die Füße nach vorn ausgerichtet, nun werden sie nach hinten um*„geformt"*.

Die vielen Variationen der *Schildkröt*-Marke sind auf der Seite 56 deutlich erkennbar. Die Schildkröte und auch die Raute sind auf den Puppen-Erzeugnissen reliefartig (je nach Größe der Puppe) hoch oder flach eingeprägt. Die Schreibweise der Zahlen modernisiert sich mit den Produkten. Wichtig: trotz Zeitgleichheit kann die Marke auf Köpfen und Körper un-

Abb. 73: Original-Dokument des Kaiserlichen Patentamtes aus dem Jahre 1899, mit dem der „Rheinischen Gummi und Celluloid-Fabrik" das berühmte *„Schildkröt"*-Warenzeichen patentamtlich geschützt wurde. Nach dieser Urkunde hatte die Firma bereits am 9. Oktober 1889 einen gleichlautenden Warenzeichen-Antrag gestellt, war jedoch abschlägig beschieden worden.

terschiedlich sein. Im Idealfall passen beide zusammen: die Schildkröte mit den Größenbezeichnungen.

In diesem Zusammenhang muß darauf hingewiesen werden, daß die Puppen auch ab Werk nicht immer *„passend"* geliefert wurden und daß die Puppendoktoren Teile ersetzten, die einfach nur paßten. Und: Körpermodelle sind länger hergestellt worden als die Kopfmodelle. Deshalb die vielen unterschiedlichen *„Zusammensetzungen"*. Oder: im heutigen Puppen-Boom wird hemmungslos zusammengefügt, was zusammenpaßt. Hauptsache, eine vollständige Puppe entsteht.

In den 30er Jahren wird rationalisiert. Die Größen-Vielfalt wird gestrafft. Köpfe und Körper können mit Zwei- oder Dreifach-Größen gemarkt sein. So paßt ein 35/39er Kopf bei den 5-*Schildkröt*-Kindern auf ein 35er Sitzbaby oder eine 39er Stehpuppe. Schon in den 20er Jahren kommen bei einzelnen Kopfmodellen Zweifach-Größen vor, passend nach fabrikeignem System für ver-

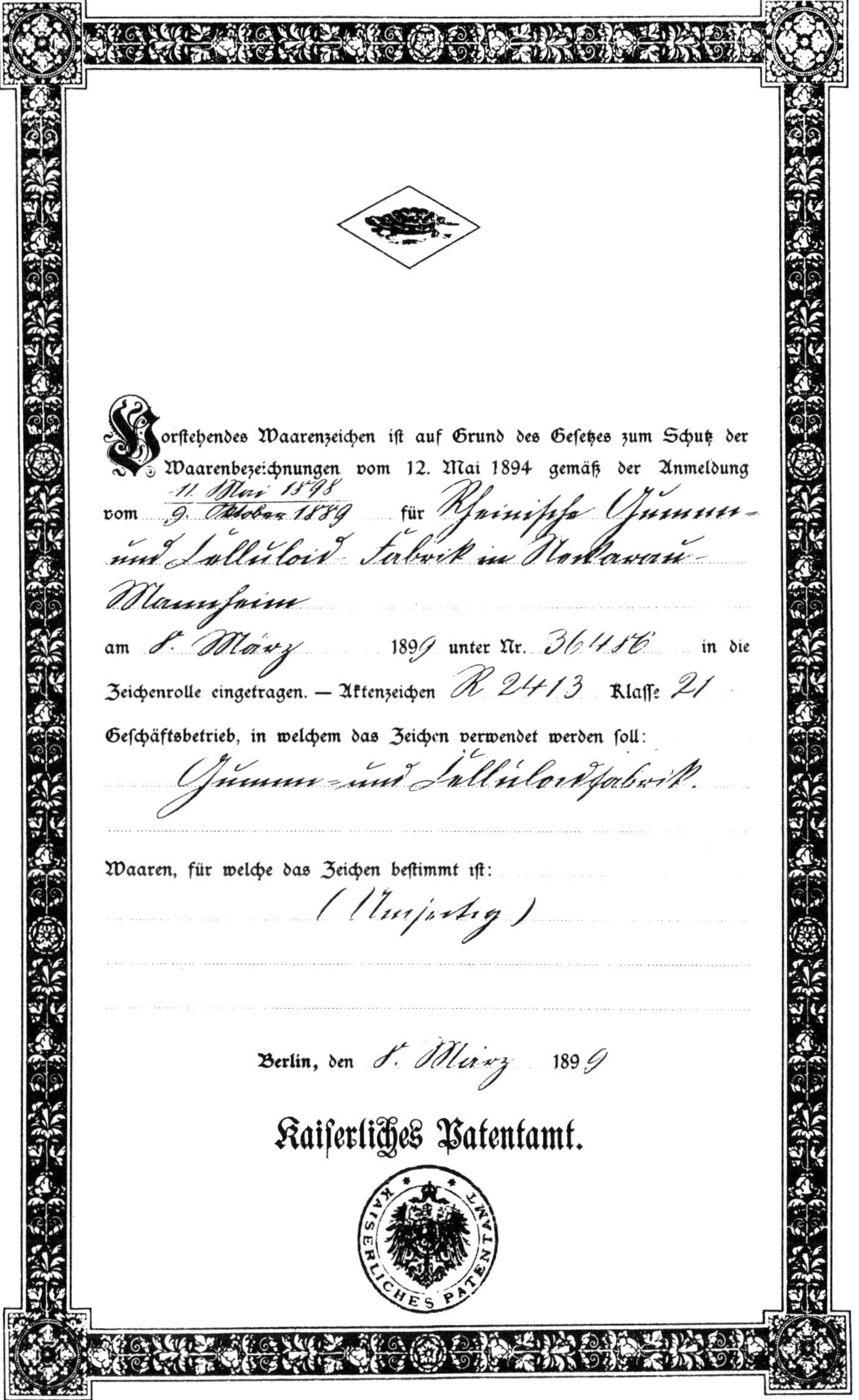

Vorstehendes Waarenzeichen ist auf Grund des Gesetzes zum Schutz der Waarenbezeichnungen vom 12. Mai 1894 gemäß der Anmeldung vom ~~9. Oktober 1889~~ 11. Mai 1898 für Rheinische Gummi- und Celluloid Fabrik in Neckarau-Mannheim am 8. März 1899 unter Nr. 36416 in die Zeichenrolle eingetragen. — Aktenzeichen R 2413 Klasse 21

Geschäftsbetrieb, in welchem das Zeichen verwendet werden soll:

Gummi- und Celluloidfabrik.

Waaren, für welche das Zeichen bestimmt ist:

([illegible])

Berlin, den 8. März 1899

Kaiserliches Patentamt.

KAISERLICHES PATENTAMT

73

Daran erkennt man sie jetzt!
Schildkröt-Puppen legten schon immer Wert darauf, überall gleich erkannt zu werden! Sie trugen bisher das Goldsiegel. — Jetzt aber haben sie ein neues, schöneres, deutlicheres Kennzeichen bekommen, den blauen Anhänger in Rhombusform! — Er trägt auf beiden Seiten die Schildkröte, das Sinnbild der Unverwüstlichkeit, wird von allen Schildkröt-Puppen am Arm getragen und gibt ihnen schon rein äußerlich wieder eine besondere Note. Daran wird man sie sofort erkennen und wissen:
Das sind Schildkröt-Puppen:
abwaschbar · farbecht · hygienisch · unzerbrechlich

75

74

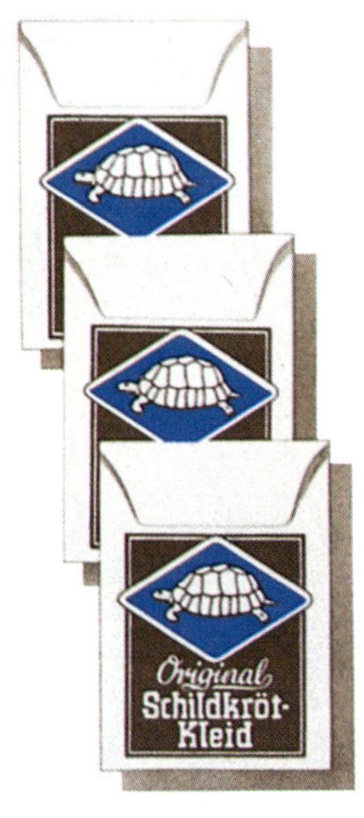

76

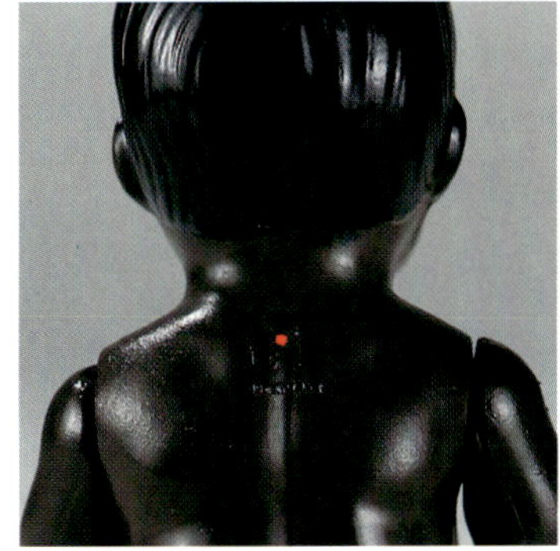

77

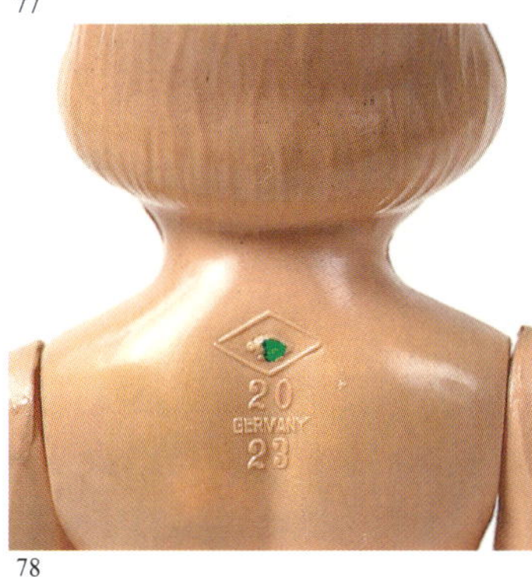

78

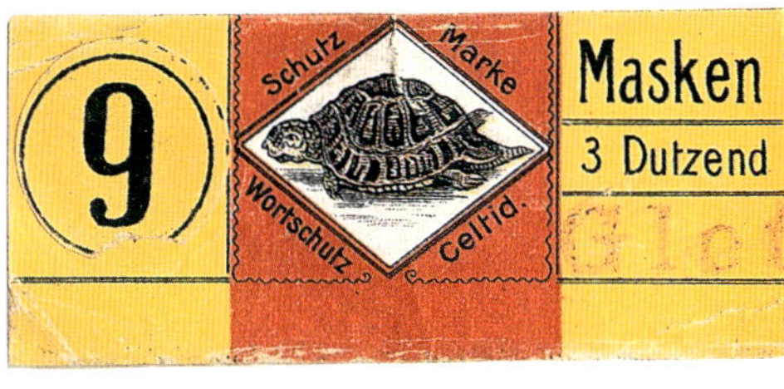

79

schiedene Körper wie Sitzbebi-, Kleinkind- oder Liselotte-Gelenkkörper.

Ein wichtiges Dokument zur zeitlichen Bestimmung von *Schildkröt*-Puppen sind die Original Anhänger. Sie sind leider nur selten zu finden. Wie die **Abb. 74** zeigt, wird die Kundschaft auch über Änderungen der Anhänger per Anzeige informiert. 1938 wird das bisherige *„Goldsiegel“* (**Abb. 75**) durch einen blauen Anhänger in Rautenform ersetzt.

Von Sammlern werden häufig auf Puppenköpfen und -körpern im *Schildkröt*-Markenzeichen rote und grüne Punkte gefunden, die Rätselraten ausgelöst haben. Die Erklärung ist einfach: bei so gekennzeichneten Puppen handelt es sich um *„direkt-ab-Werk“*- Verkäufe für die Werksangehörigen. Diese Puppen sind nicht durch den offiziellen Handel in Umlauf gekommen. Sie wurden von der Firma direkt markiert, um bei den scharfen Kontrollen an den Werkseingängen Mißverständnisse zu vermeiden. Aber: die Qualität dieser Puppen ist häufig nicht so gut wie bei den normalen Fabrikaten. Deshalb wurden sie für Pfennigbeträge an die Mitarbeiter abgegeben. Die Buchstaben *„KV“* haben übrigens die gleiche Bedeutung.

Abb. 76: Katalog 1940 mit dem neuen Anhänger für *„Original Schildkröt Kleid“*.

Abb. 77 und **78**: direkt im Markenzeichen wurden die grünen und roten Markierungen angebracht. – **Abb. 79**: Original Schachtel-Etikette aus verschiedenen Zeiten.

Von *Schildkröt* geschützte Namen für Puppen:

Celtid 1904
Miblu 1926
Strampelchen 1935
Sonnenkind 1936
Purzel 1936
Blondköpfchen 1937
Kleinkind 1937
Trotzköpfchen 1937
Pausbäckchen 1937
Sonnenbraun 1938
Lebende Augen 1938
Olympia Super 1938
Schatz 1940
Schatzi 1940
Rhenalon 1940
Bärbel 1941
Christel 1941
Inge 1941
Ursel 1941

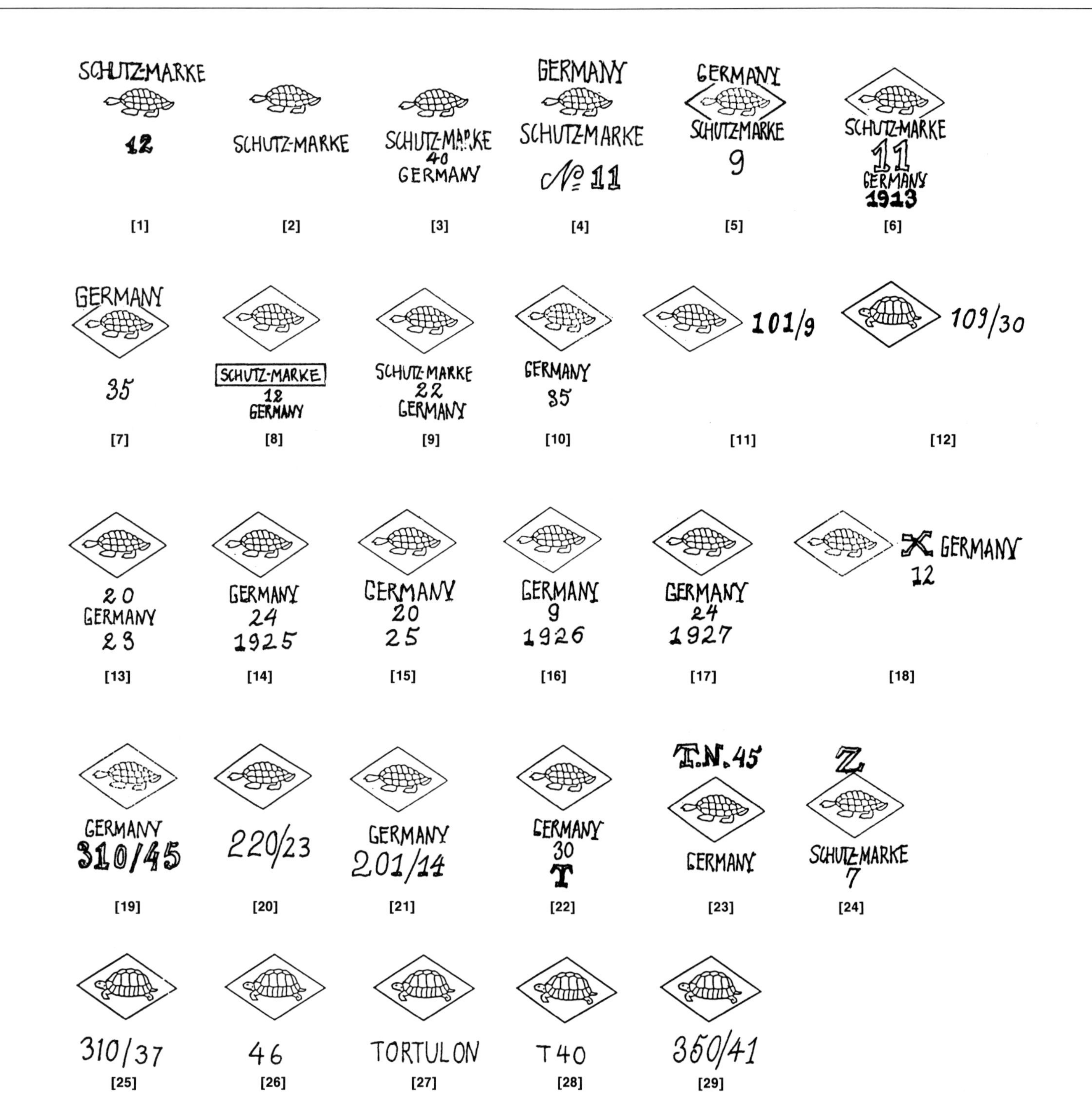
SCHUTZ-MARKE
12
[1]
SCHUTZ-MARKE
[2]
SCHUTZ-MARKE
40
GERMANY
[3]
GERMANY
SCHUTZ-MARKE
№ 11
[4]
GERMANY
SCHUTZ-MARKE
9
[5]
SCHUTZ-MARKE
11
GERMANY
1913
[6]
GERMANY
35
[7]
SCHUTZ-MARKE
12
GERMANY
[8]
SCHUTZ-MARKE
22
GERMANY
[9]
GERMANY
35
[10]
101/9
[11]
109/30
[12]
20
GERMANY
23
[13]
GERMANY
24
1925
[14]
GERMANY
20
25
[15]
GERMANY
9
1926
[16]
GERMANY
24
1927
[17]
GERMANY
12
[18]
GERMANY
310/45
[19]
220/23
[20]
GERMANY
201/14
[21]
GERMANY
30
T
[22]
T.N.45
GERMANY
[23]
Z
SCHUTZ-MARKE
7
[24]
310/37
[25]
46
[26]
TORTULON
[27]
T40
[28]
350/41
[29]

Zur Erläuterung des Kasten mit den Markenzeichen (MVZ = Marken-Verzeichnis) folgende Anmerkungen: die MVZ 1 bis 4 zeigen die Schildkröte ohne Raute. So wurde die Schutzmarke bei den ersten Puppen-Modellen ab 1899 bis etwa in den Ersten Weltkrieg benutzt. Meist mit dem Zusatz SCHUTZ-MARKE und/oder GERMANY. Das Modell des Kurbelkopfes *„1913"* zeigt eine Schildkröte in der Raute, die aber nach unten hin offen in das Wort SCHUTZ-MARKE verläuft. Dasselbe Kopfmodell ist aber auch mit Schildkröte ohne Raute bekannt. Die MVZ 5 bis 7 zeigen die Raute nach oben und/oder nach unten geöffnet, wie sie kurz vor und nach dem Ersten Weltkrieg noch gepreßt wurde. Grundsätzlich kann festgestellt werden, daß die Schildkröte mit Raute bei allen neuen Modellen nach 1920 eingeprägt wird. Auch auf den weiter im Programm geführten Modellen von vor 1914 wird die Schildkröte mit Raute nun generell geprägt. Auf einigen Modellen aus dieser Zeit findet man zusätzlich die SCHUTZ-MARKE und GERMANY, ab 1923/24 nur noch GERMANY.

Die MVZ 11 und 12 zeigen Halskopf-Marken: MVZ 11 das Modell von *„1925"* und MVZ 12 das Modell von 1934 mit der neuen Schildkröte. Genau datiert werden können die MVZ 13 bis 17. MVZ 13: Stehpuppe von 1923 (Jahreszahl *„23"*). MVZ 14 und 15: Bebi *„1925"* mit ausgeschriebener und abgekürzter Jahreszahl. MVZ 16: Brustblatt- oder Kurbelkopf Modell *„1926"*. MVZ 17: Bebi *„1927"*. Auch Buchstaben können im Markenzeichen mitgeprägt worden sein, wie zum Beispiel *„X"*, *„T"*, *„TN"* oder *„Z"* (MVZ 18, 22, 23, 24). Diese Buchstaben sind Modellbezeichnungen. Wenige Kurbel- oder Brustblattköpfe sind mit eingeprägten Serien-Nummern versehen. Beispiel: Modell *„310"* (MVZ 19 und 25). Diese Abbildungen lassen auch deutlich die veränderte Schildkröte, aber auch die unterschiedliche Schreibweise der Ziffern erkennen. MVZ 20 und 21: Brustblatt-Köpfe. MVZ 26 zeigt die neue Schildkröte ab 1933/34, wie sie auf allen Puppen bis weit in die 50er Jahre unverändert benutzt wurde. Abb. 27 und 28 sind aus den 50er Jahren für *„TORTULON"* oder abgekürzt auch *„T"*.

80

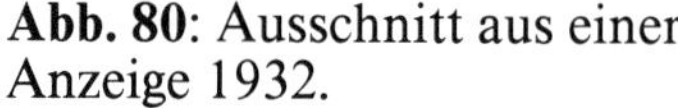

Abb. 80: Ausschnitt aus einer Anzeige 1932.

MVZ	=	Markenverzeichnis Seite 56
SoR	=	**S**childkröte **o**hne **R**aute
SmR	=	**S**childkröte **m**it **R**aute
GM	=	**G**eschmacks**m**uster
DRP	=	**D**eutsches **R**eichs**p**atent
DRGM	=	**D**eutsches **R**eichs-**g**ebrauchs**m**uster

81

82

Modepuppen

Mit langen Beinen und Busen sind zwei Modepuppen ausgestattet, die im *Schildkröt*-Firmen-Archiv aufbewahrt werden **(Abb. 81** und **82).** Beide haben anmodellierte, mit Goldglimmer bestreute Schuhe mit hohen Absätzen. Vorn unter der Sohle sind Löcher, die wohl zur Befestigung auf einem Sockel oder Ständer dienten. Arme und Beine sind in eleganter, damenhafter Pose modelliert. Der zierliche, leicht schräg aufgesetzte Kopf hat Glasaugen mit einem offen/geschl. Mund. Die Puppe **Abb. 82**: trägt eine blonde Mohairperücke im Stil der Teepuppen-Köpfe. Das Originalkleid aus glänzendem Material entspricht dem Vitrinenstil der 20er Jahre. Auf dem Hinterteil gemarkt mit Größe 38 ½ (MVZ 10).

Brustblattköpfe für die Thüringer Puppenindustrie

Brustblattköpfe sind von *Schildkröt* selbst nie für die eigene Puppenproduktion verwendet worden. Sie waren ein Zulieferartikel für die Thüringer Puppenindustrie. Die Köpfe wurden von den hunderten von Betrieben für die unterschiedlichsten Körper aus Leder, Stoff, Wachstuch und ähnlichen Materialien verwendet. Die vielfältigen Balgarten – selbst kleinere Puppenfabriken hatten eigene Entwicklungen – mit ihren Beinteilen aus Masse, Holz oder Biskuit führten zu den vielfältigsten Puppentypen. Doch auch Celluloid-Unterarme und -beine, diese wiederum von *Schildkröt* geliefert, wurden verarbeitet: zum Einbinden in 10 Größen oder mit Seitenlöchern für Schaniere in 14 Größen oder als glatte Teile zum Ankleben in 10 Größen.

Die Brustblattköpfe wurden in den Qualitäten Glattkopf für Perücken, mit modellierten Haaren und gemalten sowie Glas- oder Schlafaugen geliefert.

Fast alle *Schildkröt*-Kopfmodelle waren auch als Brustblattkopf im Handel. Besonders ausgefallene und seltene Typen fallen in die Zeit der Charakterpuppen um 1910.

Nicht nur das *„Bebi 1910"*, sondern auch *„Lacher"* und *„Weiner"* oder Knaben- und Mädchenköpfe in wunderschöner Ausfertigung wurden in den Katalogen aufgeführt. Diese Brustblattköpfe sind heute selten, die gleich aussehenden Standardmodelle sind dagegen häufiger zu finden.

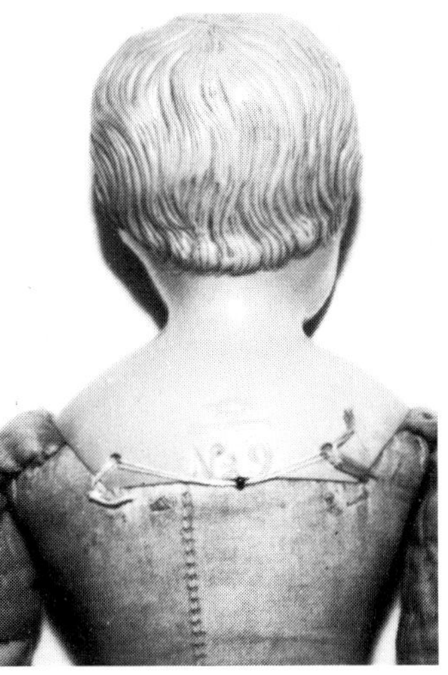

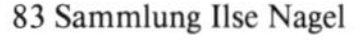

83 Sammlung Ilse Nagel

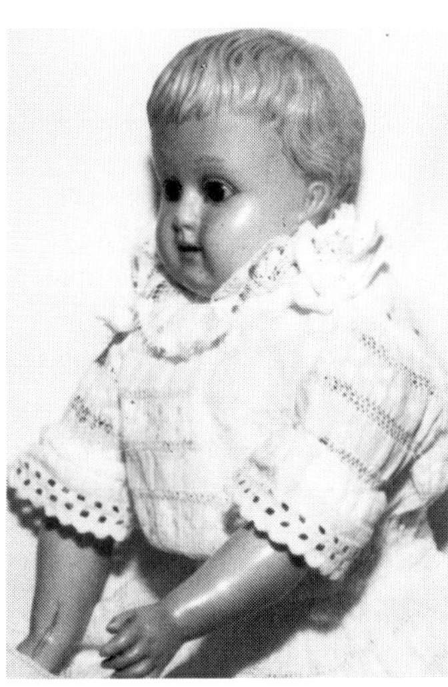

84 Sammlung Ilse Nagel

85 Sammlung Ilse Nagel

Abb. 83, 84 und **85**: Ein seltenes Zeitdokument ist dieses kleine Mädchen mit seiner *Schildkröt*-Puppe. Eine Sammlerin konnte die Puppe im Originalzustand und das Foto seiner Erstbesitzerin erwerben. Der Kopf hat eine modellierte Frisur, Glasaugen, offenen Mund. Entspricht Größe 9 (MVZ 4). Der Körper ist ein sogenannter Schlenkerkörper aus Stoff mit Celluloid-Unterarmen. Vor 1900 hergestellt!

86

87 Foto: Christine Krah

88

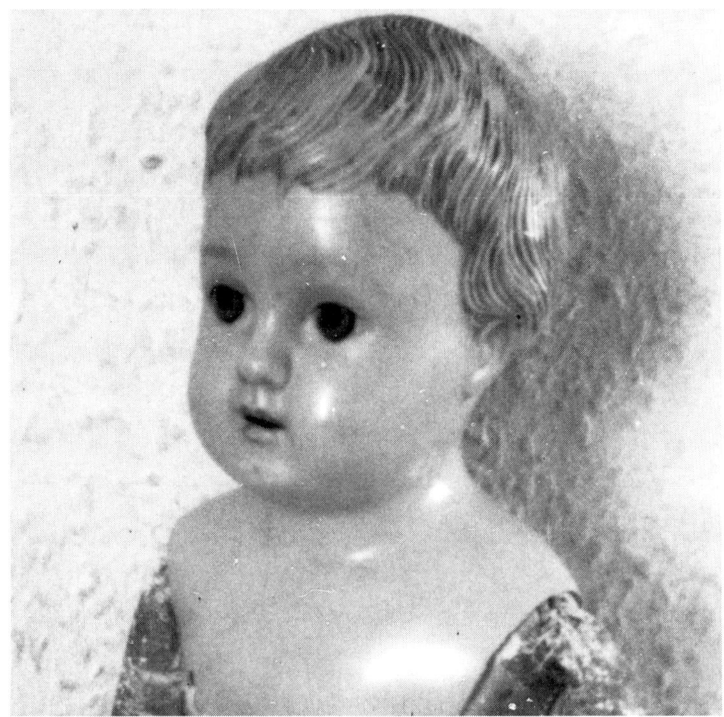

89 Foto: Gisela Grote

Brustblattköpfe mit modellierter Frisur

In das frühe *Schildkröt*-Programm ab 1896 gehören Brustblattköpfe mit modellierter Frisur. Sie sind sehr ausdrucksvoll gestaltet. lassen sich aber nur an kleinen Veränderungen der Frisur als verschiedene Typen unterscheiden. Diese Brustblattköpfe wurden in den Größen 3, 5, 5 ½, 6, 6 ½, 7 ½, 8 ½, 9, 10, 11, 12, 14, 15 und 16 ½ produziert.

Abb. 86 und **87**: Zwei fast gleiche Köpfe, die jedoch kleine Unterschiede an der Modellierung der Stirnlocken aufweisen.

Abb. 86: feste Glasaugen, offener Mund, Größe 12 (SoR).

Abb. 87: Größe 10, braune Glasaugen, offener Mund mit Zähnen, Größe 10 (SoR).

Abb. 88: Katalogblatt der Puppenfabrik Moritz Pappe, Liegnitz, von 1911. Es zeigt fein gekleidete *Schildkröt*-Puppen mit Brustblattköpfen und modellierten Frisuren.

Abb. 89 und **90**: Zwei Varianten mit modellierter Pony-Frisur. Abb. 89: andere Pony-Modellierung, mit gemalten Augen, offen/geschl. Mund, Größe 11 (MVZ 4).

Abb. 90: gemalte Augen, offen/geschl. Mund, aufgesetzte Zähne, Größe 11 ½ (MVZ 5). Interessant der Körper von Wagner & Zetsche, auf dem Bauch gestempelt mit dem DRGM 657 708 (von 1916: Halbgelenkbalg aus Zellulose).

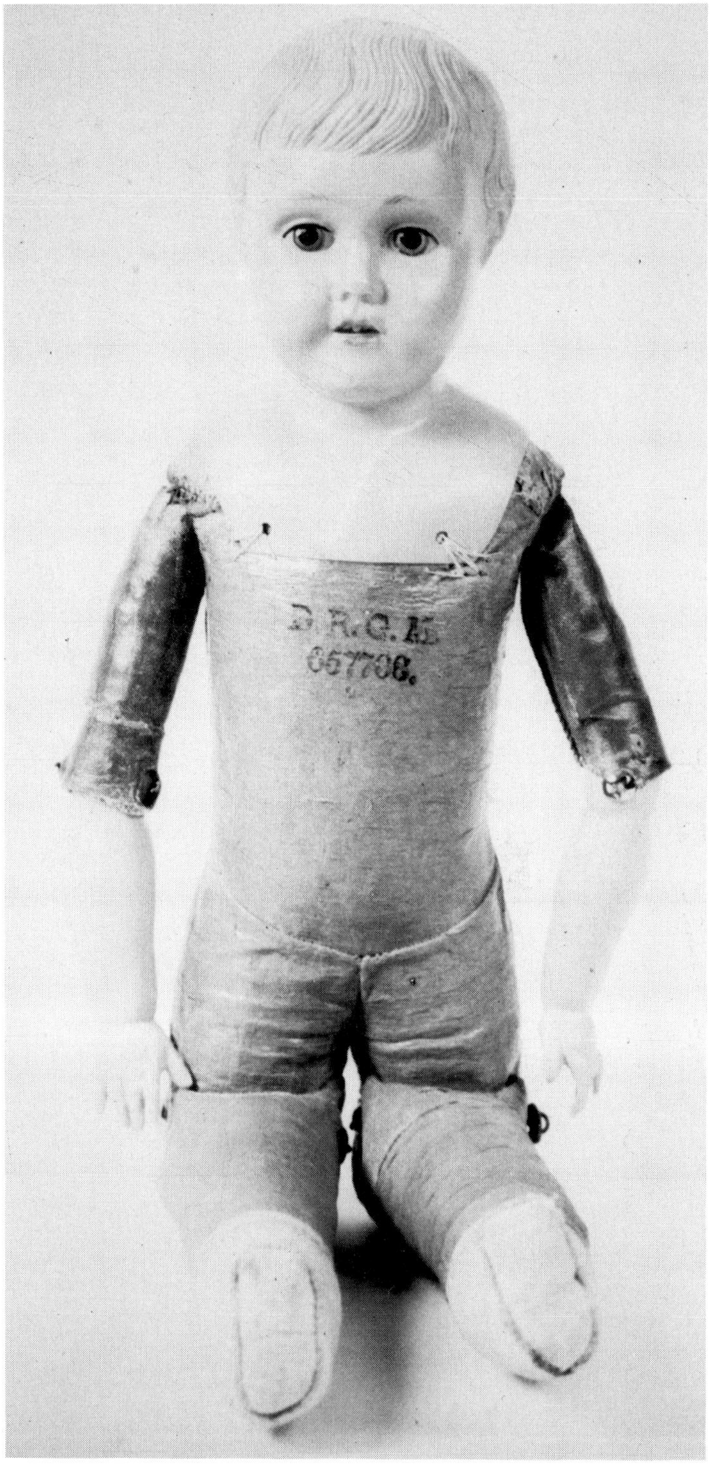

90 Sammlung Anne Stitz

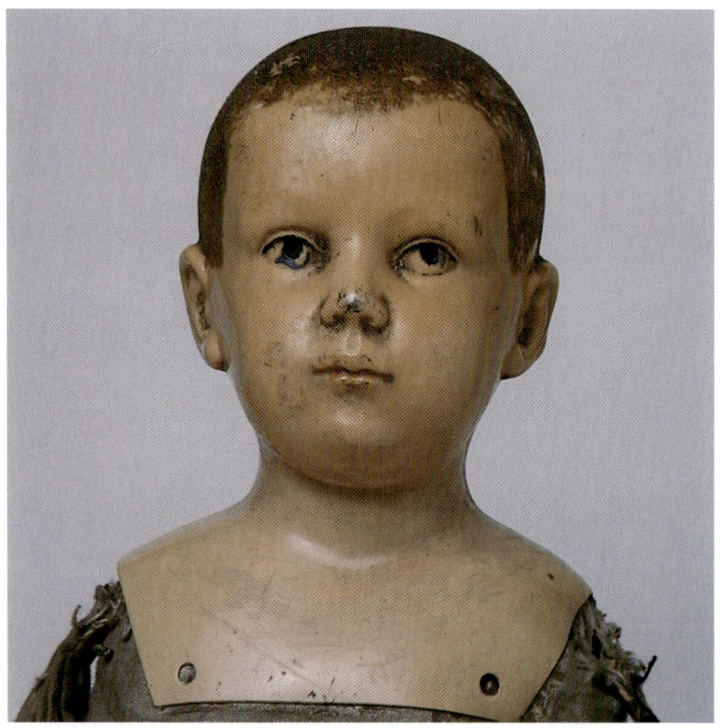

91 Sammlung Klaus Jörger/Foto: Dietrich Graf

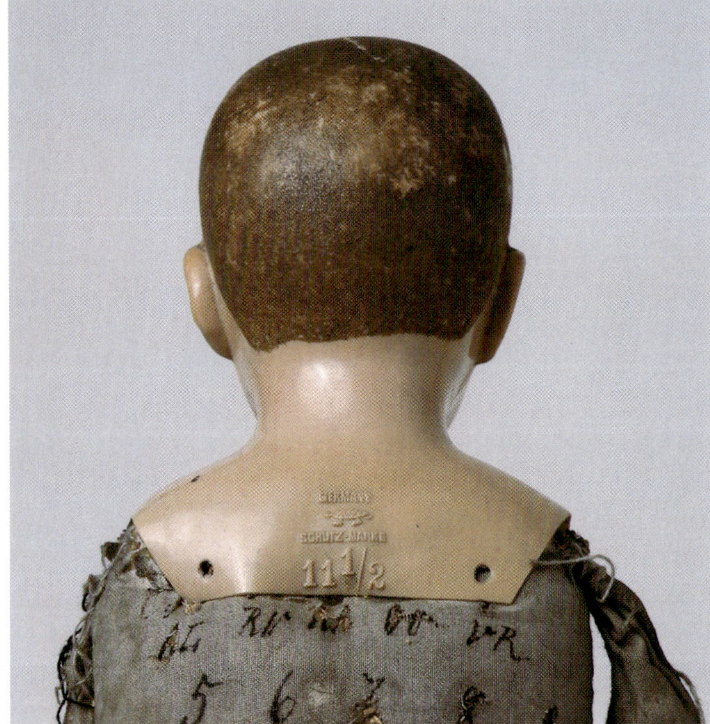

92 Sammlung Klaus Jörger/Foto: Dietrich Graf

93

Abb. 91 und **92**: Künstlerkopf *„Knabe"*, registriert 1910. Auch mit Spezialfrisur DRGM 430 791 (imitiertes Fell → Seite 45) hergestellt in den Größen 9, 10, 10 ½ und 11 ½. Das Foto entspricht der Größe 11 ½ (SoR), gemalte Augen, geschl. Mund, einfacher Stoffkörper mit Schlenkergelenken. Bis etwa 1914 hergestellt.

Abb. 93: Künstlerkopf *„Mädchen"*, registriert 1910. Größen: 8 ½, 9, 10, 11, 12 und 13 cm mit Schnecken-, Zopf und Scheitelperücke, hergestellt bis etwa 1914. Die Abb. zeigt die Original Schneckenfrisur, gemalte Augen, geschl. Mund, Größe 12 (SoR), Originalkleidung.

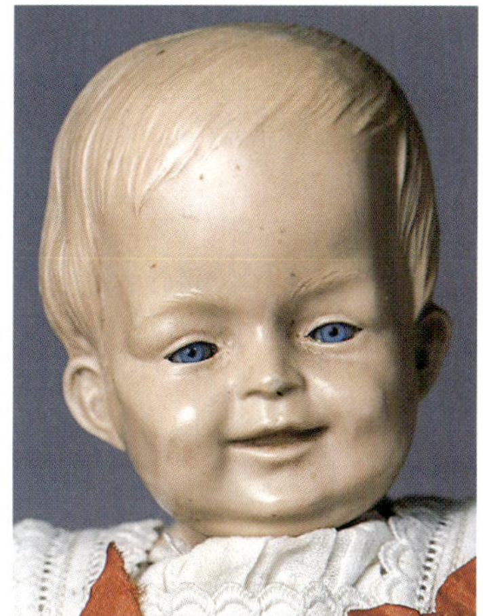

94 Sammlung Klaus Jörger/Foto: Dietrich Graf

Abb. 94, 95 und **96**: *„Lacher"* und *„Weiner"* (sehr selten›, geschützt 1909, auch als Stehpuppe und als Halbmaske. Größen 6 ½, 7 ½, 8 ½, 9, 10 und 11 ½ cm. Der *„Lacher"* hat winzige blaue Glasaugen und einen offen/geschl. lachenden Mund. Der *„Weiner"* hat kleine, aufgesetzte Tränchen und einen offen/geschl., weinend verzogenen Mund. Beide Puppen sind 36 cm und wurden etwa bis 1914 produziert.

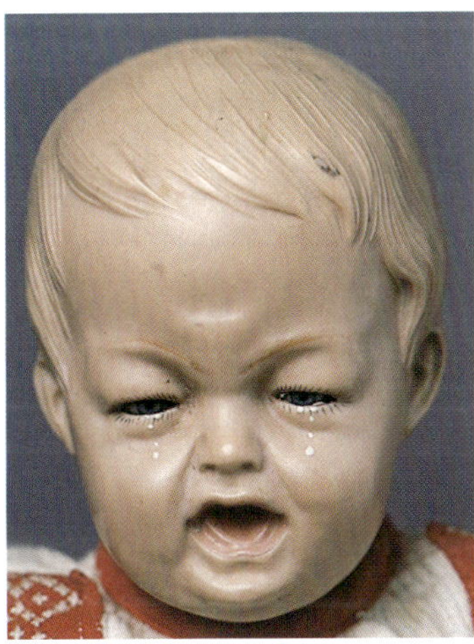

95 Sammlung Klaus Jörger/Foto: Dietrich Graf

96 Sammlung Klaus Jörger/Foto: Dietrich Graf

97 Sammlung Anita Eckner

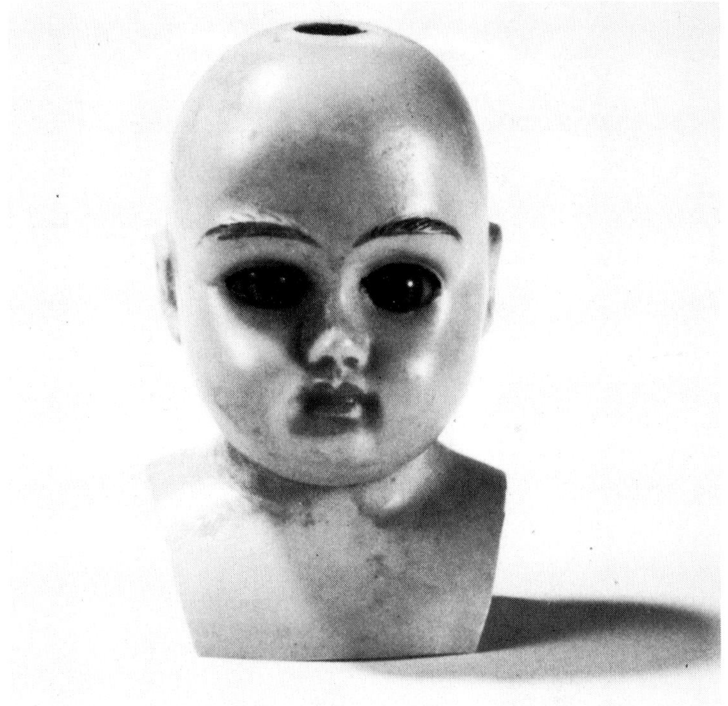

98

Brustblattköpfe für Perücken

Auch die Brustblattköpfe für Perücken wurden schon vor 1900 von *Schildkröt* hergestellt. Sie sind meist oben geschlossen oder haben auch unterschiedlich große Lochöffnungen in der Kopfkrone. Die Standard-Modelle wurden lange Zeit mit gemalten Augen, festen Glasaugen oder Schlafaugen in 20 Größen von 5 bis 20 cm geliefert. Alle Ausführungen waren in glänzend oder mattiert erhältlich. Die verschiedenen Köpfe sind oberflächlich betrachtet nicht zu unterscheiden und wurden in den Serien *„K"*, *„L"*, *„M"* oder *„N"* angefertigt. Ab 1911 konnten sämtliche Schlafaugen-Köpfe auf Wunsch auch mit *„natürlich aussehenden Augenbrauen"* (DRGM 430 791 → Seite 45) unter *„Spezial-Brauen"* geliefert werden.

Abb. 97: Sehr schöner Brustblattkopf mit blauen Schlafaugen, offenem Mund (Größe unter dem Leder nicht erkennbar, SoR), Lederbalg mit Celluloid-Unterarmen, Mohairperücke und Originalkleid. **Abb. 98**: Zweitkleinster Brustblattkopf, Größe 5 1/2 cm, feste Glasaugen mit Celluloidfassung im Kopf verklebt, geschl. Mund. Dieses *„kleine"* Modell zeigt eine außerordentlich schöne Modellierung (MVZ 2).

Abb. 99: Brustblattkopf mit festen, braunen Glasaugen, offenem Mund, Größe 14 (MVZ 4), auf Lederbalgkörper mit gegliederten Armen aus Holz und Masse, Masseunterschenkel.

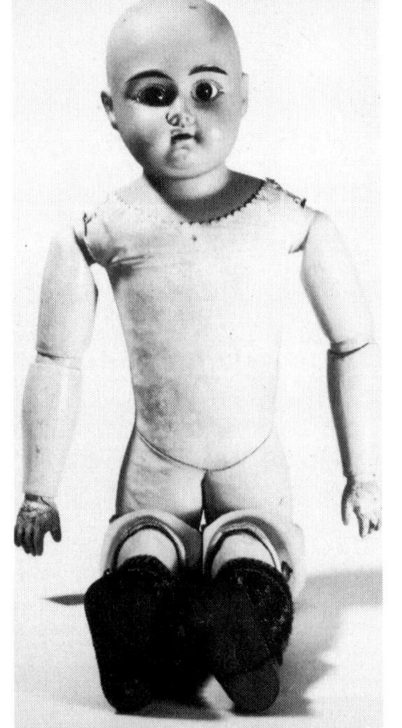

99

Charakter- und Künstlerköpfe

Im Jahre 1909 von der Thüringer Puppenfabrik Kämmer & Reinhardt, Waltershausen, ausgelöst, fand die übrige Puppenindustrie sehr schnell den Anschluß an die Neugestaltung der Puppenkinder. Auch bei *Schildkröt* war man eilig bemüht, ausdrucksvollere Gesichter ins Programm aufzunehmen. Von Künstlern entworfen, wurde diese Serie als *„Charakter- und Künstlerköpfe"* im Katalog ausgewiesen.

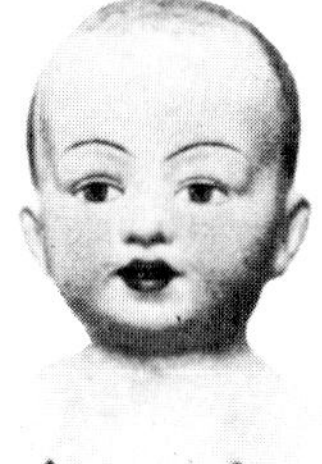

100

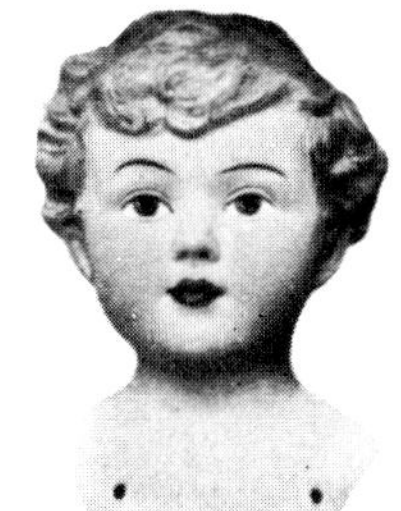

101

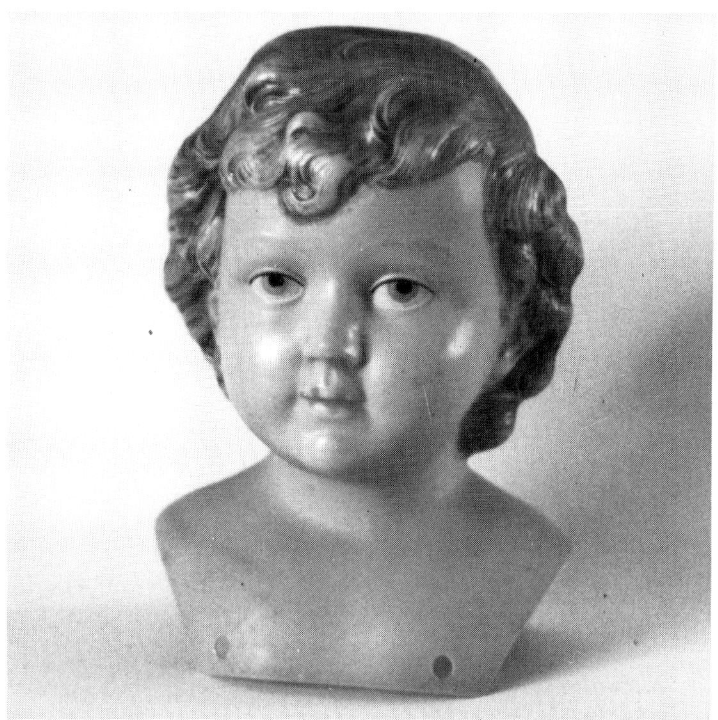

103 Foto: Gisela Grote

Abb. 100: Charakter-*„Bebi 1910"*. Dieser Brustblattkopf wurde 1911 registriert. Ausführung: mit gemalten Augen, oder Glasaugen mit gemaltem Haar, oder gemalte oder Glasaugen mit Spezialfrisur nach DRGM 430 791 (imitiertes Fell → Seite 45). Größen: 5, 5 ½, 6 ½, 7 ½, 8 ½, 9, 10, 12 cm. Bis etwa 1927 im Programm.

Künstlerköpfe Knabe und Mädchen nach einem Musterschutz aus dem Jahre 1910. **Abb. 101**: Katalog-Abbildung *„Modell Knabe"*. **Abb. 103**: Bezauberndes Mädchen mit wunderschön modellierten Löckchen, gemalten Augen, geschl. Mund. Die Köpfe gab es in 3 Größen: 10, 11 und 12 cm. Bis 1914 hergestellt.

Abb. 102: Seite aus dem Katalog von der Puppenfabrik Moritz Pappe, Liegnitz, mit *„Künstlerköpfen"* in der aktuellen Mode von 1911.

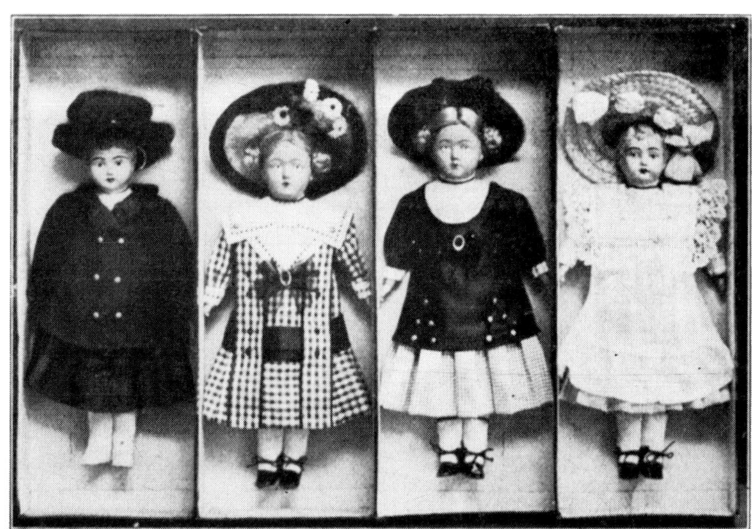

102

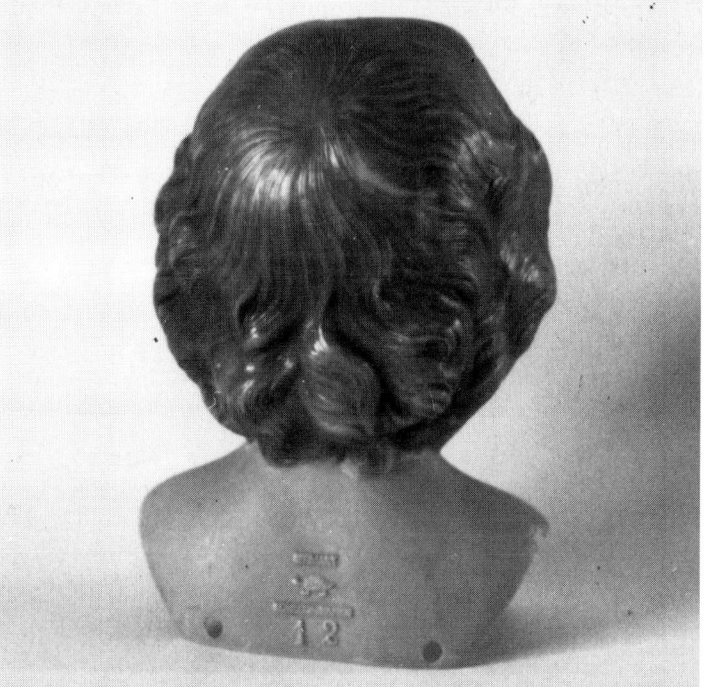

104 Foto: Gisela Grote

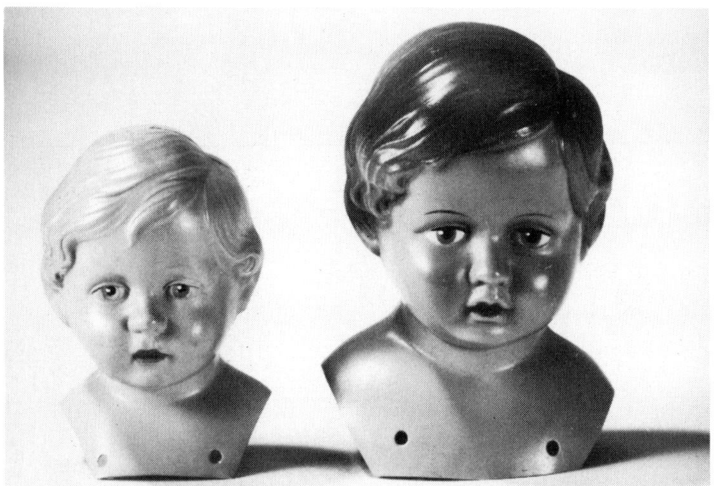
105 Sammlung Anne Stitz

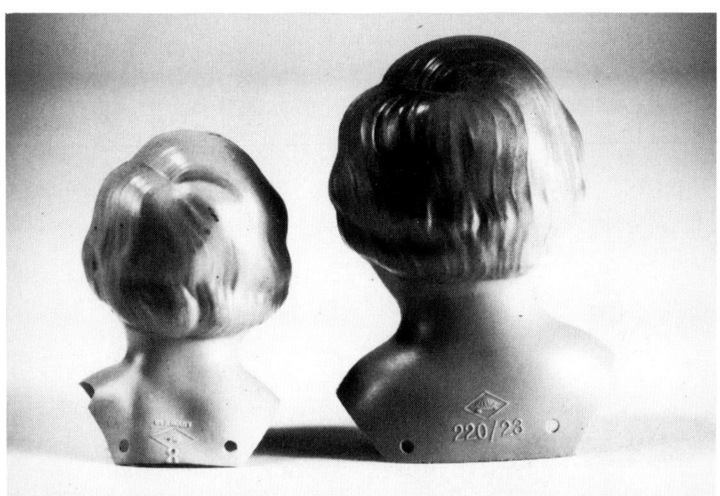

106 Sammlung Anne Stitz

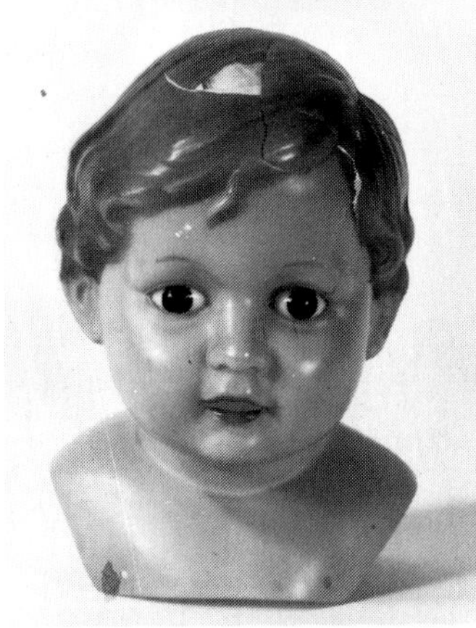
107

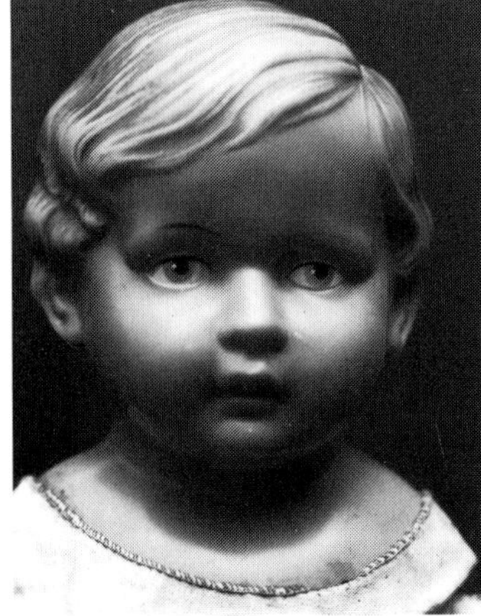
108 Sammlung Silvia Bildt

Modell „J.g.A." und „J"

„J.g.A." = *„Junge mit gemalten Augen"* und *„J"* = *„Junge mit Glasaugen"*. Das Modell wurde 1911 als Geschmacksmuster beim Amtsgericht Mannheim geschützt. Es wurde bis etwa 1960 (!) verwendet in allen möglichen Variationen, auch als Mädchen. 50 Jahre lang blieb der Kopf Verkaufsschlager und fand Verwendung in der gesamten Puppenindustrie. Im Laufe der Zeit wurde die Frisur häufiger der zeitlichen Mode angepaßt, wie die verschiedenen Typen zeigen. Das Modell wurde auch unter der Serien-Nummer *„220"* im Katalog geführt, einige Exemplare tragen diese Nummer auch eingeprägt. Die verschiedenen Ausführungen des Kopfes wurden unter fortlaufender Nummern-Folge hergestellt: 221, 222, 223 usw. Es gibt Modelle in fleischfarbig mit Glasaugen, mit Schelmenaugen und Wimpern, gemalten Augen oder Patent-Schlafaugen, in *„spezial"*, mattiert oder sonnenbraun. Der 1930er Katalog stellt den Kopf in 19 Größen vor von 4 bis 17 cm. Ab 6 bis 17 cm mit Glasaugen.

Ende der 30er Jahre wird er mit gemalten oder Glasaugen in den Größen 5, 6, 7 ½, 8, 8 ½, 9, 9 ½, 10, 11, 12, 13, 14, 15, 16 ½ und 17 cm produziert. Die Preisliste 1949 führt für das Modell ein anderes Größen-System ein. Mit gemalten Augen Größe 23 (9,5 cm), 30 (11 cm), 35 (12 cm) und 41 (14 cm). Mit Glasaugen Größe 43 (15 cm), 45 (16 cm). Hier ist offensichtlich eine Anpassung an das thüringische System erfolgt. Die Größenangabe entspricht jetzt der Höhe der Puppe! Für Sammler leichter erkennbar: Größen 23, 30, 35, 41, 43 und 45 sowie die Serie *„220"* datieren aus den 50er Jahren.

Abb. 105 und **106**: Zwei *„J.g.A."*-Modelle zum Vergleich. Links die frühe Version aus dünnem, fast durchsichtigem, hellem Celluloid, Größe 8. Rechts ein Exemplar aus den 50er Jahren mit leicht veränderter Frisur. Das Material ist wesentlich dicker, fleischfarbig und trägt die Serien-Nummer *„220"* sowie die Größe 23 (9,5 cm). Achtung: die Schildkröte entspricht nicht der 50er-Jahre-Darstellung.

Abb. 107: *„J."*, Miblu-Ausführung, mit festen Glasaugen, offenem Mund, Größe nicht entzifferbar (MVZ 10).

Abb. 108: *„J.g.A."*, leicht veränderte Frisur, entsprechend dem Modell der 50er Jahre. Die ganze Puppe ist 55 cm groß.

Abb. 109: *„J"*, fast durchsichtiges aprikosenfarbiges Celluloid, feste Glasaugen, offener Mund mit Zähnen. Originalzustand, von W.G. Müller, Sonneberg, bekleidet. Größe und Marke unter der Kleidung nicht sichtbar, 45 cm groß.

109

110 Sammlung Anne Stitz

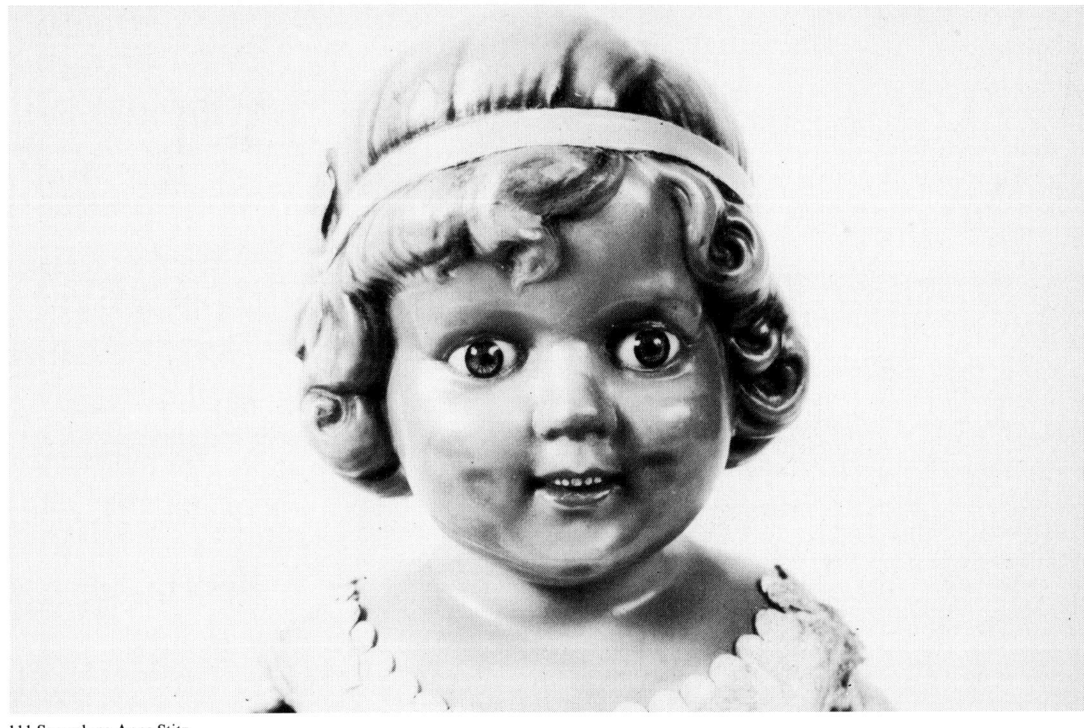

111 Sammlung Anne Stitz

Modelle „Y.g.A.“, „Y“ und „Klein-Else“

„Y.g.A.“ = Mädchen mit gemalten Augen. *„Y“* = Mädchen mit Glasaugen. Dieser Mädchen-Brustblattkopf mit Haarschleife ist das Gegenstück zum Jungen-Modell *„J.g.A.“* (→ Seite 66). Er ist offensichtlich nicht geschützt und zum ersten Mal im *Schildkröt*-Katalog von 1921 zu sehen (wie **Abb. 110**). Der Kopf trägt eine etwas längere Lockenfrisur und wurde in den Größen 6 1/2 bis 10 cm hergestellt. 1925 wird dieser Kopf in leicht geändertem Aussehen als Typ *„Klein-Else“* als Geschmacksmuster eingetragen. Das Modell hat kürzere Haare und wird unter der Hauptserien-Nummer *„230“* in den Katalogen geführt (die Kurbelkopf-Ausführung hat eine leicht veränderte Haarmodellierung).

Es gibt also zwei vollkommen verschiedene Brustblattköpfe unter der gleichen Typenbezeichnung *„Y.g.A.“* oder *„Y“* und unter derselben Serien-Nr.! Und sehr wichtig: Die Kataloge in den 30er Jahren zeigen abwechselnd einmal das alte und einmal das neuere Modell! Fest steht, daß beide Köpfe bis etwa 1940 hergestellt wurden, und zwar jeweils mit verschieden farbig gemalten Haarbändern: rot, blau oder rosa. Katalog-Angabe 1936: mit gemalten Augen in den Größen 6 ½, 8 ½, 9, 10, 11, 12, 13, 14, 15 und 16 ½ cm; mit Glasaugen ab Größe 9.

112

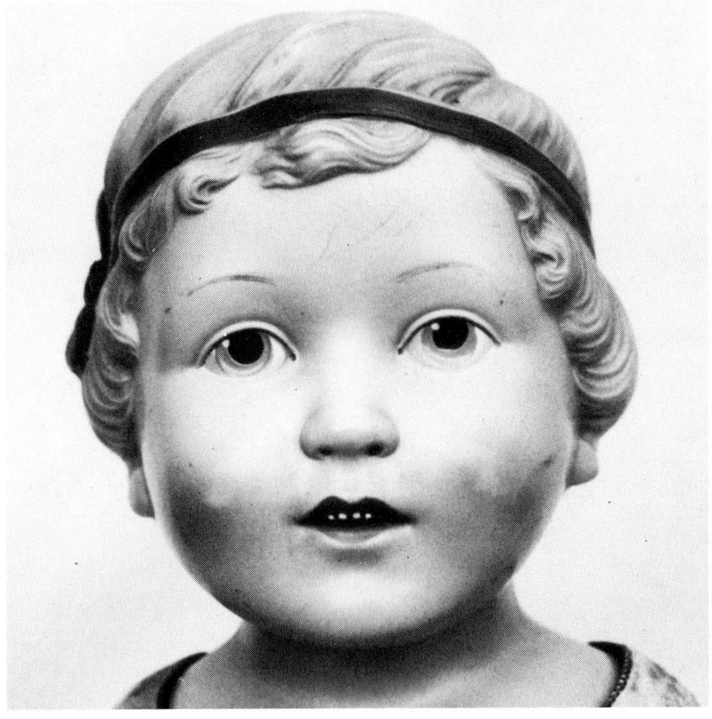

113

Abb. 110: *„Y.g.A."* frühes Modell, mit schelmisch zur Seite blickenden, gemalten blauen Augen, offen/geschl. Mund, rotes Haarband, Größe 8 ½ (MVZ 26), nach 1934 hergestellt, Lederkörper, insgesamt 27 cm groß.

Abb. 111: *„Y"* frühes Modell, mit blauen Glasaugen, offen/geschl. Mund mit aufgemalter Zahnreihe, rosa Haarband, Größe 12 (MVZ 10), Lederkörper, insgesamt 40 cm groß.

Abb. 112: *„Klein-Else"*, Brustblattkopf mit blauen Glasaugen, offenem Mund und blauem Haarband, Größe 13 (MVZ 10), Lederkörper, insgesamt 35 cm groß.

Abb. 113: *„Klein-Else"*, Brustblattkopf, mit gemalten, blauen Augen, offen/geschl. Mund, gemalte Zahnreihe. Marke unter Lederbalg nicht erkennbar. Insgesamt 40 cm.

Abb. 114: *„Klein-Else"*, Brustblattkopf mit blauen, gemalten Augen und blauen Haarband, offen/geschl. Mund, aufgemalte Zähne, Größe 14 (MVZ 26).

114 Sammlung Anne Stitz

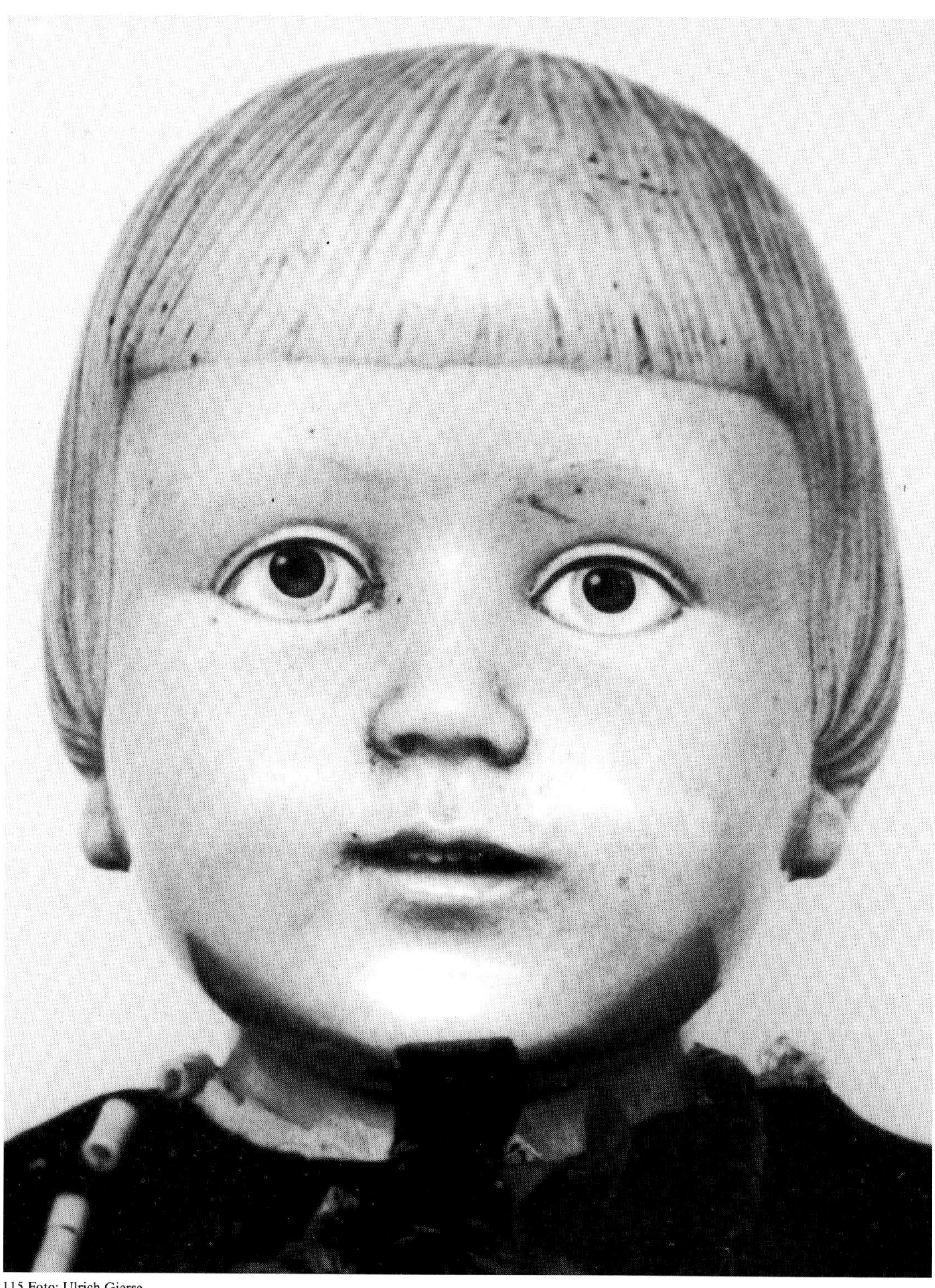

115 Foto: Ulrich Gierse

„Klein-Erna“

„Bebikopf mit Pagenfrisur“ lautete 1927 der Text zur Registrierung dieser Puppe, eine Brustblatt-Version von *„Klein-Erna“* (→ Seite 114). Der Kopf wurde nur kurze Zeit hergestellt, 1930 in 5 Größen von 13 bis 20 cm. **Abb. 115**: *„Klein-Erna“*, Brustblattkopf, hellblaue gemalte Augen, offener Mund mit Zahnreihe, Größe 20 (MVZ 10).

„Liselotte“

Das Modell *„Liselotte“* (→ Seite 116) wurde 1928 als Geschmacksmuster *„Mädchenkopf mit Spange Nr. 201“* amtlich registriert. In frühen Katalogen Anfang der 30er Jahre wird das *„Modell 201“* mit gemalten Augen und das *„Modell 202“* mit Glasaugen geführt. Ende der 30er Jahre wird *„201“* die Nummer *„200“*. Bis 1939/40 hergestellt in den Größen 11, 12, 13, 14, 15, 16 1/1 und 20 cm. **Abb. 116**: *„Liselotte“*, mit braunen Glasaugen, offenem Mund, gemarkt *„201“*, Größe 12 cm (MVZ 21). **Abb. 117**: *„Liselotte“* mit gemalten blauen Augen, offenem Mund, Größe 15 (MVZ 10), ohne Serien-Nummer. **Abb. 118** und **119**: Vorder- und Rückenansicht *„Liselotte“*, Serien-Nummer *„201“* deutlich erkennbar, blaue Glasaugen, offener Mund mit Zähnen.

116

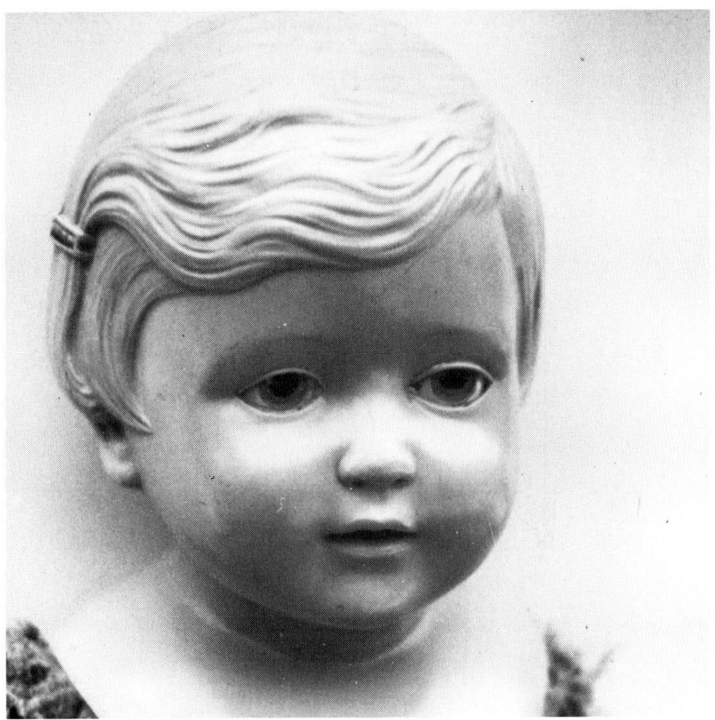

117 Foto: Christine Krah

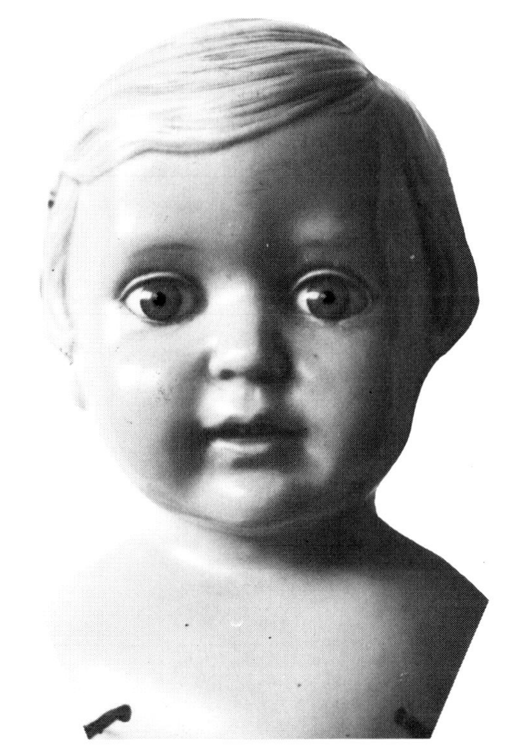

118

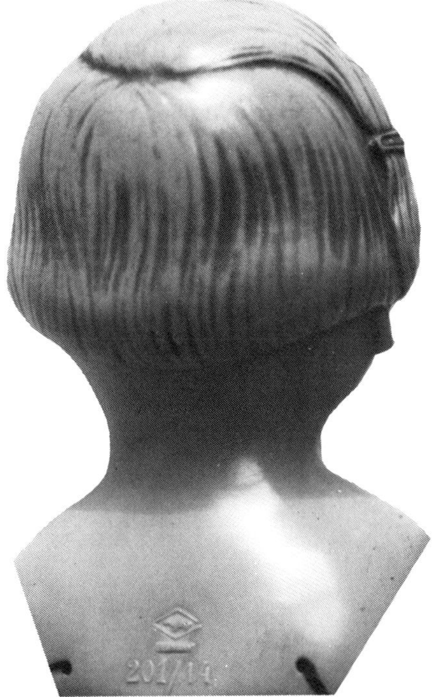

119

120 Foto: Gisela Grote

„Modell 1926"

Diesen Brustblattkopf *„Modell 1926"*, als künstlerischer Entwurf amtsgerichtlich geschützt, gibt es auch als Kurbelkopf. Geliefert wurde er in fleischfarbig oder Miblu. Im Gegensatz zu anderen Brustblattköpfen ist dieses Modell an der Kopfkrone schräg aufgeschnitten, zum Einsetzen der Schlafaugen. Einige Köpfe sind mit Schlafaugen nach dem DRP 463 867 ohne Vergipsung an den Seiten einmontiert. Bis Anfang der 30er Jahre hergestellt.

Abb. 120: *„Modell 1926"* mit DRP-Schlafaugen-Mechanismus (→ Abb. 59), Kopf Größe 16 ½ cm (MVZ 16). **Abb. 121**: Katalog von Wilhelm Buschow, Dresden aus dem Jahr 1926. Das *„Modell 1926"* ist mit den verschiedensten Perücken abgebildet: Schnecken-, Bubikopf-, Locken- und Zopf-Frisur. Die Liste gibt einen guten Überblick über die Größen der Modelle *„J.g.A."*, *„J"* sowie den Mädchenkopf *„Y"*.

Abb. 122: *„Modell 1926"*, Schlafaugen, offener Mund, Größe 11 (MVZ 16). Der Körper ist aus Stoff, mit Stimme, Arme und Beine aus Masse. Insgesamt 33 cm. Fächer und Visitenkarte sind ebenfalls aus Celluloid!

Brustblatt-Köpfe (Celluloid)

	7	8	9	10	11	12	13	14	15	16½	17	18	19	20
J. g. a. mit gemaltem Haar u. Augen	2.40	3.	4.20	5.50	8.10	9.–	10.20	11.50	15.50	16.40	21.–			
J mit Glasaugen, gem. Haar u. neuer Kopf. B. P. Glas. Bubi	5.30	6.50	7.60	9.–	11.50	12.40	14.50	15.50	19.–	19.80	28.50			
Y-Mädchenkopf mit Haarband		4.20	4.80	6.60	9.60	10.60	12.–	14.75	17.90	18.–				
Miblu mit Glasaugen		7.60	9.75	12.	15.70	18.50	19.80	22.–	25.50	27.80	34.–			
234 SW offen, Glattkopf		7.50	9.	10.60	12.–	14.40	16.80	18.70	22.80	26.–	30.–	33.–	40.–	45.
280 SW Lockenfrisur		9.60	10.80	13.20	15.	18.–	21.–	25.20	29.40	34.50	38.75	45.–		
283 SW Bubifrisur		9.60	10.80	13.20	15.–	18.–	21.–	25.20	29.40	34.50	38.75	45.–		

121

122

Kurbelköpfe mit Perücken

Oberstes Ziel von *Schildkröt* war es, der alteingesessenen Puppenindustrie Konkurrenz zu machen. Dazu mußten aber Puppen oder Puppenteile entwickelt werden, die sich äußerlich nicht von den herkömmlichen Porzellan-, Papiermache- oder Wachspuppen unterschieden. 1899 inserierte die *Rheinische* stolz als Neuheit *„Kurbelköpfe aus Celluloid und Hände für Gelenkpuppen"*. Die Köpfe sollten auf Kugelgelenkkörpern oder als Drehköpfe auf Brustplatten Verwendung finden, die Hände an die meist aus Papiermache oder Holz hergestellten Arme angesetzt werden.

In der Preisliste von 1908 sind Kurbelköpfe in fleischfarbig oder mattiert mit festen Glasaugen oder Schlafaugen und verschiedenen Perücken aufgeführt, und zwar in den Größen 5 ½, 6, 6 ½, 7, 8, 8 ½, 9 ½, 10, 11, 11 ½, 12, 13, 14, 15, 16 und 17 cm. Da fast alle neuen Modelle als Geschmacksmuster beim Amtsgericht registriert wurden, kann man die Entwicklung der Kopfgestaltung gut verfolgen. Im Grunde wurde wenig geändert. Es blieb, ähnlich wie bei den Brustblatt-Köpfen mit Perücken, beim typischen Kindergesicht.

1911 wurde das *„Modell AF"*, ein Charakterkopf, geschützt. *Schildkröt* paßte sich damit dem Trend der Thüringer Puppenindustrie an. Die Puppe erhielt eine Spezialfrisur nach dem DRGM 430 791: *„imitiertes Fell"*.

1912 folgten weitere Charakterköpfe mit den Buchstaben *„D"*, *„E"*, *„F"*, *„G"*, *„H"*. Erst 1913 wurde ein *„verbessertes"* Modell angekündigt, daß dann deutlich mit der Jahreszahl auf dem Hals versehen wurde: *„1913"*. In den Größen 8 ½, 9 ½, 10, 11 und 12 cm hergestellt – später gab es auch eine Miblu-Ausführung -, konnte die Puppe bis Anfang der 30er Jahre im Programm bleiben. Die Kriegswirren von 1914 bis 1918 ließen offensichtlich weitere Neuschöpfungen nicht zu, deshalb sind in den entsprechenden Katalogen auch nur die Standardtypen *„Q"*, *„R"*, *„S"* oder *„T"* bis Anfang der 20er Jahre zu finden.

Erst 1926 kam ein neuer Kurbelkopf ins Programm: der Bebikopf *„Modell T"* (nicht zu verwechseln mit dem *„T"* für Tortulon, das erst in den 50er Jahren aufkam). Von 24 bis 55 cm wurde er in 12 Größen angeboten. Wichtig: Nur selten ist der Kopf mit einem *„T"* gemarkt, meist trägt er das übliche *Schildkröt*-Zeichen (MVZ 10). *„Klein-Ella"* hieß dieser Kopf, der auf dem gängigen Sitz-Bebi-Körper montiert wurde. *„Klein-Ella"* ist übrigens die Perücken-Ausführung von *„Klein-Else"* und *„Klein-Erna"*.

Auch andere Puppenfabriken konnten diesen Kopf *„Modell T"* verarbeiten. Ein anderes Modell für die *„Konkurrenz"* war die Kurbelkopf-Ausführung des Brustblattkopfes *„Modell 1926"*, die an Weiterverarbeitungs-Betriebe nur mit einem *„1926"* gemarkt, verkauft wurde. Alle diese Köpfe entsprechen dem *„Klein-Ella"*-Typ. Etwas anders gestaltet ist der 1929 geschützte Kopf *„Modell TN"*, der in 4 Größen von 35 bis 45 cm hergestellt wurde.

Zum ersten Mal kann Anfang der 30er Jahre ein Nummern-System für die einzelnen Puppentypen festgestellt werden. Vermutlich sind diese Köpfe meist an Fremdfirmen geliefert worden, denn sie sind in der gesamten Thüringer Puppenindustrie aufgetaucht. Man findet sie aber auch auf Sitz- oder Stehbaby-Körpern aus Masse, handgeformten Waltershäuser Körpern oder stoff- und lederähnlichen Materialien. 1930 wird ein Kopf mit der Serien-Nr. *„300"* im Katalog erwähnt. 1931 werden die Neuheiten mit der Serie *„310"* erweitert, einem Charakterköpfchen mit Pausbacken und offenem Mund, daß viele Jahre hergestellt wurde.

Weitere Köpfe aus dieser Reihe: 1937 werden die Nummern *„330"* und *„340"* als Geschmacksmuster geschützt: *„Kurbelkopf mit nachträglich geöffneter Schädeldecke, mit einem Ring um die Schädelöffnung versehen, der zu der Befestigung der Perücke dient"* (→ Seite 49). Ende der 30er Jahre ist vermutlich das weit verbreitete Modell *„350"* entstanden. Es unterscheidet sich zum Modell *„Inge"* nur durch die Perücke.

Anfang der 50er Jahre wird das *„350"*-er Modell wieder verwendet, und zwar unter der Bezeichnung *„Ingrid"* und *„Margrit"*. 1954 wird die Serien-Nummer *„351"* in der Größe 45 mit Schelmenaugen als Geschmacksmuster geschützt.

123

Abb. 123: Katalog 1909 – *„Drehköpfe"*, Kurbelköpfe, die auf einem Brustblattkopf aus Celluloid drehbar waren. In 16 Größen von 5 ½ bis 17 cm.

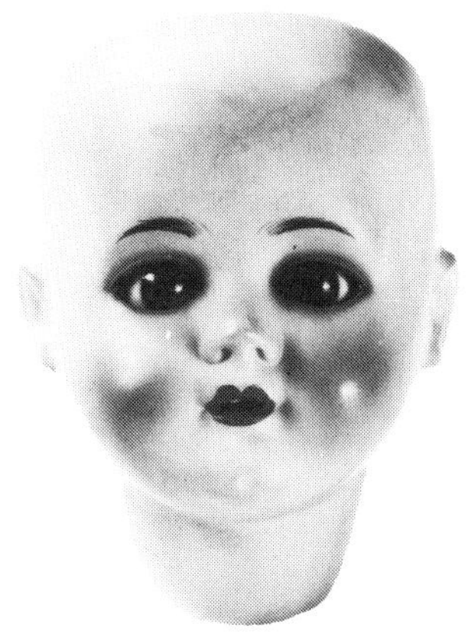

124 Puppendoktor Peter Packert

Abb. 124: *„Modell 1913"* in Miblu-Ausführung, ein Beweis, daß dieser Kopf noch nach 1925 hergestellt wurde. Schlafaugen, offener Mund mit zwei Zähnen und transparent hinterlegter Mundöffnung (MVZ 6).

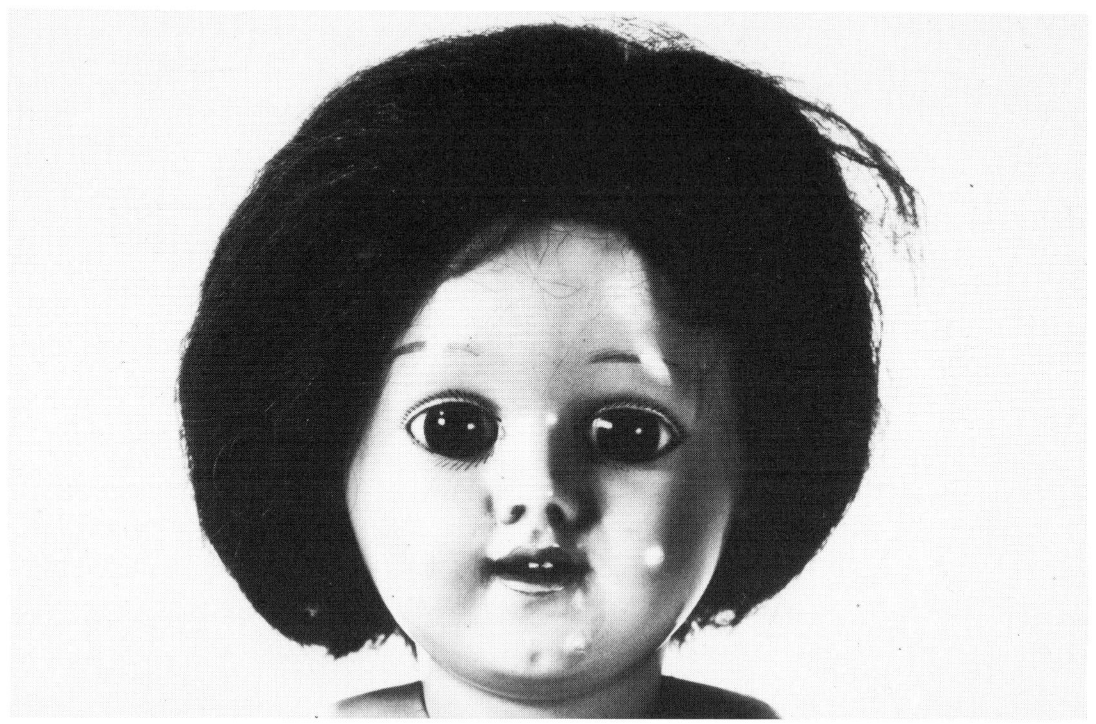

126

Abb. 126 : Kurbelkopf *„Modell 1913"* mit festen Glasaugen und gemalten Wimpern, offen/geschl. Mund mit zwei Zähnen (MVZ 6 – nur ohne Raute, deshalb vor 1914 hergestellt). Kugelgelenkkörper aus Celluloid, Größe 33 ½ (→ Seite 44).

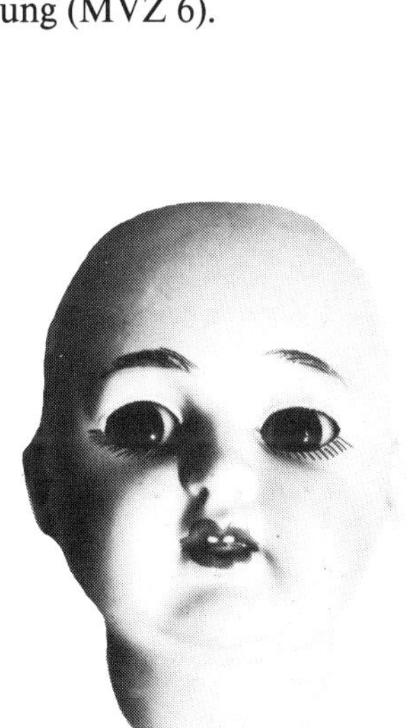

125

Abb. 125: *„Modell T"*, 1926 als GM eingetragen. Glasaugen, offen/geschl. Mund mit 2 gemalten Zähnen, Größe 24 (MVZ 22).

127 Foto: Christine Krah

Abb. 127: Kurbelkopf mit gemalten Augen und geschlossenem Mund (MVZ 10). Die Puppe trägt eine blonde Perücke mit Korkenzieherlokken und wurde im Originalzustand als Engel bekleidet gefunden. Vermutlich Ende der 20er Jahre hergestellt.

128

Klein-Ella

Abb. 128: *„Klein-Ella"*, besonders schön gemalter Kopf mit rosigen Wangen, blauen Glasaugen, offenem Mund mit 2 Zähnen, Größe 50 (MVZ 10), auf 1925er Körper.

Abb. 129: *„Klein-Ella"*, fleischfarbig, feste Glasaugen, offener Mund, Größe 45 (MVZ 10), auf Kugelgelenkkörper aus Masse.

Abb. 130: *„Klein-Ella"*, feststehende Glasaugen, offen/geschl. Mund mit zwei Zähnen, Größe 40 (MVZ 10).

Abb. 131: *„Klein-Ella"* mit typischer Bubikopf-Frisur, Größe 35 (MVZ 10).

Abb. 132: möglicherweise wurde dieses Modell auch als *„Klein-Ella"* geführt und 1929 als Geschmacksmuster *„Modell TN"* angemeldet. Im 1930er Katalog wird der Kopf in den Größen 35, 37, 40 und 45 angeboten. Der Kopf auf dem Foto hat Schlafaugen, offenen Mund, Größe 45 (MVZ 23). Der Körper ist aus einem wachstuchartigen Material, die Arme und Halbbeine aus Masse. Eine eigenartige Schnuraufhängung (Marionetten-Prinzip) läßt die Puppe *„laufen"*.

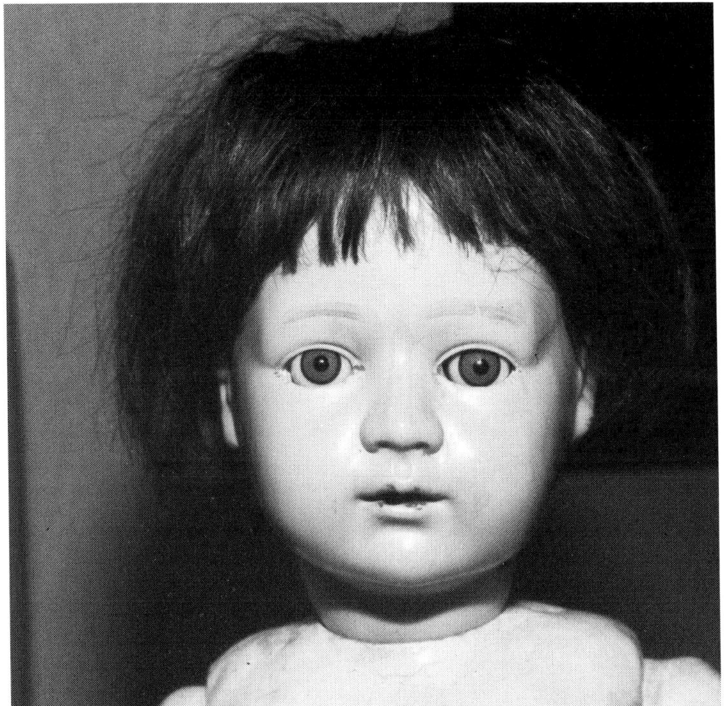

129 Sammlung Doris Brüggemann

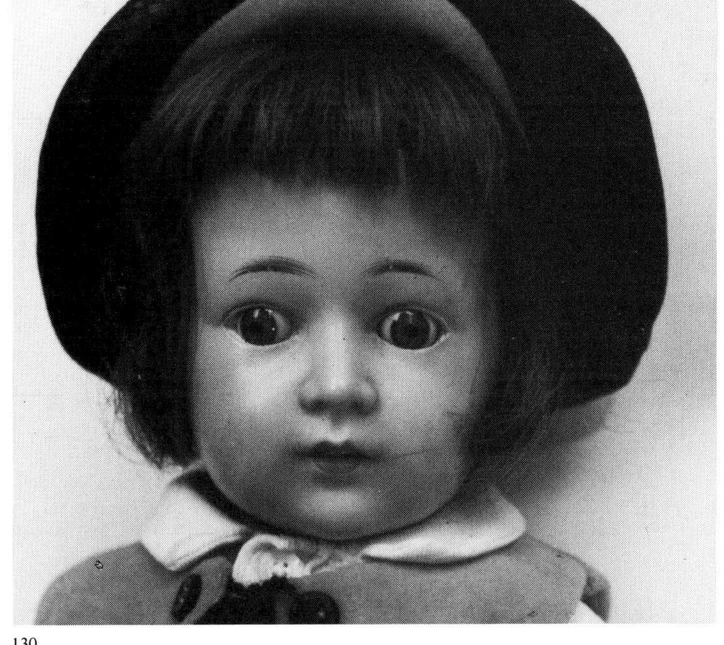

130

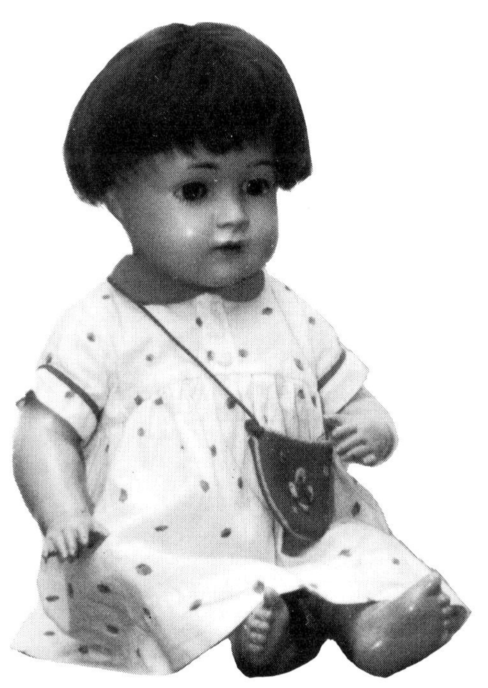

131 Foto: Gisela Grote

132 Sammlung Katharina Lauterbach

5565 5563 5566 5590

5592 5585 5575 5595

133

Die 300er Serie

Abb. 133: Katalog-Abbildung der Puppenfabrik Wagner & Zetsche, Ilmenau, 1932. Stehbaby *„Waltraud“* mit *„Klein-Ella“*-Kopf. Celluloid-Babykopf, Schlaf- oder Rollaugen, Wimpern, Mohair-Bubikopf-Frisur, Mama-Stimme, weichgestopfter Ledertuchkörper (auch auf Waltershäuser Stehbaby-Körpern gefunden). Größe 35, 40, 45, 50, 56 und 62. Ab Herbst 1931 wird das *„Modell 310“* geliefert und *„Klein-Ella“* nur noch auf Wunsch. Alle Modelle in Miblu oder matt.

Abb. 134 und **135**: *„Modell 310“*, ab 1931 lieferbar in 6 Größen (MVZ 10). Dieser Kopf ist auf Massekörpern jeder Art zu finden, sowohl als Sitz- oder Stehpuppe. Er wurde an zahlreiche Fremdfirmen geliefert. Auf Wunsch auch in Miblu-Ausführung. Das Modell wurde noch in den 50er Jahren angefertigt (MVZ 25).

Abb. 136: *„Modell 300“* von 1930. Schlafaugen, Größe 45 (MVZ 10), in Miblu. Der Körper besteht aus Mischmasse.

Abb. 137: *„Modell 350“*, Schlafaugen, geschl. Mund, Größe 49 (MVZ 29), hergestellt ab Ende der 30er Jahre bis in die 50er Jahre (→ Seite 189).

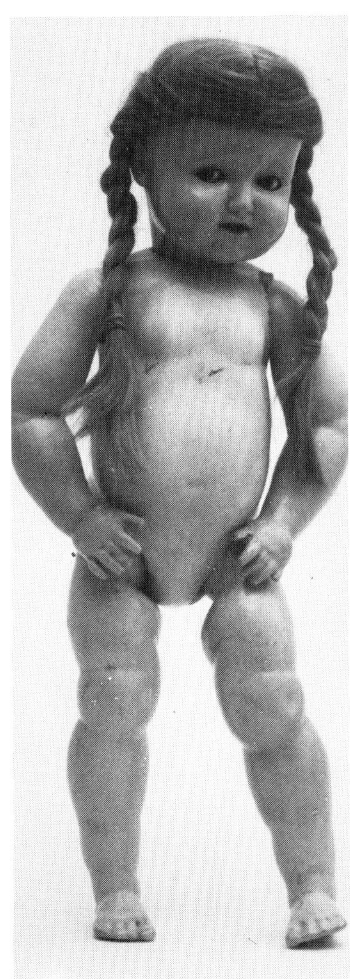

134

135

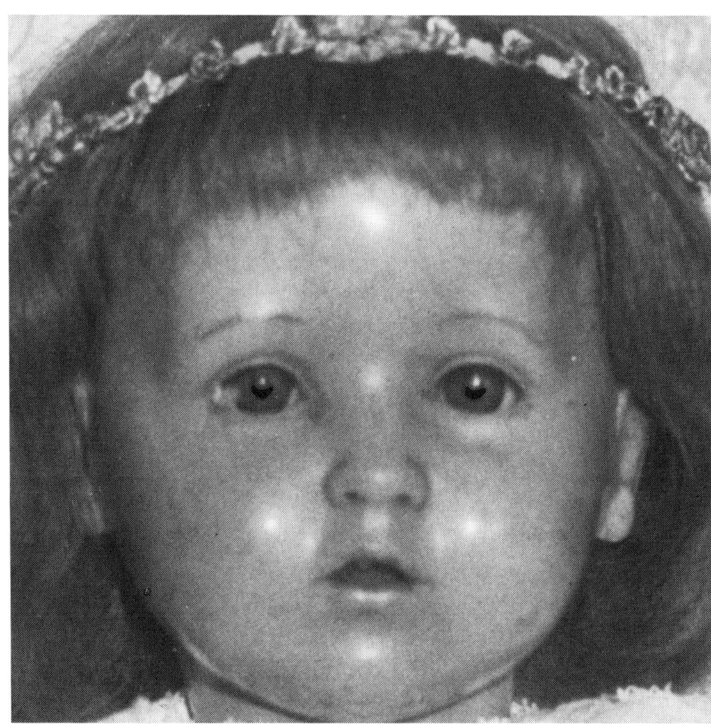

136 Sammlung Maria-Teresa Cappell

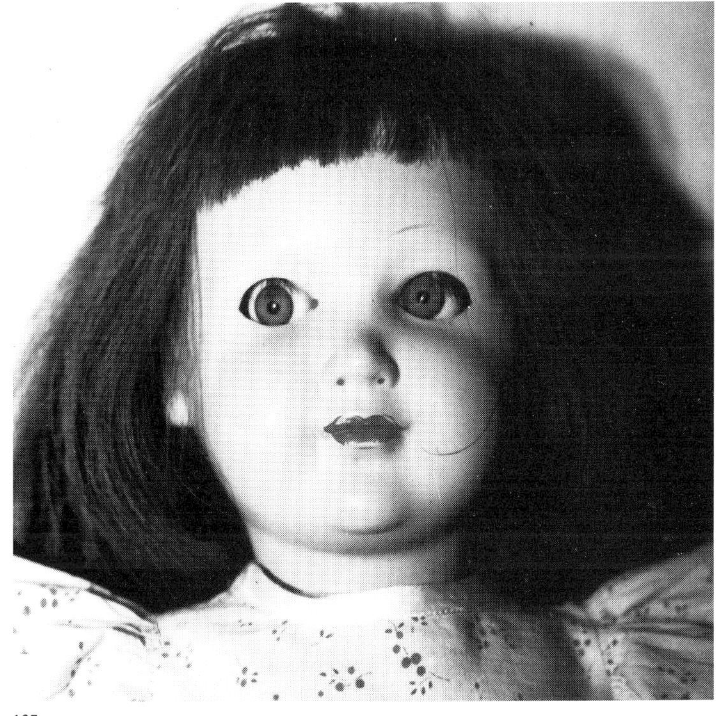

137

727/1C
1434/1CK
691/2CK
86/1CK
1690/2CK
1602/2CK
1601/2CK
1611/2CK
1814/2C
1442/3CK
753/3CK
1693/3C
728/2C
1395/3CK
1396/3CK
882/3CK
883/3CK
892/3CK
993/3CK
1466/3K
1466/3M
1465/3K
1465/3M
721C/3
1256C/3
1265/3C
1481/3CK
1482/3CK
1285/3CK
1694/3CK
1338/3½CK

138

Fröhliche Halsköpfe

Der Halskopf besteht aus dem eigentlichem Kopf mit angesetztem Hals, der in einem breiten Halseinsatz oder einem verdickten Ring endet. Dieser Kopftyp wird an den Puppenbalg *„eingebunden"*. Er ist vom Prinzip her auch als Ringhalskopf oder Einbindekopf bekannt. Halsköpfe aus Celluloid wurden von der gesamten Puppenindustrie benötigt, und zwar für Musikpuppen, Wiegengehänge für Kleinkinder (Gehängepuppen), Stürzenschläger, Quietschpuppen und Werfpuppen aus Filz oder Wolle (Eskimo-, Mantel- oder Teddybär-Puppen). Die Puppenfabrik V.M. Bruchlos, Eisfeld, bestückte mit Halsköpfen von *Schildkröt* ihre Laufpuppen.

Die frühen Halsköpfe zeigen die typisch kurzen Lockenfrisuren der Brustköpfe um 1900 bis 1910. Diese Standardmodelle wurden in fleischfarbenem oder ganz hellem Celluloid bis in die 20er Jahre produziert. Um 1910 entsteht eine Serie von grotesk-komischen Köpfen. Grundsätzlich gibt es von jedem *Schildkröt*-Kopfmodell auch eine Ausführung als Halskopf. Sie sind heute rar, weil sie meist auf billigen, weichen Puppen verarbeitet wurden.

In den Katalogen von *Schildkröt* werden diese Köpfe nicht aufgeführt. Vermutlich erhielten die Puppenfabriken besondere Angebotslisten für Halsköpfe. Aber anhand der Geschmacksmuster-Eintragungen lassen sich die meisten der Halsköpfe genau datieren und ihre Formenvielfalt dokumentieren:

1909: *„Celluloidkopf Michel". – „Chinamann".* **– 1910**: *„gewöhnliche Halsköpfe 4, 5/4, 5/2, 6, 6 ½, 7 ½, 8 ½; Baby-Halsköpfe 5 ½, 6 ½, 7 ½, 8 ½".* **– 1911**: *„Knabe Spezial-Halskopf Nr. 6, Mädchen Spezial-Halskopf Nr. 6, Baby Halsköpfe 9, 10, 12. – Harlekin Halskopf 6 ½, 7 ½, 8 ½. – Halsköpfe Feuerwehr 6 ½, Husar 6 ½, Rekrut 6 ½, Infanterie 6 ½".* **– 1912**: *„Clown-Halsköpfe Nr. 8 ½, Baby-Halskopf 13, 14. – Halsköpfe Rekrut 8 ½, Infanterie 8 ½, Husar 8 ½. – Dolly-Halsköpfe 9, 11, 12; Bersaglerie-Halskopf 8 ½, Schusterjunge und Pierrot 6 ½. – Köpfe und Halsköpfe Köchin 8 ½, Koch 8 ½, Bauer 8 ½, Bäuerin 8 ½, Baby 8, Neger 8 ½, Dienstmann 8 ½, Türke 7 ½, Bäuerin 6 ½, Student 6 ½, Tiroler 6 ½, Tirolerin 6 ½, Holländer 6 ½, Holländerin 6 ½."* **– 1913**: *„Halsköpfe Jimmy 8 ½, Cowboy 8 ½, Bauer 6 ½. – Policeman, John Bull, Mädchen Spezial 8 ½, Schwedin, Baby--Halskopf 7 ½ bis 8 ½, Biedermeier-Halskopf 8 ½ und 12".* **– 1914**: *„Halsköpfe 8, 9, 10, 12 sowie je 8 ½ Nikolaus, Muff, Jeff, Paddy, Mädchenkopf, Pfeifer, Clown mit Hut, Nikolaus-Halsmaske, Engländer, Franzose, Russe".* **– 1915**: *„Halsköpfe 0, 7 ½, 8 ½, 9, Österreicher 6 ½, Matrose 6 ½".*

Abb. 138: Katalogseite von der Woll-Spielwarenfabrik Richard Haueisen, Gehren, aus dem Jahre 1920. Sie zeigt Werfpuppen mit Halsköpfen und Masken von *Schildkröt*.

Abb. 139: Vier Halsköpfe mit und ohne Clownsbemalung und unterschiedlich gefärbtem Celluloid: vom fast durchsichtigen Weiß bis zum kräftig getönten Rosa.

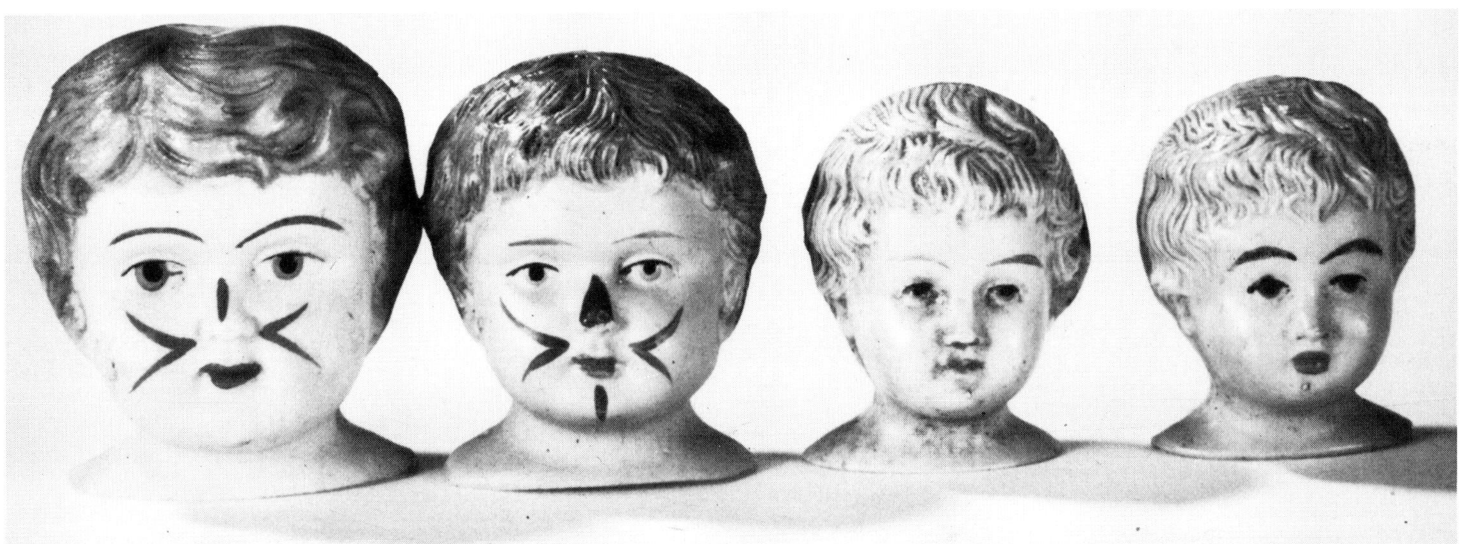

139

141 Sammlung Anne Stitz

Harlekin

Wenn man die Geschmacksmuster als Datierung zugrunde legt, dann hat *Schildkröt* erst im Jahre 1911 seinen ersten *„Harlekin"* in die Produktion aufgenommen, angemeldet für die Größen 6 ½, 7 1/2 und 8 ½ cm. **Abb. 140**: Der *„Harlekin"* entspricht der Größe 6 1/2 cm (MVZ 11). Er lacht verschmitzt, wenn durch den einfachen Druckmechanismus auf der Brust die beiden Arme mit den Bekken zusammenschlagen. Als Stürzen- oder Beckenschläger wurde diese Puppenart ein beliebtes Kinderspielzeug. Sogar die Rückseite des Kopfes (**Abb. 141**) zeigt den Einfallsreichtum der damaligen Künstler: ein auf der roten Kappe eingeprägtes, lachendes Halbmond-Gesicht. Originalkleidung, Länge insgesamt 23 cm.

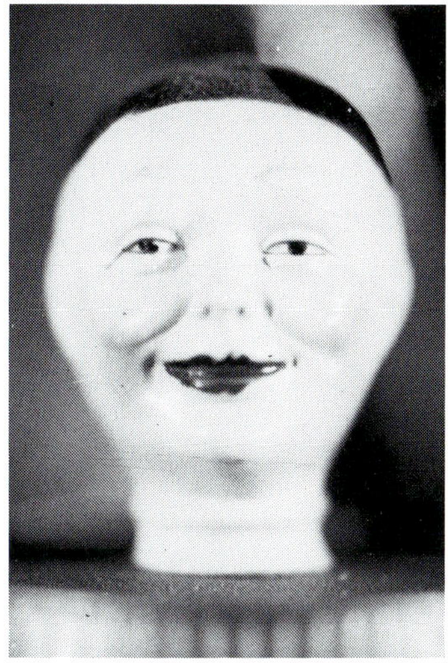

142

Clown

Der *„Clown ohne Hut"* wurde 1912 als GM registriert, der *„Clown mit Hut"* erst 1914.

Abb. 142: *„Clown"* ohne Hut, 1912, Größe 6 ½ cm (MVZ 11).

Abb. 143: Gehängepuppe, die an einem Fadenwerk aufgehängt ist und Hüpfbewegungen vollführen kann (nach dem Hampelmann-Prinzip). Der *„Clown"* mit Hut entspricht der Größe 7 ½ (MVZ 11). Das weiße Filz-Clownkostüm ist mit lustigem, rotem Seidenband und roten Pompons verziert. Orginalerhaltung. Mit Hut 25 cm. Hergestellt von der Spielwarenfabrik Gottlieb Zinner & Söhne, Schalkau, Mitte der 20er Jahre. Tanzende und Musikinstrumente spielende Clowns wurden in beweglichen Gruppen mit Mechanismus zusammengestellt.

143

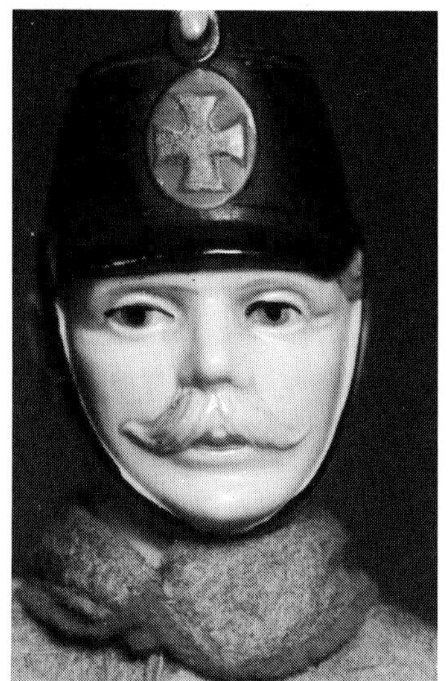

144 Puppenmuseum Hannelore Ernst

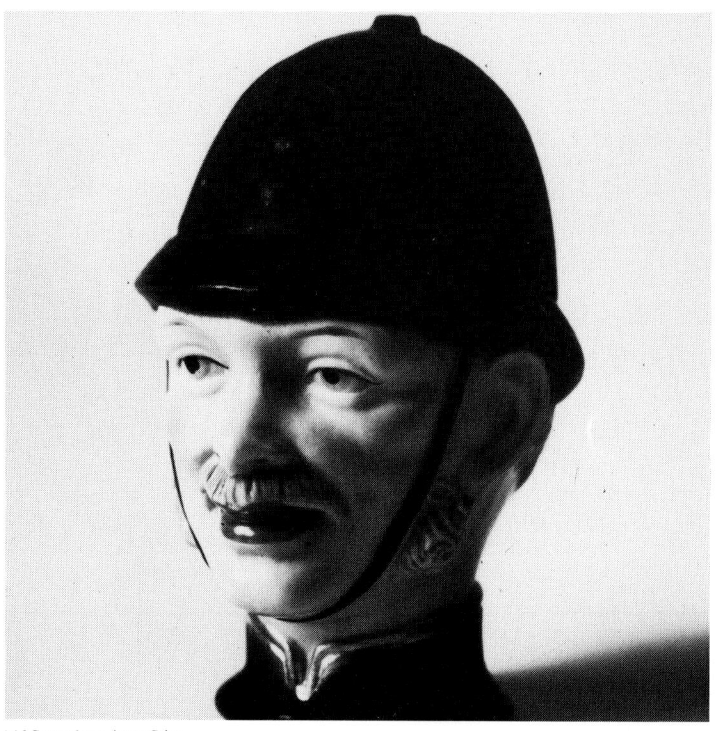

146 Sammlung Anne Stitz

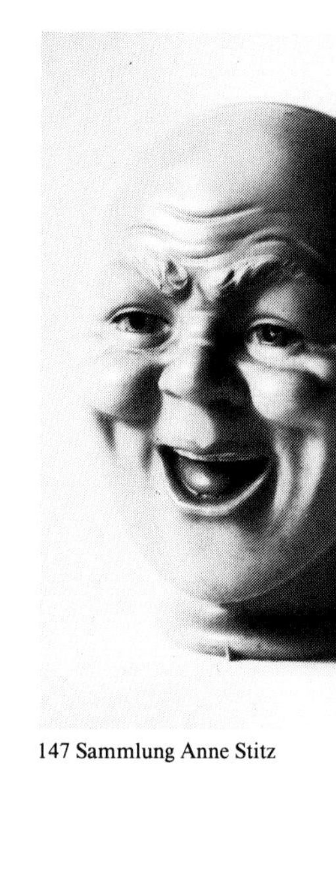

147 Sammlung Anne Stitz

145 Foto: Gisela Grote

Schmunzeln erlaubt

Viele Puppenfabriken hatten sich im Laufe der Zeit auf bestimmte Produkte spezialisiert. Einige waren stolz auf ihre Holzgelenk-Körper, viele waren bekannt für ihre ausgefallenen Charakterköpfe, andere für ihre billige Massenware usw.. Einen besonderen Platz in dieser *„Puppengesellschaft“* nahmen Firmen ein, die sich dem Humor und dem Spaß widmeten mit originellen Figuren, Karnevals-Artikeln und fröhlichen Puppengesichtern. Natürlich gehörten derartige Puppen auch in das Programm der konventionellen Fabriken, sie spielten aber in der Regel nur eine untergeordnete Rolle.

148 Sammlung Anne Stitz

Abb. 144: Deutscher Soldat, um 1914, mit Original Filzuniform, 27 cm groß.

Abb. 145: Soldat, filzbekleidet, 24 cm groß, hergestellt um 1914.

Abb. 146: Englischer Polizist *„Policeman"*, GM von 1913, Größe 8 ½ (MVZ 11).

Abb. 147: Älterer Herr, glatzköpfig und lachend, Größe 8 ½ (SoR).

Abb. 148: Mann mit Cylinder, Modell *„Biedermeier"*, GM von 1913, Größe 8 ½ (MVZ 11).

Abb. 149: Dienstmann, Modell *„Express"*, GM von 1912, Größe 8 ½ (SoR).

Abb. 150: Aus der US-Comic-Serie *„Happy Hooligan's"* stammt dieser lustig lachende Strolch (SoR) (→ Seite 144).

Abb. 151: *„Neger"*, GM von 1912, Größe 8 ½ (SoR).

Abb. 152 und **153**: *„Max und Moritz"*, ungemarkt, aber eindeutig dem *Schildkröt*-Programm zuzuordnen (→ Seite 141).

Abb. 154 und **155**: *„Dolly"* (oder auch *„Dolli"*), GM von 1912, wurde in den Größen 11 und 12 geschützt (MVZ 11), unterschiedliche Bemalung. (→ Seite 144).

Abb. 156: Mädchenkopf mit Schneckenfrisur, Größe 8 ½ (MVZ 11). Im Katalog der Puppenfabrik V.M. Bruchlos, Eisfeld, von 1924, sind diese Köpfe auf Trachtenpüppchen abgebildet.

149

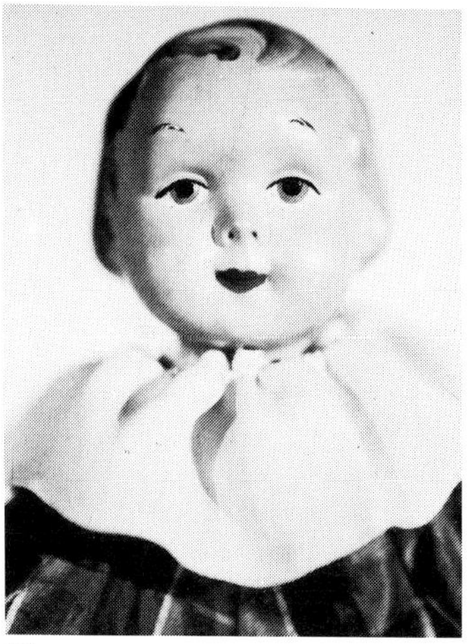
154

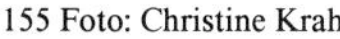
155 Foto: Christine Krah

150

151

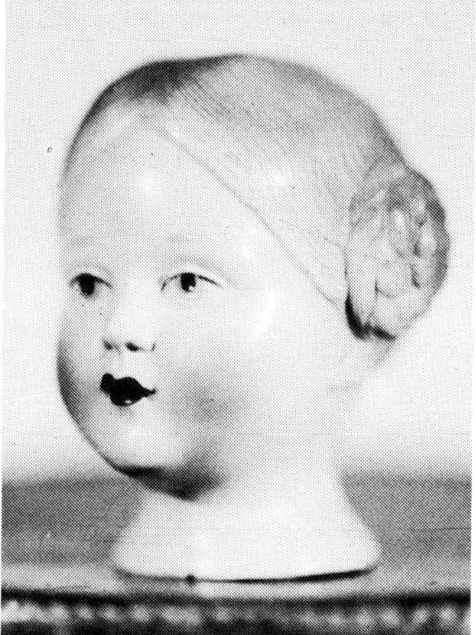

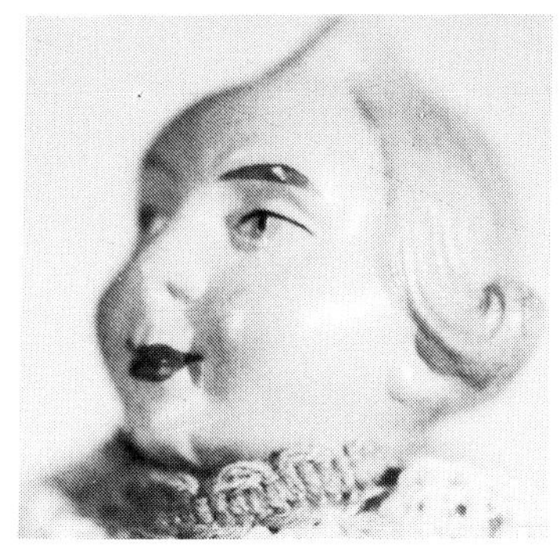
152

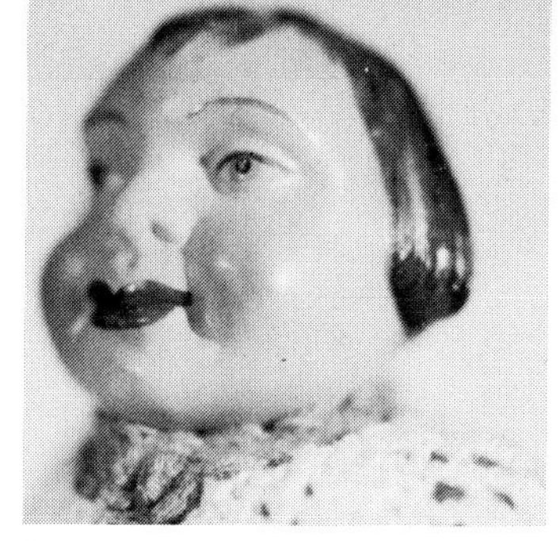
153

156

157

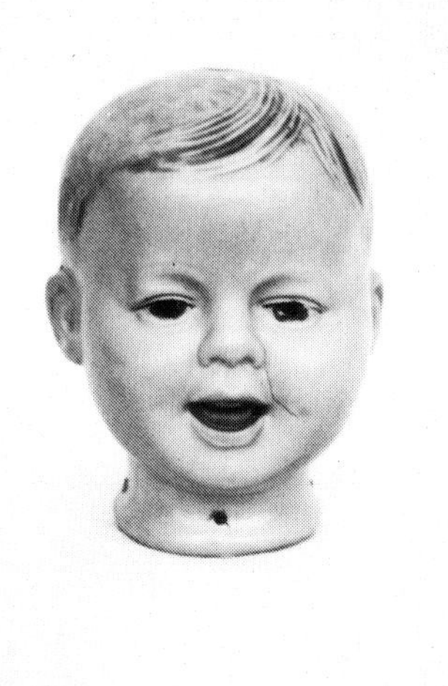

158

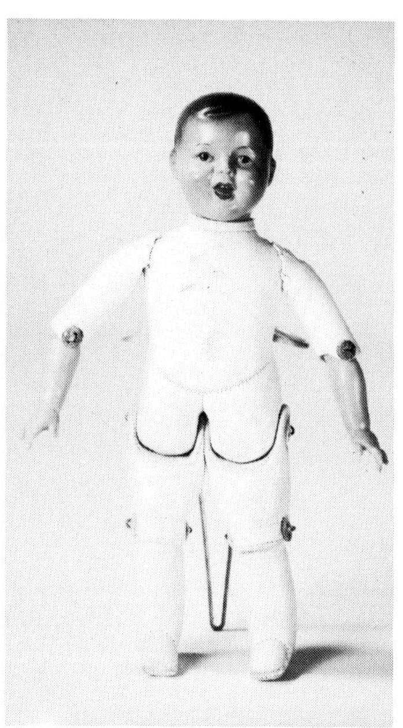

159

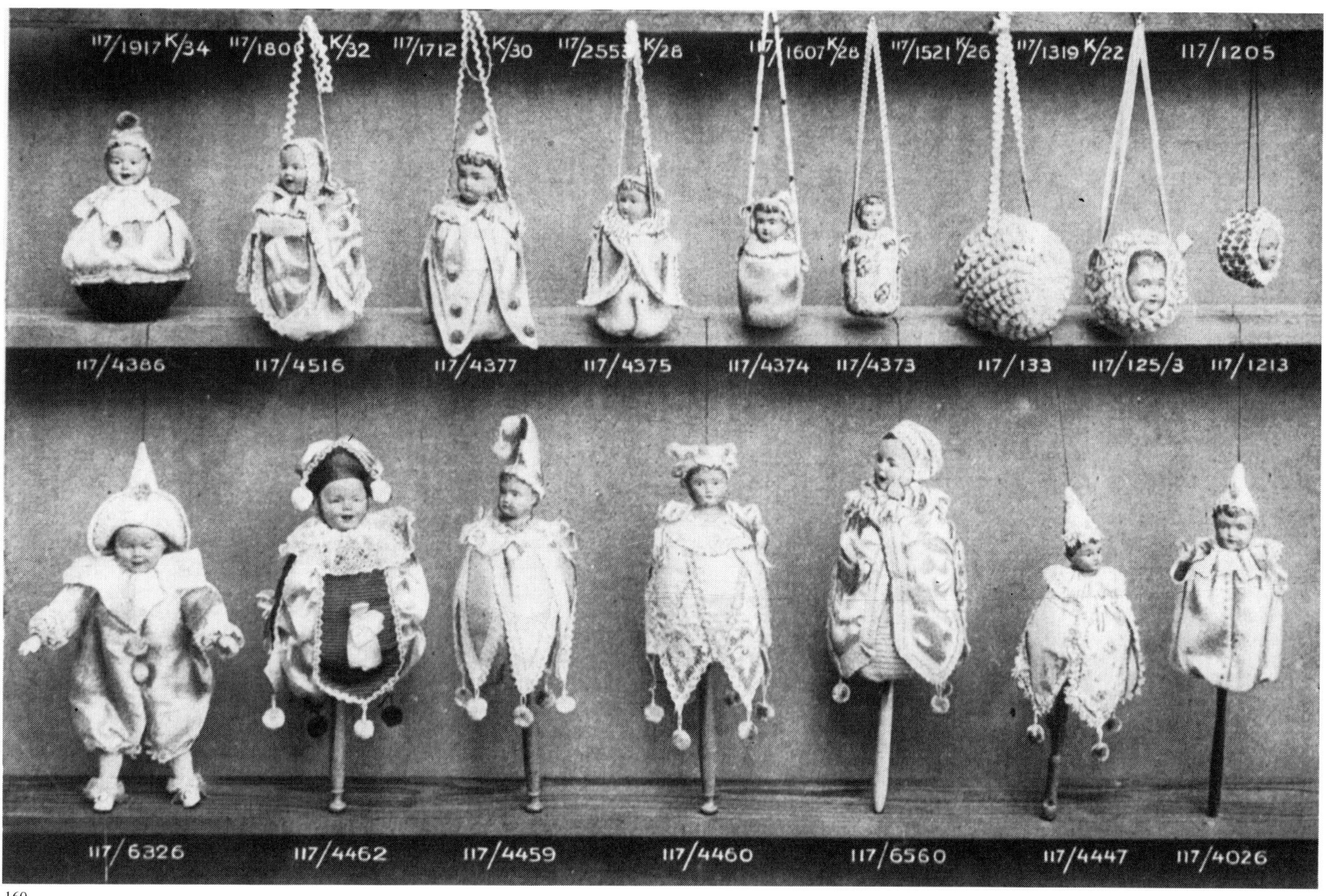

160

Modell X

1913 als GM geschützt, blieb dieser freundlich lachende Knabe ein beliebtes Produkt im *Schildkröt*-Programm. Das frühe Modell trägt die Schildkröte ohne Raute, nach 1920 (MVZ 18) und wurde bis in die 30er Jahre produziert. – **Abb. 157**: *„Modell X"*, Kopf Größe 8 1/2 (MVZ 18), ein Quietsch-Clown ebenfalls aus der Spielwarenfabrik Gottlieb Zinner & Söhne, Schalkau. Im Katalogtext heißt es *„Clowns, fein in Kunstseide gekleidet, mit Celluloidkopf und Stimme"* (unter der Nr. 117/6326 abgebildet). – **Abb. 158**: *„Modell X"*, Kopf Größe 12 (MVZ 18). – **Abb. 159**: *„Modell X"*, Größe 12 (MVZ 18) auf einem Original Wagner & Zetsche-Körper. – **Abb. 160**: Im Katalog 1924 von Gottlieb Zinner & Söhne, Schalkau, ist neben dem *„Modell X"* auch der traditionelle frühe Halskopf mit modellierten Haaren zu finden.

MVZ	= **M**arken**v**er**z**eichnis Seite 56
SoR	= **S**childkröte **o**hne **R**aute
SmR	= **S**childkröte **m**it **R**aute
GM	= **G**eschmacks**m**uster
DRP	= **D**eutsches **R**eichs**p**atent
DRGM	= **D**eutsches **R**eichs-**g**ebrauchs**m**uster

161

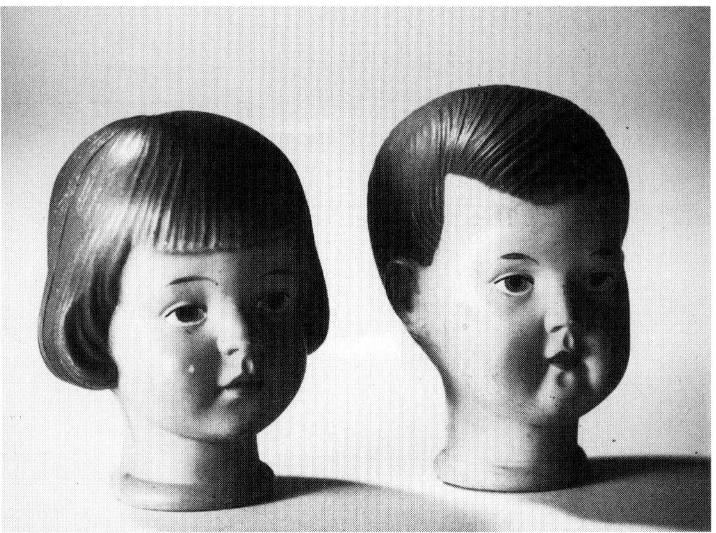

162 Sammlung Heidrun Grünewald

Serie 100

Das Modell-Jahr 1925 zeichnet sich durch eine fortlaufend numerierte Serie von Halsköpfen aus, die alle durch ein GM geschützt wurden: 100 ein lachender Knabe; 101 ein Mädchen mit Ponyfrisur; 102 ein Knabe mit modellierter Frisur; 103 ein Säuglingsbebi, Typ Neugeborenes, mit Glasaugen und geschl. Mund. 1927 dann 104 und 105 als Bebiköpfe in Miblu und 1928 die Serien-Nummer 106 als Säuglingskopf. (Wichtig: die Serien-Nummern 106, 107, 108 und 109 wurden ab 1934/36 für *„Strampelchen"*-Versionen benutzt → Seite 176). Um 1938 konnte *Schildkröt* aufgrund seines Patentes DRP 663 330 aus Kurbelkopf-Modellen auch Halskopf-Serien herstellen. Unter 116 gab es eine *„Bärbel"* (→ Seite 166) und unter 117 eine *„Christel"* in 35, 30, 42 und 48 cm. Möglich sind auch die Modelle *„Hans"* und *„Inge"*. 1942 wurde die Serien-Nummer 118 eingetragen, vermutlich ein *„Strampelchen"*-Typ.

Abb. 161: *„Modell 100"*, lachender Knabe auf Musikpuppe aus der Produktion von Gottlieb Zinner & Söhne, Schalkau. Kopf Größe 9 (MVZ 11), Gesamthöhe mit Stiel 34 cm. – **Abb. 162**: links *„Modell 101"* Mädchen mit Ponyfrisur, rechts *„Modell 102"* Knabe. Beide haben Größe 9 (MVZ 11). – **Abb. 163** und **165**: *„Modell 101"*, der Mädchenkopf in zwei verschiedenen Qualitäten der Bemalung (Abb. 163: Kopf Größe 9 (MVZ 11) als *„Babyrassel"*, Abb. 165: Kopf Größe 8 (MVZ 11) auf billigem Stoffkörper als Trachtenpuppe). – **Abb. 164**: *„Modell 102"*, Größe 9 (MVZ 11), auf Stoffkörper, Originalkleidung *„Gärtner"*.

163 Foto: Inge Spiegel

164 Sammlung Jutta + Norbert Müller

165 Sammlung Karin Ernst

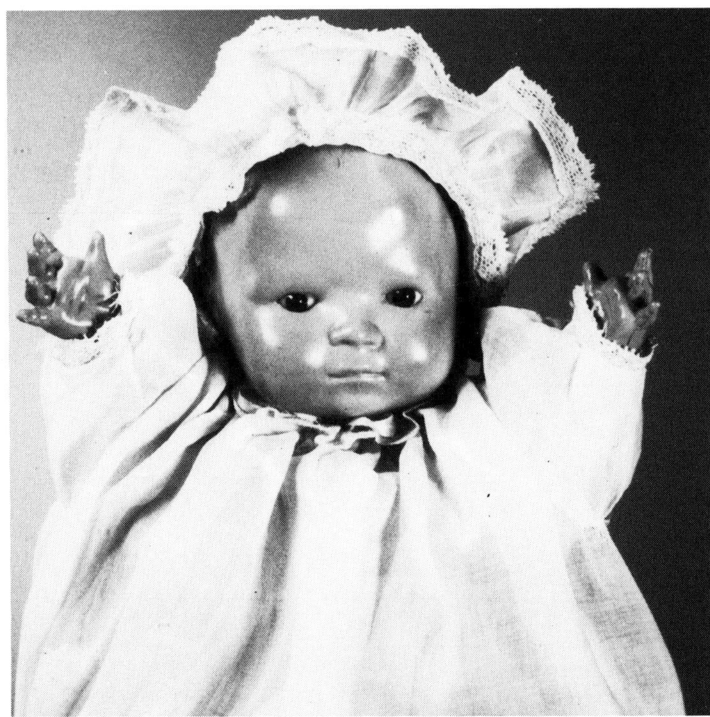

166 Sammlung Anne Stitz

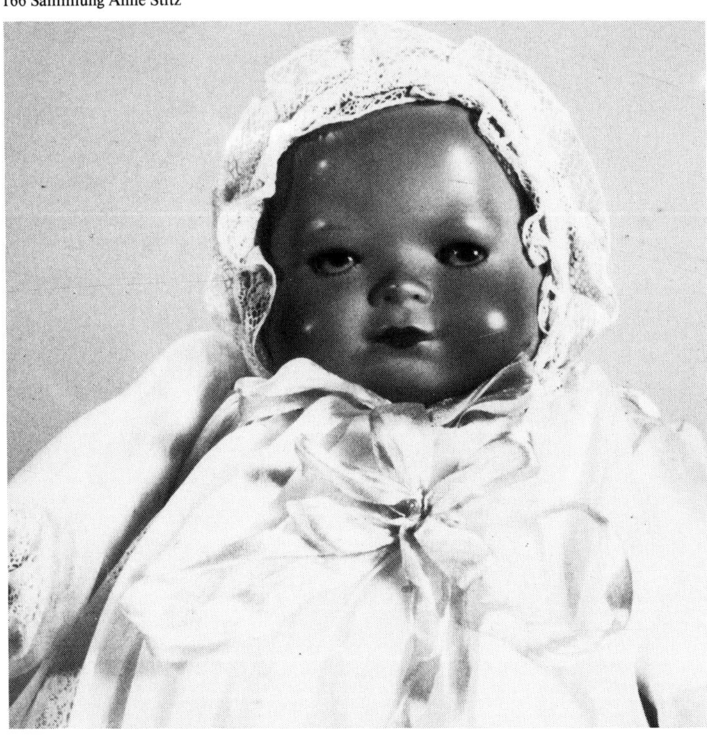

167

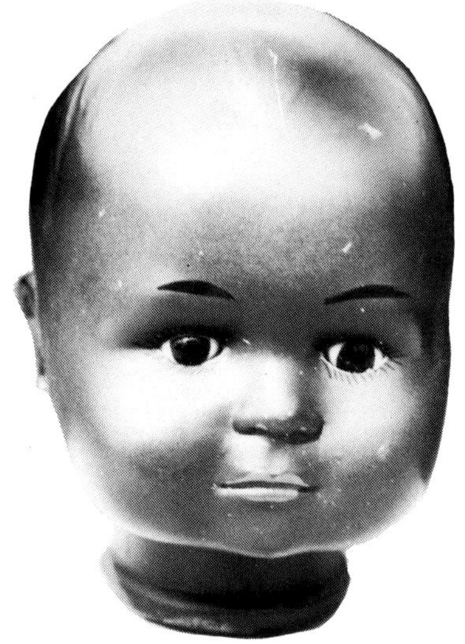

168

Modell 103

Ausführung des *„Säuglingsbebi"* (→ Seite 107) als Halskopf unter der Serien-Nummer *„103"*, geschützt 1925 als GM. Während die Kurbelkopf-Ausführung mehr dem *„Dream-Baby"*-Typ gleicht, trägt der Halskopf eindeutige Züge des *„Million-Dollar-Baby"*, dem *„Bye-Lo-Baby"* von Grace Storey Putman/USA. Als Vorbild diente ein drei Tage altes Baby. Auch der primitive, froschartige Stoffkörper mit Stimme, der nur eingebundene Celluloid-Hände hat, gleicht dem US-Vorbild ziemlich genau.

Abb. 166: *„Modell 103"*, Größe 14 (MVZ 11) mit festen Glasaugen und geschlossener Mund. Der froschartige, einfache Stoffkörper hat im Rücken einen *„Eingriff"*, so daß man Kopf und Arme wie bei einer Handpuppe bewegen kann. Original-Kleidung.

Abb. 167: *„Modell 103"*, Säuglingsbebi, in Größe 14 (MVZ 11). Die Schlafaugen sind nach DRP 463 867 befestigt. Im unteren Teil der Halsöffnung befindet sich der Holzsteg, der das Schlafaugen-Gestell trägt. Eine besonders schöne, fast transparente, zart rosa Celluloid-Ausführung mit wunderschöner Bemalung und geschlossenem Mund. Das lange Original-Batist-Taufkleid mit Haube verdeckt den Stoffkörper, der nur etwa 27 cm lang ist. Eine Moltonwindel, mit Sicherheitsnadeln befestigt, dient als Windelhose.

Abb. 168: *„Modell 103"* als Neger-Ausführung, feste Glasaugen, Größe 12 (MVZ 11).

169

Abb. 169: *„Neuheiten 1911" im Katalog der Puppenfabrik Moritz Pappe, Liegnitz: „Charakterbabies mit Körper aus Stoff mit Celluloid-Charakterköpfen* (Anm.: das Bebi *„Modell 1910"), gekleidet und ungekleidet. Ganz beweglich mit Druck- und selbsttätigen Schrei- und Mama-Stimmen."*

Abb. 170: *„Bebi 1910"*, mit leicht geänderter modellierter Frisur, gemalte Augen, offen/geschl. Mund (SoR). Der auffallende, froschartige Körper aus Plüsch mit weißem Filzkragen, roter Schleife und festangesetzten weißen Filzstiefeln entspricht einem Produkt der Puppenfabrik Moritz Pappe, Liegnitz, von 1911. Insgesamt 20 cm groß.

Abb. 171: *„Bebi 1910"*, gemalte Augen, offen/geschl. Mund mit zwei gemalten Zähnchen, Größe 3 (MVZ 5). Bei dieser Puppe ist der Halskopf auf grünem Filzkörper mit weißer Filzgarnitur aufgesetzt, 25 cm groß.

170

171

Masken für die weichen Puppen

172

173

In der Regel versteht man unter *„Maske“* die vordere Gesichtshälfte des Kopfes, die plastisch geformt Einzelheiten wie Stirn, Nase, Wangen, Mund, Kinn usw. erkennen läßt. Diese *„Masken“* werden auf einem Hinterkopf mit Körper aus gleichem Material befestigt, so daß eine Puppe entsteht. Man unterscheidet Brust-, Hals- und Gesichtsmasken, je nach der Länge des Hals- oder Brustteils.

Verarbeitet wurden Masken in der gesamten Puppenindustrie, hauptsächlich aber in Thüringen, und zwar zu: Filz-, Mantel-, Werf-, Eskimo-, Clowns-Puppen oder Wiegengehänge sowie für Kleinkinder-Spielzeug in jeder Form, aber auch für Scherzartikel in Verbindung mit Stimmen. Ähnlich wie bei Halsköpfen, sind auch von den Masken wenig alte originale Exemplare erhalten geblieben. Der Grund: Masken wurden meist auf textilen Puppen verarbeitet. Diese Puppen waren billig, aber sie waren auch sehr schnell verspielt und wurden weggeworfen. Als Vorbilder und Modelle wurden für Masken die schon im Verkaufsprogramm vorhandenen Kurbel-, Hals- oder Tierköpfe benutzt.

Folgende Geschmacksmuster für Masken wurden registriert: **1908** *„Brustmaske Clown, Katze, Punch, Max und Moritz, Lacher und Weiner. Puppenmaske Löwe, Hund, Katze, Affe, Hase mit stehenden Löffeln, Hase mit liegenden Löffeln, Schneemann, Knecht Ruprecht, Indianer“.* **1909** *„Puppenmasken Nr. 5, 5 ½, 6 ½, 7 ½“.* **1911** *„Celluloid-Charaktermasken Bäuerin, Bauer, Knabe, Baby, Schutzmann, Rekrut.“*

Abb. 174: Eine Auswahl von *Schildkröt*-Gesichts- und Halsmasken sind auf dieser Abbildung zu sehen. Obere Reihe: sogenannte *„Glotzaugen“* aus den 30er Jahren. Darunter: *„Lacher“* aus dem Jahr 1908 und *„Bebi“* und andere Köpfe mit modellierten Haaren.

Abb. 172: 2 Masken auf Stimmkörpern. Die Köpfe werden noch mit einem Kragen oder Rüschen dekoriert. Durch Drücken auf den Kopf ertönen Quietsch- oder Mama-Töne.

Abb. 173: Puppe aus Filz, sogenannte Mantelpuppe, weichgestopft mit Stimme, roter Filz mit gelbem Kragen, Handschuhe und Stiefel, etwa 20 cm groß.

174

Bebi-Puppen zum Sitzen und Stehen

Der große Umschwung in der Puppen-Industrie im Jahre 1909 durch die Charakter-Puppen hatte sehr schnell seine Auswirkungen bei *Schildkröt*. Nach dem Vorbild von Kämmer & Reinhardt, Waltershausen, entsteht 1910 in Mannheim-Neckarau das erste *„Baby"*, weitere folgen. Im Jahre 1915 wird mit der Vorstellung des Modells *„1915"* auch eine neue Schreibweise aus der Taufe gehoben, das für *Schildkröt* typische *„Bebi"*. Unter diesem Begriff entsteht eine ganze Serie, deren Hauptmodelle nachfolgend ausführlich beschrieben werden. Eines verbindet alle Puppen dieses Genres: bis auf unmerkliche Einzelheiten ist der Körper immer der gleiche.

„Bebi"-Puppen sind häufig von sehr unterschiedlicher Qualität, mal in extra schwerer oder in leichter Ausführung. Sie werden *„fleischfarbig"* und *„spezial"* (besonders mattiert) geliefert. Ab 1926 sind sie auch als *„Miblu"* erhältlich. Verwirrend kann das differierende Aussehen von *„Bebi"*-Puppen sein, weil häufig die unterschiedlichen Größen einer Serie jeweils ein völlig anderes Aussehen mit der Verkleinerung erhalten haben. Zwei *„Bebi"*-Puppentypen sind entwickelt, aber bisher nicht gefunden worden. Sie sind als Geschmacksmuster beim Amtsgericht registriert: 1914 ein Modell in den Größen 30, 32, 35 und 37 cm sowie 1924 in der Größe 28/24, wobei die *„24"* vermutlich als Jahreszahl anzusehen ist.

Das typische *„Bebi"* hat einen Sitzbaby-Körper, der sich bis Anfang der 30er Jahre nur unwesentlich verändert. Der abgeflachte Popo erlaubt ein gutes Sitzen in allen Stellungen, insbesondere auf Tischkanten oder Stühlen, die Beine scheinen natürlich gewinkelt. Aber auch im Liegen wirkt die Puppe lebensecht in ihrer Gliederhaltung. Besonders auffallend sind die zart und elegant geformten Hände. Die drei Mittelfinger stehen fest zusammen, der kleine Finger ist etwas abgespreizt. Der linke Arm ist leicht angewinkelt, der rechte vom Körper abgestreckt. 1923, als Neuheit, ändert sich die Armstellung: das rechte Ärmchen ist angewinkelt, das linke abgestreckt. Aber nur wenig Modelle sind mit dieser letzten Konstruktion bekannt. Andere Merkmale des *„Bebi"*-Körpers bleiben unverändert, auch als das Modell *„1925"* im gleichen Jahr erscheint.

Etwa 1930 wird ein neuer Körper-Typ entwickelt. Der Rumpf ist etwas dicker und rundlicher. Die Beine haben eine leicht veränderte Haltung. Die Arme sind vom *„Kleinkind-Körper"*, dem Stehsitzbaby, übernommen: gleichmäßig gebogen. Auch die Hände sind anders modelliert. Der Zeigefinger und der kleine Finger sind leicht abgespreizt und die mittleren zusammenstehend. Übrigens: auf dem *„Bebi"*-Modell *„1925"* sind alle drei Armstellungen zu finden!

Abweichend von diesen typischen *„Bebi"*-Merkmalen wird das *„Strampelchen"* entworfen, daß Mitte der 30er Jahre aufkommt. Es hat dicke Ärmchen und Baby-Fäustchen. Es kann den Daumen in den Mund stecken.

Alle *„Bebi"*-Puppen gibt es auch als *„Stehbebi"* mit festem oder beweglichem Kopf. Die 1910er Modelle haben den bekannten Körper der Stehpuppen, aber die Armstellung des *„Bebis"*.

Um 1925 wird der Steh-Sitzbebi-Körper entwickelt und bis 1938 mit nur leichten Veränderungen beibehalten, ein typischer Kleinkind-Körper. Die Arme sind beweglich, fast gleichmäßig angewinkelt. Die kurzen, kräftigen Kleinkinderbeine eignen sich zum Sitzen und Stehen.

Bebi 1910

Geboren in der Charakter-Puppen-Bewegung, ist das *„Bebi 1910"* zu den künstlerisch interessanten Modellen zu zählen. Es entstand vermutlich als Antwort auf das K&R-Charakterbaby Serie *„100"*. Die *Schildkröt*-Version zeichnet sich durch ein besonders freundlich lachendes Baby-Gesicht aus. Der offen/geschl. Mund mit angedeuteter, modellierter Zunge sowie die Kinn- und Wangengrübchen ließen diese Puppe zu einem Schlager werden, der von 1910 bis Mitte der 20er Jahre verkauft wurde.

Das *„Bebi 1910"* wurde in den verschiedensten Größen und Ausführungen (auch als Brustblattkopf) hergestellt. Besonders häufig ist es mit zart gemalten Haaren und gemalten Augen zu finden. Ab Größe 28 cm erhielt es auch einen beweglichen Kopf und feststehende Glasaugen. Die Ausführung mit *„Spezialfrisur"* (→ Seite 45) nach DRGM 430 791 und DRGM 437 537 mit aufgespritzten, geflockten Haaren gehört für den Sammler zu den seltenen Exemplaren, weil die Haare durch das Bespielen abgerieben wurden. Das *„Bebi 1910"* mit Wickelkissen nach DRP 215 503 ist bisher nur aus dem Katalog bekannt.

Auffallend sind die verschieden gemalten Augen: von schmalen Schlitzen bis zu großen runden Kulleraugen. meist blau mit schwarzer Iris und weißen Lichtpunkten. Wahrscheinlich sind die runden Augen nach 1920 als Zugeständnis an neue Schönheitsideale gemacht worden. 1914 kamen die Köpfe mit aufgeschnittener Kopfkrone und Schlafaugen auf.

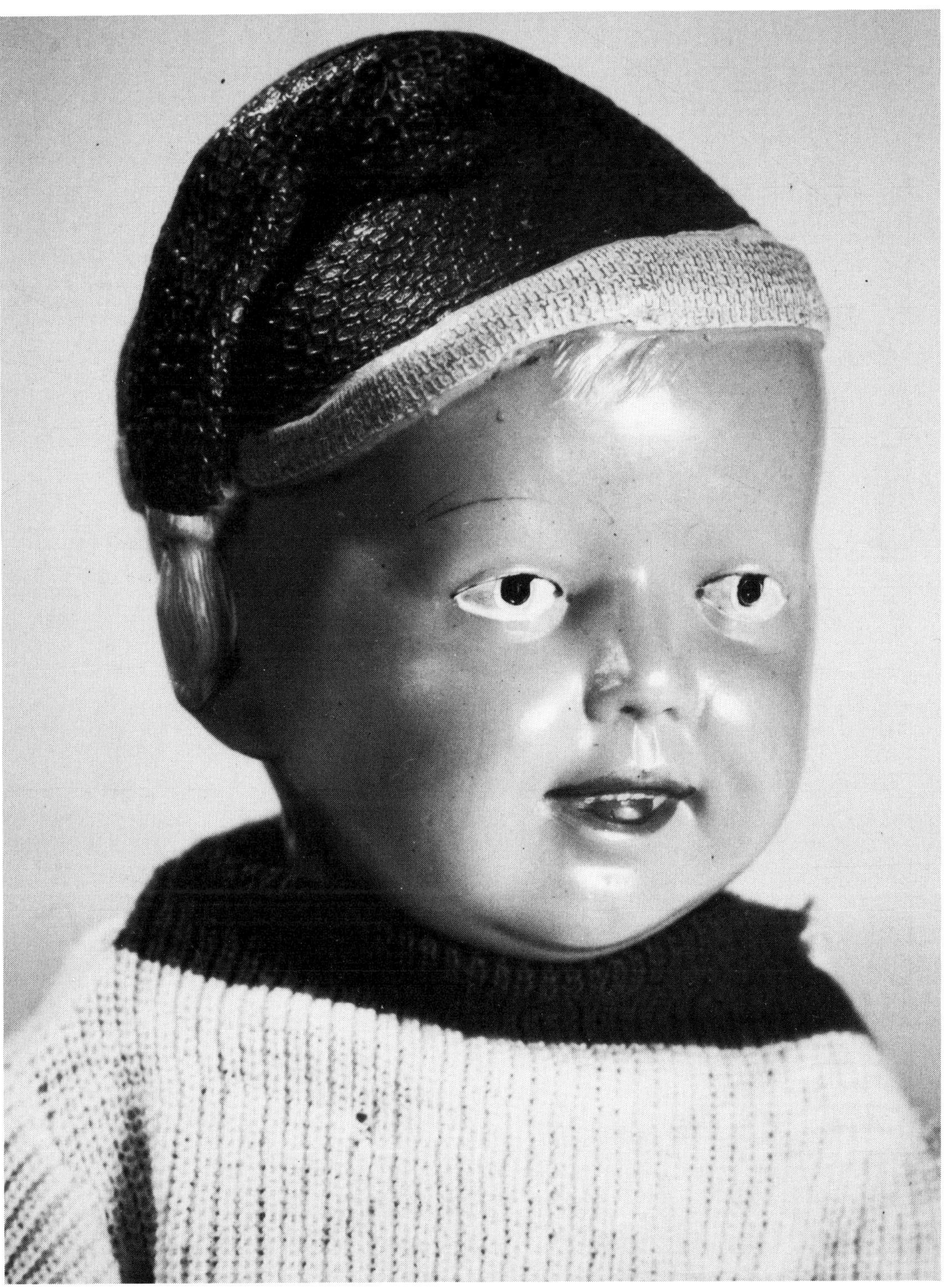

175 Sammlung Anne Stitz

Abb. 175: Eine ungewöhnliche Variante des Modells *„Bebi 1910"*. Der Standardkopf mit gemalten Augen, offen/geschl. Mund, modellierter Zunge und gemalter Zahnreihe wurde mit einer Zipfelmütze *„besetzt"*. Mütze und Kopf sind aus einer Form! Die kecke Kopfbedeckung, sie erinnert an den *„Deutschen Michel"*, hat eine lila Strickmusterprägung und einen weißen, modellierten *„Strickrand"*. Der Mützenzipfel endet in einem dicken weißen Quast direkt auf dem rechten Ohr. Auf der Stirn sind zwei kleine Haar-Strähnchen modelliert. Der Kopf ist, kaum erkennbar, mit der *„Schildkröte"* ohne Raute gemarkt, die Größe ist nicht lesbar. Der ergänzte Körper trägt die Größe 30 (MVZ 9). Kopf und Körper passen zusammen und sind vermutlich kurz vor dem Ersten Weltkrieg entstanden. Eine solche Verfremdung von Standardtypen bot sich aus Kostengründen an. So wurde auch das *„Strandkind"* (→ Abb. 356) durch Aufsetzen einer Bademütze umgestaltet (Japanische Kopie → Abb. 490).

Serie Baby (Modell deponiert)

künstlerisch ausgeführte Charakterpuppe mit beweglichen Armen und Beinen, eingerichtet zu außerordentlich schöner Sitzstellung. Von No. 28 aufwärts mit beweglichem Kopf.

Unbeschadet der Haarfrisur kann diese Schwimmpuppe auch gebadet werden.

No.	Preis per Dutzend Mk.	7½	8½	9½	11	12	14	15	16½	18	19	20	22	24	28	30	32	35	37	40	45	55
1. mit gemalten Haaren		1.60	1.90	2.40	2.60	2.75	3.35	4.25	5.25	5.70	7.20	9.70	10.65	12.–	16.60	19.–	21.50	24.50	36.–	50.–	66.–	102.-
2. mit Spezial-Frisur (D.R.G.M.)		–	–	2.80	3.–	3.50	4.05	5.05	6.25	7.–	8.50	11.–	12.30	14.–	18.60	21.–	23.50	26.50	38.30	52.50	68.50	105.-
3. m. Wickelkissen u. gem. Haaren		5.40	6.40	6.90	8.60	8.75	11.75	13.85	5. mit gem. Haar und Glasaugen						17.70	20.10	22.65	25.70	37.30	51.40	67.50	104.-
4. m. Wickelkissen u. Spezial-Frisur		–	–	7.30	9.–	9.50	12.45	14.65	6. mit Spezial-Frisur und Glasaugen						19.70	22.10	24.65	27.70	39.60	53.90	70.–	107.-

Von Größe 15 an aufwärts können die Babypuppen auch mit mattierter Oberfläche geliefert werden, wofür ein Aufschlag von 10 % in Anrechnung kommt.

176

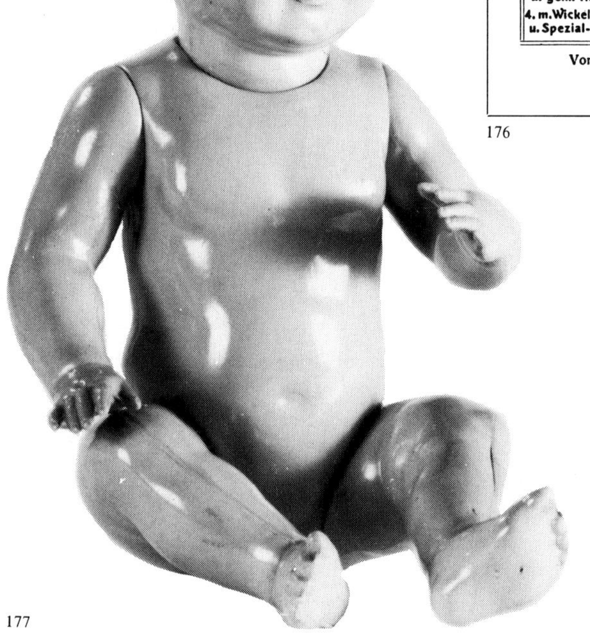

177

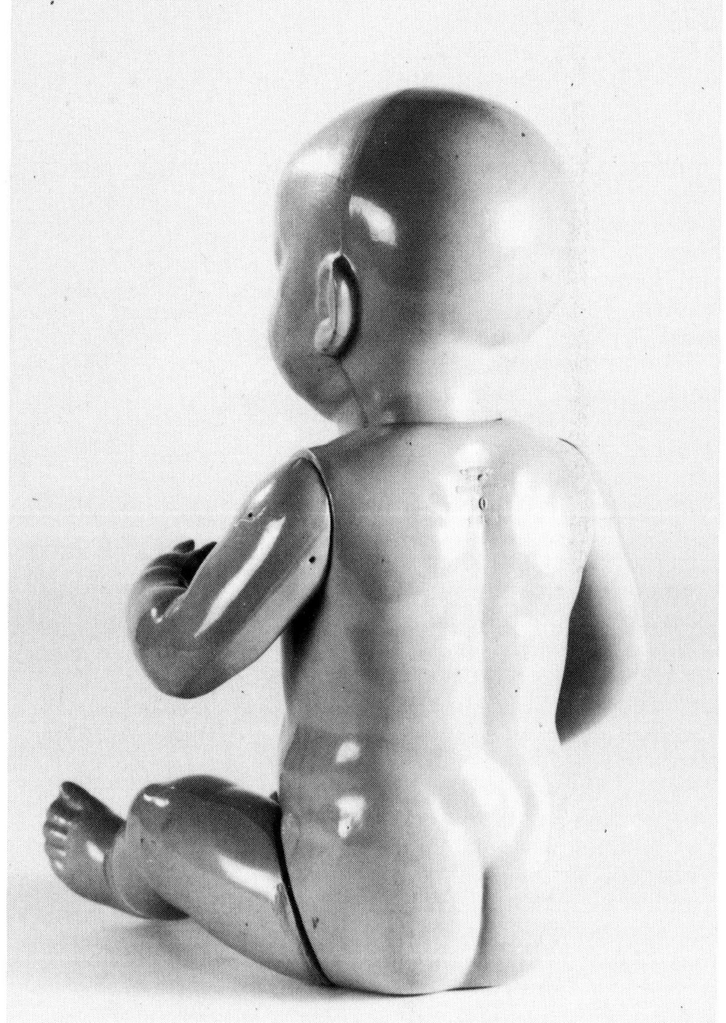

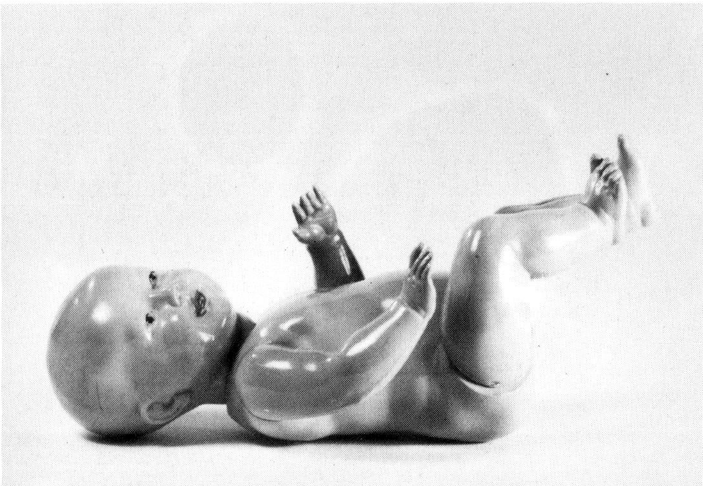

178

179

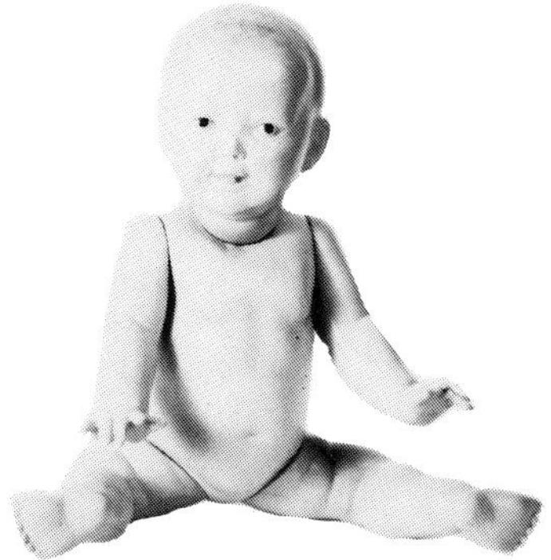

180 Sammlung Anne Stitz

Der Katalogausschnitt, **Abb. 176**, gibt einen guten Überblick über die Vielfalt der verschiedenen Größen und Variationen. Die zahlreichen möglichen Stellungen des *„Bebi 1910"* zeigen die **Abb. 177, 178** bis **179**, wobei der ausgeprägte Babykörper besonders gut zu erkennen ist. Der Kopf: gemalte Augen, offen/geschl. Mund, Größe 30 (SoR). Dieses Modell ist auffallend glänzend.

Abb. 181: Der Katalog von 1921 zeigt eine Variante des bekannten Bebi-Körpers mit völlig anderen Armen und Beinen. Text: *„„Strampelchen,, neuestes, erstklassiges Modell mit mattierter Oberfläche. Kopf, Arme und Beine beweglich. In allen beliebigen Stellungen zu verwenden. Größe. 14, Kopf und Glieder fest von 14 bis 45 cm lieferbar"*. Die Katalog-Abbildung zeigt das Modell mit dem Kopf des *„Bebi N"* in typischer Baby-Bauchlage. Die hier abgebildete Puppe ist aber das *„Bebi 1910"*. Die sitzende Version wirkt plump und unelegant (**Abb. 180**). Aber: die Bauchlage mit den abstützenden Ärmchen oder die Rükkenlage mit der natürlichen Arm- und Beinhaltungen wirken lebensecht (**Abb. 182** und **183**).

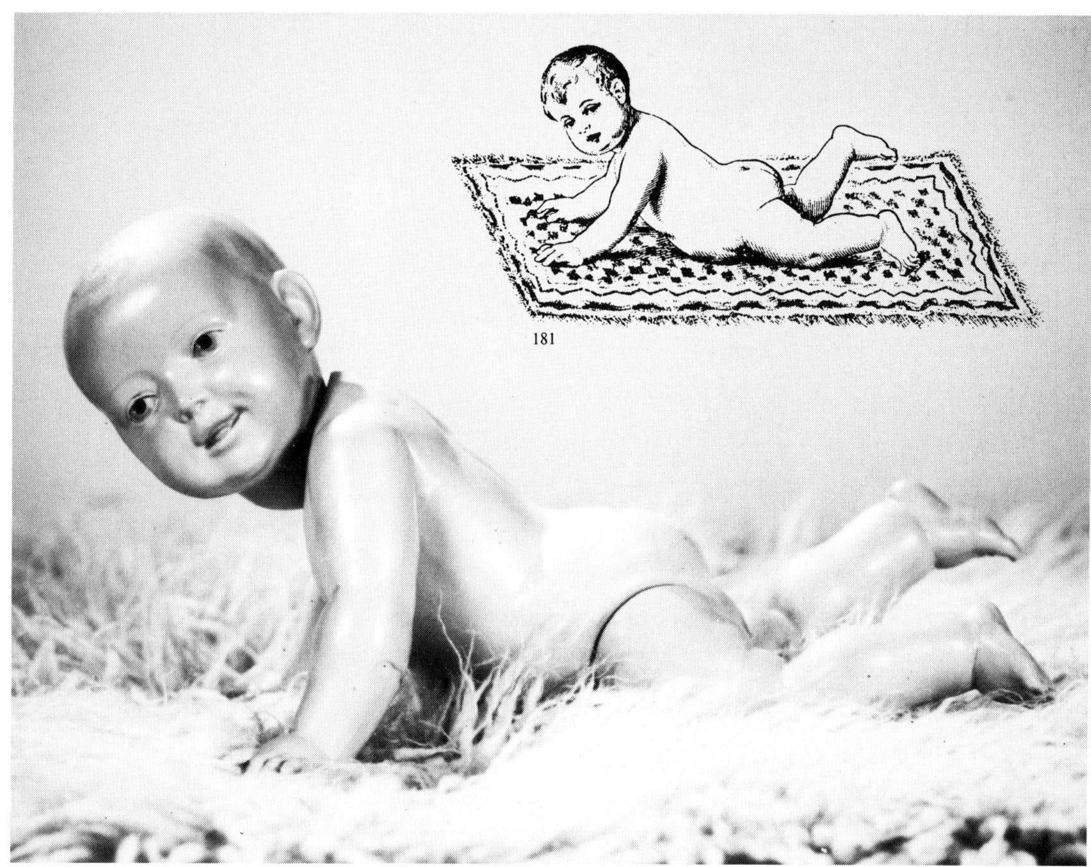

181

182 Sammlung Anne Stitz

183 Sammlung Anne Stitz

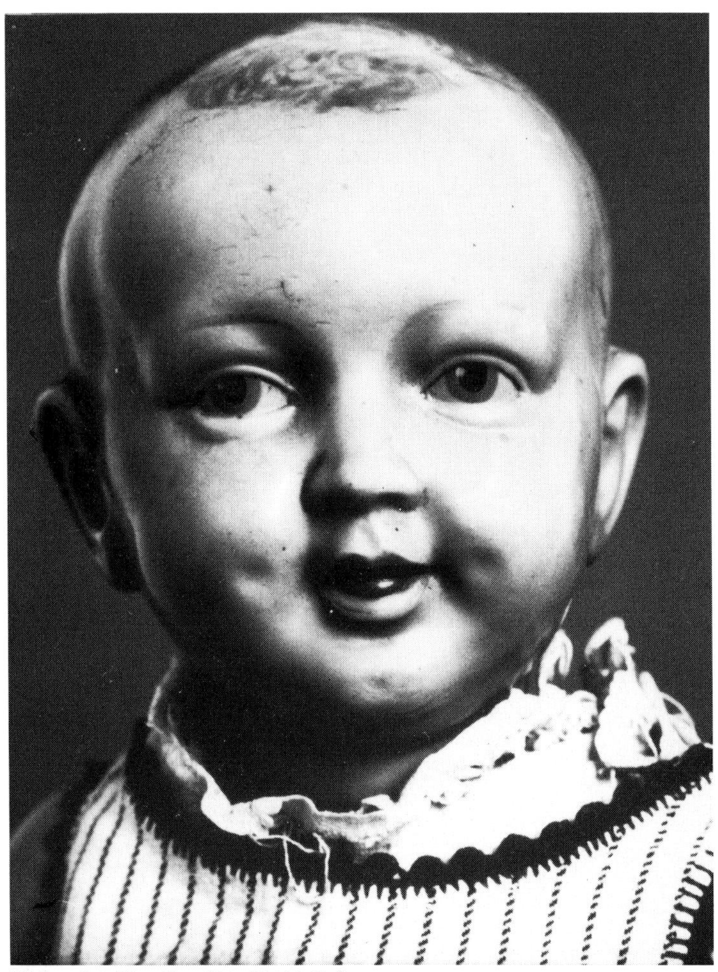

184 Sammlung Klaus Jörger/Foto: Dietrich Graf

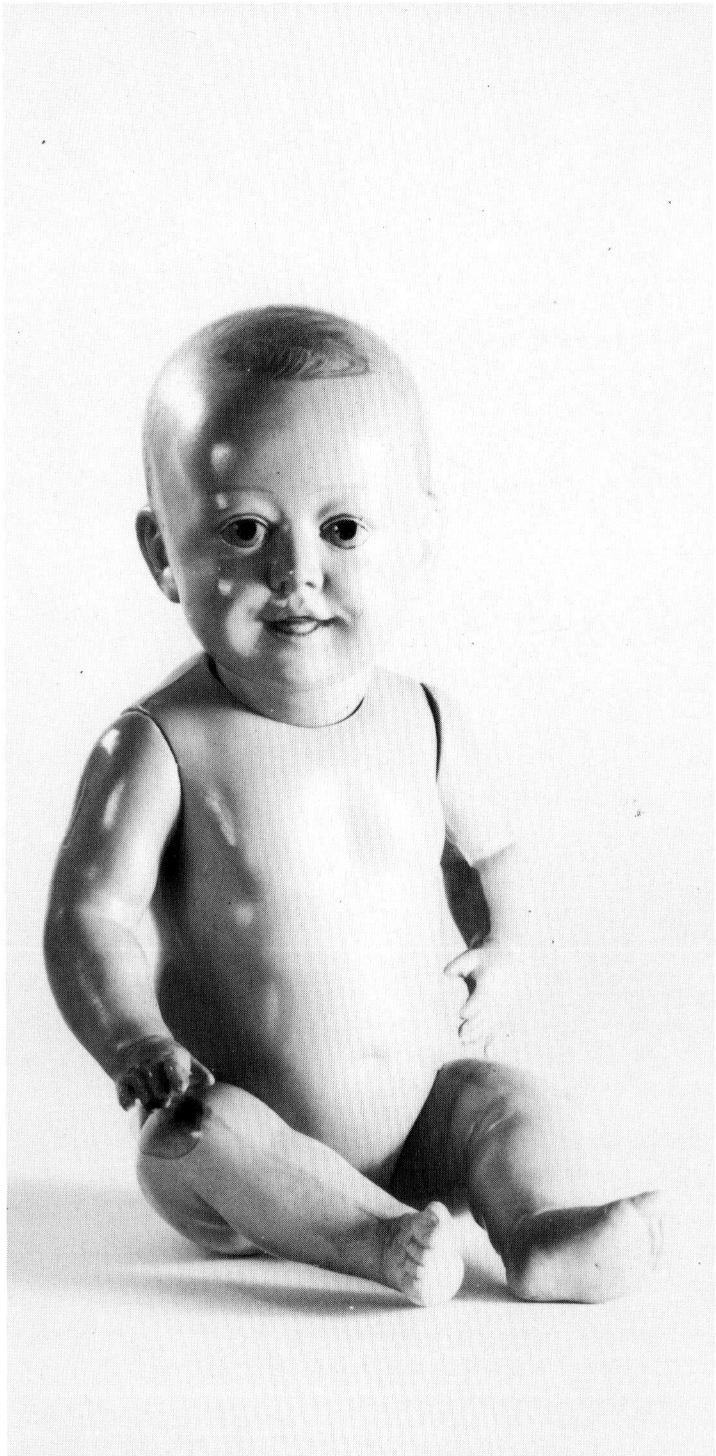

Zwei untypische Modelle „1910"

Ein Phänomen des *„Bebis 1910"* ist, daß fast jedes Exemplar einen anderen Gesichtsausdruck trägt. Das auf der **Abb. 184** gezeigte Modell wirkt besonders drall und gesund. Es hat sorgfältig gemalte blaue Augen mit schwarzer Pupille und weißem Lichtpunkt, offen/geschl. Mund mit modellierter Zunge, Größe 40 (MVZ 3). Ungewöhnlich runde, gemalte Augen sind das Merkmal des Bebis **Abb. 185**. Auffallend wieder die gemalten blauen Augen mit schwarzer Iris und weißen Lichtpunkten, offen/geschl. Mund mit modellierter Zunge, Größe 32 (MVZ 3).

185

Bebi 1910 mit Perücke

Ein *„neues, verbessertes diesjähriges Modell"* offeriert die Puppenfabrik Nöckler & Tittel, Schneeberg, in ihrem Katalog von 1924. Zu sehen sind die Charakter-Bebi's von *Schildkröt* mit und ohne Perücke (**Abb. 188**). Angeboten werden die Ausführungen *„mattiert"* oder *„fein mattiert"* mit Schlafaugen, Wimpern, offenem Mund, Glaszähnen mit und ohne Zunge. In der Mitte der Katalog-Abbildung ist deutlich das *„Bebi 1910"* mit Perücke zu erkennen. Der Kopfkronen-Ausschnitt läßt die Möglichkeit zu, das Modell auch mit Schlafaugen auszustatten. Feste Glasaugen sind beim geschlossenen Kopf bekannt.

Die **Abb. 186** zeigt das *„Bebi 1910"* mit blauen Glasaugen und offenem Mund mit kleiner Zunge in der Größe. 28. Wie dieser Kopf, tragen fast alle bekannten Perückenköpfe die Schildkröte ohne Raute.

Die Stehbebi-Ausführung des Modells *„1910"* (auf dem Katalogfoto rechts) mit festen Beinen und beweglichen Armen gab es ab 1912 in den Größen 7, 11, 14, 17, 20, 22, 24 cm (1923 von 7 bis 32 cm in 10 Größen). Die Größe 7 wurde auch mit festen Armen geliefert. Das Stehbebi ist zusätzlich mit gemalten Hemdchen in 3 Größen 11 bis 17 cm bekannt, die bis in die Mitte der 20er Jahre produziert wurden. Das auf der **Abb. 187** abgebildete Stehbebi hat die Größe 14 (MVZ 6). Leider fehlen die Ärmchen.

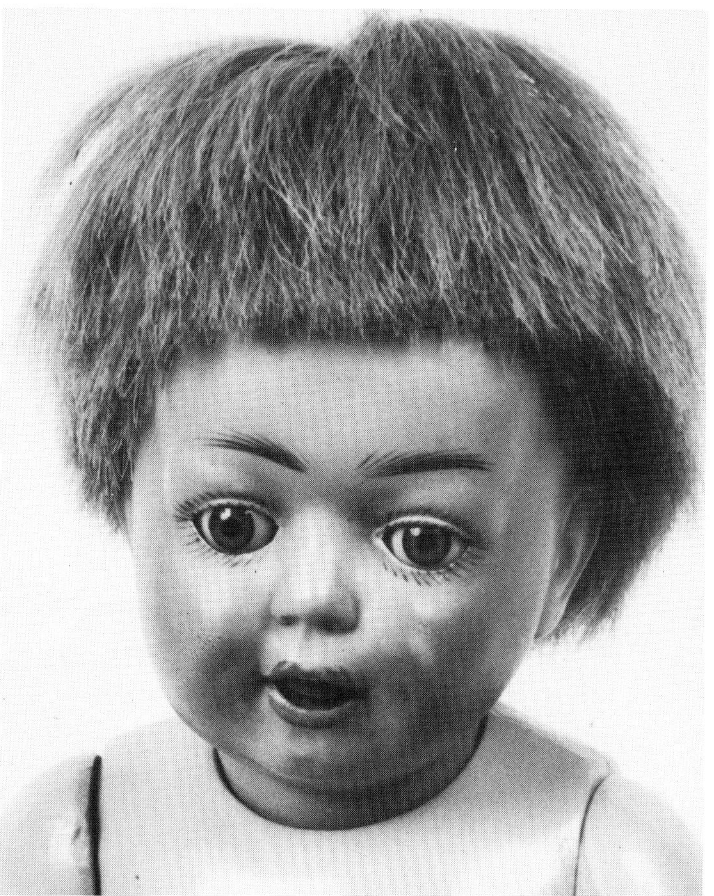

186 Sammlung Ilse Krauß

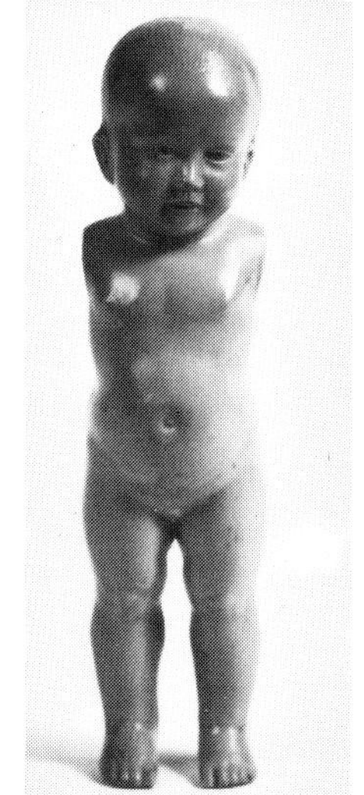

187 Sammlung Anne Stitz

188

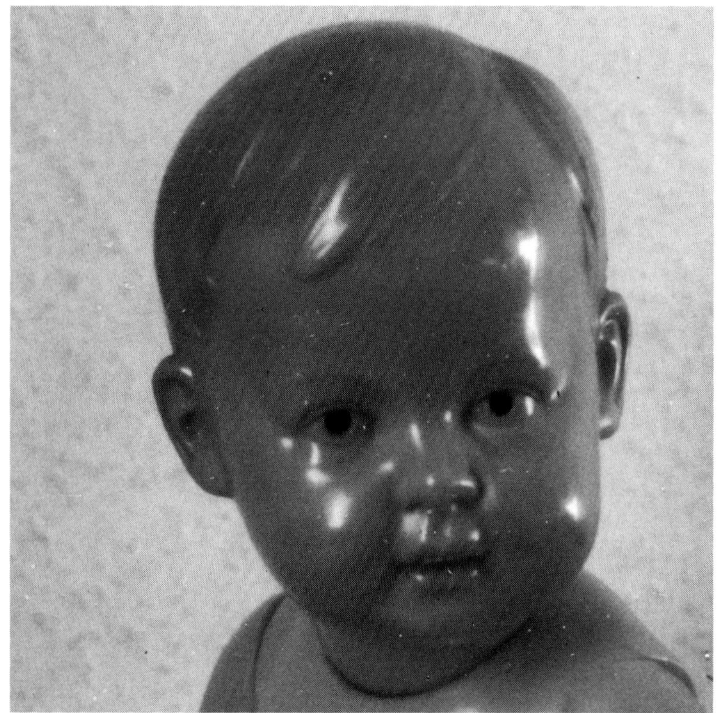

189 Foto: Gisela Grote

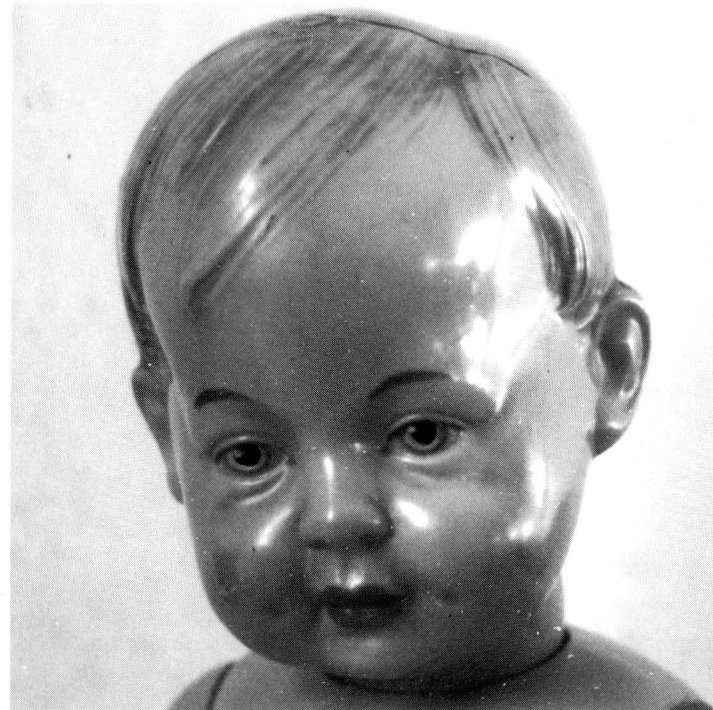

190 Foto: Gisela Grote

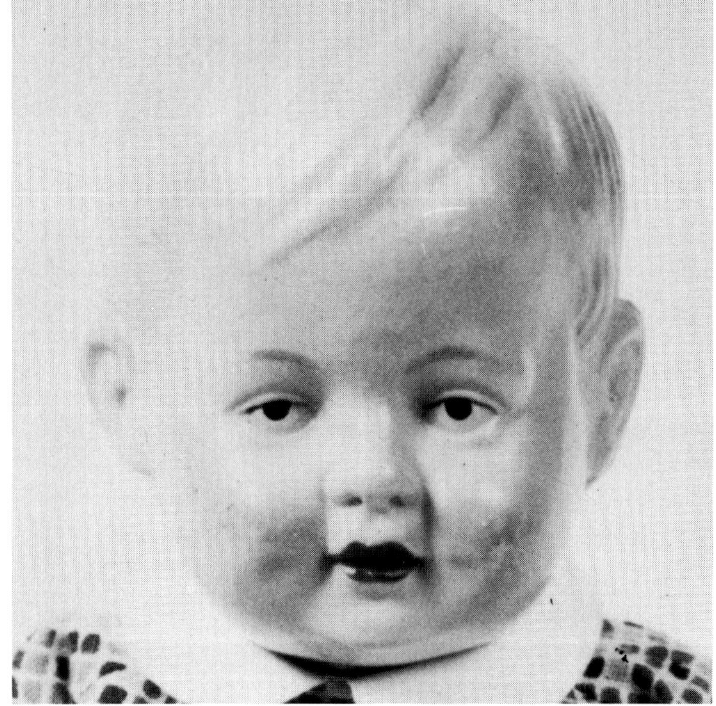

191 Sammlung Anne Stitz

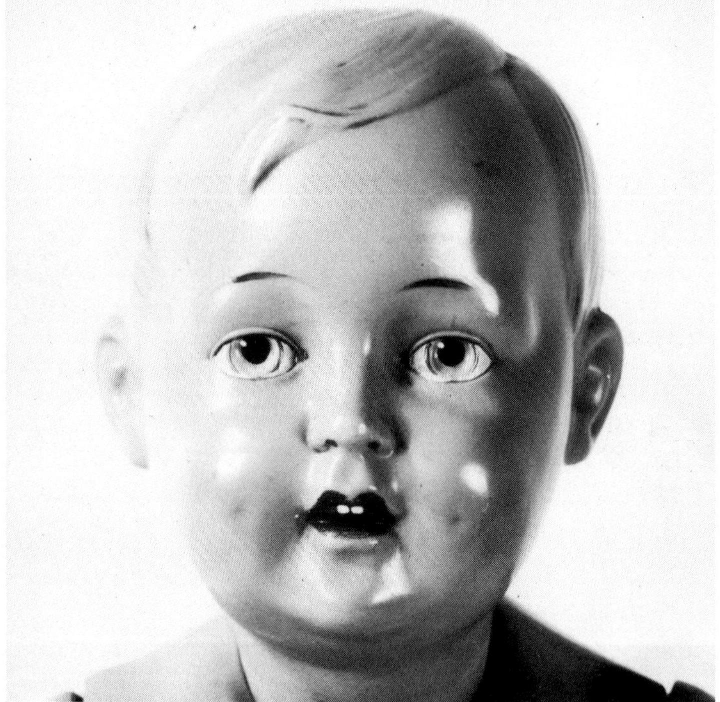

192

Bebi 1915 = Bebi N

Äußerlich unterscheiden sie sich nur durch den Hautton: *„Bebi 1915"* ist mattiert und *„Bebi N"* ist glänzend und hat einen warmen Fleischton. Bei einem *„Bebi N"* ist ein Schachtel-Etikett gefunden worden, das zusätzlich mit der Schildkröte in der Raute und den Worten *„Schutz-Marke"* und *„Celtid"* versehen ist (→ Abb. 79).

Bereits 1915 wurde die Puppe als Geschmacksmuster geschützt, und zwar in den Größen 19, 22, 24, 26 cm für Puppen mit festem Kopf und als Kurbelkopf in den Größen 28, 30, 32, 35 und 37 cm. Im Katalog von 1921 wird das *„neue, verbesserte Modell"* angeboten als *„Bebi 1915 – mattiert"* und *„Bebi N"*, beide in den Größen 24 bis 45 cm mit beweglichem Kopf.

1923 ist das *„Bebi 1915"* in den Größen 7 ½ bis 45 cm mattiert erhältlich, *„ab Größe 25 mit beweglichem Kopf"*. Das *„Bebi N"* wird zwischen 7 ½ bis 67 cm geliefert. Zwei Jahre später, 1925, gibt es drei gleiche Modelle: *„Bebi 1915"* von 8 bis 45 cm in 22 Größen, *„Bebi N"* von 8 bis 67 cm in 24 Größen und als Neuheit *„Bebi NU, etwas leichtere Qualität"* von 8 bis 45 cm in 23 Größen. Im Katalog von 1927 wird nur noch das *„Bebi NU"* erwähnt, ein auslaufendes Modell am Ende der 20er Jahre, das durch die Modelle *„Bebi 1925"* und *„Bebi 1927"* abgelöst wurde. Angeboten werden aber weiterhin die Ersatzteile für alle drei Modelle.

Interessant: in Angebotslisten von 1939 taucht *„Bebi NU"* noch einmal als *„Kleinpuppe mit festem Kopf"* in 7, 12 ½ und 15 cm auf.

Die auf den **Abb. 189** bis **194** vorgestellten Puppen haben alle gemalte Augen, ein Modell mit Glasaugen ist bisher nicht bekannt. Die zeitliche Einordnung dieses Puppentyps ist nur anhand der verschiedenen Markenzeichen annähernd möglich. Fast unverändert wurde das Modell über zwölf Jahre hergestellt.

Abb. 189: *„Bebi N"*, Kopf Größe 3, gemalte Augen, offen/geschl. Mund mit 4 gemalten Zähnchen. Körper Größe 35 (MVZ 9).

Abb. 190: *„Bebi N"*, Kopf Größe 28, gemalte Augen, offen/geschl. Mund (MVZ 10).

Abb. 191: *„Bebi N"*, Größe 24 mit festem Kopf, gemalten Augen, offen/geschl. Mund (MVZ Nr. 9).

Abb. 192: abweichend von den Standardtypen zeigt sich dieses *„Bebi N"*. Zu bemerken ist die anders modellierte Haarsträhne. Gemalte Augen, offen/geschl. Mund mit 2 gemalten Zähnchen. Kopf (MVZ 10) und Körper (MVZ 6) haben die Größe 45.

Abb. 193 und **194**: *„Bebi N"*, Vorder- und Seiten-Ansicht, mit festem Kopf, gemalten Augen, offen/geschl. Mund, in Größe 18 ½ (MVZ 10).

MVZ	= **M**arken**v**er**z**eichnis Seite 56
SoR	= **S**childkröte **o**hne **R**aute
SmR	= **S**childkröte **m**it **R**aute
GM	= **G**eschmacks**m**uster
DRP	= **D**eutsches **R**eichs**p**atent
DRGM	= **D**eutsches **R**eichs**g**ebrauchs**m**uster

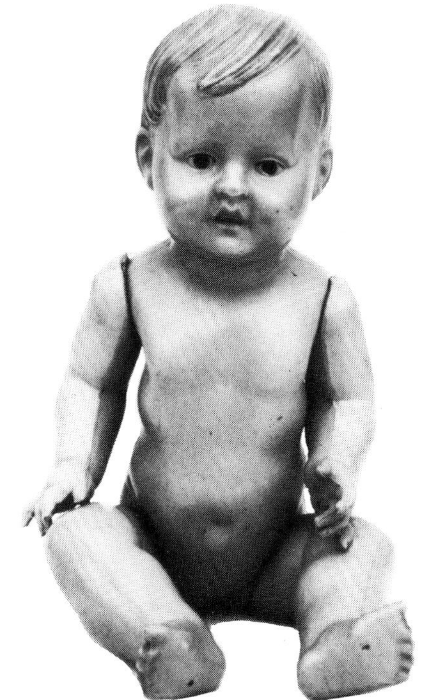

193

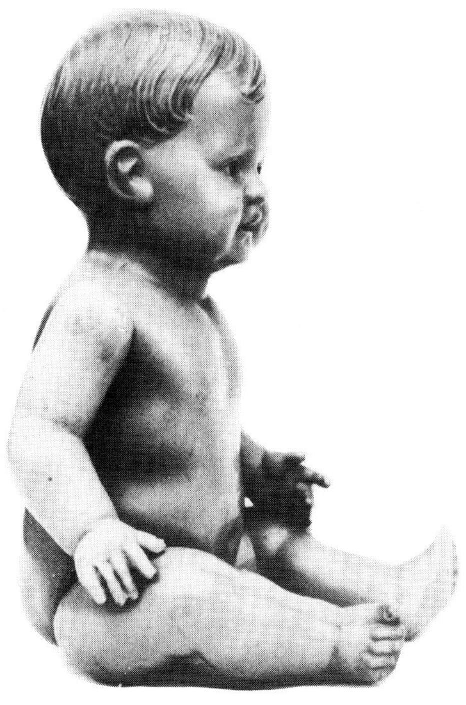

194

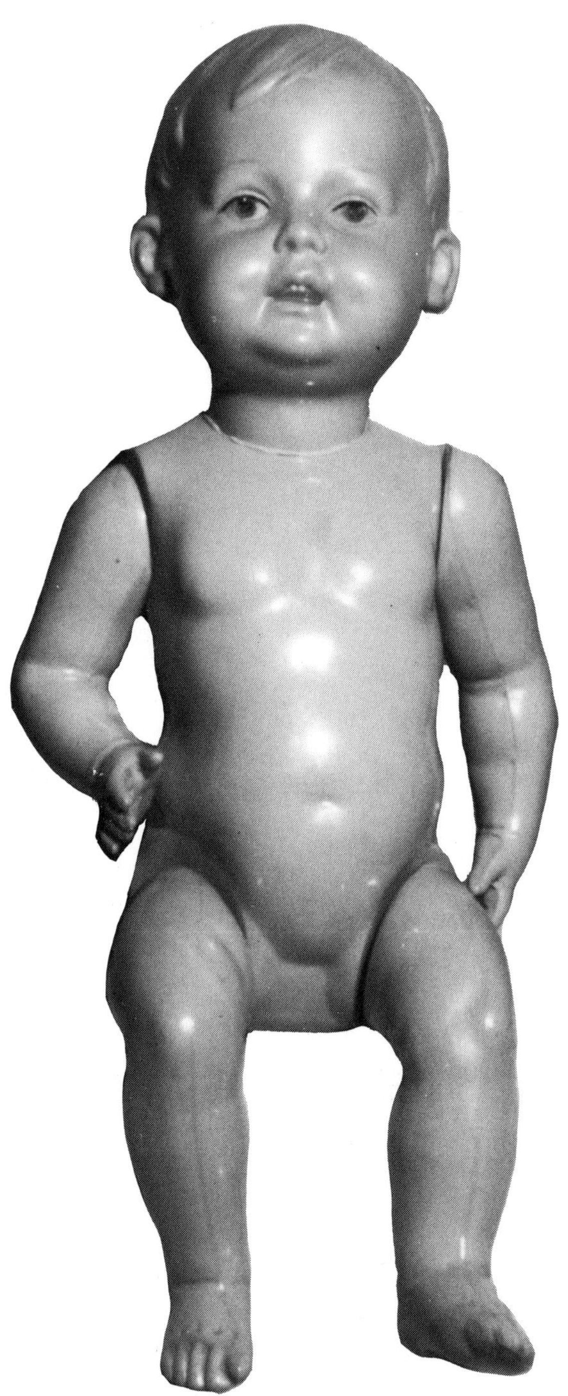

195 Sammlung Jutta + Norbert Müller

196

Bebi 1923

Eine Überraschung ist dieses Modell, das 1923 registriert wurde und im Katalog als *„allerfeinstes originelles Künstlermodell, tadellos mattiert"* beschrieben wird. Die übliche Armstellung dieser Puppe ist auf der **Abb. 196** leicht zu erkennen. Die **Abb. 197** zeigt den Typ des *„Bebi N"* mit umgekehrter Armstellung: der rechte Arm ist gebogen, der linke gerade. Hergestellt wurde das *„Bebi 1923"* in den Größen 25 bis 45 cm nur mit beweglichem Kopf. Die **Abb. 195** verdeutlicht einen solchen Körper, Größe 32 ((MVZ 8), Kopf (MVZ 10). Das *„Bebi 1923"* ist relativ selten und nur in der 32er Größe bekannt. 1925 wird das Modell nicht mehr im Katalog aufgeführt. Auch einige 1925er Bebi-Körper haben die abweichende Armstellung.

Bebi Z

Mit einer Neuheit wartet der Katalog 1921 auf: *„Bebi Z"* und *„Bebi 1921"*. Anhand der Katalog-Abbildung sind Unterschiede nicht feststellbar. Beide lachend mit kleiner modellierter Haarlocke in der Stirn und gemalten Augen. *„Bebi 1921"* wird als *„ausgefallener Charakterkopf"* angepriesen, mattiert, lieferbar in den Größen von 24 bis 45 cm. *„Bebi Z"* ist das *„feinste künstlerische Modell"* in den Größen 6 bis 9. Die Größen-Bezeichnungen lassen darauf schließen, daß *„Bebi Z"* für andere Puppenfabriken geliefert wurde (nach dem Standard der Thüringer Puppenindustrie), während *„Bebi 1921"* genau den *Schildkröt*-Körpergrößen entspricht. **Abb.198**: *„Bebi Z"*, Größe 7 (MVZ 24), Körper ergänzt. Der Kopf ist mattiert, hat blaue, gemalte Augen mit schwarzem Lidstrich, offen/ geschl. Mund mit zwei gemalten Zähnchen. Der Kopf wurde bis etwa 1932 geliefert.

197

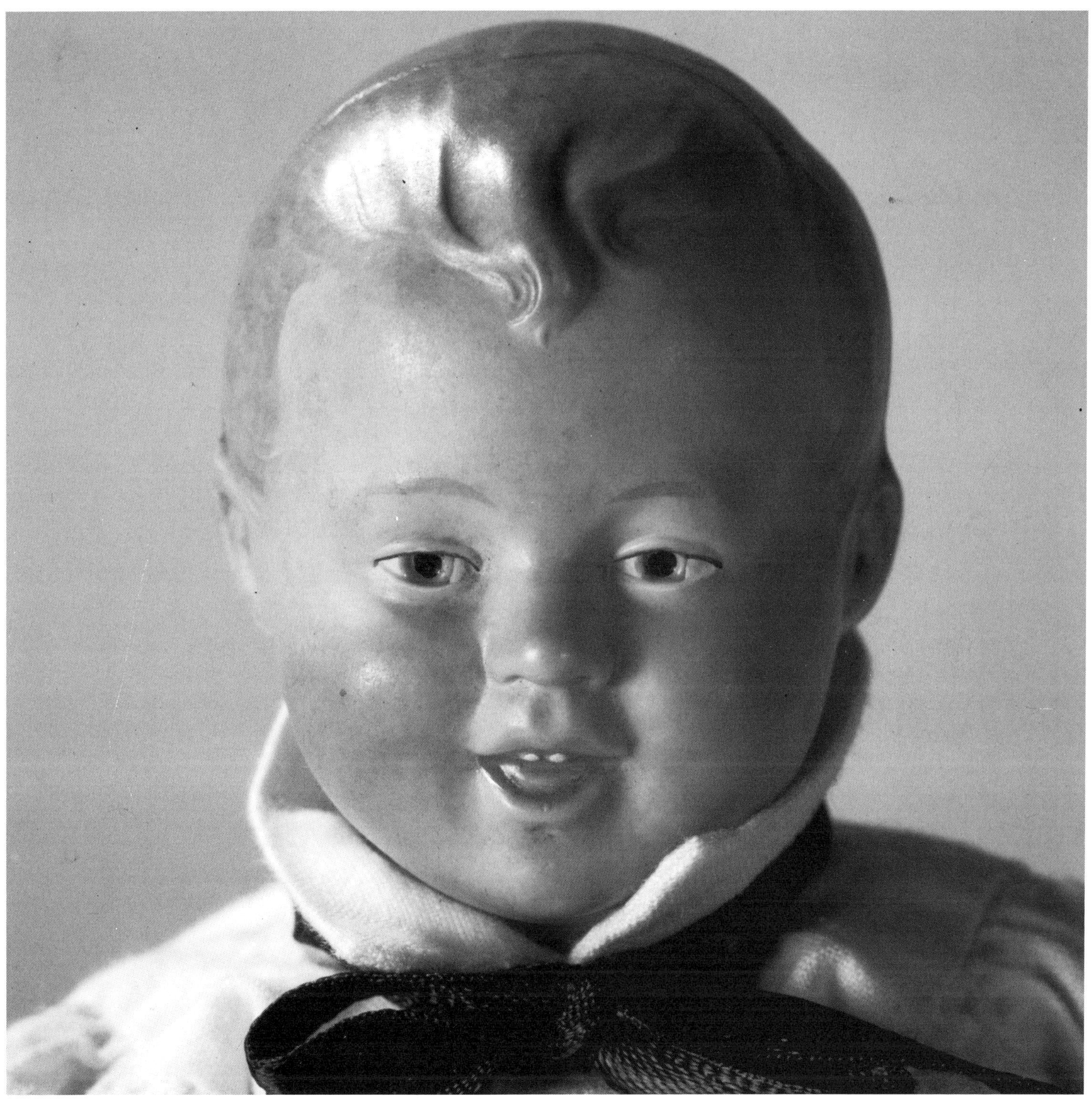

198 Sammlung Heidrun Grünewald

199 Sammlung Anne Stitz

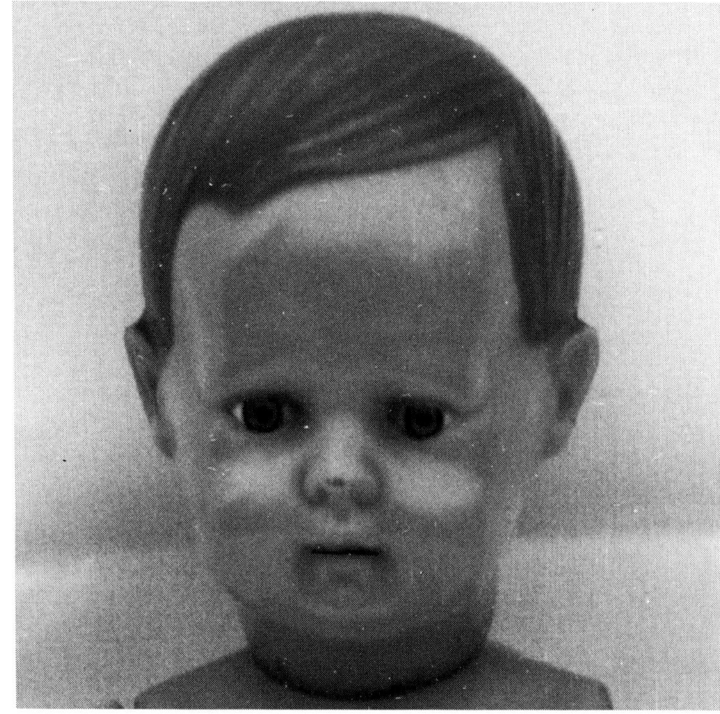

200 Foto: Christine Krah

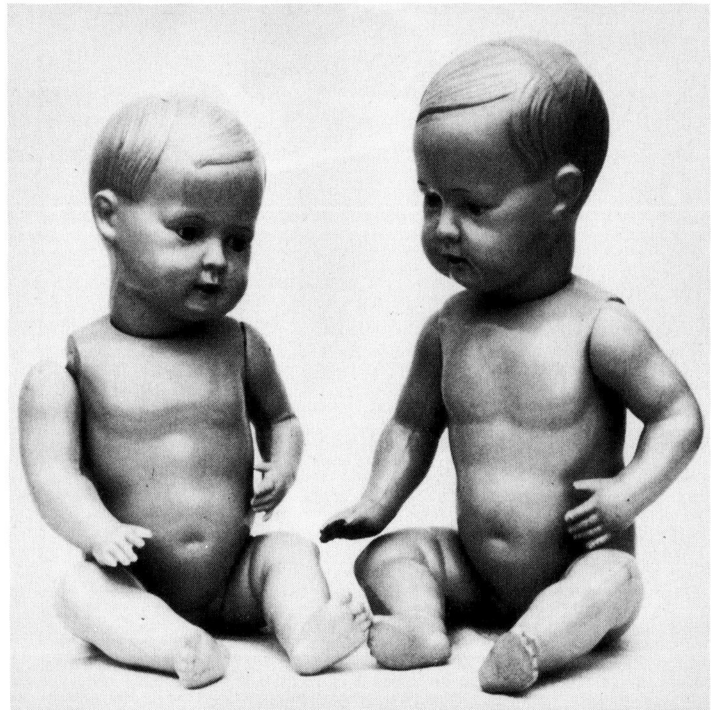

201

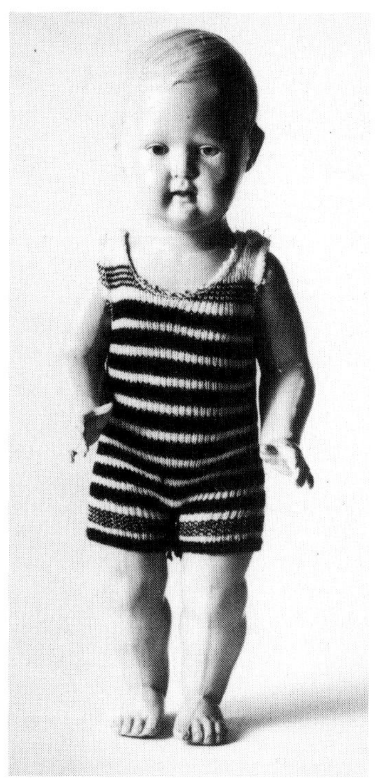

202 Sammlung Anne Stitz

Bebi 1925

Die Geschmacksmuster-Eintragung von 1925 schützt das Modell als Sitz- und Stehbebi. Doch nicht nur der Kopf wurde registriert, sondern auch der Bebi-Körper. Er ist entsprechend gemarkt mit *„1925"* oder *„25"*. Noch im gleichen Jahr wird *„Bebi 1925"* angeboten in 9 verschiedenen Größen: *„künstlerisch ausgeführtes Charakterbebi mit matt gefärbter Oberfläche"*. Schon 1927 sind 25 Größen lieferbar: von 8 bis 67 cm, ab der Nr. 25 mit beweglichem Kopf. 1933 werden die Katalog-Angaben ausführlicher: *„Stehbebis mit gemalten Augen, fester Kopf, fleischfarbig mit Stimme; 14, 15 ½, 16, 18, 19 ½, 20, 22, 25, 26, 26 ½, 28, 30, 35, 42 cm, ab*

Größe 25 mit beweglichem Kopf". Und: *„Sitzbebi, gemalte Augen, fester Kopf, fleischfarbig; 8, 9 ½, 11, 12 ½, 14 ½, 15 ½, 16 ½, 17 ½, 19, 20, 21 ½, 24, 24 ½, 25 ½, 30 und 35 cm*".

Andere Ausführungen werden 1934/35 dem Spielwarenhandel offeriert: *„Sitzbebi in Miblu mit Glasaugen in 27, 32, 40 und 50 cm; Sitzbebi, fleischfarbig mit Glasaugen in 26, 28, 30, 35, 40, 45, 50, 55 und 67 cm. – Gleiche Ausführung mit Stimme in 30, 35, 40 und 45 cm*".

Abb. 199: *„Bebi 1925"* mit blauen Glasaugen, offen/geschl. Mund, Größe 30 (MVZ 15 auf Kopf und Körper).

Abb. 200: Das *„Bebi 1925"* in der Miblu-Ausführung mit braunen Glasaugen, offen/geschl. Mund, Größe 28 (MVZ 15).

Abb. 201: Das gleiche Modell *„Bebi 1925"* in zwei verschiedenen Größen: 26 und 28 cm (MVZ 15).

Abb. 202: Stehbebi *„Bebi 1925"* mit leicht abweichender Haarmodellierung, gemalte Augen, offen/geschl. Mund, Größe 28 1/2 (MVZ 10).

Abb. 203: *„Bebi 1925"* in 55-cm-Ausführung. In dieser Größe sind die Haare besonders liebevoll mit kleinen Löckchen modelliert. Bei kleineren Modellen sind die Haare eher streng „gekämmt". Die abgebildete Puppe hat blaue Glasaugen, offen/geschl. Mund, zwei gemalte Zähne (MVZ 15).

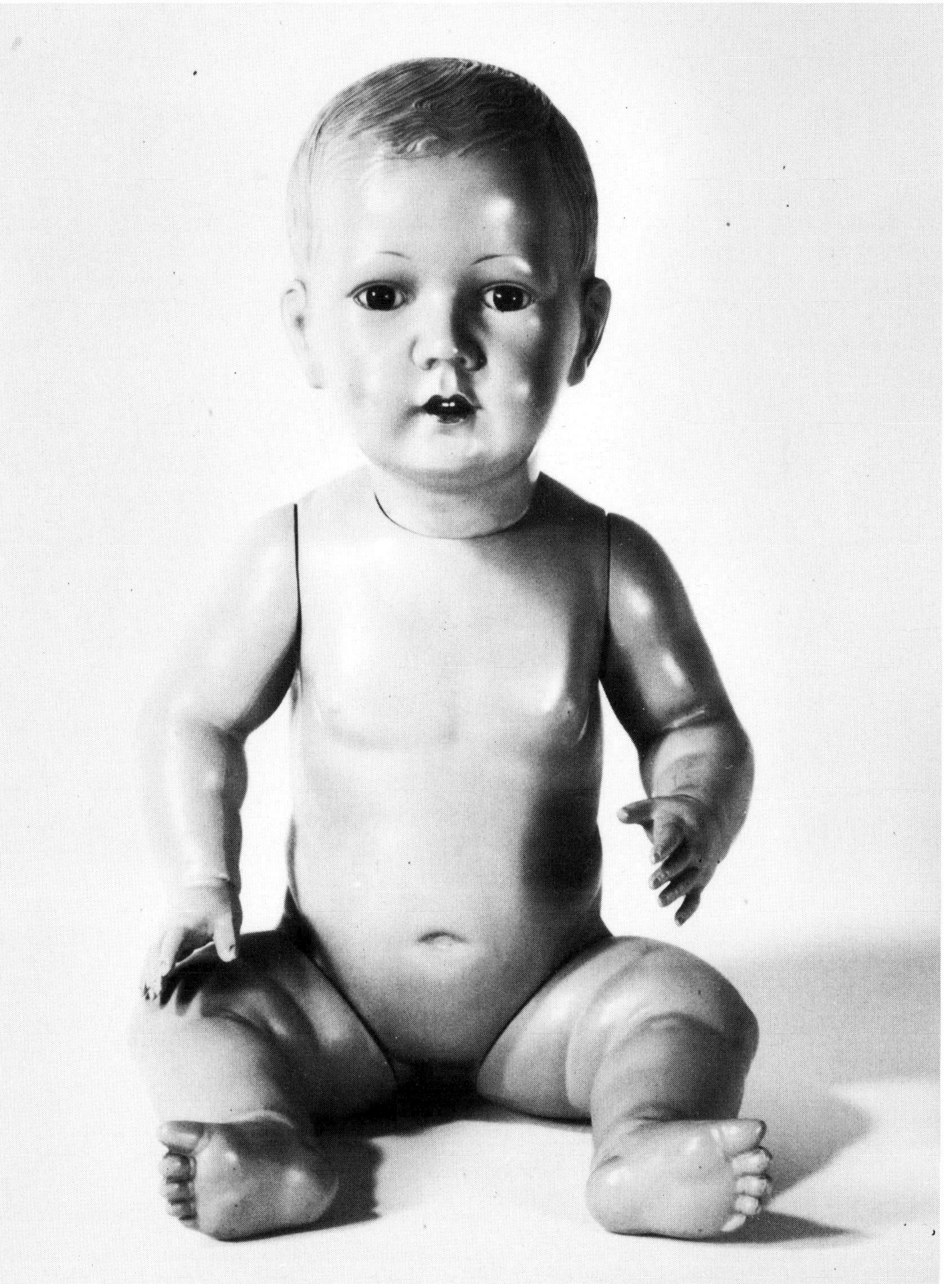

203

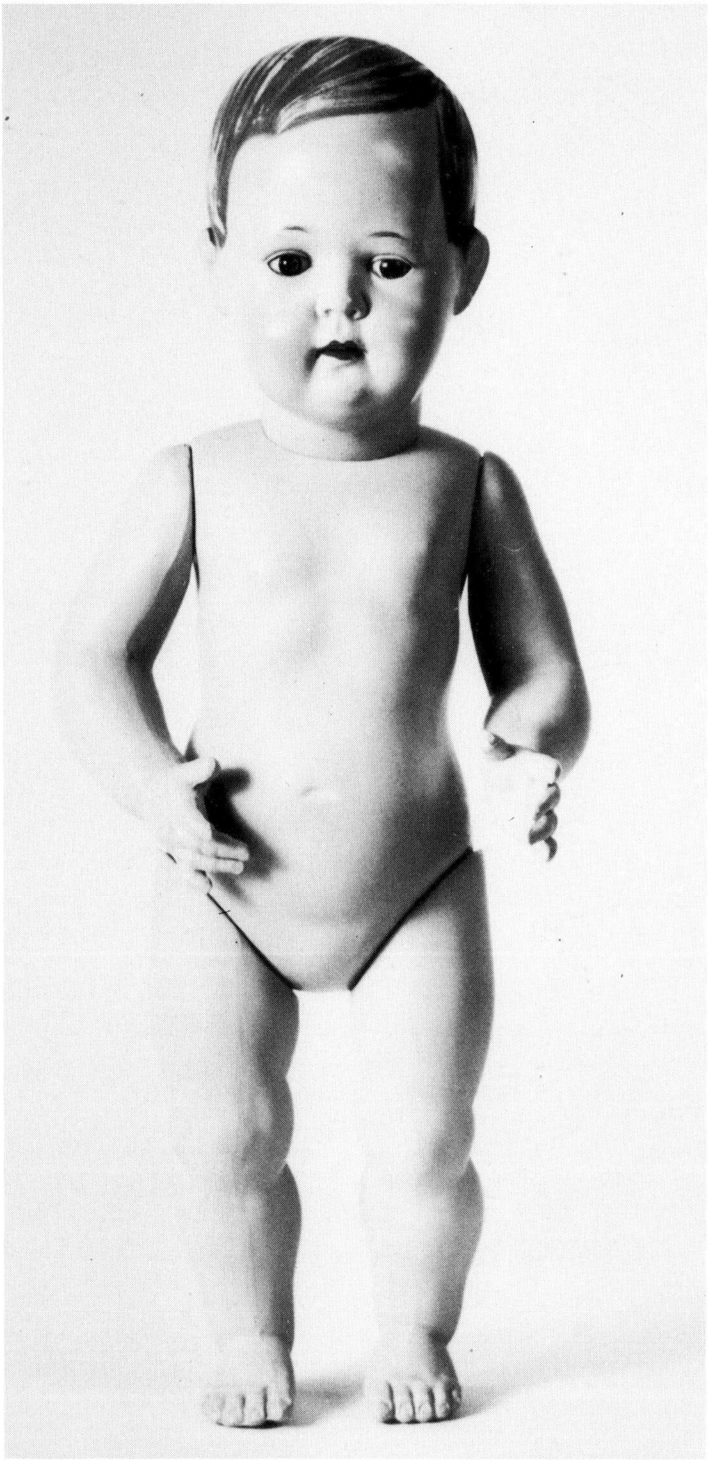

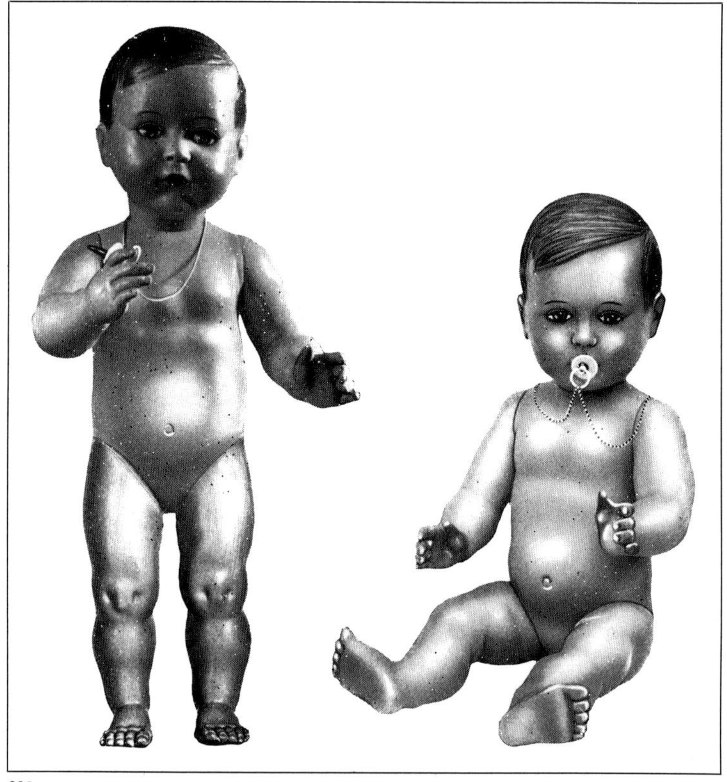

205

Abb. 204: Stehbebi *„Bebi 1925"*, blaue Augen, offen/geschl. Mund, Kopf Größe 28 (MVZ 15) auf *„Kleinkindkörper"*, Größe 32. Die **Abb. 205** zeigt das Stehbebi mit Schnuller. Die Abbildung stammt aus dem Katalog von 1933.

Säuglingsbebi - Dream-Baby-Typ

Der erste Hinweis auf das *„Säuglingsbebi"* ist 1925 in der Geschmacksmuster-Eintragung zu finden: in Größe 35 als Kurbelkopf geschützt, als Halskopf unter der Serie 103 (→ Seite 90). Vier Jahre später wurde ein weiteres Modell in Größe 25 mit festem Kopf und Gummisauger registriert. Angeboten werden im Katalog von 1930 zwei Modelle in Größe 35, wobei nicht klar hervorgeht, wodurch sich die beiden unterscheiden. Vermutlich durch geschlossenen und offenen Mund für den Gummisauger.

1933 werden die Informationen im Katalog ausführlicher: *„fleischfarbig mit Miblu-Kopf in den Größen 30, 35, 40, 45 und 50 cm, auch mit Schlafaugen, Stimme und Gummisauger"*. Zum Kopf passend der Babykörper (**Abb. 208**) mit zwei angewinkelten Armen und etwas anderer Beinstellung als beim *„Bebi 1925"*.

204 Sammlung Anne Stitz

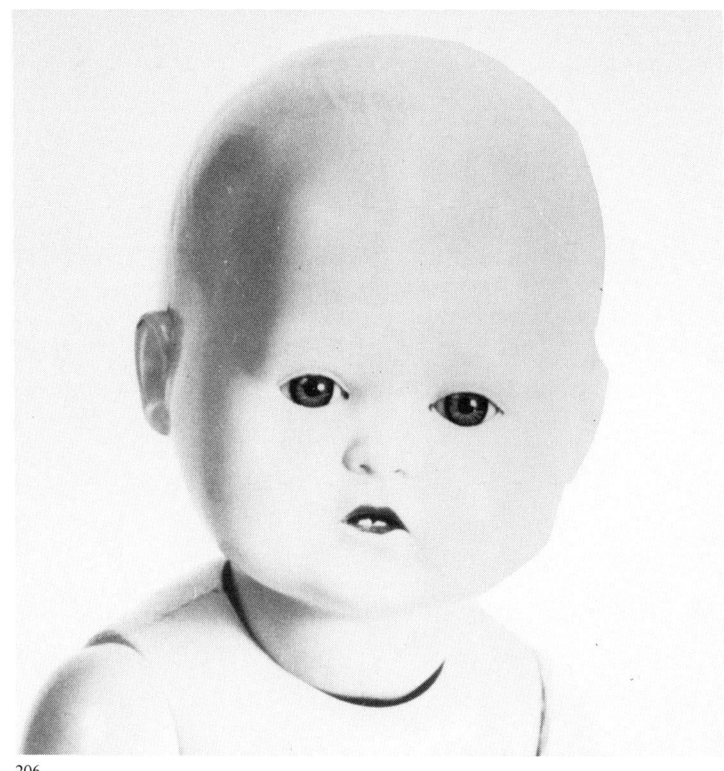

206

Das *„Säuglingsbebi"* wird in den 30er Jahren durch das *„Strampelchen"* abgelöst. Nur noch das *„Säuglingsbebi"* mit festem Kopf und gemalten Augen ist bis 1940 im Angebot zu finden, und zwar in den Größen 8 ½, 12 ½, 16, 17 ½, 18 ½, 19 ½ und 20 ½. **Abb. 206**: *„Säuglingsbebi"* Größe 35 (MVZ 10) mit blauen Glasaugen, offenem Mund, 2 eingesetzte Zähnchen. **Abb. 208**: *„Säuglingsbebi"*, Größe 35 (MVZ 10), braune Glasaugen, offener Mund für Gummisauger. Passend der Originalkörper Größe 35 mit gleicher Marke. Aus Katalog 1939 stammt die **Abb. 207**: *„Säuglingsbebi"* mit festem Kopf und gemalten Augen, auch als Neger lieferbar.

207

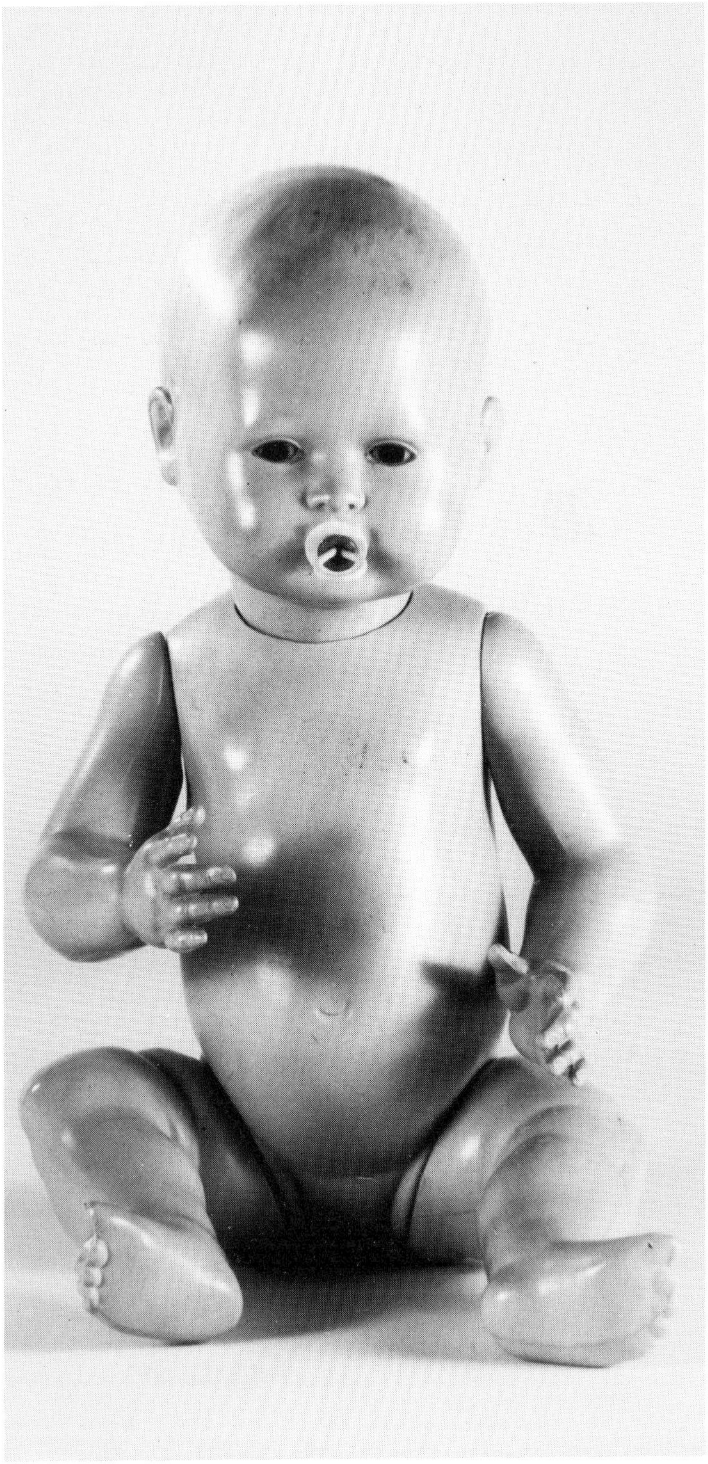

208

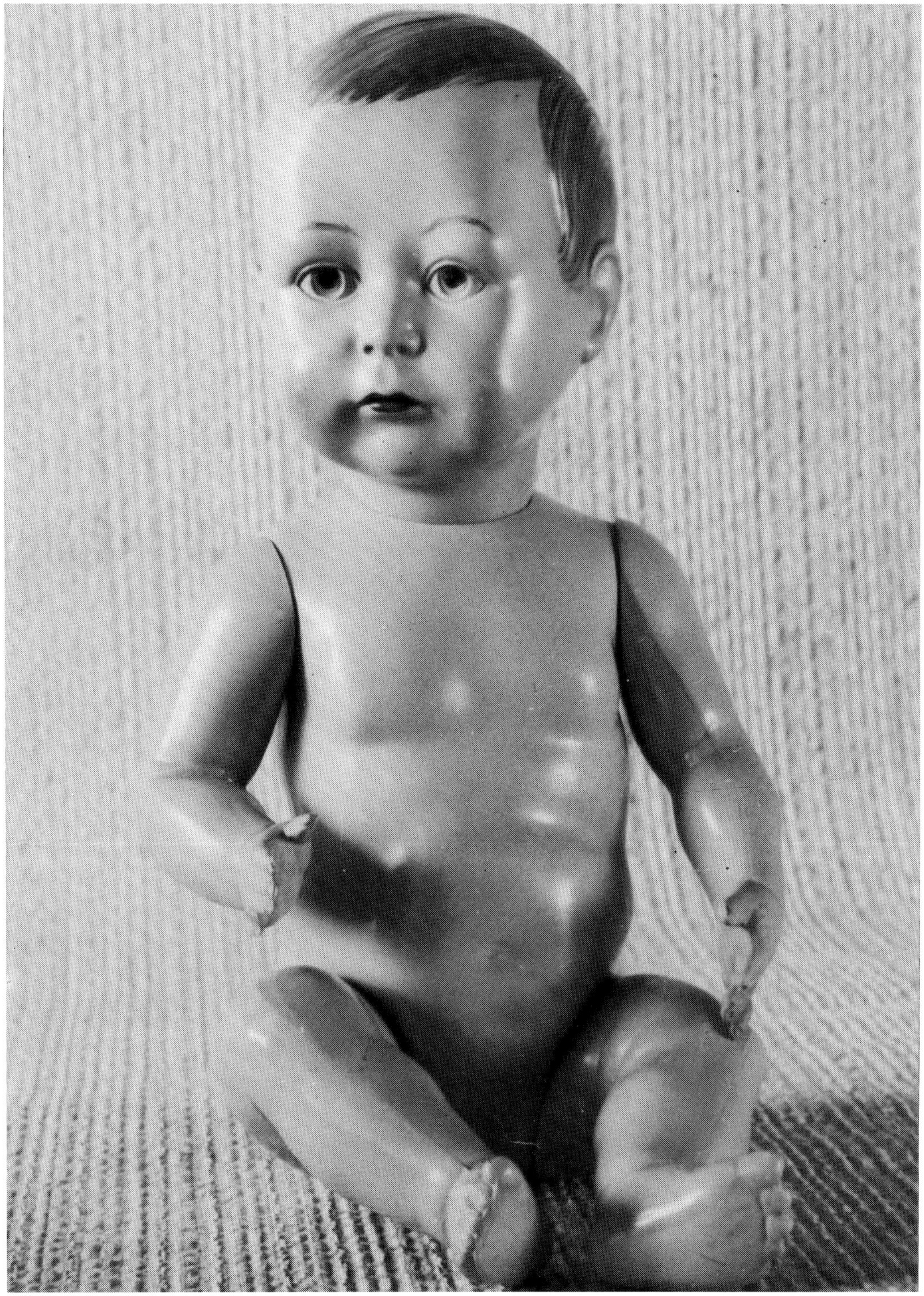

209

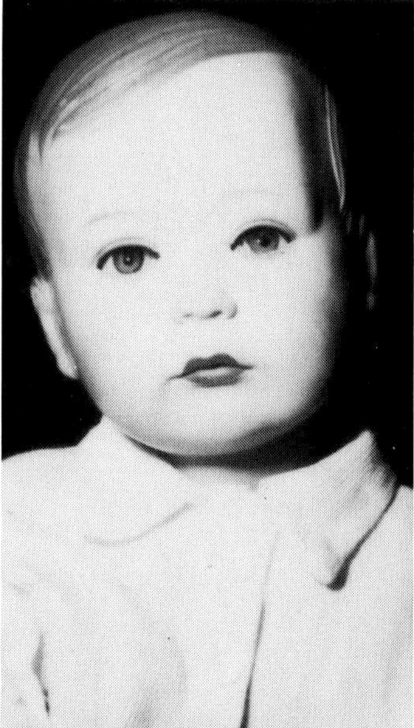

210 Foto: Feldmann

Bebi 1927

Etwas aus dem Rahmen der *Schildkröt*-Puppen fällt das *„Bebi 1927"*. Sein ernster und leicht trauriger Gesichtsausdruck will gar nicht so recht zu einer Spielpuppe passen; insbesondere die ein wenig heruntergezogenen Mundwinkel geben dem Typ ein nachdenklich, vergeistigtes Aussehen. Eine Puppe, die deshalb wohl auch weniger Abnehmer fand, denn heute gehört sie zu den seltenen Sammlerstücken.

1927 wurde das *„Bebi 1927"* als Geschmacksmuster registriert, und zwar in der Miblu-

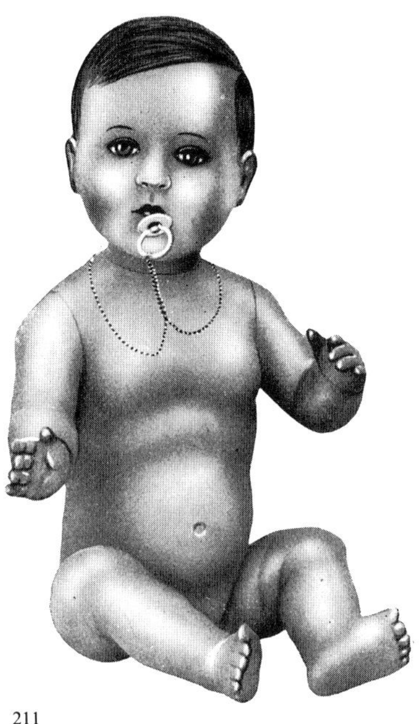

211

Ausführung, Größe 45. Hergestellt wurde es in den Größen 30, 32, 35, 40, 45, 48, 50 und 55 cm bis etwa 1932/33. **Abb. 209**: *„Bebi 1927"* in Größe 32 (MVZ 17) mit gemalten Augen. Der Körper gehört zum 25er Modell mit der Armstellung von *„Bebi 1923"*. **Abb. 210**: *„Bebi 1927"* in Größe 35 (MVZ 17) mit Schlafaugen, Wimpern, der Mund leicht geöffnet für Gummisauger. Sitzbebi-Körper mit Stimme. **Abb. 211**: *„Bebi 1927"* mit Gummisauger aus dem Katalog 1930. **Abb. 212**: *„Bebi 1927"*, Größe 40 (MVZ Nr. 17) mit festen Glasaugen, Sitzbebi-Körper.

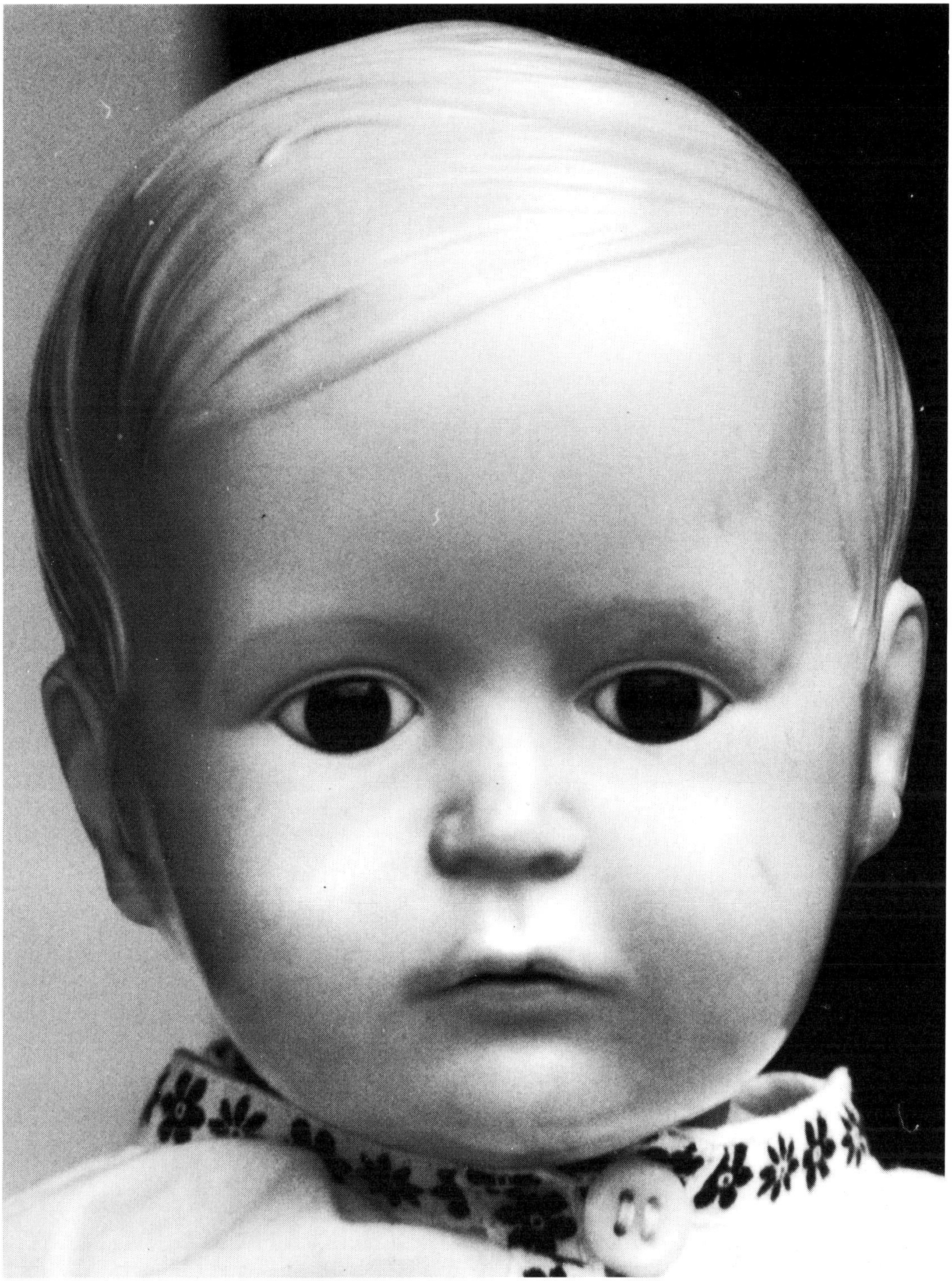

212 Sammlung Doris Brüggemann

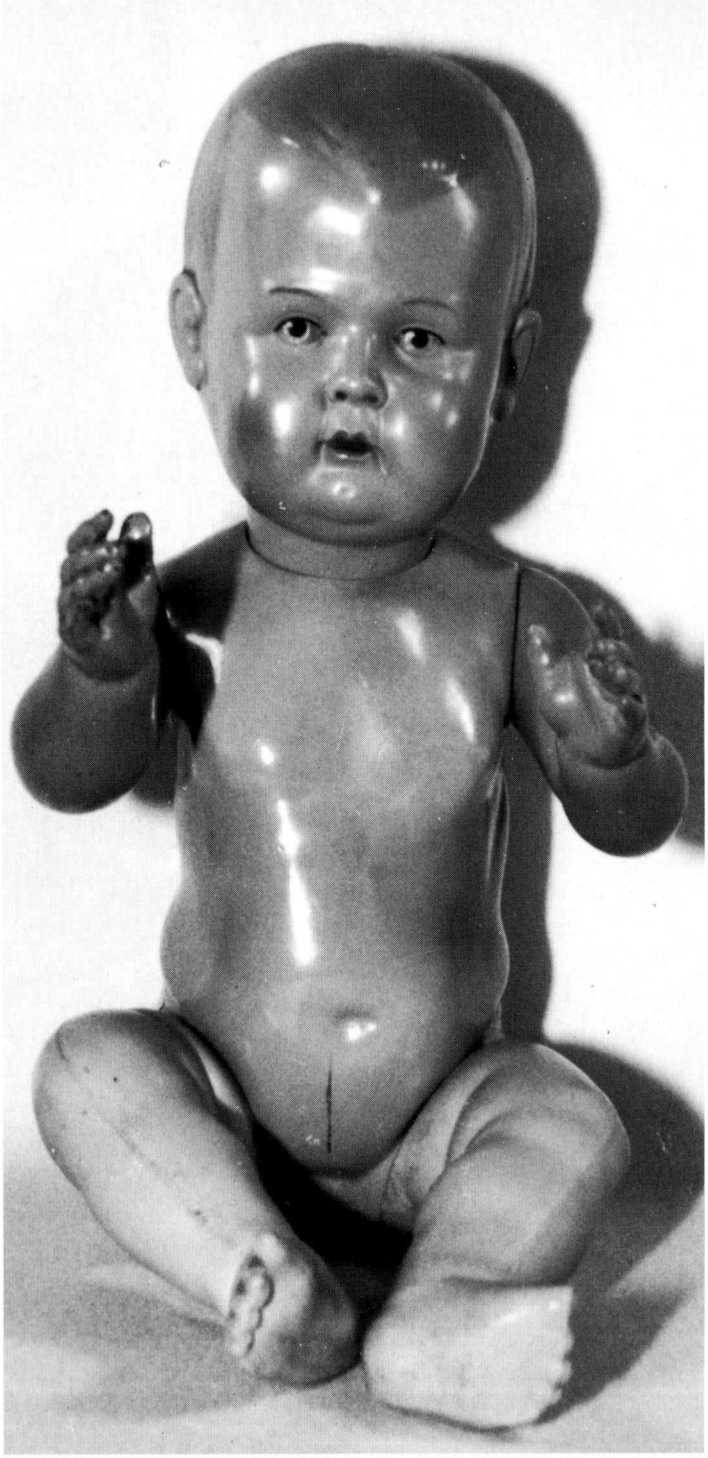

213

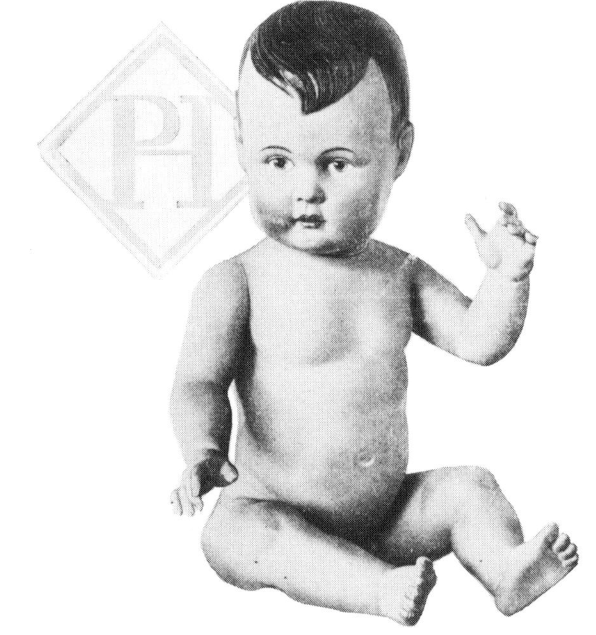

214

215

Modell K.N.

1930, nach dem Zusammenschluß der beiden Celluloid-Fabriken Dr. P. Hunaeus und der *„Rheinischen"*, werden unter dem Markenzeichen *Schildkröt* mehrere Modelle von Hunaeus ins Programm übernommen, darunter auch zwei Baby-Puppen, nämlich die Modelle *„K.N."* und *„S.K.N."*. Beide Puppentypen können deshalb mit zwei verschiedenen Markenzeichen versehen sein: mit dem *„PH"* in Raute (von Hunaeus) oder der *„Schildkröte“* in Raute. Das *„Modell K.N.“* hatte Hunaeus 1927 unter der Bezeichnung *„Das neue Baby“* auf den Markt gebracht.

Bei *Schildkröt* wurden folgende Größen von diesem Modell angeboten: **1933** Sitzbebi fleischfarbig mit gemalten Augen in 26, 28, 30, 35 und 40 cm; mit Glasaugen in 26, 28, 30, 35, 40, 45, 50 und 55 cm. Stehbebi mit Kleinkindkörper, fleischfarbig, mit gemalten Augen in 30, 32, 35, 37, 40 und 42 cm; mit Glasaugen in 30, 32, 35, 37. 40, 42, 48, 50, 56 und 60 cm. **1936** Sitzbebi mit gemalten Augen in 27, 30, 32, 36 und 40 cm; mit Glasaugen in 27, 30, 32, 36, 40, 46, 50 und 56 cm. Stehbebi mit gemalten Augen in 30, 32, 34, 36, 40 und 42 cm; mit Glasaugen in 30, 32, 34, 36, 40, 42, 47, 52, 56 und 60 cm. **1937/38** wird die Puppe nur noch als auslaufendes Modell aufgeführt.

Abb. 213: *„Modell K.N.“*, Größe 35 (MVZ 10) auf 35er Sitzbebi-Körper *„Modell 1925“*. **Abb. 215**: Katalogfoto aus dem Jahre 1933, auf dem das *„Modell K.N.“* als Stehbebi gezeigt wird. **Abb. 214**: Anzeige von der Celluloidfabrik Dr. P. Hunaeus aus dem Jahre 1927. Vorgestellt wird *„Das neue Baby“*, das später als *„Modell K.N.“* in die *Schildkröt*-Produktion übernommen wird. **Abb. 216**: Anzeige aus dem Jahre 1928 *„Das neue ‚PE-HA‘-Steh- und Sitz-Baby“* mit dem Igodi-Kopfgelenk (→ Abb. 219 bis 223).

Das neue „PE=HA“= Steh= und Sitz=Baby

mit Igodi-Kopfgelenk

(Deutsches Reichspatent)

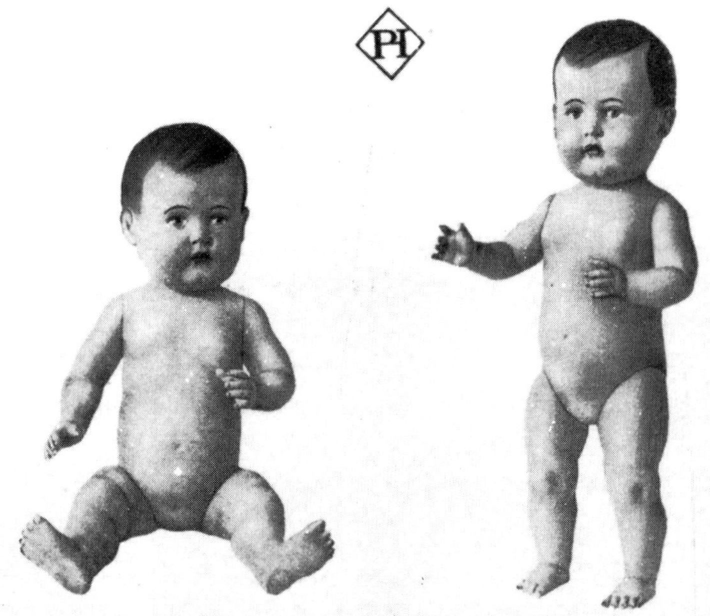

vereinigt die vollkommenste Technik mit der schönsten Form.

Vorzüge:

1. Es wirkt sowohl sitzend wie stehend gleich schön und natürlich
2. Es ist mit dem patentierten Igodi=Kopfgelenk ausgestattet, wodurch die bei der früheren Ausführung vorhandene häßliche Trennung zwischen Hals und Brust aufs glücklichste vermieden und ein leichtes, natürliches Drehen des Kopfes gewährleistet wird.
3. Es stellt ein Künstlermodell von unerreichter Schönheit und Lieblichkeit dar.
4. Es ist nicht teurer als die alte Ausführung.

Celluloidwaren=Fabrik Dr. P. Hunaeus Hannover

216

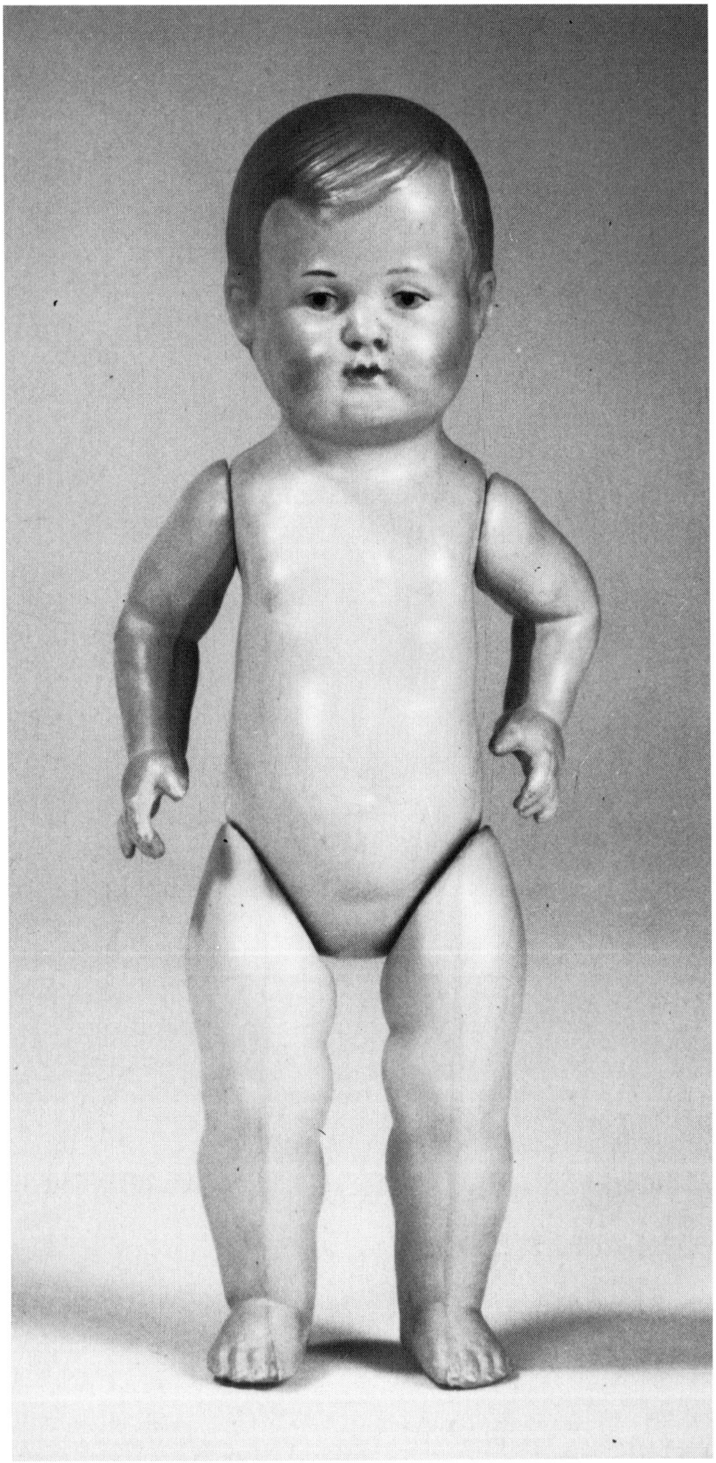

217 Puppenmuseum Katharina Engels

Modell S.K.N.

Erfunden wurde der Bewegungs-Mechanismus des Kopfes von **J**ohann **G**ottlieb **Di**etrich (= Igodi) in Berlin. Er verkaufte seinen *„Patent-Drehkopf"* an die Offenbacher Celluloid-Fabrik Kohl & Wengenroth, die mit dem Igodi-Prinzip etwa 20 Modelle ausstattete. Als dann 1927 die Celluloidfabrik Dr. P. Hunaeus das Offenbacher Unternehmen aufkaufte, übernahm es gleichzeitig auch die Patent-Rechte. Unter der Bezeichnung *„Pe-Ha"* Steh- und Sitz-Baby mit dem Igodi-Kopfgelenk wurde das Modell im Jahre 1928 in Anzeigen offeriert. Der Zusammenschluß von Hunaeus und *Schildkröt* im Jahre 1930 konzentrierte die Puppen-Herstellung ausschließlich auf Mannheim-Neckarau. Folglich wurden hier auch viele Modelle aus der Hunaeus-Fabrik in die Produktion wieder aufgenommen.

Das *„Modell S.K.N"* wurde bei *Schildkröt* auch als Stehpuppe mit festem Kopf hergestellt. Diesen Typ gibt es in fleischfarbig mit gemalten Augen von 7 ½ bis 46 cm in 17 Größen; mit Glasaugen von 28 ½ bis 46 cm. Eine weitere Variante ist die *„sonnenbraune"* Ausführung mit gemalten Augen von 20 ½ bis 46 cm in 10 Größen, mit Glasaugen von 28 ½ bis 46 cm in 5 Größen. Hergestellt bis Ende der 30er Jahre, auch als Neger. **Abb. 217**: *„Modell S.K.N."* Stehpuppe in 16 cm Größe (MVZ 10), fleischfarbig. **Abb. 218**: Zum Vergleich in Größe 18 die verschiedenen *„Werks"*-Modelle. Rechts und links *Schildkröt*-Produkte, in der Mitte mit der *„Pe-Ha"*-Marke von Dr. P. Hunaeus.

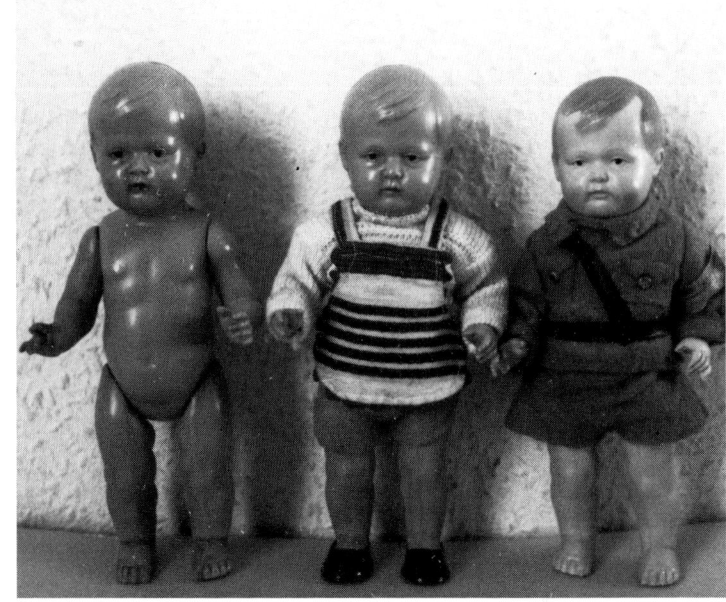

218 Foto: Gisela Grote

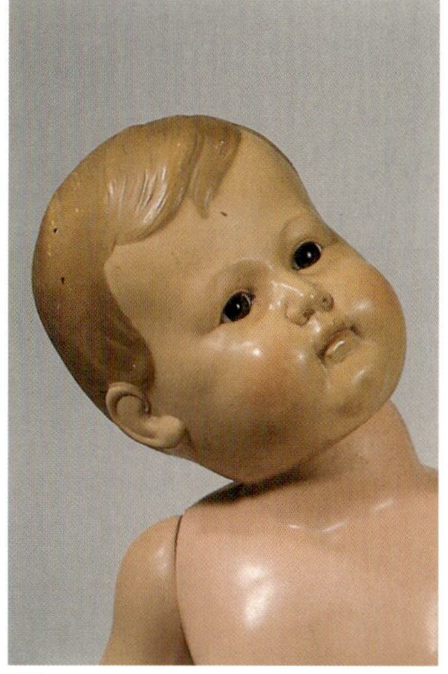

219

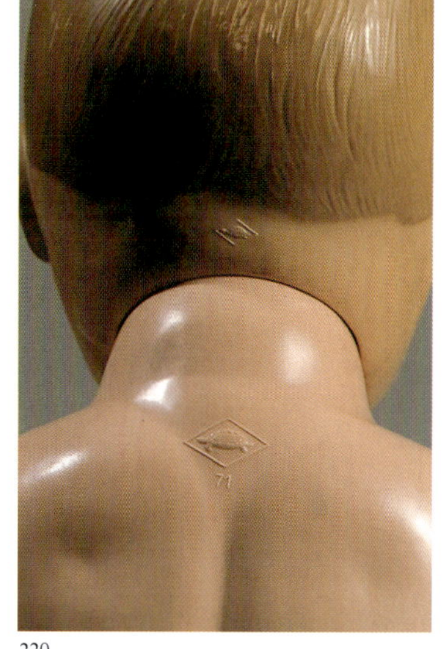
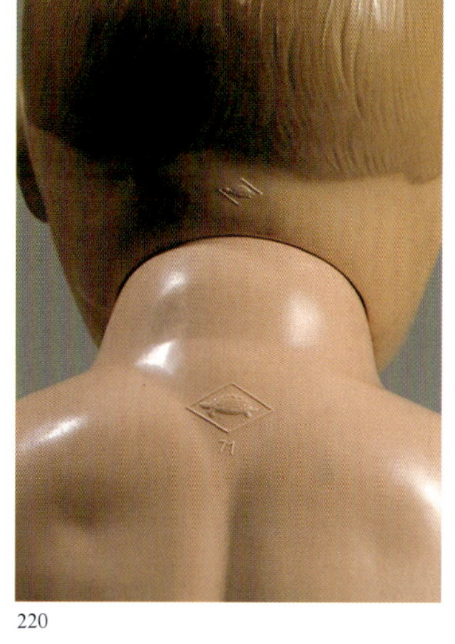

220

Bei *Schildkröt* wurden Kopf und Drehmechanismus unter der Bezeichnung *„Modell S.K.N. mit beweglichem Igodi-Kopf“* geführt. 1933 wurden folgende Größen verkauft in fleischfarbig oder *„Spezial“*, mit Glasaugen in 30, 35, 40, 45, 50, 55, 60 und 70 cm. Die Größen 30, 40 und 50 wurden auch mit Mama-Stimme geliefert. 1935: fleischfarbig in den Größen 30, 35, 42, 46, 52, 58, 61 und 71 cm. 1936/37 lief das Modell aus. Die **Abb. 223** zeigt das *„Modell S.K.N.“* in der größten Ausführung von 71 cm. Die verschiedenen Darstellungen, **Abb. 219** bis **222** verdeutlichen die Beweglichkeit des Igodi-Kopfes.

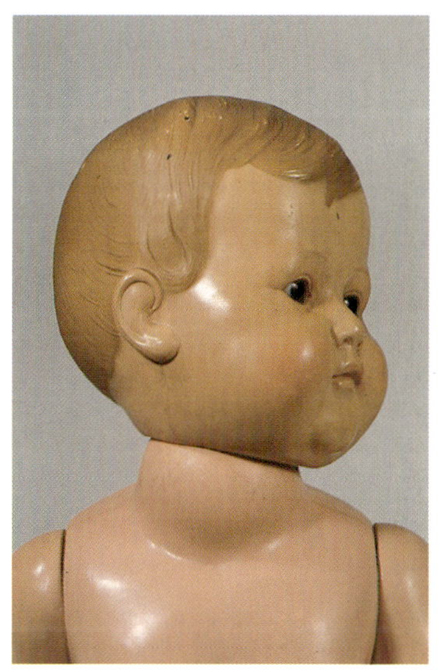

221

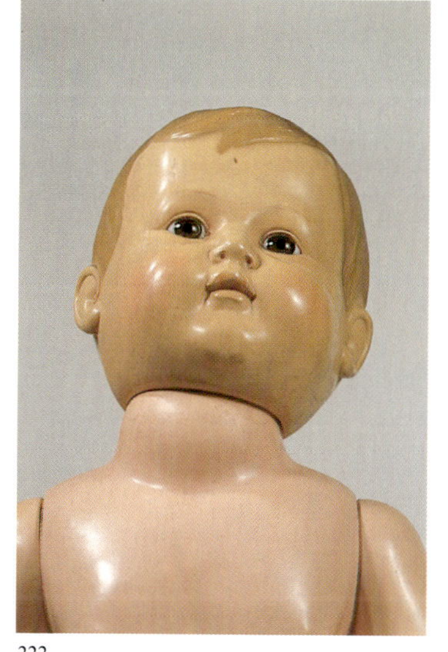

222

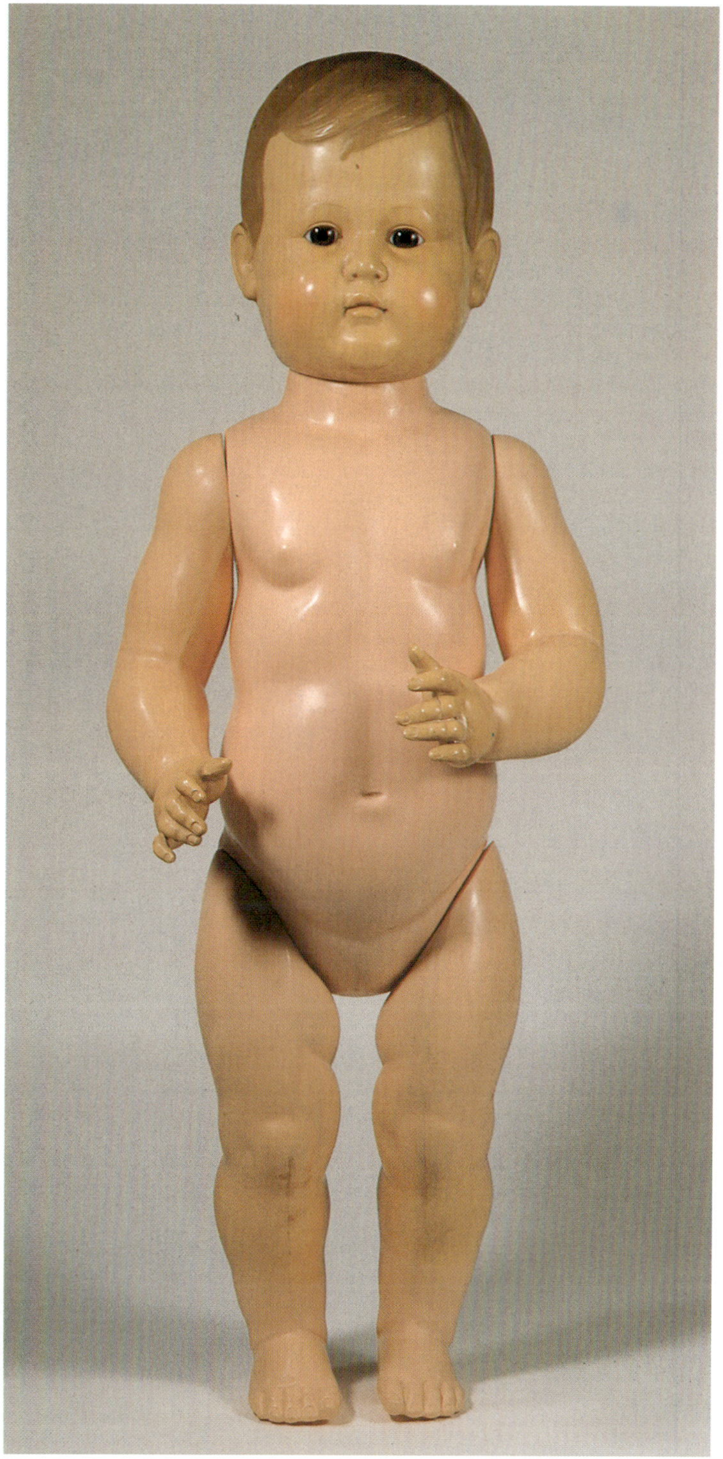

223 Puppendoktor Peter Packert

Klein-Erna

Von „*Klein-Erna*" wurde nur der Kopf geschützt: 1927 „*Bebikopf Nr. 35 Klein-Erna*". Das Modell konnte als Sitzbebi in den 4 Größen 30, 35, 40 und 45 cm bezogen werden, aber auch als Brustblattkopf. Der Trick der ganzen Serie: Modelleur Franz Döbrich verwendete immer wieder das gleiche Gesicht, nur die Haarfrisur wurde jedes Mal geändert: ein neuer Puppentyp war kreiert. Bei „*Klein-Erna*" gehört der Körper zum Sitzbebi-Modell 1925. Seltener ist die Ausführung mit dem „*Liselotte*"-Gelenkkörper (→ Seite 117). „*Klein-Erna*" wurde bis 1931/32 hergestellt. **Abb. 225**: „*Klein-Erna*" mit blauen Glasaugen, offen/geschl. Mund, Größe 30 (MVZ 10) auf „*Liselotte*"-Körper. **Abb. 226**: „*Klein-Erna*" in Miblu mit blauen Glasaugen, offen/geschl. Mund, Größe 40 (MVZ 10). **Abb. 224**: „*Klein-Erna*" mit blauen Glasaugen und offen/geschl. Mund, Größe 35 (MVZ 10).

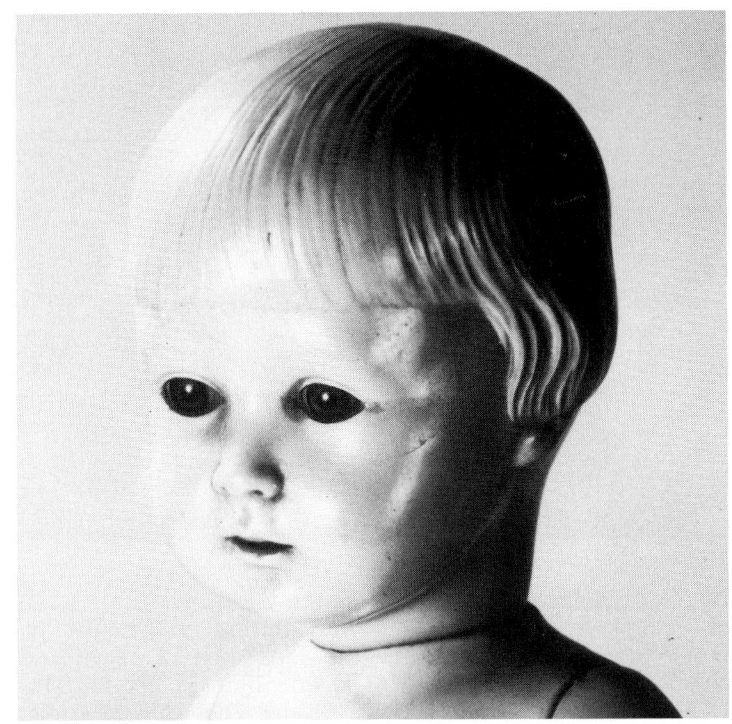

225 Foto: Feldmann

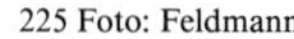

224

226

227 Sammlung Anne Stitz

Klein-Else

1926 wurde *„Klein-Else"* beim Amtsgericht Mannheim mit den folgenden Worten als Geschmacksmuster geschützt: *„Ein nacktes Bebi mit Haarband, Größe 35, mit beweglichen Armen und Beinen und ein Bebikopf mit Haarband, Große 35"*. Als *„Spezial"*-Ausführung wurde der Kopf auch als Hals-, Brust- oder Kurbelkopf hergestellt; außerdem gab es eine Miblu-Version. Die Brustblattkopf-Ausführung (→ Seite 69) *„Klein-Else"* gibt es als Sitzbebi in 4 Größen: 30, 35, 40 und 45 cm. Ferner mit dem *„Liselotte"*-Gelenkkörper. Das Haarband über der Frisur ist in blau oder rot gemalt. Der Kopf war bis 1931/32 im Programm. **Abb. 227**: *„Klein Else"* mit festen braunen Glasaugen und offen/geschl. Mund, mit blauem Haarband, Größe 35 (MVZ 10). **Abb. 228** und **229**: *„Klein-Else"* mit gemalten blauen Augen und blauem Haarband, eingesetzte Zähne, von hinten hinterlegte Mundöffnung, Größe 35 (MVZ 10). Beide Puppen sind auf den 1925er Bebi-Körper in Größe 35 montiert.

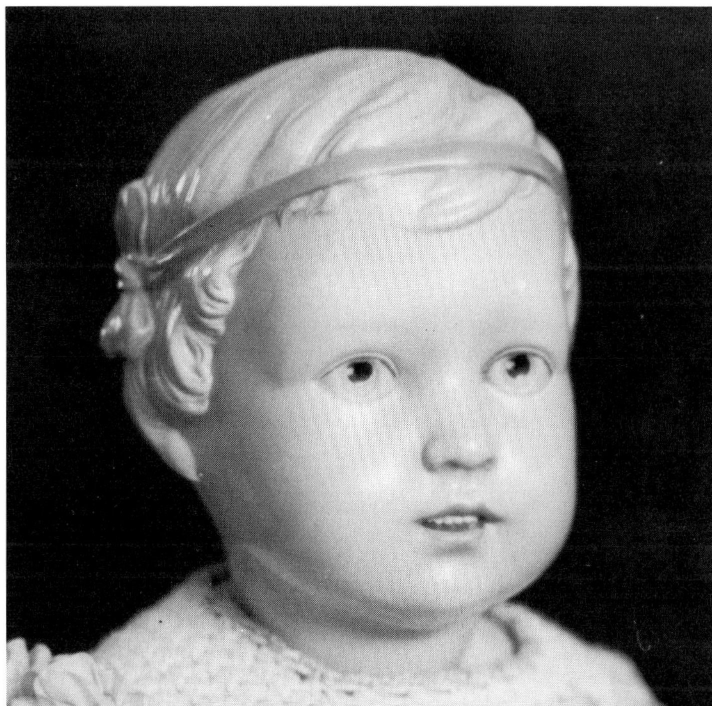

228

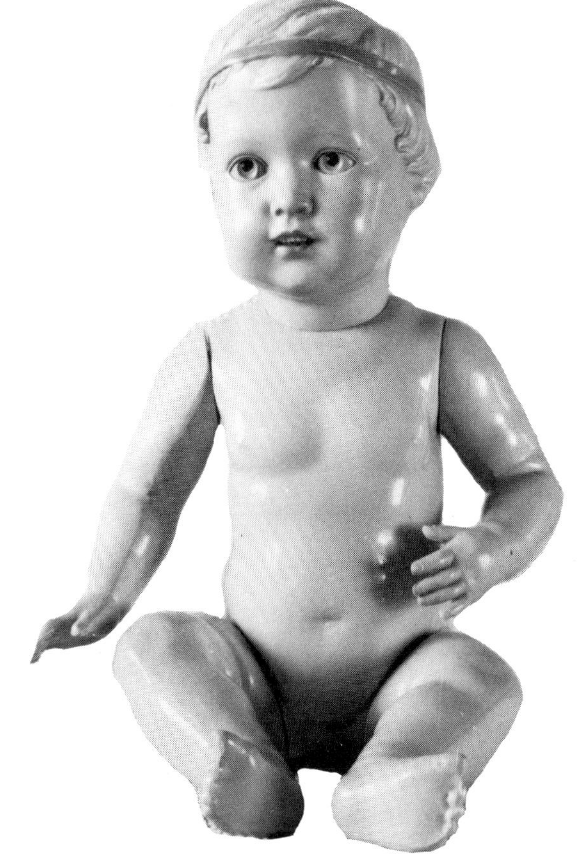

229

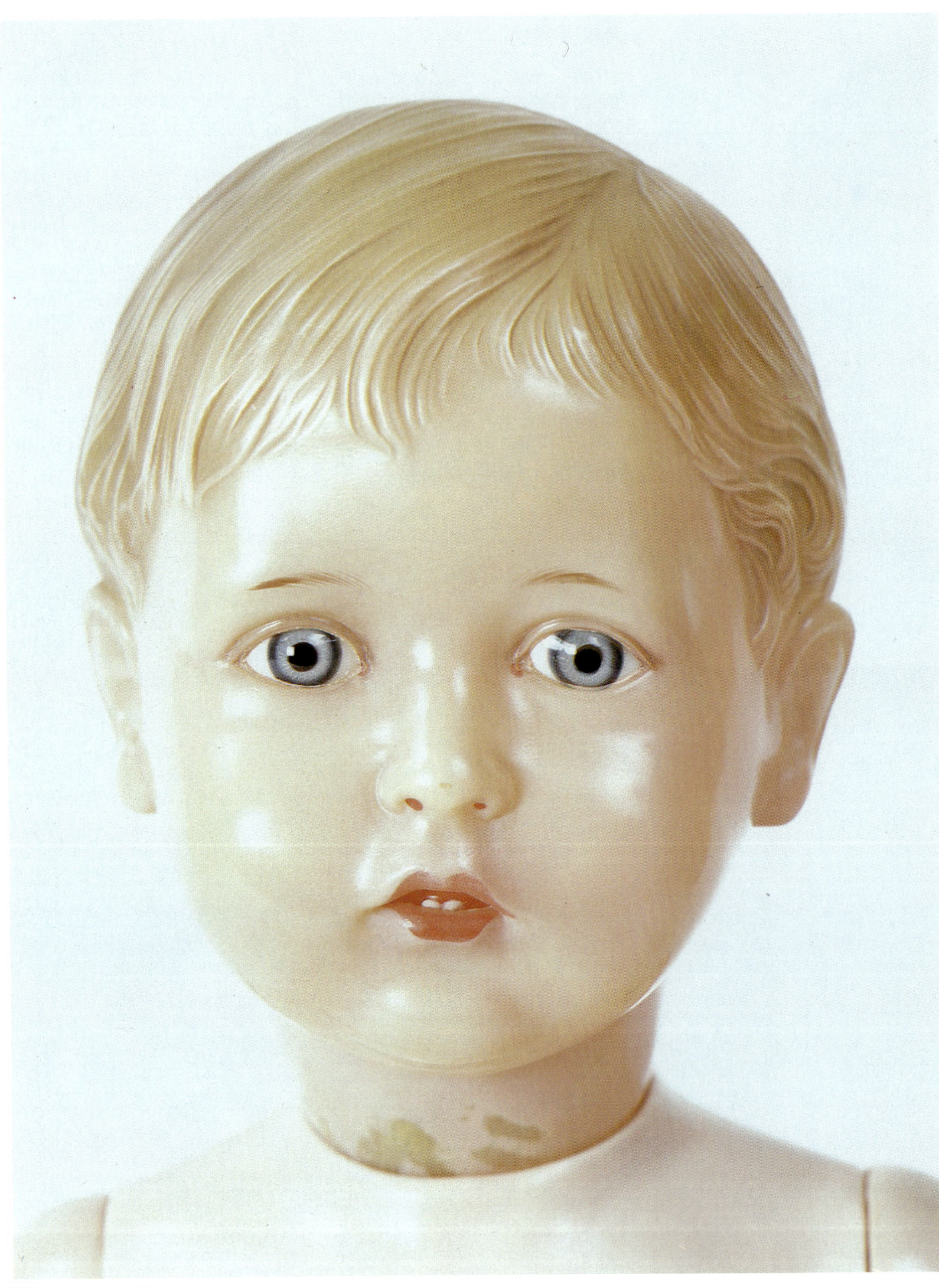

230 Sammlung Anne Stitz

Liselotte und Modell VI

Unter der Bezeichnung *„Liselotte“* wurde von *Schildkröt* nicht nur der Kopf, sondern auch das Modell des Körpers angeboten. Schon bei der Registrierung als Geschmacksmuster im Jahre 1928 wurde dabei klar unterschieden: *„Mädchenkopf mit Spange, Größe 40 oder 40/50“* und *„eine nackte Gelenkpuppe Liselotte Größe 40/50“*. Kopf (auch als Brustkopf → Seite 71) und Körper sind das Standardmodell *„Liselotte“*. Aber: Der *„Liselotte“*-Körper ist auch mit anderen Kopftypen ausgestattet worden, so mit *„Bebikopf 1927“*, *„Klein-Else“*, *„Klein-Erna“*, *„Kopf VI“*

Abb. 230: Porträt *„Modell VI“*. Kein anderer *Schildkröt*-Kopf strahlt soviel Liebreiz aus wie dieser zarte Miblu-Kopf mit den großen blauen Glasaugen und den fein modellierten Haaren. Den Kopf gab es in 9 Größen von 28 bis 60 cm. Er war nur von 1930 bis 1933 im Programm.

Abb. 231: *„Klein-Erna“*-Kopf (→ Seite 114), blaue Glasaugen, offen/geschl. Mund, modellierte Bubikopf-Frisur (Größe 30, MVZ 10) montiert auf einem *„Liselotte“*-Körper, 40er Größe mit gebogenen, durchgehenden Armen.

Abb. 232: Perückenkopf *„Modell T“* in Miblu, blaue Glasaugen, offen/geschl. Mund mit 2 Zähnen, Größe 45 (MVZ 10) auf einem *„Liselotte“*-Körper, 50er Größe.

231 Foto: Feldmann

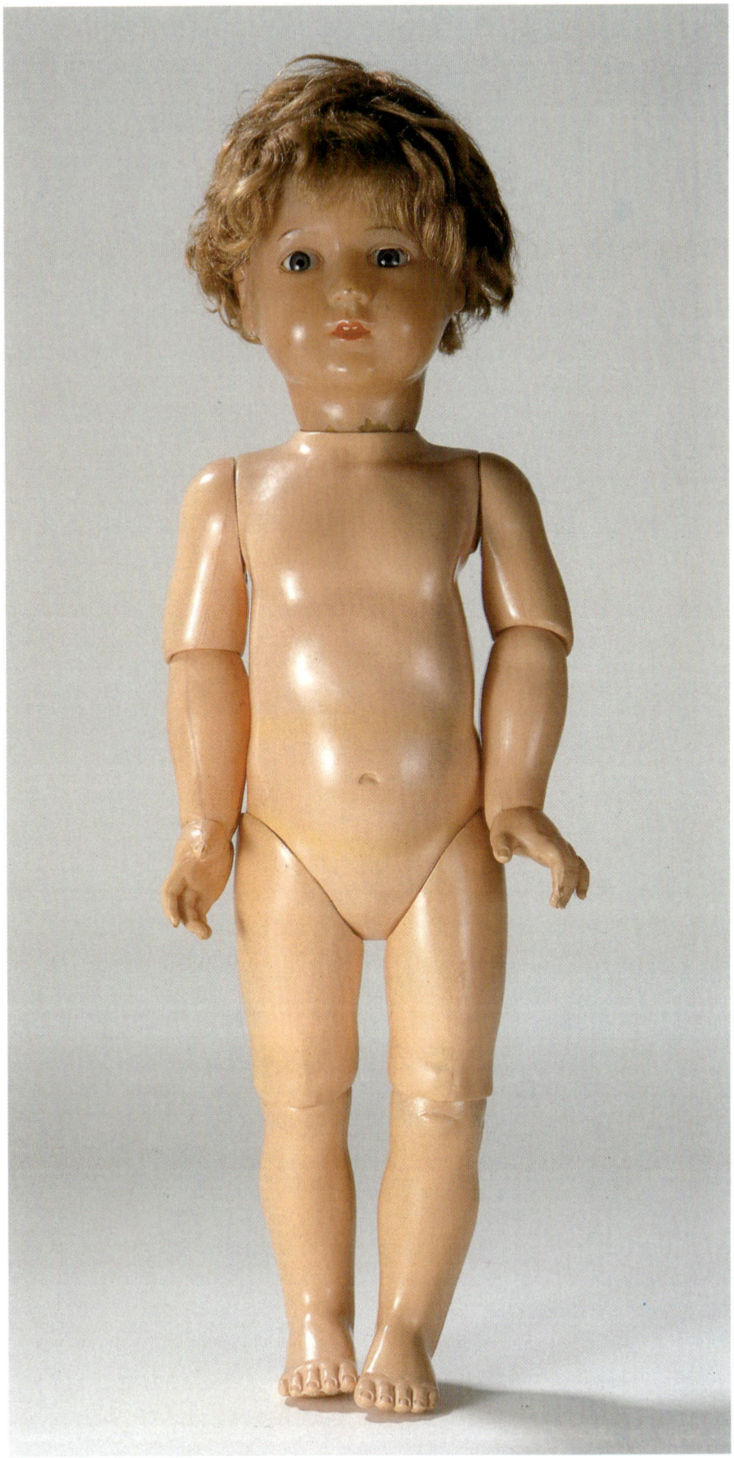

232 Foto: Feldmann

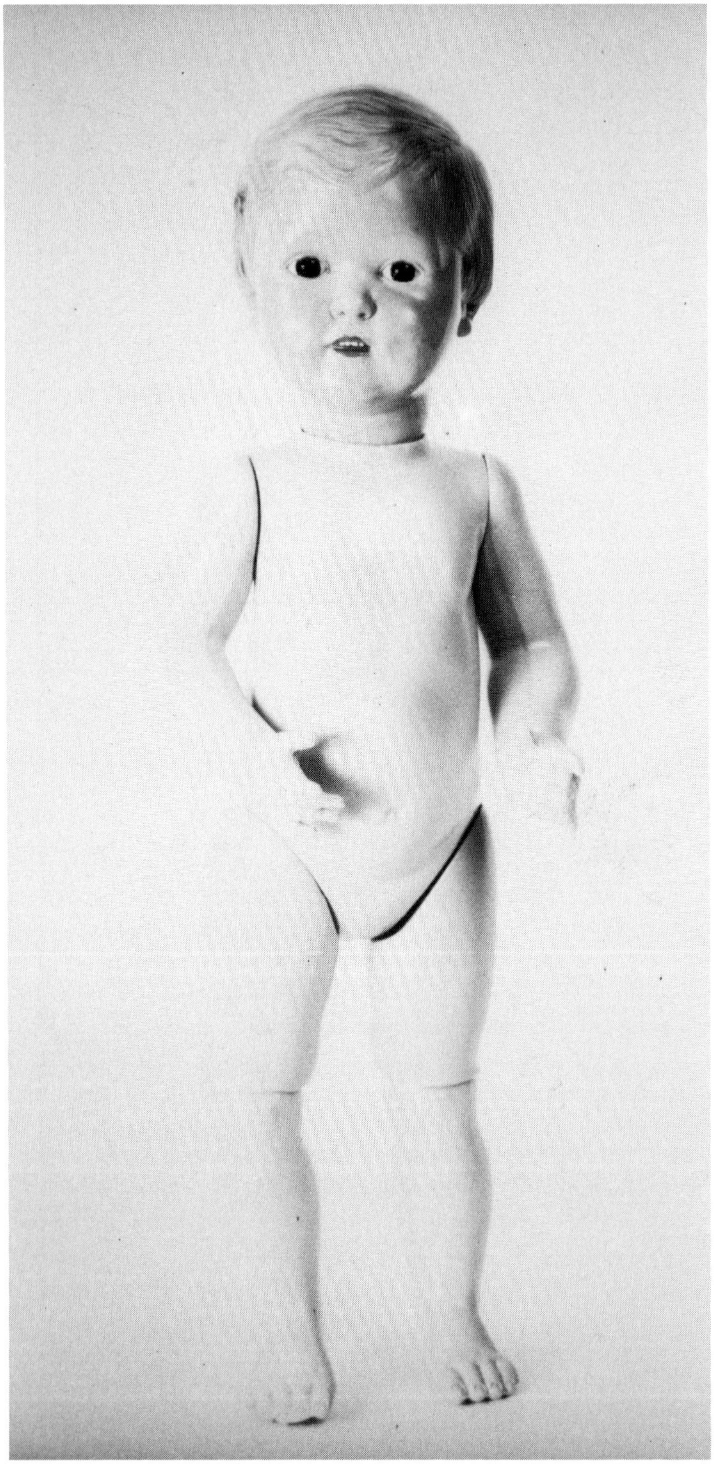

233 Sammlung Anne Stitz

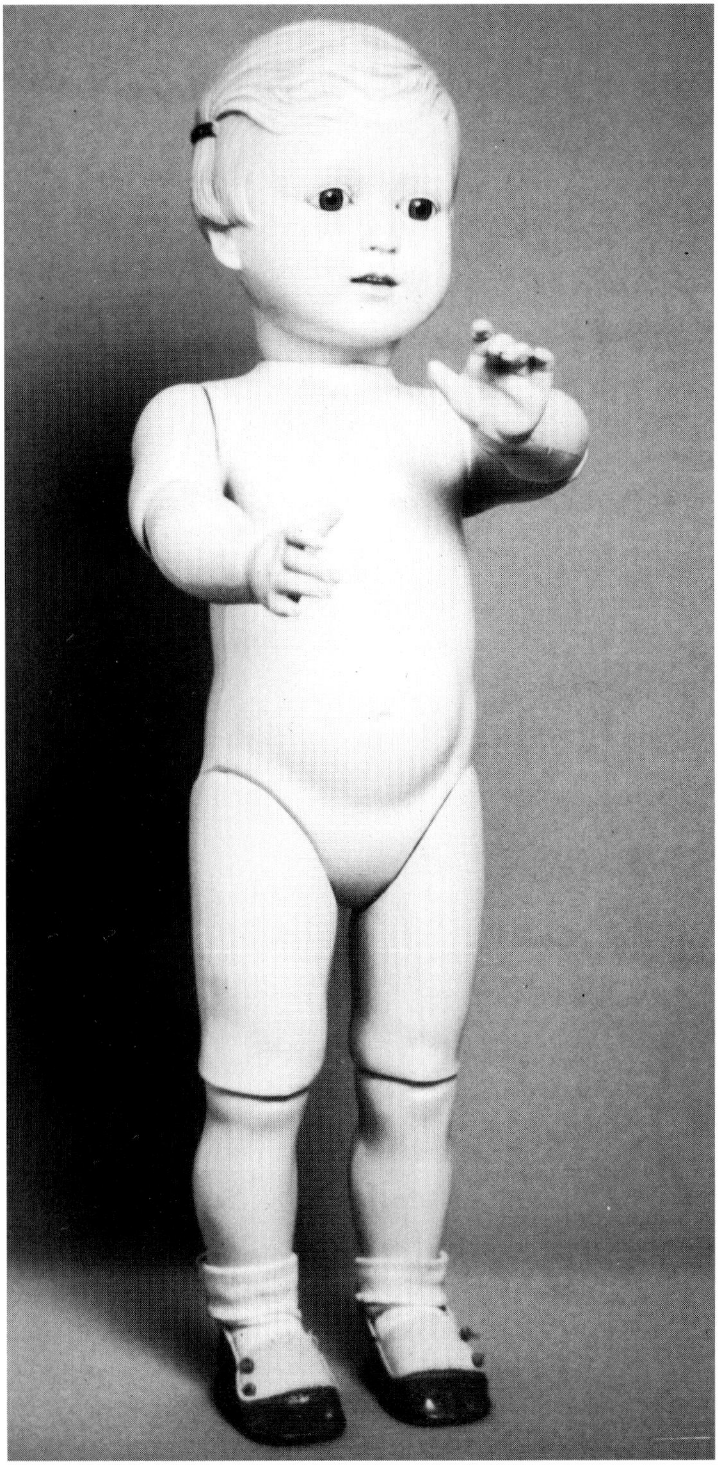

234 Sammlung Klaus Jörger/Foto: Dietrich Graf

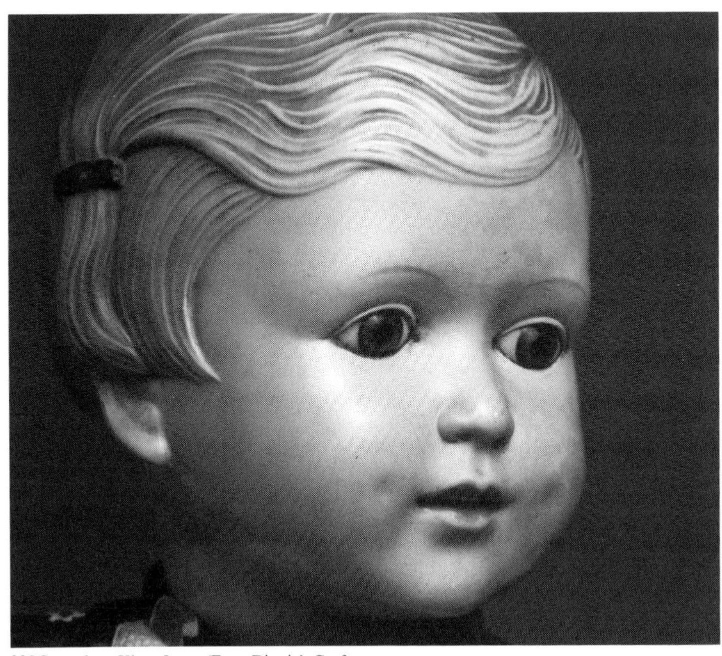

235 Sammlung Klaus Jörger/Foto: Dietrich Graf

236 Sammlung Anne Stitz

und Perückenkopf *„Modell T"*. Den Körper gab es in drei verschiedenen Größen: 40, 50 und 55 cm. Der Kopf dagegen wurde in sogenannten Doppelgrößen angefertigt, damit er auch auf andere Körper paßte.

Wichtig: die Gesamthöhe der Puppe liegt zwei bis drei cm unter der Angabe der Körpergröße! Beispiel: 40 cm angegebene Größe = 38 cm meßbare Puppengröße. Die Ausführungen Größe 50 und 55 haben das Ellbogengelenk, während die 40er gebogene, durchgehende Arme hat. Die *„Liselotte"* wurde von 1928 bis 1933/34 hergestellt.

Abb. 233: *„Liselotte"* mit bronzierter Spange, braunen Glasaugen, offen/geschl. Mund mit Zahnreihe, Kopf Größe 30/40 (MVZ 10) auf 40er Körper mit gebogenen, durchgehenden Armen.

Die **Abb. 234** und **235** zeigen *„Liselotte"* mit bronzierter Haarspange, blauen feststehenden Glasaugen, offen/geschl. Mund mit Zahnreihe, Kopf Größe 40/50 (MVZ 10) auf 50er Körper mit Armgelenk.

Abb. 236: Zwei bemerkenswerte *Schildkröt*-Exemplare. Links die *„Liselotte"* als Negerin mit braunen Glasaugen. Rechts das wohl schönste Modell von *Schildkröt*, das *„Modell VI"* aus Miblu mit blauen Glasaugen, offen/geschl. Mund mit *„Liselotte"*-Körper. Für beide Puppen gilt: Kopfgröße 45/55 (MVZ 10) auf 55er Körper. **Abb. 237** zeigt einen Katalog-Ausschnitt aus dem Jahre 1932/33. Beide Modelle, *„Liselotte"* und *„Modell VI"* wurden auch mit Stehbebikörper, Modell *„Kleinkind"*, hergestellt.

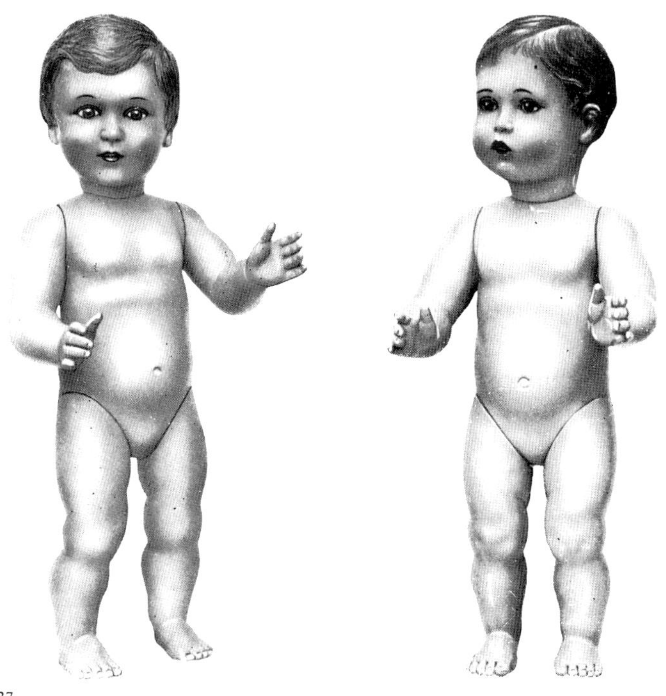

237

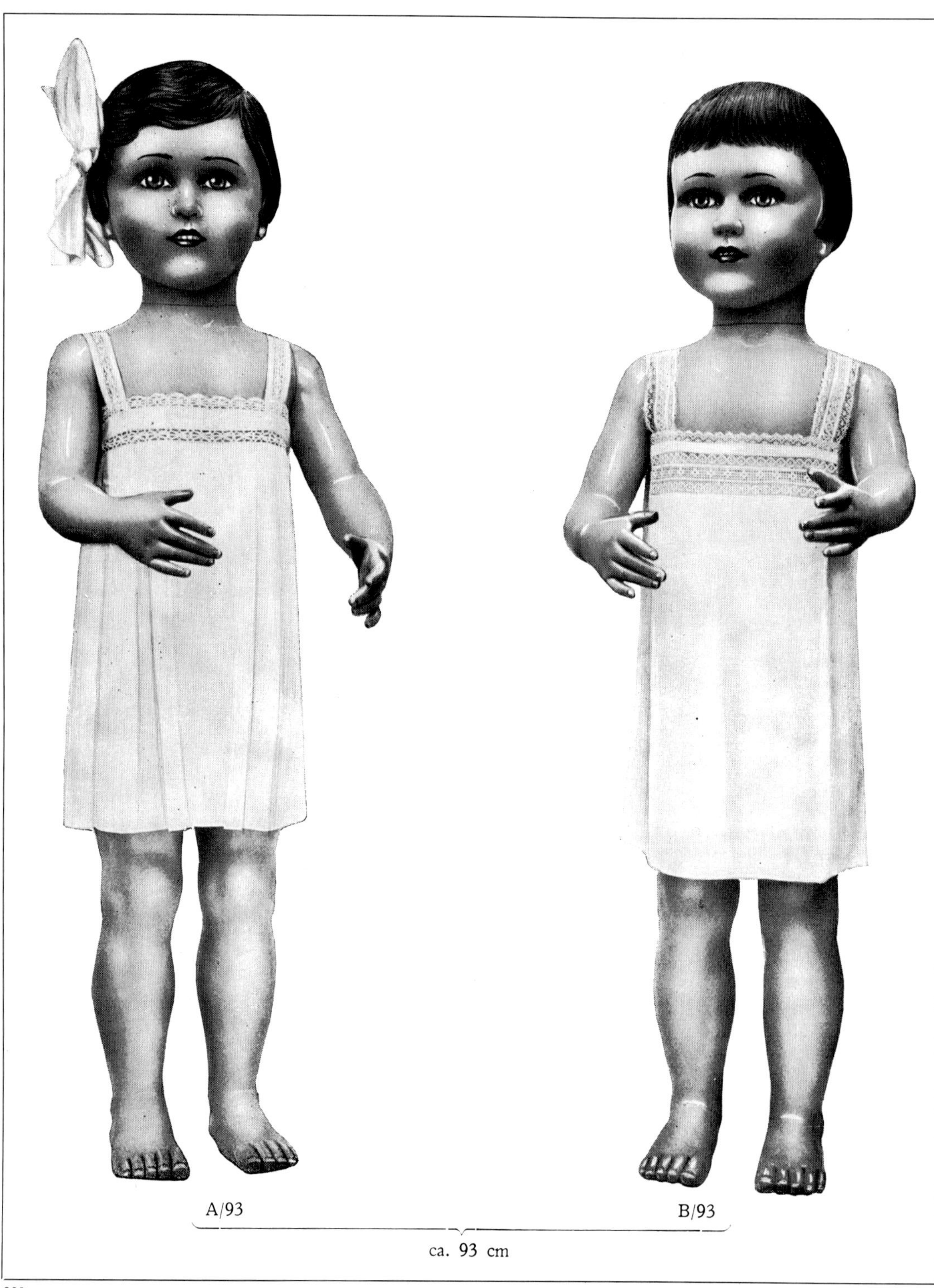

238

Schau-Puppen

Puppen von *Schildkröt* wurden schon 1909 in so großen Formaten hergestellt, daß sie auch als Schaufenster- oder Ausstellungspuppen Verwendung fanden. Von 1909 ist eine Stehpuppe mit beweglichen Armen und Beinen in 100 cm Größe bekannt. Dieses Modell wurde ohne gemalte Schuhe und Strümpfe geliefert. Ein Damenkopf als *„Frisierkopf mit Vertiefungen in der Schädeldecke und in den Augenwölbungen"* wurde 1908 als Geschmacksmuster angemeldet. Es folgten Kinder-, Jünglings- und weitere Damenschauköpfe, aber auch Schauarme und -hände. Im Katalog (**Abb. 238**) aus dem Jahre 1932/33 werden die hier abgebildeten *„Ausstellungspuppen"* vorgestellt; zur Schaufensterdekoration in 93 cm Größe, links das Modell *„Liselotte"*, rechts das Modell *„Klein-Erna"* (→ Abb. 29: Modelleur Döbrich mit zwei Damenbüsten).

Anneliese

Die Geschmacksmuster-Eintragung von 1926 läßt schon die unterschiedlichen Versionen der Puppe erahnen: *„eine nackte Puppe ‚Anneliese' mit Band, Größe 9 und 17; ein Mädchenkopf ‚Anneliese' mit gepreßter Haarfrisur, Größe 24, als Hals-, Brust- und Kurbelkopf mit und ohne Band; eine nackte Puppe ‚Anneliese', Größe 24, mit bewegli-*

239 Sammlung Anne Stitz

chem Kopf, Armen, Beinen mit Strümpfen, mit und ohne Band". Trotzdem wurde die Puppe im Katalog von 1926 nur in 4 Größen angeboten: 9 und 17 cm mit festem Kopf, beweglichen Armen und Beinen, bemalten Schuhen und Strümpfen sowie in 24 cm mit beweglichem Kopf, Armen und nackten Beinen und in 25 cm mit beweglichem Kopf, Armen und Beinen, gemalten Schuhen und Strümpfen. 1929 wird die Größe 21 geschützt. 1930 ist „*Anneliese*" in 6 Größen erhältlich: 9, 15 ½, 17, 21, 24 und 25. Im Katalog 1930 wird daneben noch eine weitere Variante abgebildet: mit dem „*Liselotte*"-Bubikopf mit Haarspange. „*Anneliese*" ist bis etwa1932 in Produktion. **Abb. 239**: „*Anneliese*" in Puppenstuben-Größe, 8 cm hoch (vermutlich Größe 9). Bei dieser verkleinerten Form fehlt die Haarspange! **Abb. 240**: „*Anneliese mit modellierter Lockenfrisur, beweglicher Kopf, Größe 24 (MVZ 10).* **Abb. 241**: „*Anneliese*" mit modellierter Lockenfrisur und Haarband, fester Kopf, gemalte und modellierte Strümpfe und Schuhe, Größe 17 (MVZ 10).

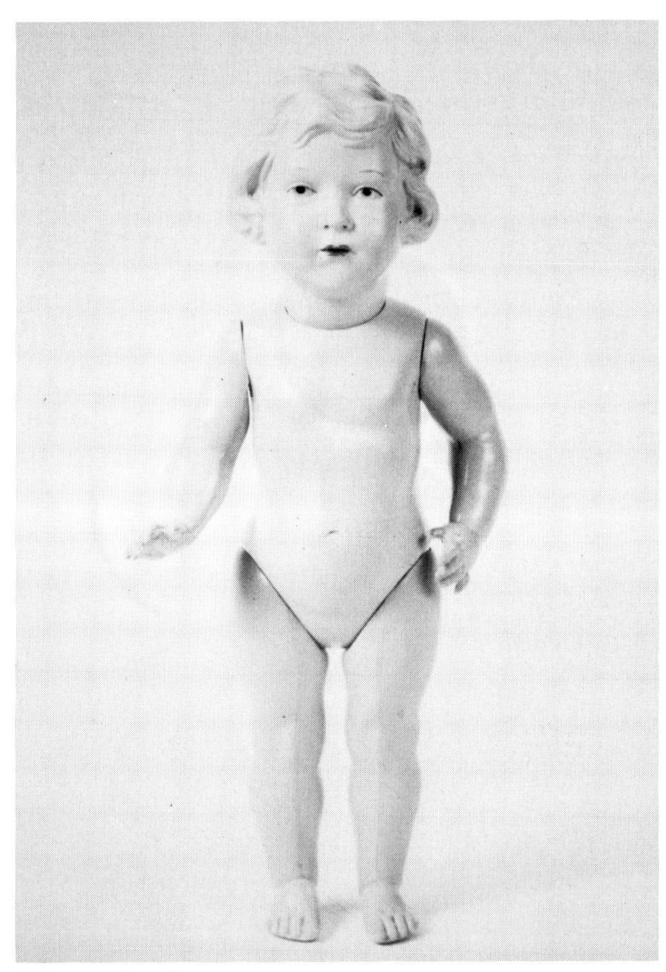

240 Sammlung Anne Stitz

241

Neger und Mulatten aus Mannheim-Neckarau

242

243

Als *Schildkröt* kurz vor der Jahrhundertwende in das Puppengeschäft einstieg, stand die Kolonialpolitik in höchster Blüte. Überall auf der Erde waren die europäischen Nationen politisch engagiert: Asien, Südamerika, Afrika. Die wichtigen Zeugen dieser Zeit waren Puppen, die in der exotischen Tracht ihres Landes vom Zauber der Ferne berichten konnten. Wen wundert's, wenn die Celluloidfabrik in Mannheim-Neckarau schon in ihren frühen Katalogen den Kunden offeriert, *„bei genügender Bestellung nackte oder auch bemalte Puppen in braun oder schwarz"* herzustellen. Die gesamte Puppenindustrie lieferte Japaner, Inder, Neger und Orientalen, warum nicht auch *Schildkröt*? Und offensichtlich waren die Neger die beliebtesten Exoten-Modelle.

1908 wird im Katalog die Stehpuppe mit dem beziehungsreichen Namen *„Somali"* aufgeführt, mit *„roten Hosen und weißem Hemd"* (→ Abb. 264). Unter dem Sammelbegriff *„Kolonialpuppen"* mit Kopfbedeckung und Schärpen in den verschiedenen Landesfarben sind dann 1913 im Angebot: *„Bebi 1910"* mit rotem Fez als *„Orientbaby"* und ein grimmig ausschauender *„Askari"*, ein Kolonialsoldat aus der Schutztruppe im ehemaligen Deutsch-Ostafrika, in weißer Tropenuniform mit Schärpe, rotem Fez, in 2o cm Größe.

Fast alle bekannten *„Bebi"*-Modelle wurden in braun oder schwarz geliefert. Erst 1930 wurde ein besonderer Negertyp geschützt: *„Bebi-Kurbelkopf mit Negergesichtsausdruck und angedeuteter Negerlockenfrisur in braun glänzend oder braun matt, sowie als Hals-, Brust- und Kurbelkopf"*. Dieser Kopf hält sich bis in die 60er Jahre im Modell-Programm. Er ist dem bekannten Säuglingsbebi *„1925"* nachempfunden (→ Seite 107).

Abb. 242 und **243**: *„Modell 1930"* als *„Pirat"* und als *„Inder"* (Katalog 1932/33), Anregung zum Bekleiden der Puppe. Beliebt wurden später auch *„Mohrenanzüge"* á la *„Sarotti-Mohr"*.

Abb. 244: *„Bebi N"*, Orientbebi mit rotem Fez.

Abb. 245: Katalogblatt 1932/33. Alle abgebildeten Puppen wurden in nackt oder in *„Gala"*, das heißt mit Bastrock, Perlenkette und goldenen Ohrringen, angeboten.

Die Farben: schokoladenbraun glänzend *„Haiti"* oder schwarz matt *„Somali"*. Folgende Größen wurden angegeben: **No. 1011** *„Bebi N"* als Stehbebi mit festem Kopf, gemalten Augen in 14, 20, 22 und 26 cm. **No. 901** *„Bebi N"* als Sitzbebi mit beweglichem Kopf, gemalten Augen in 8, 9 ½, 12 ½, 14 ½, 15, 16 ½, 20, 21 ½, 24, 24 ½, 25 ½ cm. **No. 953** *„Modell 1930"*, Sitzbebi mit beweglichem Kopf, Glasaugen, sonst wie No. 1053, in 26, 30 und 35 cm. **No. 1053** *„Modell 1930"*, Stehbebi, beweglicher Kopf, Glasaugen, in 30, 35 und 40 cm. **No. 1000/3** Hunaeus-Typ, Stehpuppe mit festem Kopf, gemalten Augen, in 14, 20, 22 und 26 cm in *„Gala"*. **No. 1011/3** *„Bebi N"* in Gala.

244

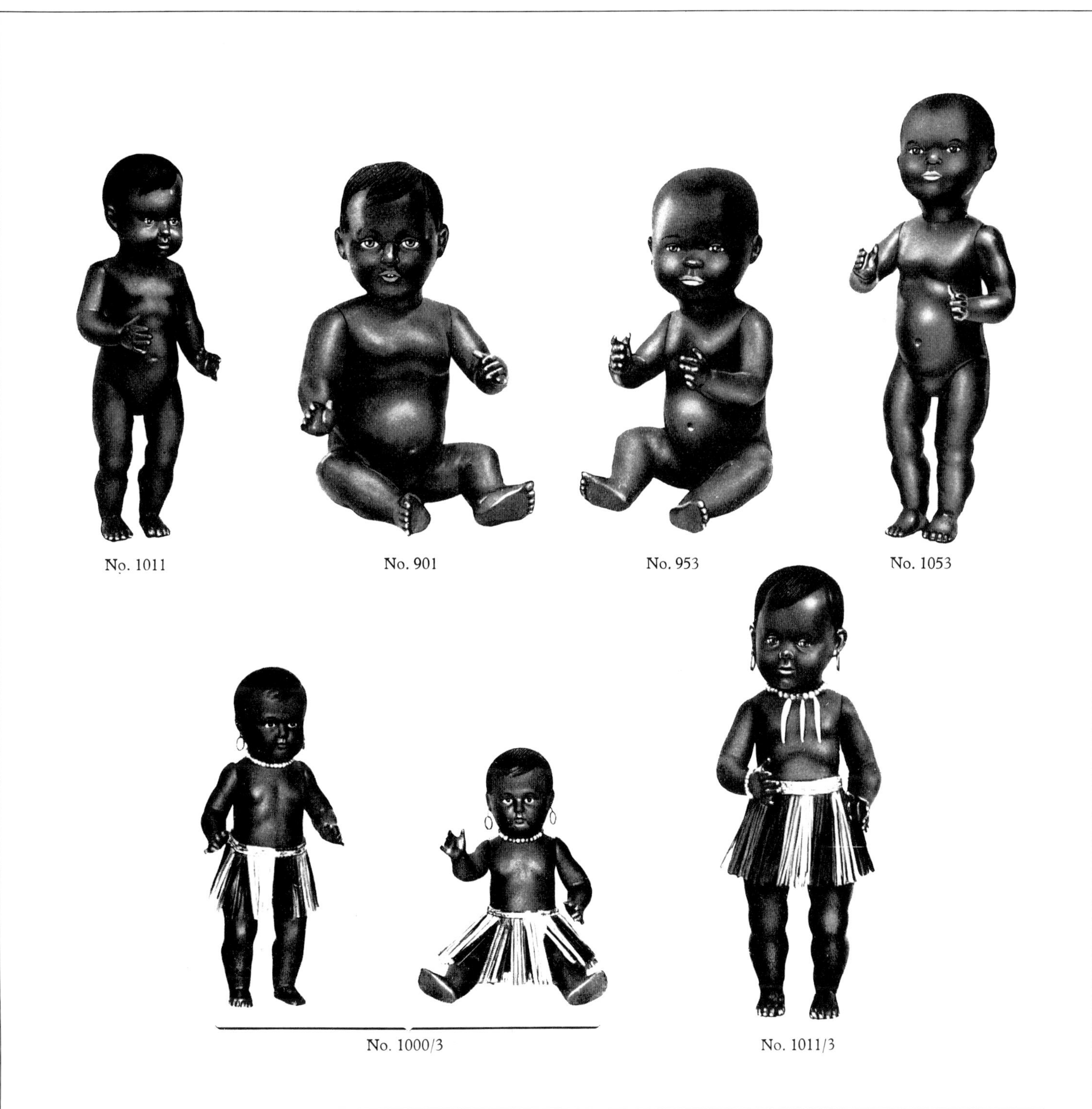

No. 1011 No. 901 No. 953 No. 1053

No. 1000/3 No. 1011/3

246 Sammlung Anne Stitz

248 Sammlung Anne Stitz

247 Sammlung Anne Stitz

249 Sammlung Anne Stitz

Abb. 246: *„Bebi 1910"*, links in braun mit stark bemalten Augenbrauen und schwarzen Haaren. Dicker roter Lidstrich, Größe 20 (MVZ 3). Daneben rechts die fast schwarze Version in Größe 19 (MVZ 6) nach 1920 (linkes Bein ergänzt!). – **Abb. 247**: *„Bebi N"* in wunderschöner dunkler Ausführung, braune Glasaugen, offen/geschl. Mund, Kopf und Körper Größe 30 (MVZ 10). Erhältlich auch mit festem Kopf und gemalten Augen von 7 bis 25 ½ cm in 12 Größen (bis 1940). – **Abb. 248**: *„Modell 1925"* Säuglingsbebi, mit braunen Glasaugen, offenem Mund mit 2 eingesetzten Zähnen. Größe 45 (MVZ 10) auf 1925er Bebi-Körper.

Abb. 249: *„Modell 1930"* Stehbebi, in *„Gala"* (mit Bastrock, Perlenkette und goldenen Ohrringen), Original *Schildkröt*-Anhänger, Größe 22 ½ (MVZ 26), 50er Jahre. Bis Anfang 1960 in den Größen 13 ½, 16, 22 ½ und 27 ½ cm hergestellt. – **Abb. 250**: *„Modell 1930"*, Original-Ausführung mit Bastrock, Perlenkette, goldenen Ohrringen und schwarzem Zylinder, braune Glasaugen, geschl. Mund, Kopf Größe 32/34 auf 34er Körper (MVZ 26). Dieses Stehbebi-Modell gab es in 30, 35 und 40 cm Anfang der 30er Jahre, ab etwa 1935 in den Größen 30, 34 und 39 cm. Die Größe 34 wurde mit Glasaugen bis in die 60er Jahre hergestellt.

250

71093/34*
21093/34*
71090/13½
/22½
/27½
MAMBI
31099/34*
Fester Kopf, gemalte Augen
Fixed head, painted eyes
Tête fixe, yeux peints
Cabeza fija, ojos pintados
*Beweglicher Kopf, Glasaugen
Movable head, glass eyes
Tête mobile, yeux de verre
Cabeza movible, ojos de cristal
KLEIDER-SORTIMENTE
27

251

252

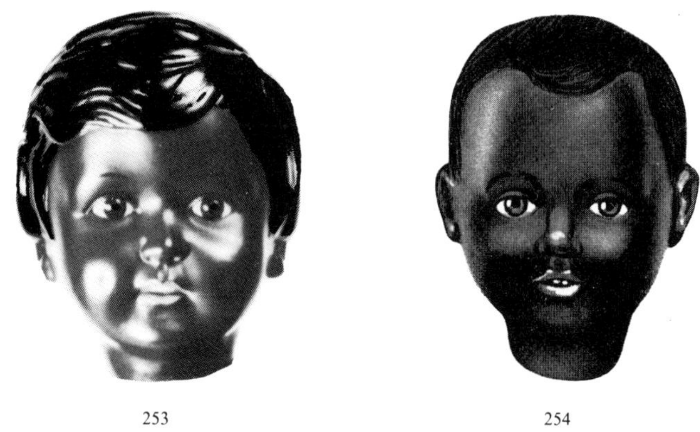
253 254

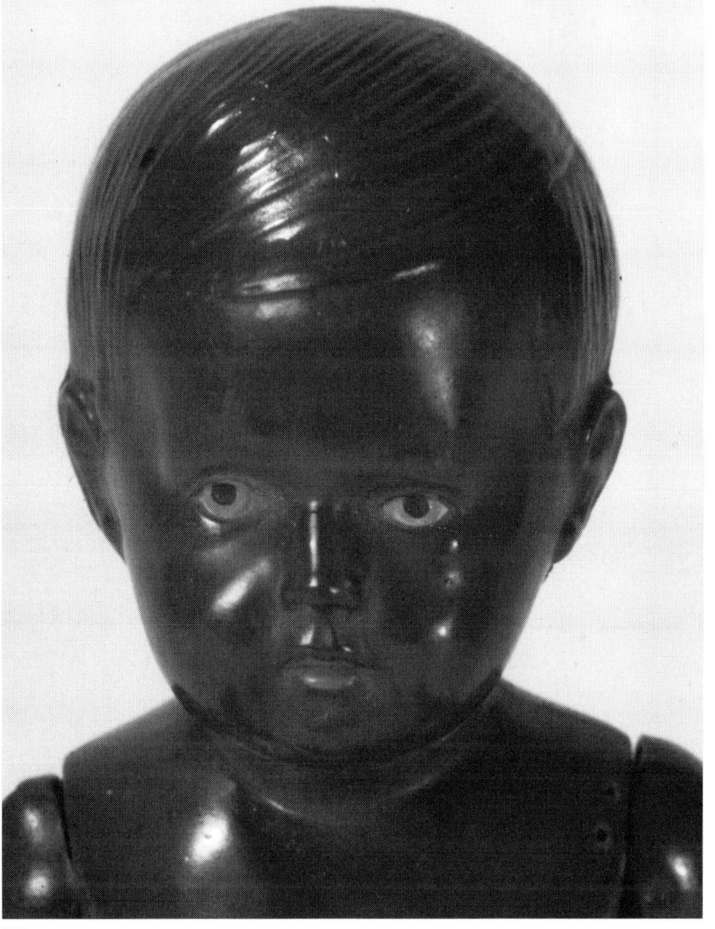
255

Abb. 251: *„Mambi"* und *„Wumbi"*, die Lieblinge der 50er Jahre. Abbildung aus dem Katalog von 1955. Das *„Modell 1930"* gab es auch weiterhin in *„Gala"* oder im modischen Freizeitlook als *„Wumbi"* und seine Schwester *„Mambi"* mit Perücke (beide nur in Größe 34). Ganz links die Stehbebi-Ausführung mit festem Kopf und starken gekräuselten Locken in 13 ½, 22 ½ und 27 ½ cm. – **Abb. 252**: *„Modell 1930"*, Stehsitzbebi in schokoladenbraun und in schwarz. Rechts Größe 27 ½ cm (MVZ 26), links mit anderer Gesichtsbemalung (große Kulleraugen), Größe 14 (MVZ 26), vermutlich 60er Jahre.

Abb. 253: links *„Liselotte"* in schokoladenbraun (→ Abb. 236), **Abb. 254**: ein noch unbekannter Kopf aus dem 1932/33-Katalog. Die Haarmodellierung erinnert sehr an die Stirnlocke von *„Liselotte"*. **Abb. 255**: *„Bebi 1925"* als Neger, Größe 20 (MVZ 14).

257 Foto: Christine Krah

Abb. 256: Reichlich merkwürdig erscheint das Modell *„Christel“* in schwarzer Ausführung (es handelt sich nicht um eine Serien-, sondern um eine Auftrags-Produktion). Stehpuppe, Größe 21 ½ cm (MVZ 26). **Abb. 257**: Schwarze *„Christel“* als Sitzbaby in Größe 12 1/2 cm (MVZ 26). In den 50er Jahren gab es die *„Christel“*-Stehpuppe in den Größen 12 ½, 22, 29 ½ und 34 cm, aber alle mit geraden Beinen. Die abgebildete Sitzbaby-Variante ist wohl mit *„Strampelchen“*-Beinen, Größe 12 ½, ergänzt worden. Wichtig: schwarze *„Strampelchen“* mit Bastrock in den Größen 8 ½ und 16 cm gehörten ins *Schildkröt*-Programm der Nachkriegszeit.

256

Stehpuppen – von Anfang an dabei

Zu den Pionieren der Celluloid-Puppen gehören auch die Stehpuppen. Sie waren leicht zu fertigen, weil sie zunächst aus nur zwei gepreßten Hälften bestanden, die miteinander verklebt wurden. Kopf, Arme und Beine waren fest. Doch schon bald wurden die Arme beweglich. Eine Anzeige von *Schildkröt* aus dem Jahre 1897 offeriert die Neuheit *„Unzerbrechliche, farbechte, abwaschbare und schwimmende Puppen mit beweglichen Armen in seltenster Farben- und Formenschönheit"*. Eine Vielzweck-Puppe zum Baden und Ankleiden.

Stehpuppen tragen das frühe *Schildkröt*-Zeichen ohne Raute mit dem Zusatz *„SCHUTZ-MARKE"* und/oder *„GERMANY"*. Einige Modelle waren so beliebt, daß sie noch bis in die 20er Jahre im Programm standen. Sie tragen deshalb die Schildkröte mal mit, mal ohne Raute oder das Markenzeichen (MVZ 10). Die Standardtypen wurden unter der Serie *„A"* geliefert, und zwar in 22 Größen 7 ½ bis 56 cm mit beweglichen Armen. Das gleiche Modell wurde auch unter der Bezeichnung *„ASS"* (= mit gemalten Strümpfen und Schuhen) gegen entsprechenden Preisaufschlag geliefert. Andere Varianten waren *„AF"* (= mit **F**risur) und *„AFSS"* (= mit **F**risur und gemalten **S**chuhen und **S**trümpfen.

Ein besonderer Clou waren die Stehpuppen, die mit Bleistückchen beschwert als *„Taucher"* aufrecht im Wasser standen oder sich schwimmend bewegten. 1902 ist die Datierung für Erstproduktion von Stehpuppen mit anmodellierten Badekostümen in verschiedenen Größen und Bemalungen (GM). In der sogenannten *„B"*-Serie gab es alle Größen mit Badehosen aus Stoff nach DRGM 229 913.

Die recht seltenen Exemplare unter den Stehpuppen, die üblicherweise mit bemalten Augen angefertigt wurden, sind mit eingesetzten Glasaugen bestückt. Weitere Raritäten sind

- das Modell *„Japaner"* mit beweglichen Armen (mit und ohne Stoffbadehose in 9 ½, 12 und 14 cm, GM von 1906),
- die 1909 geschützten Charakterköpfe *„Lacher"* und *„Weiner"* als Stehpuppen in 14 und 17 cm (→ Seite 63),
- eine 1910 als *„Charakter"* registrierte Puppe in 14 und 17 ½ cm mit Spezialfrisur nach DRGM 430 791 nach dem Kopfmodell des Knaben-Brustblattkopfes (→ Seite 45).

258

Neuheit!

Unzerbrechliche, farbechte, abwaschbare u. schwimmende

Puppen mit beweglichen Armen

in **seltenster Farben-** u. **Formenschönheit.**

Muster und Preise zu Diensten.

Nur für **Grossisten** und **Exporteure!**

Rheinische Gummi- u. Celluloid-Fabrik

Neckarau-Mannheim.

259

Die nachfolgenden Seiten vermitteln einen Überblick über die Entwicklung der Stehpuppen-Modelle im Laufe der Produktion.

Abb. 258: Stehpuppe, Größe 7 (MVZ 10), als Japaner gemalt und gekleidet. – **Abb. 259**: Anzeige von 1897.

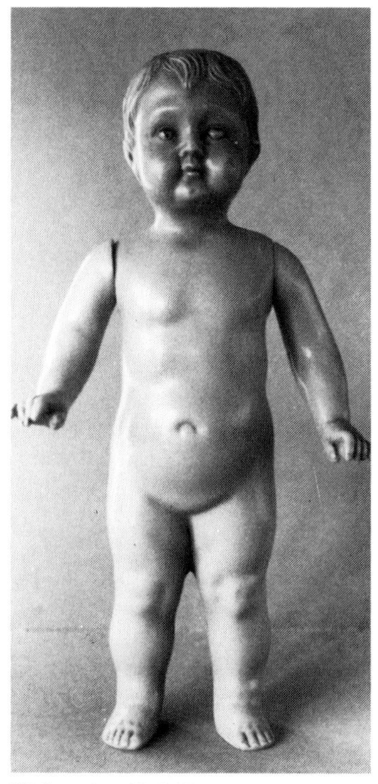

260 Sammlung Gisela Wegner

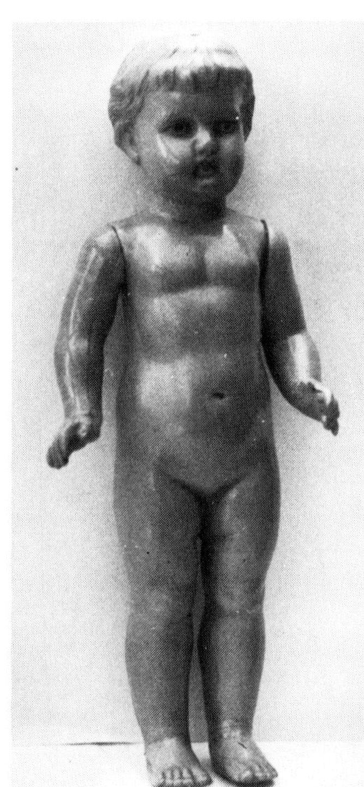

261 Sammlung Fink/Foto Dahms

Offensichtlich wurden alle Typen mit kaum merklichen Unterschieden in der Anordnung der modellierten Haare gleichzeitig hergestellt. Sie waren bis 1923 lieferbar und wurden dann vom *„Modell 1923“* abgelöst.

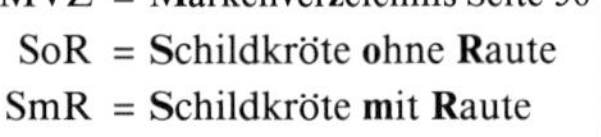

MVZ	=	**M**arken**v**er**z**eichnis Seite 56
SoR	=	**S**childkröte **o**hne **R**aute
SmR	=	**S**childkröte **m**it **R**aute
GM	=	**G**eschmacks**m**uster
DRP	=	**D**eutsches **R**eichs**p**atent
DRGM	=	**D**eutsches **R**eichs-**g**ebrauchs**m**uster

Abb. 260: Serie *„A“*, Größe 27 1/2 cm (SoR). **Abb. 261**: Serie *„A“*, 27 ½ cm (SoR). **Abb. 262**: Serie *„A“*, Größe 23cm (SoR). **Abb. 263**: Serie *„F“* (wie Serie *„A“*, nur mit festen Armen und Beinen), Größe 6 (SoR). Diese Stehpuppe wurde geliefert mit und ohne gemalte Strümpfe und Schuhe von 3 bis 33 cm in 17 Größen. Als Serie *„EN“* wurde diese Puppe noch 1927 in den Größen 3 bis 25 ½ cm hergestellt.

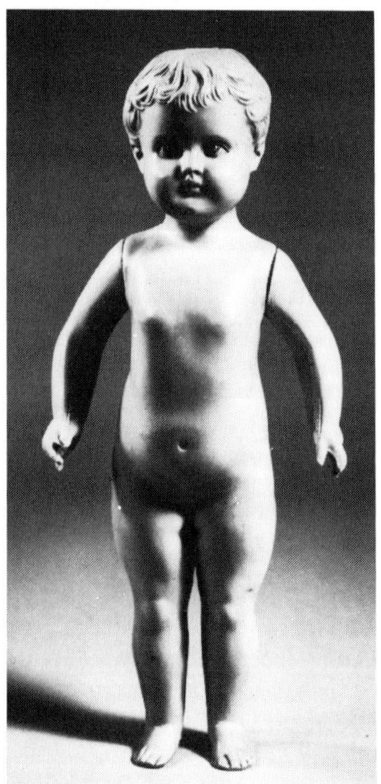

262

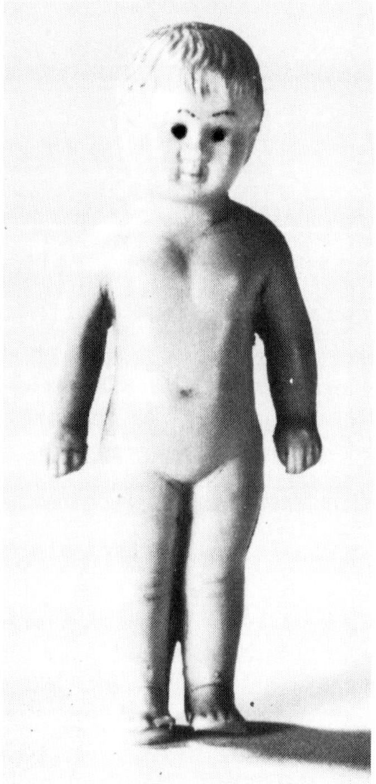

263

Abb. 264: Serie *„A“* als Neger mit gemalter roter Hose und weißem Hemd, Größe 22 ½ (SoR). 1908 als GM angemeldet, wurde die Stehpuppe in 15 Größen (8 ½ bis 46 cm) produziert. **Abb. 265**, **266** und **267**: An die Putten der italienischen Renaissance erinnert diese Stehpuppe aus den Anfängen der *Schildkröt*-Puppen. Das liebliche Gesicht mit gemalten blauen Augen und der runde, wohlgenährte Kinderkörper waren das Schönheitsideal vieler Künstler. Auffallend die unsaubere Bearbeitung der Nahtstellen. Das abgebildete Modell, Größe 32 cm (SoR), wurde auch mit beweglichen Beinen und gemalten Strümpfen und Schuhen angeboten (etwa um 1900).

264 Auktionshaus Waltraud Boltz

265 Sammlung Klaus Jörger/Foto: Dietrich Graf

266

267

268 Puppenmuseum Katharina Engels

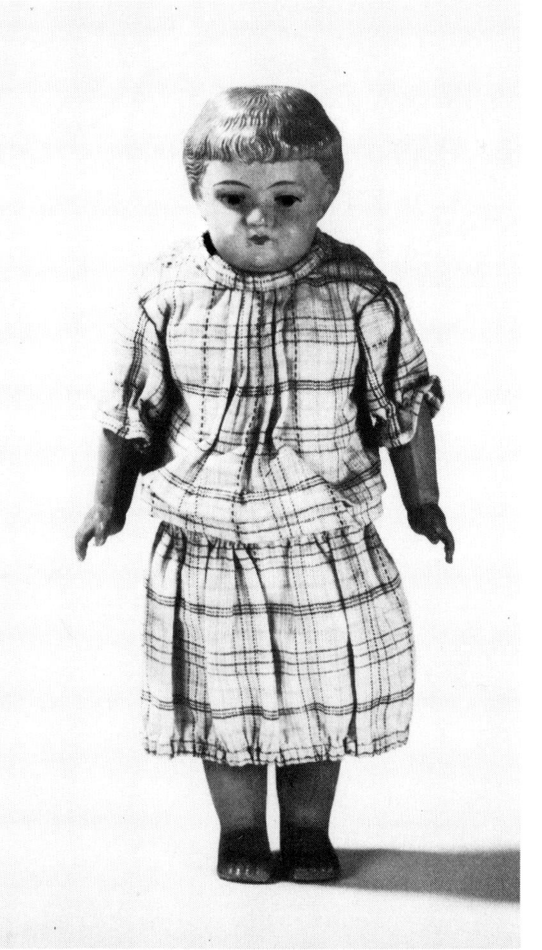

269 Sammlung Peter + Christa Schultz

Abb. 268: Serie *„D"*, Stehpuppe (altes Modell) mit beweglichen Armen und Beinen und gemalten Schuhen, Größe 28 ½ (SoR), in Originalkleidung.

Abb. 269: Serie *„A"*, Stehpuppe mit beweglichen Armen und festen Beinen in Größe 25 ½ cm (SoR), Originalkleidung.

Abb. 270: Katalogseite von der Puppenfabrik Moritz Pappe, Liegnitz, von 1911. Es zeigt bekleidete Stehpuppen, Serie *„D"*, in den Größen 10, 14, 16 und 19 cm.

270

Abb. 271: Stehpuppen-Konvent. Die Größen sind 37, 27 ½, 22 ½, 17 ½ und 14 cm. Die Größen 37 und 17 ½ cm sind nach 1920 hergestellt (SmR).

271 Sammlung Anne Stitz

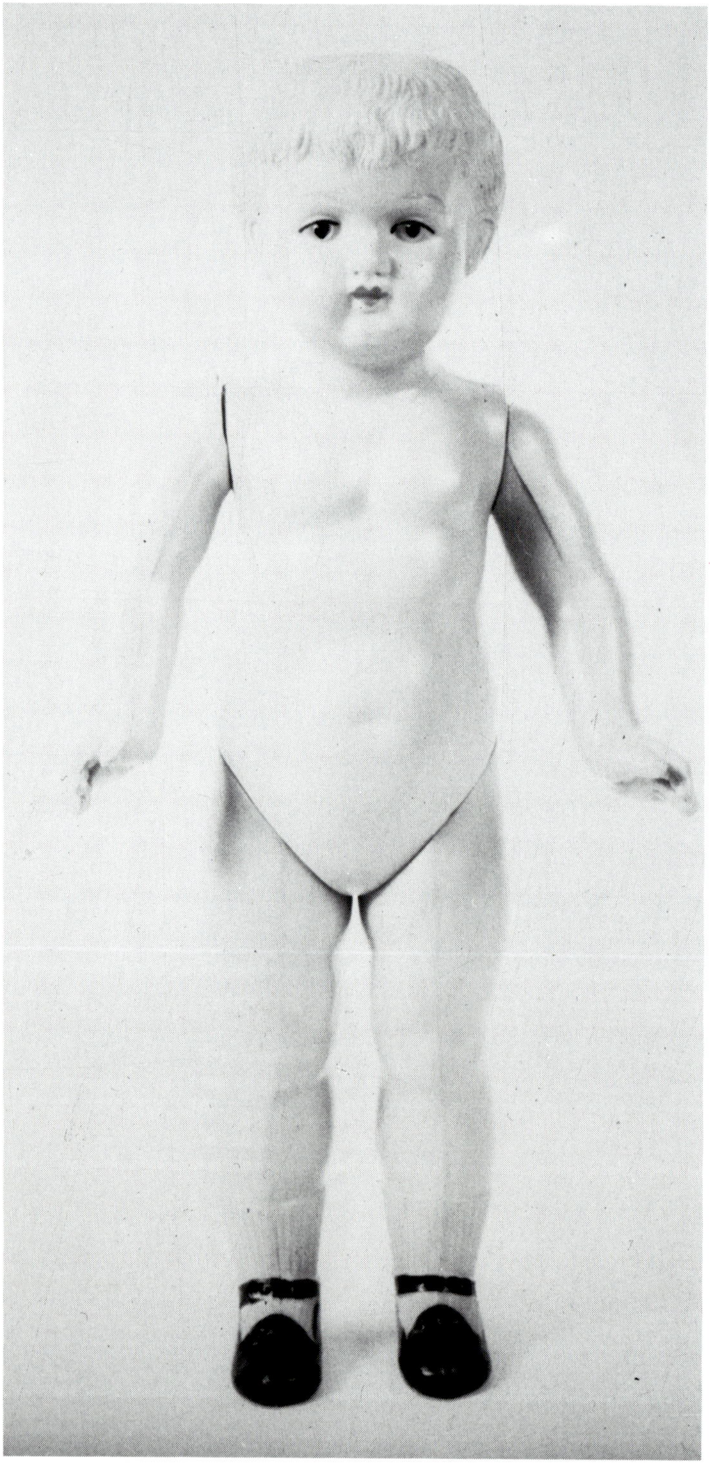

272 Sammlung Anne Stitz

273

Abb. 272: Serie *„D"* mit beweglichen Armen und Beinen, Größe 28 ½ (MVZ 2). Etwa ab 1900 hergestellt in den Größen 8, 10, 13, 14, 16, 19, 21, 24, 28 ½, 33 und 43 cm. Eine Sonderausführung in 100 cm war nur mit nackten Füßen erhältlich. Alle anderen Größen hatten gemalte Strümpfe und Schuhe mit flachen Sohlen. Ein Typ wurde auch mit genähter Lockenperücke angefertigt. Ab 1. März 1910 konnten alle Modelle nur noch auf Wunsch hergestellt werden.

Abb. 273, 274 und **275**: Serie *„DN"*, Stehpuppe mit besonders schöner Bemalung, Größe 33. Der Puppentyp wurde 1910 als GM eingetragen. Katalogtext: *„Ein neuer Kopf, bewegliche Arme und Beine mit verbesserter Konstruktion"*, womit eine lebensechtere Lage der Beine in der Sitzstellung erreicht wurde. Die Ausführungen: modellierte Strümpfe und Stiefelchen mit Absätzen und Knöpfen in 8, 9, 10, 12, 14, 16, 19, 21, 24, 28 ½, 30, 33, 37, 43 und 50 cm. Wie bei Serie *„D"*, gab es auch hier eine 100 cm Ausführung mit nackten Füßen. Mit Perücke lieferbar, aber dann wiederum ohne Schuhe in 21 bis 24 cm, in 7 Größen, auch mit beweglichem Kopf. Der Körper wurde ebenfalls für die Wechsel-Puppe benutzt (→ Seite 46).

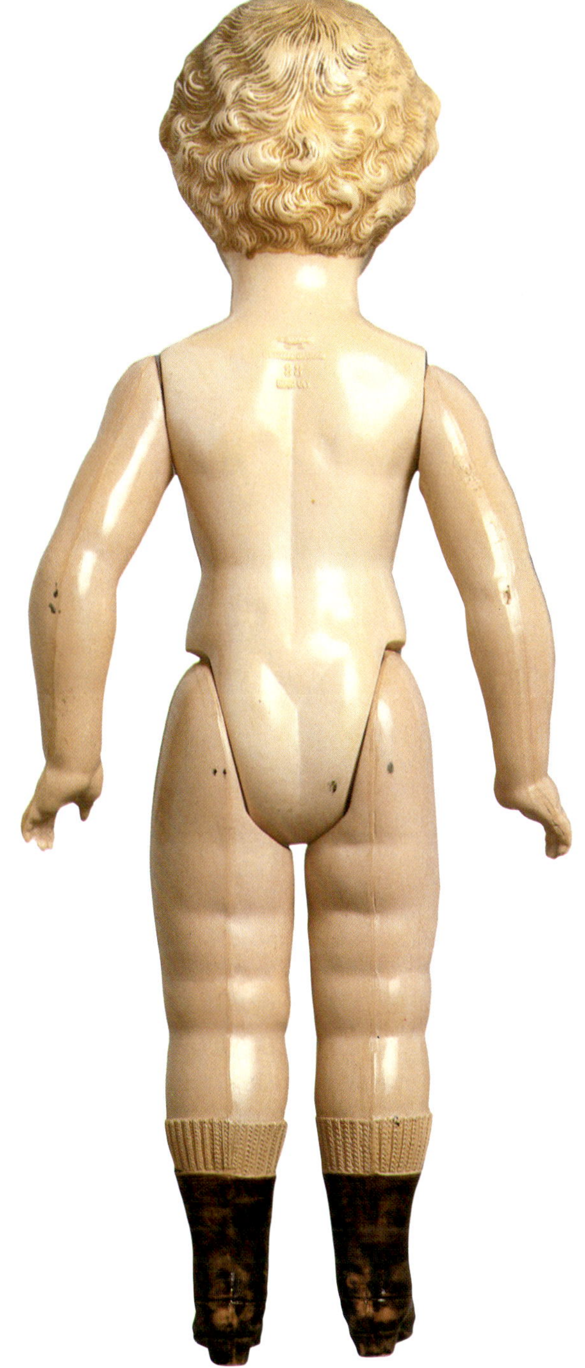

274 Sammlung Klaus Jörger/Foto: Dietrich Graf

275

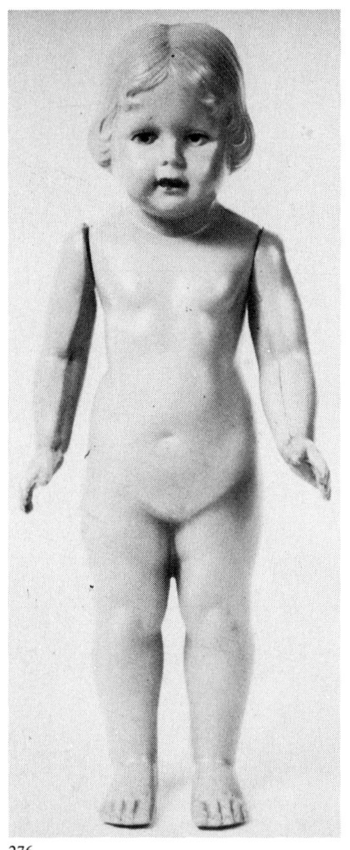

276

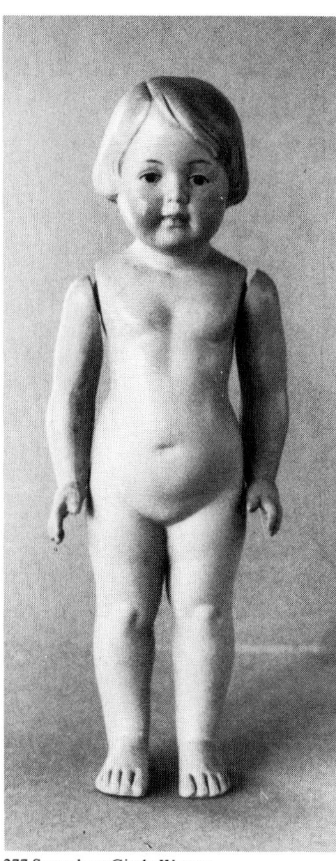

277 Sammlung Gisela Wegner

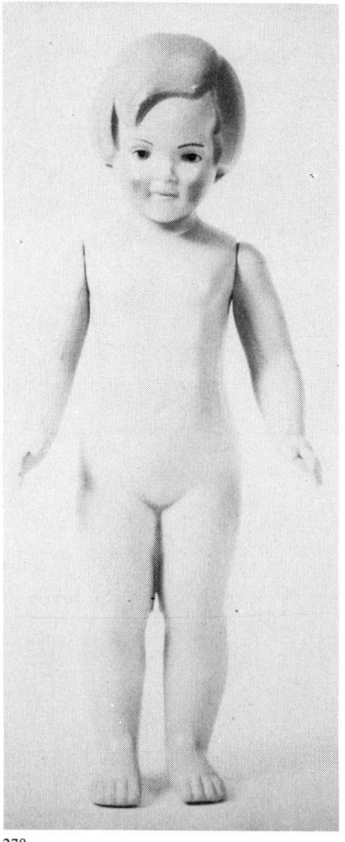

278

279 Sammlung Anne Stitz

Abb. 276: Stehpuppe *„1923"*, Größe 20 (MVZ 13). GM-Eintragung als *„fleischfarbig, bewegliche Arme"* und inseriert als *„neues, verbessertes Modell"*. Eine Puppe wurde bei einem Sammler gefunden mit dem Stempel unterm Fuß *„gesetzlich geschützt"*. Das Modell wurde auch mit gemalten Schuhen und Strümpfen geliefert. 1923 gab es die Puppe in 22 Größen von 7 ½ bis 56 cm, 1930 wurden nur noch 13 Größen von 8 ½ bis 37 cm aufgeführt.

Abb. 277: Stehpuppe *„1923"*, Größe 20 (MVZ 1), darunter *„23"* (= 1923 als Jahr der GM-Eintragung). Fleischfarbig, bewegliche Arme, 1923 in 18 ½, 20, 21 ½, 1934 in 8 ½ und 1938 in 6 ½ cm.

Abb. 278: Stehpuppe, Größe 21 ½ cm (MVZ 26). Im Katalog von 1933 angekündigt mit *„fleischfarbig, helle Haare oder helles Celluloid mit braunen Haaren"*, in 6 ½, 17, 17 ½, 20 ½ und 21 ½ cm. Bis etwa 1940 im Programm.

Abb. 279: Stehpuppe, Größe 19 (MVZ 26). Aus den 50er Jahren. Unter einer Perücke verborgen, entdeckt man häufig in Puppenstubengröße die Modelle *„Bärbel"*, *„Hans"* und *„Inge"*.

Abb.280: *Schildkröt*-Katalogseite von 1938. Rechts Modell *„150/z"*, in der Mitte *„150/p"*. 1930 waren sie zum ersten Mal im Katalog zu sehen. Sie sind fleischfarbig mit gemalten Augen und konnten mit Kurzhaar- und Lockenperücken ausgestattet werden. Anfang der 30er gab es auch noch eine weiße Mohair-Lockenperücke. Geliefert wurden die Modelle in 8, 11, 13, 16, 19 und 25 cm. Ab etwa 1935 wurden die Größen in 8 ½, 11 ½ und 13 ½ cm umgeändert. Die Größe 24 erhielt einen beweglichen Kopf. In den 50er Jahren wurden die Puppen in 13 ½, 16 und 19 cm hergestellt. Schuhe: in den 30er Jahren mit und ohne Riemchen, in den 50er Jahren nur noch Riemenschuhe. Links die Stehpuppe Serie *„160"*, fleischfarbig und in *„161"* sonnenbraun, beide Typen haben gemalte Augen. Lieferbar in den Größen 10 ½, 14 ½ und 19 ½ cm. (GM von 1936). Deutliche Ähnlichkeit mit dem Modell *„Inge"*.

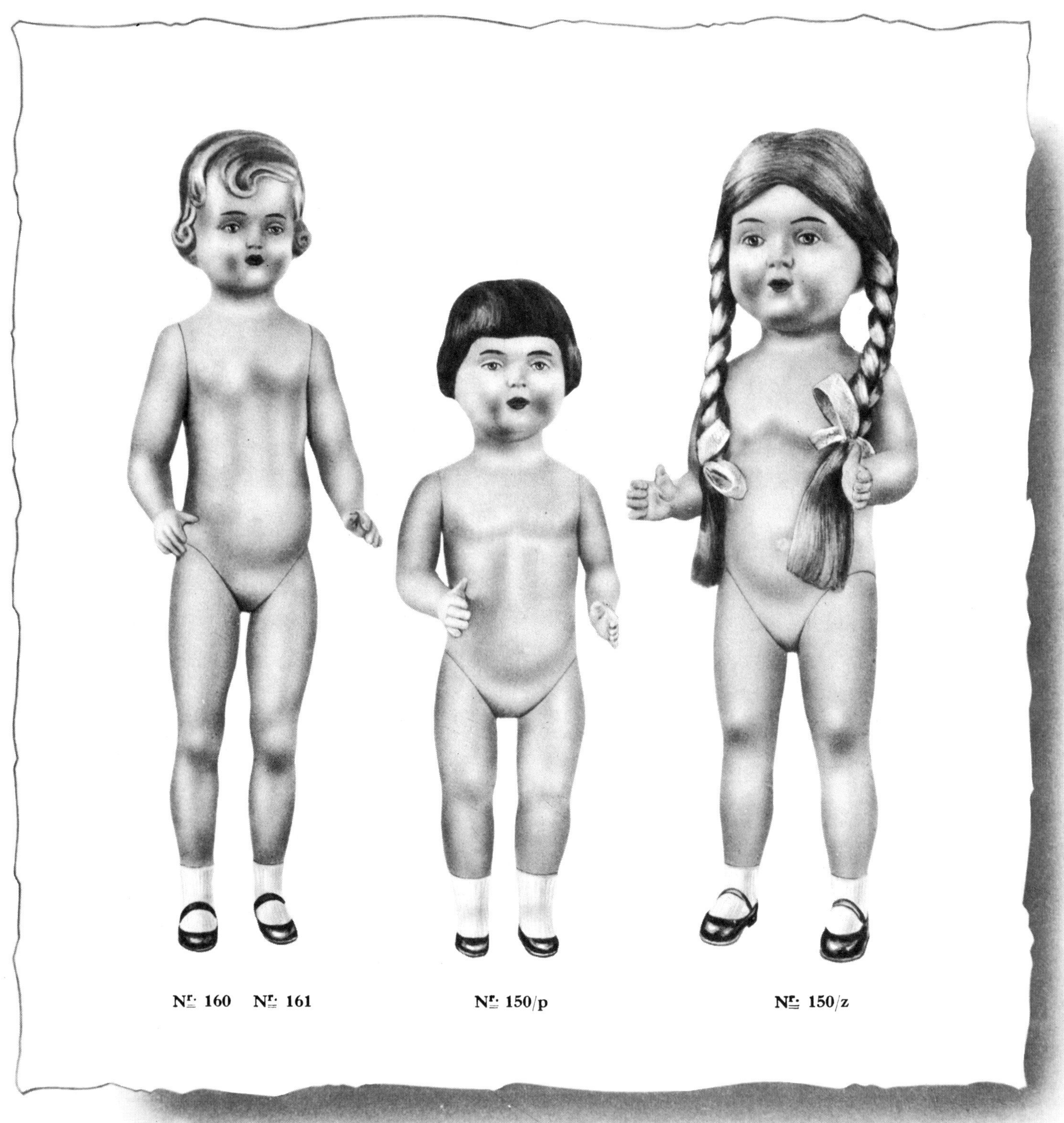

280

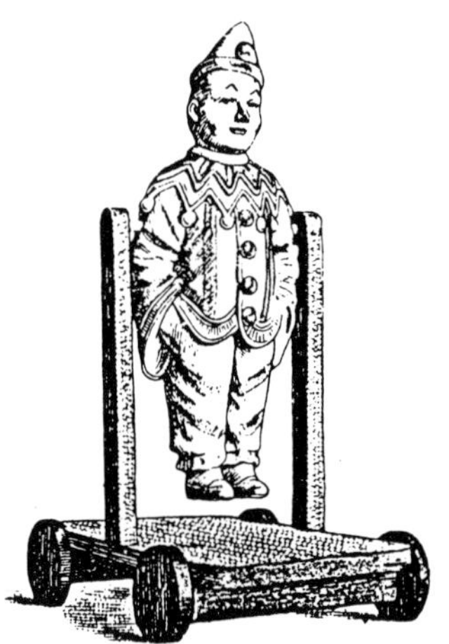

No. 523
(Siehe Preisliste Seite 53)

Trapezclown

Trapeze-clown

No. 524
(Siehe Preisliste Seite 53)

Tanzliesel

Dancing Lizzy

No. 525
(Siehe Preisliste Seite 53)

Tanzclown

Dancing-Clown

No. 513

Gänsebübchen

The little goose boy

No. 526
(Siehe Preisliste Seite 53)

Shimmy

Stehpüppchen wurden bei *Schildkröt* unter dem Begriff *„Spielzeug"* zweckentfremdet, und zwar als sogenannte Stehaufen, Fahr- oder Rollspielzeuge, wie diese Katalogseite, **Abb. 281**, beweist. – **Abb. 282**: *„Bubi"* und *„Mädi"*-Varianten, wie sie von 1923 bis in die 50er Jahre produziert wurden.

281

Bemalte Puppen - witzig und farbig

Kleine bemalte Celluloid-Puppen sind ein noch unerforschtes Sammelgebiet. Die oft sehr witzigen, recht farbigen Figürchen sind auch dem engagierten Puppen-Sammler so gut wie unbekannt. Dank der vorliegenden *Schildkröt*-Kataloge und der Geschmacksmuster-Eintragungen läßt sich jedoch eine fast lückenlose Aufstellung dieser Püppchen rekonstruieren. Themen aus der Märchenwelt wie *„Hänsel und Gretel"* oder *„Rotkäppchen"* sind genauso berücksichtigt wie Comic-Charaktere (*„Max und Moritz"*, *„Struwwelpeter"*, *„Suppenkasper"*, *„Daumenlutscher"*) oder der *„brave deutsche Michel"* und als Spezialität für den US-Markt die *„Happy Hooligan"*-Figuren. Je nach Zeitereignissen, wandelten sich auch die Abbildungen in den Katalogen. Der Erste Weltkrieg brachte stramme Soldaten: Ulan, Kürassier, Infanterist und Husar. Weitere Typen kamen hinzu: Landsturm-Mann, Infanterist und ein Österreicher mit abnehmbarem Gewehr.

Auch der Kewpie-Boom, ein Millionengeschäft in den USA, hinterließ seine Spuren: die Modelle *„Dolly"*, *„Bubi"*, *„Mädi"* oder *„Purzel"* gab es in den vielfältigsten Arten. Copyright-Probleme mit den USA zwangen oft zu eingeschränkten Verkaufsgebieten. Zwei typische Beispiele dafür sind das Sitzpüppchen *„Küssmich"* und *„Peterle"*. *„Küssmich"*, im Amerikanischen *„Tiss-me"*, war eine Schöpfung des US-Cartonisten Hy Mayer (um 1919). *„Peterle"* wurde von L. Wolf & Co. in New York als geschützte Comic-Figur in ganz Amerika unter dem Namen *„Chubby"* verkauft. Beide Püppchen durften, so der Katalogtext von *Schildkröt*, nicht in den USA oder England oder in englische Kolonien verkauft werden.

Recht unkompliziert ging man bei *Schildkröt* mit den bewährten Klein-Püppchen um. Was sich gut verkaufen ließ, erhielt durch Wechseln der Farbe in der Kleidung ein neues Aussehen; ein neues Modell wurde so auf die Schnelle *„geboren"*. Auch die Hautfarbe konnte beliebig *„gewechselt"* werden. So entstanden neben den *„weißen"* Standardtypen auch Chinesen, Inder oder Neger. 1930, anläßlich der Kooperation mit der Celluloid-Fabrik Dr. P. Hunaeus, wurde eine ganze Serie von *„Igodi"*-Figuren mit beweglichem Kopf in das Programm *„Bemalte Puppen"* aufgenommen.

Die Modelle stammten von der vorher von Hunaeus übernommenen Fabrik Kohl & Wengenroth. Diese Figuren gibt es in drei Arten: mit dem *„Kowenko"*-Markenzeichen, mit *„Kowenko"* sowie der Hunaeus-Marke und der Schildkröte. 1938 ließ *Schildkröt* eine weitere Kleinserie als Geschmacksmuster schützen, doch wahrscheinlich durch die Kriegswirren ist es nie zu einer Produktion gekommen: Bauer und Bäuerin, Tiroler und Tirolerin, Clown und Engel. Übrigens taucht 1952 ein Engel (→ Abb. 380) mit entsprechendem Kleidchen und Flügeln im Lieferprogramm auf. Aber auch noch andere *„Vorkriegsmodelle"*: unter anderem Namen werden zum Beispiel *„Bubi"* und *„Mädi"* weiter hergestellt. Ihre Namen hat man 1953 für andere Modelle verwendet.

Hinweise zur nachfolgenden Aufstellung: GM = Geschmacksmuster. Das Datum der GM-Eintragung ist identisch mit der Produktionsaufnahme. Die Jahresangabe am Ende der Beschreibung gibt den Zeitpunkt an, an dem der Artikel aus dem Programm genommen wurde.

282 Sammlung Anne Stitz

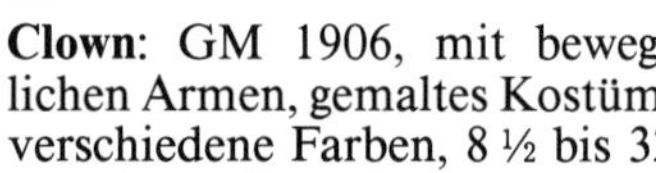

283

Clown: GM 1906, mit beweglichen Armen, gemaltes Kostüm, verschiedene Farben, 8 ½ bis 32 cm, 13 Größen, bis 1928.

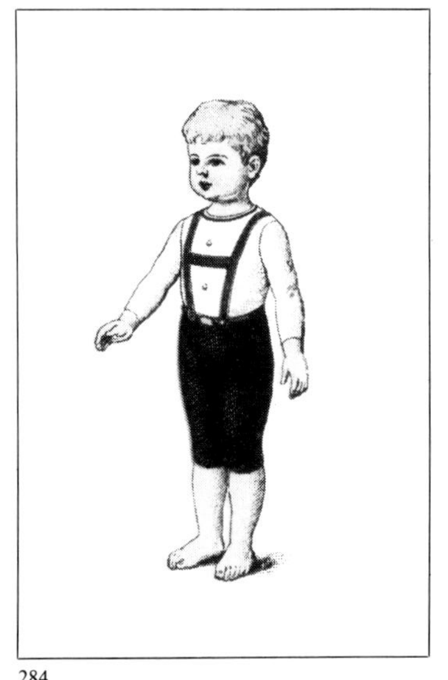

284

Hänsel: GM 1906, mit beweglichen Armen , festen Beinen, gemalte Bauerntracht, 8 ½ bis 46 cm, 15 Größen, bis 1925.

285

Gretel: GM 1906, mit beweglichen Armen, festen Beinen, gemalte Bauerntracht, 8 ½ bis 46 cm, 15 Größen, bis etwa 1927.

286

Rotkäppchen: GM 1908, mit und ohne Spitzenhäubchen, mit beweglichen Armen, festen Beinen, 8 ½ bis 32 cm, 11 Größen, bis etwa 1927.

287

Gnom: GM 1908, mit beweglichen Armen, festen Beinen, 8 ½ bis 25 1/2 cm, 6 Größen, bis etwa 1925.

288

Mignon B: GM 1909, mit beweglichen Armen, festen Beinen, gemaltes Badekostüm, 6 verschiedene Farben, 8 ½ bis 46 cm, 14 Größen, bis etwa 1925.

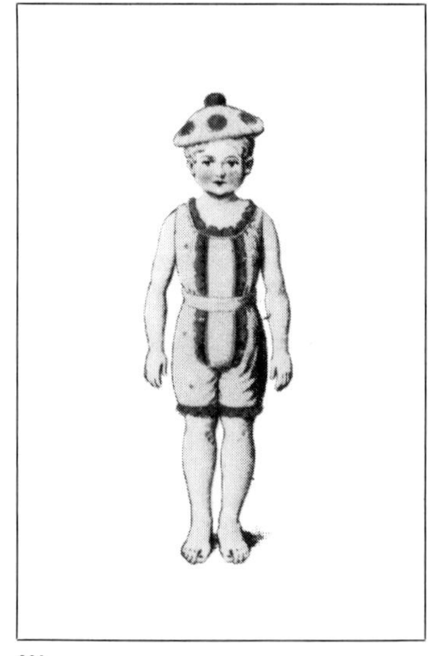

289

Mignon F: GM 1909, mit festen Armen und Beinen, gemaltes Badekostüm, verschiedene Farben, 7 bis 32 cm, 13 Größen, bis etwa 1925.

290

Rasselclown: GM 1909, mit festen Armen und Beinen, gemaltes Kostüm, verschiedene Farben, 7 bis 25 ½ CM, 6 Größen, bis etwa 1930.

291

Seekadett: GM 1909, bewegliche Arme, feste Beine, 8 ½ bis 22 1/2 cm, 8 Größen, bis etwa 1927.

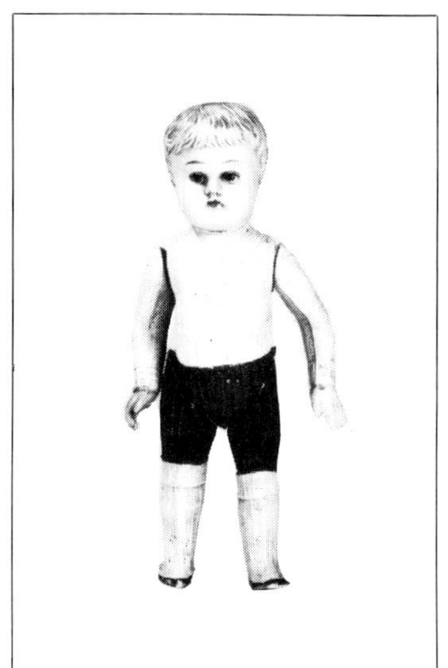

292 Puppenmuseum Katharina Engels

Rodler: GM 1909, bewegliche Arme und Beine, gemaltes Rodlerkostüm, mit und ohne gestrickter Wollmütze, auch in Pelzkleidung, 14 bis 24 cm, 5 Größen.

293

Baby-Puppe: GM 1909, Steh-Auf-Prinzip, mit beweglichen Armen, 7 ½ bis 16 cm, 5 Größen.

294

Michel: GM 1909, *„Der brave Deutsche"*, feste Arme und Beine, Zipfelmütze, 16 cm, bis etwa 1925.

295

Indianer: GM 1909, bewegliche Arme, feste Beine, 8 ½ bis 20 cm, 4 Größen, bis etwa 1913.

296

Skiläufer: GM 1909, bewegliche Arme, feste Beine, mit Schneeschuhen, auch mit Pelzbekleidung und -mütze, 12 bis 22 ½ cm, 5 Größen.

297

Max: GM 1910, bewegliche Arme, feste Beine, 15 cm, bis etwa 1925.

298

Moritz: GM 1910, bewegliche Arme, feste Beine, 15 cm, bis etwa 1925.

299

Eskimo: GM 1911, bewegliche Arme, feste Beine, mit *„Pelzkleid"*, 17 ½ cm.

300

Tiroler: GM 1910, bewegliche Arme, feste Beine, 1910: 20 cm, 1912: 11, 14, 15, 17 ½, 22 cm, bis etwa 1930.

301

Tirolerin: GM 1910, bewegliche Arme, feste Beine, 1910: 20 cm, 1912: 11, 14, 15, 17 ½, 22 cm, bis etwa 1930.

302

Holländer: GM 1912, bewegliche Arme, feste Beine, 14 bis 20 cm, 3 Größen, bis 1920.

303

Ulan: GM 1912, bewegliche Arme, feste Beine, 14 cm.

304

Kürassier: GM 1912, bewegliche Arme, feste Beine, 14 cm.

305

Infanterist: GM 1912, bewegliche Arme, fest Beine, 14 cm.

306

Husar: GM 1912, bewegliche Arme, feste Beine, 14 cm.

307
Holländerin: GM 1912, bewegliche Arme, fest Beine, 14 bis 20 cm, 3 Größen, bis etwa 1930.

308
Struwwelpeter: GM 1912, bewegliche Arme, feste Beine, 14 cm, bis etwa 1927.

309
Suppenkasper: GM 1912, bewegliche Arme, feste Beine, 14 cm, bis etwa 1927.

310
Daumenlutscher: GM 1912, bewegliche Arme, feste Beine, 14 cm, bis etwa 1927.

311
Knallbüchse: Türke GM 1912/DRGM 497 630, 21 cm.

312
Knallbüchse: Husar GM 1912/DRGM 497 630, 21 cm.

313
Knallbüchse: Nußknacker, GM 1912/DRGM 497 630, 21 cm.

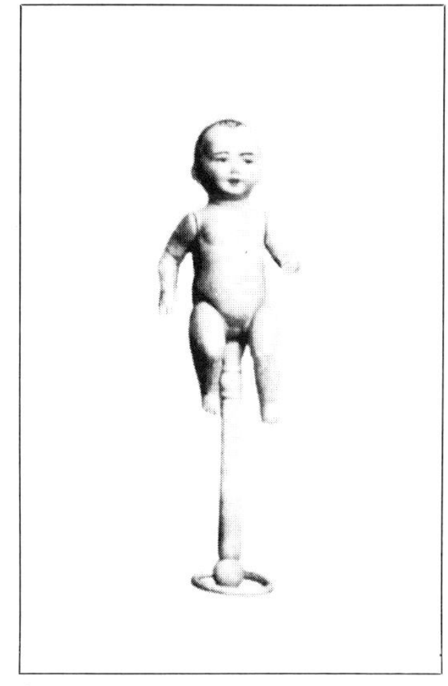

314
Rasselbaby: GM 1913, bekannte Babypuppe mit Stiel und Ring als Rasselpuppe, 7 ½ bis 15 cm, 7 Größen.

315
Stromer: Happy Hooligan 1913/auch nur als Kopf, bewegliche Arme, feste Beine, 12 cm, bis etwa 1930.

316
Stromer: Happy Hooligan 1913/auch nur als Kopf, bewegliche Arme, feste Beine, 12 cm, bis etwa 1930.

317
Stromer: Happy Hooligan 1913/auch nur als Kopf, bewegliche Arme, feste Beine, 12 cm, bis etwa 1930.

318
Sitzpuppe: um 1908 bis 1914, 5 ½ bis 21 cm, 6 Größen.

319
Dolly: um 1927, bewegliche Arme und Beine, gemalte Kleidung (→ Seite 85), 11 bis 16 cm, 3 Größen.

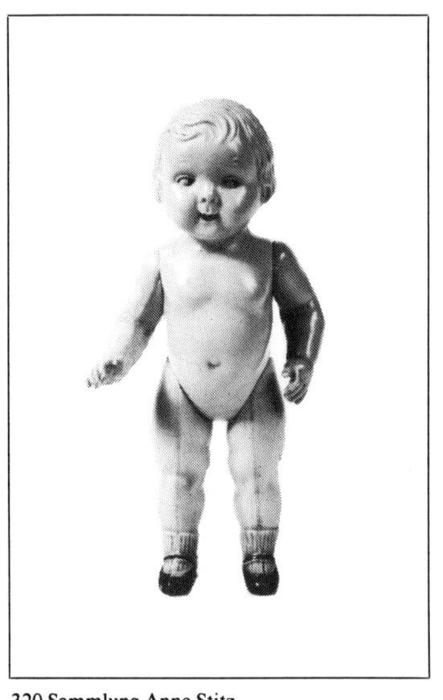

320 Sammlung Anne Stitz
Dollypuppe: GM 1913, *„Peck-a-boo"* in USA, gemalte Strümpfe und Schuhe, bewegliche Arme und Beine, 11 bis 21 cm, 5 Größen, bis etwa 1927.

321
Orientbaby: GM 1913, bekannte Babypuppe 1910 mit rotem Fez. 1925: fleischfarbig, braun, schwarz, 12 bis 15 cm, 1930: 9 ½ bis 14 ½ cm, 3 Größen, bis etwa 1931.

322
Matrose: 1913, bewegliche Arme, feste Beine , 8 ½ bis 27 ½ cm, 13 Größen, bis etwa 1927.

323

Italiener: GM 1913, bewegliche Arme, feste Beine, 20 cm, bis etwa 1927.

324

Italienerin: GM 1913, bewegliche Arme, feste Beine, 20 cm, bis etwa 1927.

325

Spanier: GM 1913, bewegliche Arme, feste Beine, 15 und 20 cm, bis etwa 1930.

326

Spanierin: GM 1913, bewegliche Arme, feste Beine, 15 und 20 cm, bis etwa 1930.

327

Sockelpuppe: GM 1913, als Paar, 20 cm.

328

Sockelpuppe: GM 1913, als Paar, 20 cm.

329

Scherzfigur: John Bull, mit verstellbarem, beweglichem Kopf, mit eingezogenem Hals, 14 cm.

330

Scherzfigur: John Bull, mit verstellbarem, beweglichem Kopf, mit ausgezogenem Hals.

331

Scherzfigur: Türke, GM 1913, mit verstellbarem, beweglichem Kopf (wie Figur John Bull), 14 cm.

332

Askari: GM 1913, Kolonialsoldat, bewegliche Arme, Fez, 20 cm.

333

Küss-mich: GM 1920, Sitzpüppchen, schwarze oder blonde Frisur, mit oder ohne Schleier, gemaltes Kleid, 10 ½, bis etwa 1927.

334

Sportsmann: GM 1920, gemalte Bekleidung, Sportstiefel, Sportmütze, feste Arme und Beine, 16 cm, bis etwa 1927.

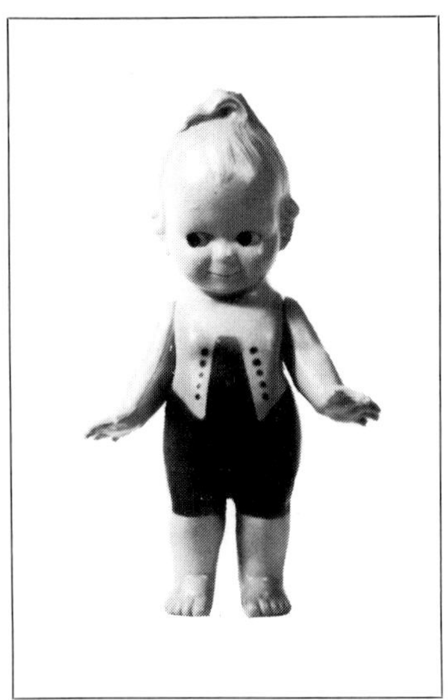

335 Sammlung Anne Stitz

Bubi: GM 1923, gemalte Weste und Hose, 11 ½ und 17 ½ cm, bis etwa 1930.

336 Sammlung Anne Stitz

Mädi: GM 1923, gemaltes Mieder und gemalter Rock, 11 ½ und 17 ½ cm, bis etwa 1930.

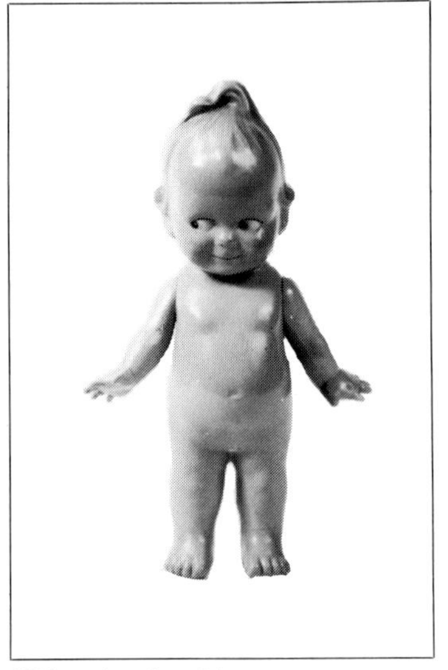

337 Sammlung Anne Stitz

Bubi: um 1930, nackt, 8 ½, 11 ½ und 17 ½ cm (in den 50er Jahren nur in 17 cm), bis etwa 1957.

338 Sammlung Anne Stitz

Mädi: um 1930, nackt, GM 1933: perlmuttartiger Glanz, verschiedene Schleifen, 8 ½, 11 ½, 13, 17 ½ cm (in den 50er Jahren nur in 17 cm), bis etwa 1957.

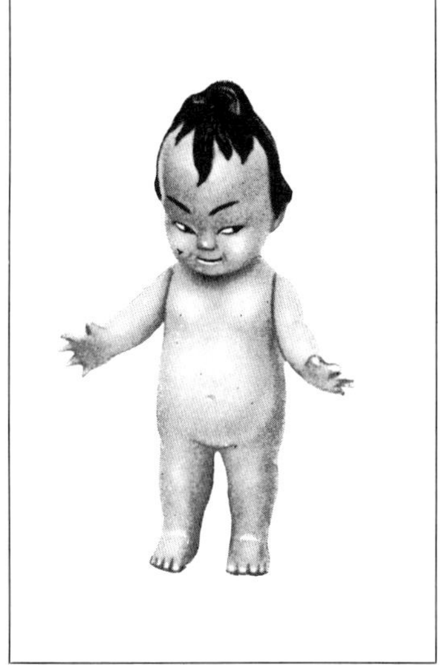

339

Bubi: um 1930, Chinese, 17 ½ cm.

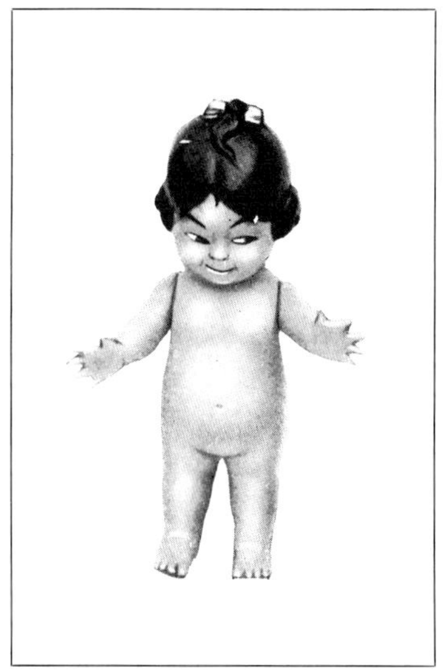

340

Mädi: um 1930, Chinese, 17 ½ cm.

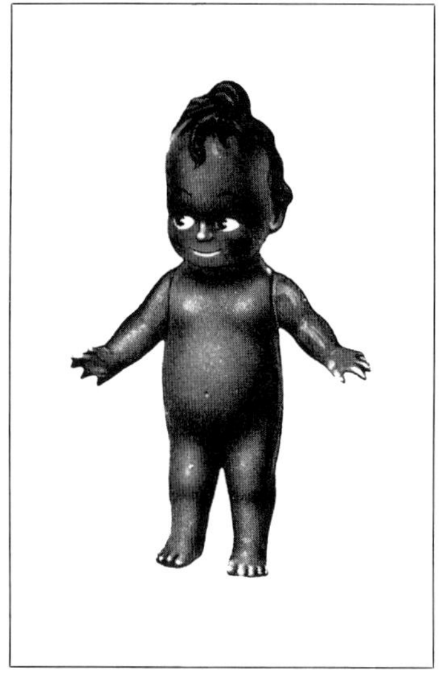

341

Bubi: um 1930, schwarz, auch in Gala mit Bastrock und Perlenkette oder gemalter Kleidung, 17 ½ cm.

342 Sammlung Anne Stitz

Mädi: um 1930, schwarz, auch in Gala mit Bastrock und Perlenkette, 17 ½ cm.

343 Sammlung Anne Stitz

Mädi: Variation mit Schleife, 8 ½ cm.

344

Bubi mit Hut: um 1925, 17 ½ cm.

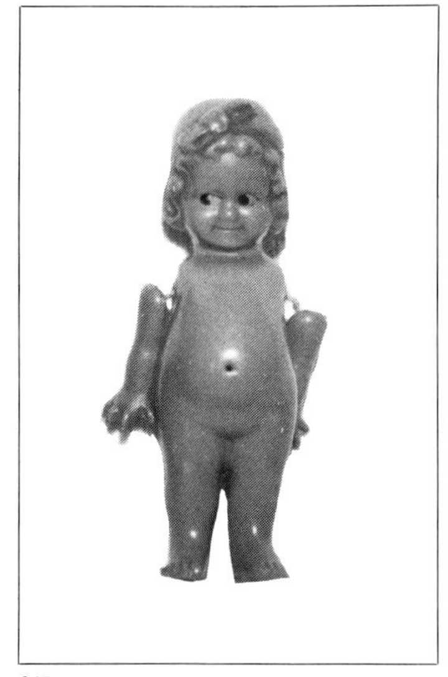

345

Purzel: GM 1923, M = Mädchen, Schielpuppe mit beweglichen Armen, auch mit gemalter Kleidung, 8 ½, 11 ½ und 17 ½ cm, bis etwa 1933.

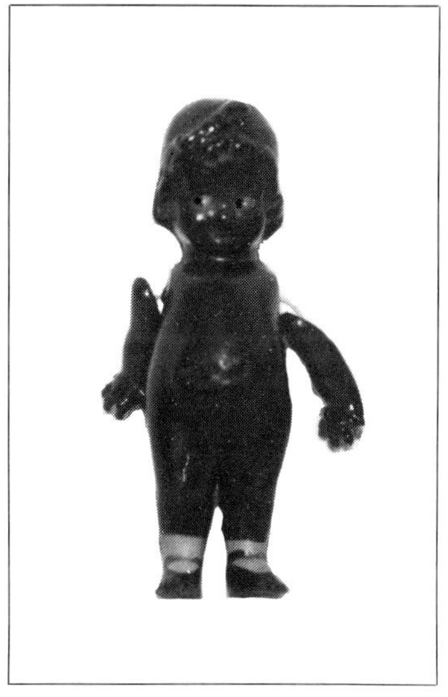

346

Purzel: GM 1923, M = Mädchen, schwarze Schielpuppe mit beweglichen Armen, gemalte Strümpfe und Schuhe, 11 ½ cm.

347

Purzel: GM 1923, K = Knabe, Schielpuppe mit beweglichen Armen, 8 ½, 11 ½, 17 ½, bis etwa 1932.

348

Purzel mit Hut: um 1925, mit beweglichen Armen, 17 ½ cm.

349

Kaminfeger Kreideweiß: GM 1923, gemaltes Kleid, kleine Leiter mit Seil, 11 ½, 17 ½ cm, bis etwa 1933.

350

Harlekin: um 1923, feste Arme und Beine, bunt bemalt (in weiß als Rassel), 17 cm.

351 Sammlung Fink/Foto Dahms

Peterle: um 1921, *„komisch, urwüchsige Form des Landkindes"*, Höschen und Hemd gemalt, Arme beweglich, auch mit Hut (→ Purzel mit Hut), 11 bis 23 cm.

352

Valencianerin: GM 1923, Trachtenpuppe, gemaltes Kleid, gemalter Kopfschmuck, bewegliche Arme, 12 ½ cm, bis 1930.

353

Wackelpuppe: GM 1925, weiß und fleischfarbig.

354

Mohrchen Hassan: GM 1924, bewegliche Arme, 12 cm, bis etwa 1930.

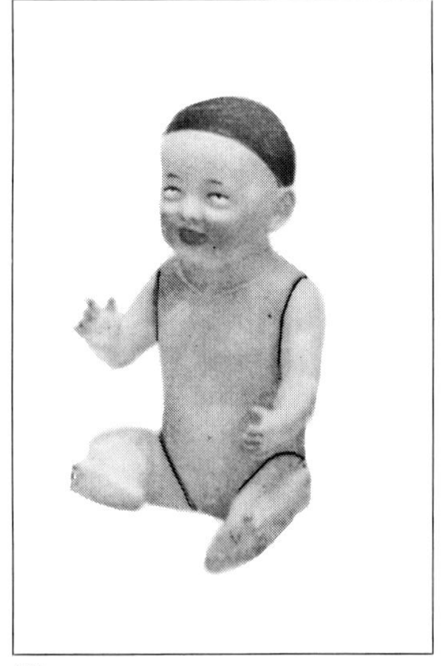

355

Strandkind: um 1925, mit beweglichen Armen und Beinen, offener Mund, 9 ½ bis 16 ½ cm, 4 Größen, bis etwa 1927.

356 Sammlung Anne Stitz

Strandkind: um 1925, geschl. Mund, 12 cm.

357

Heinz: GM 1925, bewegliche Arme, gemalte Kleidung, 13 ½ cm, bis etwa 1930.

358

Hilde: GM 1925, bewegliche Arme, gemalte Kleidung, 13 ½ cm, bis etwa 1930.

359

Liebesbote: GM 1926, *„Messenger"*, feste Arme und Beine, gemalte Kleidung, 12 ½ cm, bis etwa 1930.

360

Ruth: GM 1926, feste Arme und Beine, gemaltes Kleid, 12 cm, 1928: 17 ½ cm, 1933: 12 cm, bis etwa 1933.

361

Rudi: GM 1926, feste Arme und Beine, gemalte Kleidung, 12 cm, 1928: 17 ½ cm, 1933: 12 cm, bis etwa 1933.

362

Rudi-Variation: ein Bein fehlt, 17 ½ cm.

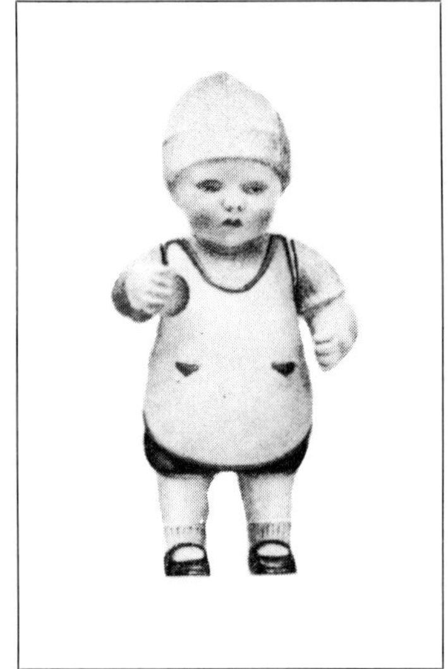

363
Putz: GM 1926, bewegliche Arme, 12 cm, bis etwa 1930.

364
Putzi: GM 1924, bewegliche Arme, 12 cm, bis etwa 1930.

365
Dirndl: um 1927, bewegliche Arme, ähnlich wie *„Rotkäppchen“* 1908, Kleidung in verschiedenen Farben gemalt, 15 bis 20 cm, 3 Größen.

366
Rotkäppchen: GM 1930, feste Arme und Beine, 12 ½, 13 und 17 ½ cm, bis etwa 1933.

367
Martha: GM 1927, mit Bubi-Kopf, 12 ½ cm, ab 1930 auch mit beweglichem Kopf, Größe 16 ½ cm.

368
Martha: GM 1927, mit Zöpfen, 12 ½ cm.

369
Hänsel: GM 1930, Stehpuppe, bewegliche Arme, feste Beine, gemalter Kinderspielanzug, gemalte Strümpfe und Schuhe, 11 ½ cm.

370
Gretel: GM 1930, wie *„Hänsel“*, nur als Mädchen mit bronzierter Haarspange, 11 ½ cm.

371

Toni: GM 1930, bemalte Stehpuppe mit festen Armen und Beinen, 13 cm.

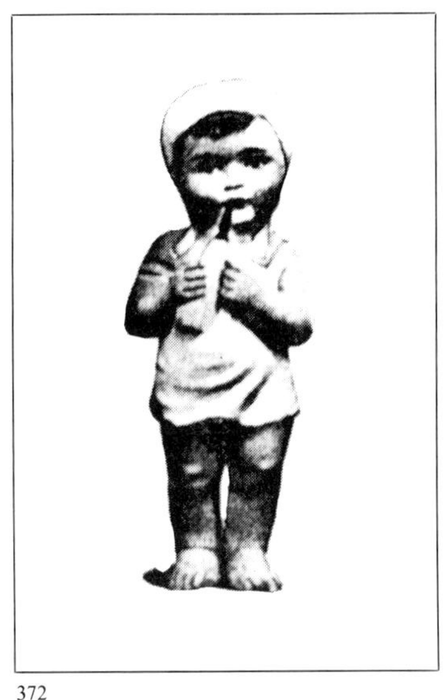

372

Flaschenkind: um 1930, in verschiedenen Farben, Modell von Kohl & Wengenroth.

373

Gerd: um 1930, bemalte Stehpuppe.

374

Gerda: um 1930, bemalte Stehpuppe.

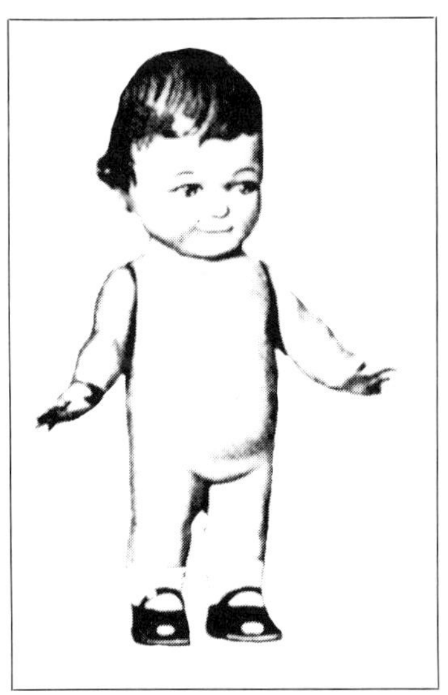

375

Brüderlein: GM 1930, bewegliche Arme, feste Beine, gemalte Schuhe und Strümpfe (--› Hänsel), 16 ½ cm.

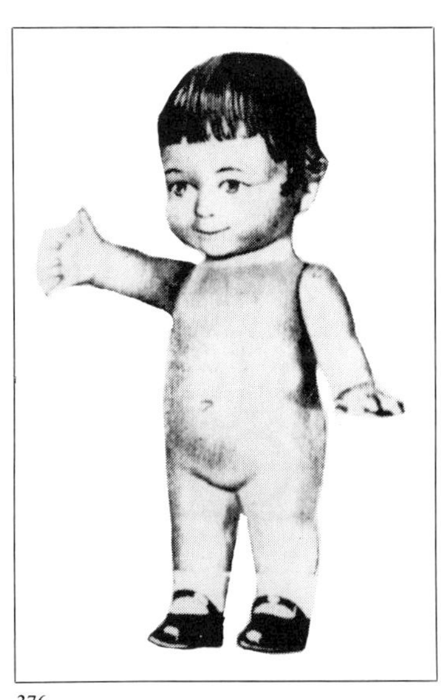

376

Schwesterlein: GM 1930, bewegliche Arme, feste Beine, gemalte Schuhe und Strümpfe, bronzierte Haarspange (→ Gretel), 16 ½ cm.

377

Modell x/14/1: um 1930, Igodi mit beweglichem Kopf (Modell von Kohl & Wengenroth). Dieser Typ steht stellvertretend für 11 weitere Hunaeus- bzw. Kohl & Wengenroth-Puppen, die nach dem Zusammenschluß zur Produktion an *Schildkröt* gingen. Die Modelle sind mit dem *„Kowenko"*-Zeichen und der *„PeHa"*-Marke und ab 1930 mit der Schildkröte gemarkt. Weitere Figuren sind Reiter und Kindertypen, die auch teilweise bewegliche Arme haben.

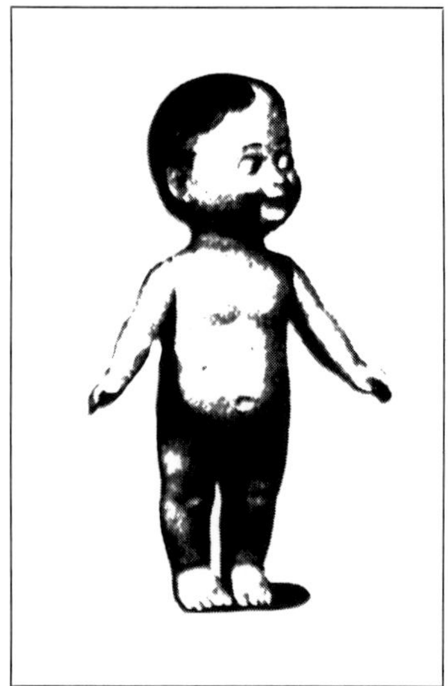

378

Modell x/1: um 1930, Stehpuppe mit Schielaugen, auch als Neger, Modell von Kohl & Wengenroth.

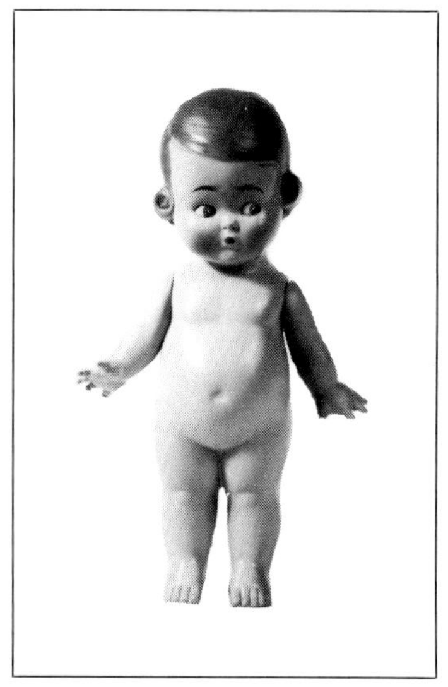

379 Sammlung Anne Stitz

Modell 1933: GM 1933, sonnenbraun, fleischfarbig oder perlmuttartig, Kopf auch *„spezial"*-stoffgespritzt, 17, 17 ½, 18 cm, 1939.

380 Sammlung Anne Stitz

Modell 50er Jahre: 1952, Variante von *„Modell 1933"*, nackt oder mit Stoffkleidchen, auch als Engel mit Flügeln gekleidet, Rhenanit, 9 cm, bis etwa 1959.

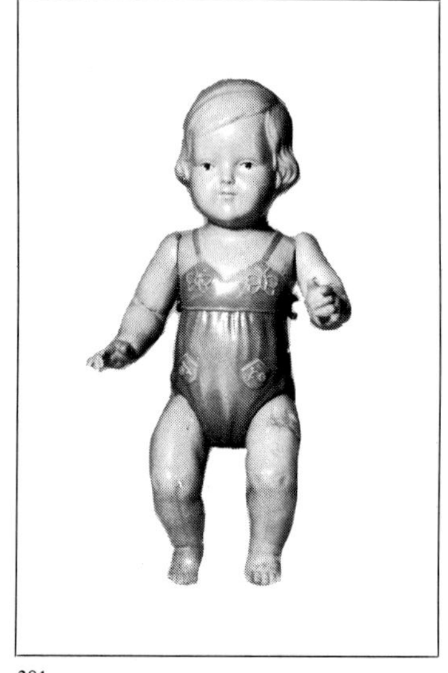

381

Strandkind: um 1933, verschiedene Badeanzug-Modelle, 18, 18 ½ und 20 cm.

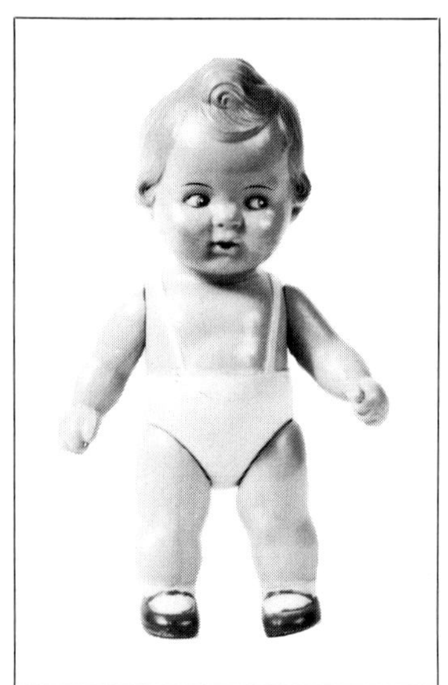

382 Sammlung Anne Stitz

Spielkind: um 1950, mit rosa oder hellblauen, gemalten Spielhöschen, auch stoffbekleidet angeboten, 17 cm, bis etwa 1960.

383 Sammlung Anne Stitz

Toni und Vroni: GM 1950, Tiroler und Tirolerin, bemalte Laufpuppen, die auf abschüssiger Ebene *„gehen"*, 11 cm.

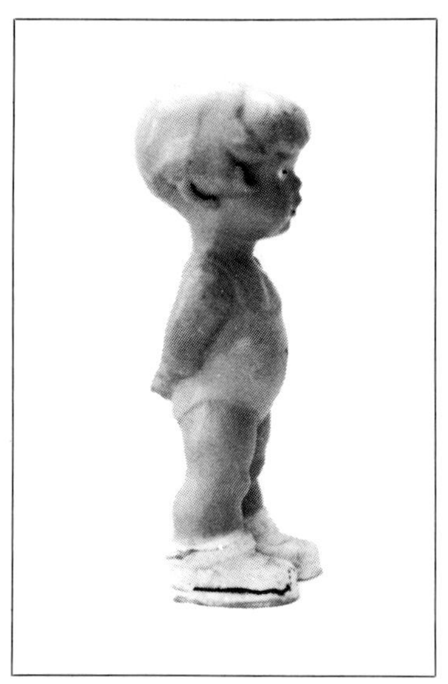

384 Sammlung Fink/Foto Dahms

Bubi: GM 1953, Tortulon, 17 cm, bis etwa 1961.

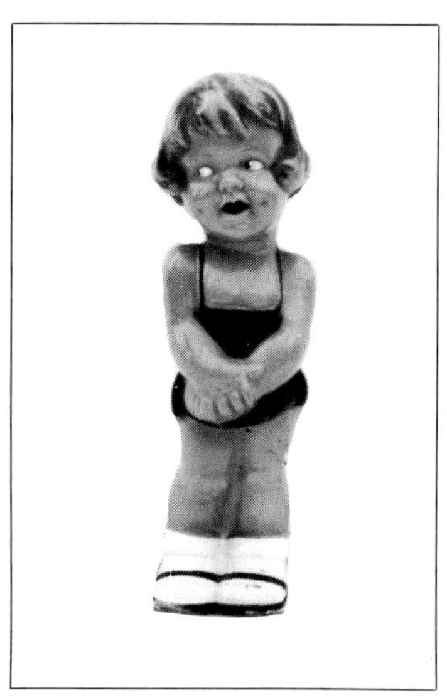

385 Foto: Christine Krah

Mädi: GM 1953, Tortulon, 17 cm, bis etwa 1961.

386 Sammlung Heidrun Grünewald

Bob: um 1954, braune Hautfarbe, sonst wie *„Bubi"*, Tortulon, 17 cm.

387 Sammlung Heidrun Grünewald

Bobby: um 1954, braune Hautfarbe, sonst wie *„Mädi"*, Tortulon, 17 cm.

388

Putzi: GM 1955, Tortulon, 15 ½ cm, bis etwa 1960.

389

Putz: GM 1955, Tortulon, 15 ½ cm, bis etwa 1960.

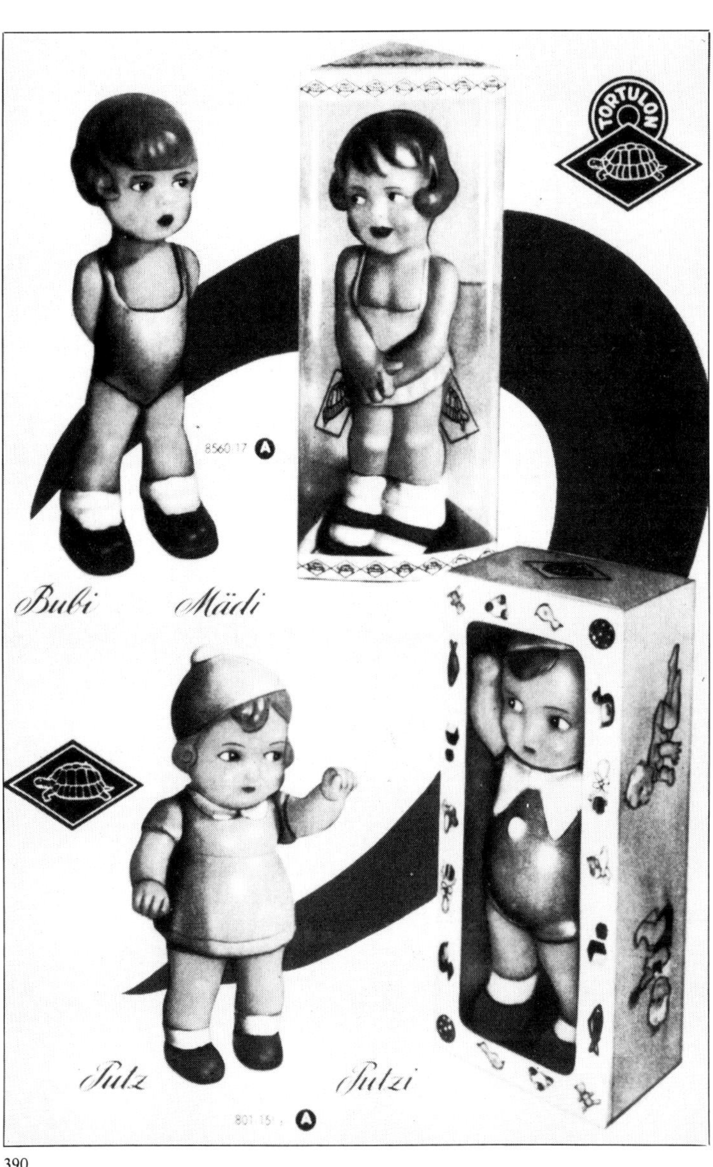

390

Abb. 390: Katalog 1954 mit *„Bubi"*, *„Mädi"*, *„Putz"* und *„Putzi"* in der Originalverpakkung.

Die „fünf Schildkröt Kinder"

Als im Frühjahr 1933 die Modelle *„Inge"* und *„Hans"* unter Modellschutz gestellt wurden, dachte wohl niemand daran, daß diese beiden zusammen mit den späteren Puppen *„Christel"*, *„Bärbel"* und *„Strampelchen"* über 25 Jahre lang die meist gekauften Puppen der Spielzeugbranche werden sollten. Das Aussehen der Puppen in *„fleischfarbig"* oder *„sonnenbraun"* ist nur aus dem damaligen Zeitgeist zu erklären: sonnengebräunt und gesund wirkend war das Schönheitsprinzip. Doch die *„Hautfarbe"* allein erklärt nicht den Erfolg dieser Serie. Die *Rheinische* hatte in den Jahre zuvor schwere wirtschaftliche Krisen durchgemacht. Neue Eigentümer und neues Management sowie der Zusammenschluß mit der Celluloid-Fabrik Dr. Hunaeus (→ Seite 17) gaben frischen Auftrieb und eine modernere Modellpolitik. Modelleur Franz Döbrich schuf zeit- und kindgerechte Puppentypen, in der Puppengeschichte in etwa vergleichbar mit dem Aufkommen der Charakterpuppen im Jahre 1909.

Der neue Puppentyp hatte einen gut proportionierten Stehbaby-Körper mit kleinem Bäuchlein und strammen Beinen. Der fleischfarbene, naturgetreue Hautton mit blonden Haaren oder das vor Gesundheit strotzende *„Sonnenbraun"* mit dem silberblonden Haar zeigte die Wunschkinder jener Zeit. Das *„Sonnenbraun"* wurde durch Aufspritzen eines braunen Mattlacks erzielt. Der silberblonde Effekt der Haare wurde mit der Verwendung einer sogenannten *„Fischperl-Essenz"* (Perlmutt) erreicht.

Natürlich wurden im Laufe der folgenden Jahre an den Modellen selbst Verbesserungen vorgenommen: mehr Standard-Größen, Schlafaugen mit und ohne Wimpern, lebende feste oder lebende Glasaugen, leicht veränderte Tönung der Haarfarben. Wenig bekannt ist, daß *„Inge"*, Hans" und später auch die *„Christel"* zuerst mit einem Sitzbaby-Körper angeboten wurden.

1939 wurde auf der Leipziger Messe eine weitere Neuheit von *Schildkröt* vorgestellt: für alle Puppen mit beweglichem Kopf ein neues *„Gestell"*, also ein neuer Körper mit einem vielfältigeren Größensortiment. Er war schlanker geformt (selbst die Beine verloren ihre Speckfältchen) und unverändert bis in die 50er Jahre erhältlich.

Schildkröt sah die 5 Puppenkinder als eine Einheit. Sie wurden bei allen Gelegenheiten als die *„fünf Schildkröt-Kinder"* angepriesen. Katalogtext 1939 für die Händler: *„Bei Durchsicht dieses Kataloges haben Sie die Reichhaltigkeit der ‚Schildkröt'-Puppen-Kollektion kennengelernt. Sie werden bemerkt haben, daß fünf Modelle besonderes hervorragen; es sind die ‚fünf Schildkröt-Kinder' Bärbel, Christel, Hans, Inge, Strampelchen. Jede gute Dekoration mit diesen fünf Modellen macht Ihr Schaufenster lebendig und anziehend; sie zeigt die reiche Auswahl, und besonders die Mutter, deren Kind bereits eine ‚Schildkröt-Puppe' hat, wird es sehr begrüßen, wenn sie eine zweite oder dritte Puppe als Schwesterchen oder Brüderchen in einem anderen Modell hinzuschenken kann."*

Nach dem kriegs- und nachkriegsbedingten Produktionsstopp wurden unter amerikanischer Leitung zunächst *„Inge"*, *„Christel"*, *„Bärbel"* und *„Strampelchen"* nur für den US-Export angefertigt (→ Seite 19). Erst ab 1950/51 füllten sich die Regale in den Spielzeuggeschäften wieder mit *Schildkröt*-Puppen. 1951 wurde eine neue Haarfärbung, braun unter Verwendung einer Bronce von glänzender Wirkung zur Erzielung des Haarglanzes eingeführt. So entstanden die Modelle mit braunen oder roten Haartönen und schimmernden Effekten, die aber auch schon Ende der 30er Jahre verwendet wurden.

Als 1953 das Ersatzmaterial *„Tortulon"* aufkam, wurde das Celluloid mehr und mehr vom Markt verdrängt. Manche „Tortulon"-Modelle der „Schildkröt-Kinder" erhielten im Gegensatz zu den bisherigen Ausführungen an den Armen Kugelgelenke.

Ende der 30er Jahre liefert *Schildkröt* die Puppen nackt oder im Hemd ab Werk. 1939 werden auch gekleidete Modelle angeboten, die mit dem Etikett *„Original-Schildkröt-Kleid"* gekennzeichnet sind. Der 1940er Katalog zeigt zum ersten Mal eine große Auswahl gekleideter Puppen. Zwar gab es schon in der Vergangenheit für *„fleißige Puppenmütter"* Modehefte mit Kleiderschnitten für *Schildkröt*-Puppen, aber die bekleideten Exemplare waren immer in Thüringer Puppenfabriken angezogen worden.

Von diesen *„fünf Schildkröt-Kindern"* sind einige Modelle nicht mit dem *Schildkröt*-Markenzeichen, sondern mit einem Storch und dem Vermerk *„Made in Holland"* gefunden worden. Dafür gibt es folgende Interpretation: auf Grund der kriegsbelastenden, nicht deutschfreundlichen Stimmung in Holland nach 1945 kam der damalige rührige niederländische Generalimporteur wegen der großen Nachfrage nach *Schildkröt*-Puppen auf die Idee, die Puppen schon in Mannheim bei der Fertigstellung mit einem anderen Markenzeichen zu versehen. So entstanden die *„Storch"*-Puppen, die dann in Holland nur noch angezogen wurden. Es soll sich bei den so gezeichneten Exemplaren ausschließlich um Original *Schildkröt*-Puppen handeln. Eine ähnliche Variante gibt es auch aus Dänemark, deren Entstehung ähnliche Gründe hatte.

Anzumerken bleibt, daß alle *„fünf Schildkröt-Kinder“* seit 1980 als Repliken auf den Markt kamen und in 46 cm ab 1984 in der Klassik-Kollection von der *„Schildkröt Puppen GmbH.“*, Kaufbeuren, zu neuem Leben erwachten.

Abb. 391: *Schildkröt*-Bilderbuch *„Wie Hans und Blond-Inge das Naschen verlernten!“* von 1938: Aufmarsch der 5 *Schildkröt*-Kinder.

Abb. 392: Muster zur Schaufenster-Gestaltung für die 5 *Schildkröt* Kinder aus dem Jahre 1938.

Die nachfolgende Aufstellung über die *Schildkröt*-Kinder zeigt in übersichtlicher Reihenfolge alle möglichen Typen und Größen, die in den jeweils angegebenen Jahren in den Spielwarenhandel kamen. Für diese Modelle gilt die Schreibweise *„Baby“* und nicht wie bei früheren *Schildkröt*-Puppen *„Bebi“*.

392

391

Eigentlich ist *„Hans"* der liebe, brave und schöne Junge von nebenan. So jedenfalls müssen die Mütter der 30er Jahre reagiert haben, als sie zum ersten Mal diese Puppe in den Schaufenstern sahen (obwohl *Schildkröt* ihn in der Werbung als *„trotzigen Burschen"* bezeichnete). 1933 war die Geburtsstunde von *„Hans"* mit der amtlichen Registrierung als GM. Neben der populären Ausgabe als Stehpuppe gab es Hans auch als Sitzbaby. Wie bei *Schildkröt* üblich, gab es im Laufe der Jahre bald die unterschiedlichsten *„Hans"*-Modelle: sonnenbraun oder fleischfarbig mit silberblondem, blondem oder braunem Haar.

Zeittafel

1934/35-Katalog: Stehpuppe mit beweglichem Kopf, fleischfarbig und sonnenbraun mit Glasaugen oder *„Spezial"* mit Schlafaugen. Größen: 35, 40, 42, 48, 50 und 60 cm.

1936-Katalog: Stehpuppe (wie 1934/35), Größen: 30, 35, 40, 42, 48, 53, 56 und 61 cm.

1937: GM-Eintragung für *„Hans"*: 1. halbdurchsichtiges Celluloid in einer Färbung, die den Eindruck einer zart durchbluteten Haut macht. 2. Miblu-Ausführung unter Verwendung von Fischperl hergestellter perlmutterartiger und schattierter Haarbemalung. 3. Miblu-Ausführung, mit einer gelblich-blonden, glänzenden Haarbemalung, heller als die Hautfarbe.

1937/38-Katalog: Stehpuppe (wie 1934/35), Größen: (wie 1934/35) und 62 cm. – Stehpuppe mit festem Kopf, fleischfarbig oder sonnenbraun mit gemalten Augen. Größen: 13 ½, 19 ½, 25 ½, 35 (Größe 35 auch mit Glasaugen).

1939: Achtung! Neuer Körper, neue Größen! – Stehpuppe mit beweglichem Kopf, fleischfarbig oder sonnenbraun mit Glasaugen. Größen: 34, 41, 45, 49, 56, 63 cm. – Stehpuppe mit festem Kopf, fleischfarbig, gemalte Augen 13 ½, 19 ½, 25 ½, 35 cm; in sonnenbraun mit gemalten Augen 19 ½, 25 ½, 35; fleischfarbig oder sonnenbraun mit Glasaugen 35 cm.

1940: Stehpuppe mit beweglichem Kopf. Größen: 45 und 49 cm; mit festem Kopf 13 ½, 18 ½, 19 ½, 35 cm.

1949: Stehpuppe mit beweglichem Kopf, sonnenbraun, mattiert. Größen: 41, 45, 49, 56 cm.

1952: Stehpuppe mit beweglichem Kopf, Glasaugen. Größe: 45 cm. – Stehpuppe mit festem Kopf und gemalten Augen. Größe: 25 ½ cm.

1953/54: Stehpuppe mit beweglichem Kopf, Glasaugen. Größe: 45 cm. - Stehpuppe mit festem Kopf, gemalten Augen. Größen: 7 ½, 9, 9 ½, 12, 13 ½, 14, 15 ½, 16, 16 ½, 18 ½, 19, 20 ½, 22, 24, 25 ½, 26, 29, 30, 35, 40, 42 cm; in den Größen 13 ½ und 14 cm auch mit gemalten Schuhen. – (Anm.: erstmals wird die Steh-Ausführung Größe 25 ½ cm mit Glasaugen ausgestattet).

1958: Stehpuppe mit beweglichem Kopf und Glasaugen. Größe: 45 cm.

1961: Stehpuppe mit beweglichem Kopf und Glasaugen. Größen: 45 und 70 cm (Anm.:

393

aus Tortulon, mit Kugelarmen).

Abb. 393: Das Katalogbild von 1938 zeigt den alten, pummeligen, gedrungenen Körperbau von „Hans". Im Gegensatz dazu **Abb. 394**: Im Katalog 1939 ist, nur ein Jahr später, der neue schlanke Körper schon abgebildet.

Abb. 395: *„Hans"* mit gemalten Augen, Größe 25 ½ (MVZ 26), 50er Jahre. Offenbar ohne realen Hintergrund ist die Tatsache, daß Sammler die Größe 25 ½ mit Glasaugen bevorzugen, die es ab 1953/54 im Handel gegeben hat. Leider werden heute oft die gemalten Augen von unkundigen Händen ausgeschnitten und durch Glasaugen ersetzt, um höhere Sammlerpreise zu erzielen.

MVZ	=	**M**arken**v**er**z**eichnis Seite 56
SoR	=	**S**childkröte **o**hne **R**aute
SmR	=	**S**childkröte **m**it **R**aute
GM	=	**G**eschmacks**m**uster
DRP	=	**D**eutsches **R**eichs**p**atent
DRGM	=	**D**eutsches **R**eichs-**g**ebrauchs**m**uster

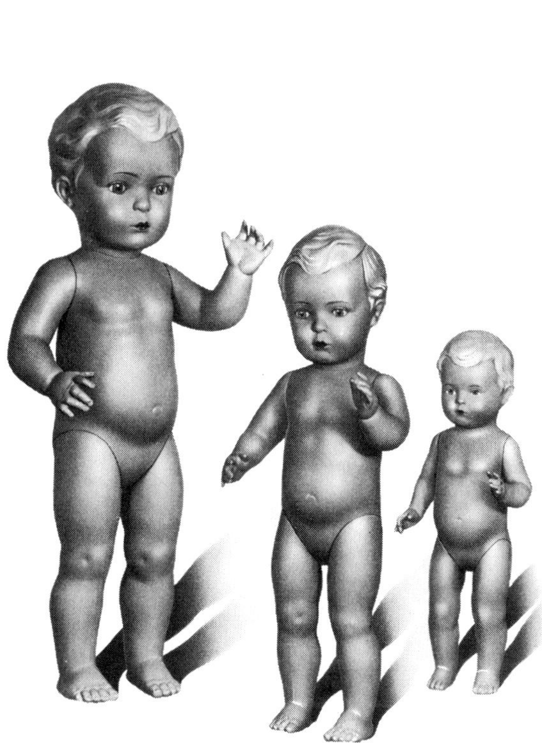

394

395 Sammlung Peter + Christa Schultz

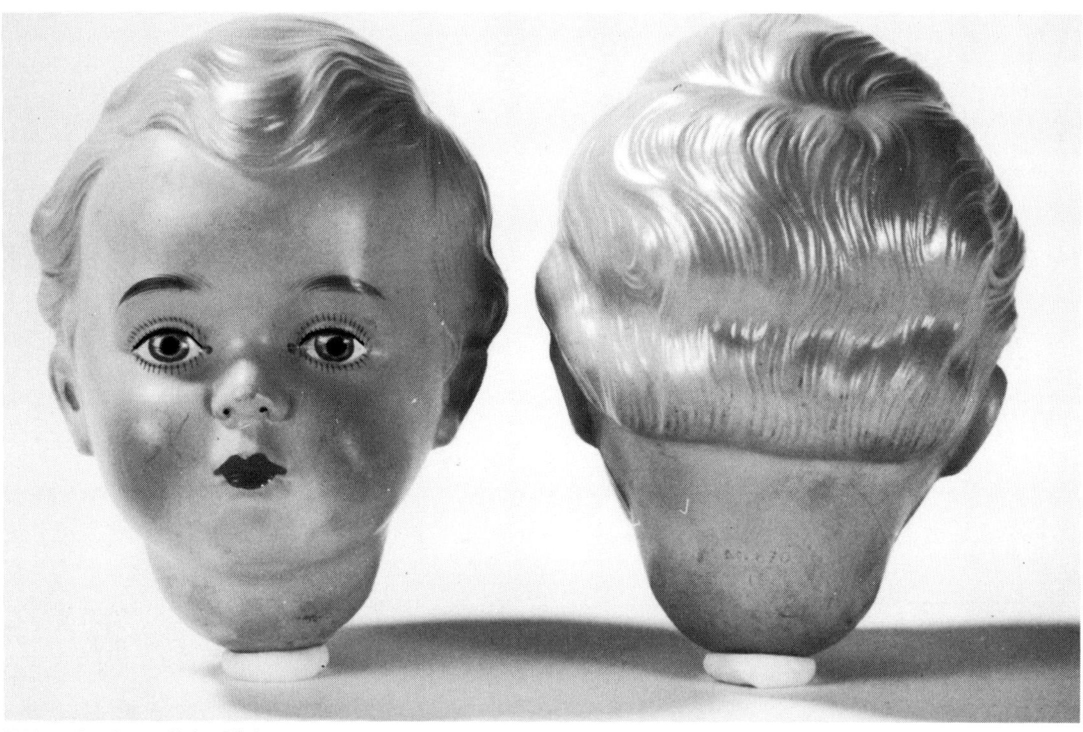

396 Sammlung Peter + Christa Schultz

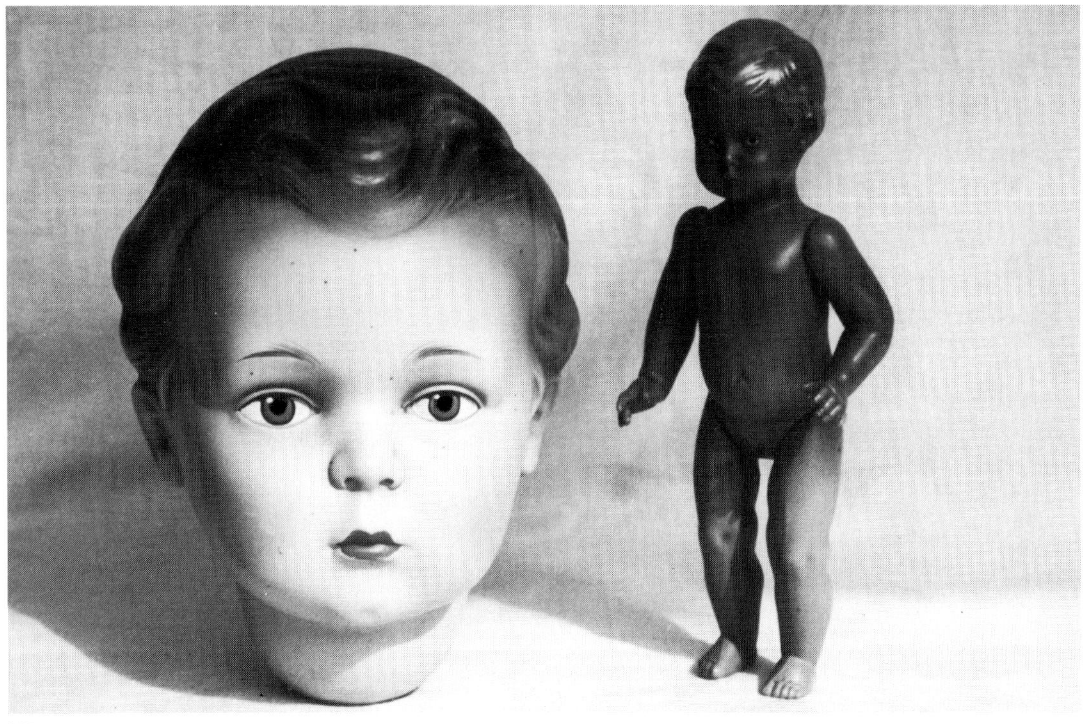

397

Abb. 396: Original oder Kopie? Diese Köpfe geben Rätsel auf. Sie sind nur gemarkt mit *„No.670“* und einer *„1“*. Hergestellt aus einem fast transparenten rosa Celluloid. Die Bemalung weicht zwar von der sonst üblichen *Schildkröt*-Qualität ab. Besonders die dickeren Wimpernstriche und die plumpe Mundbemalung. 1937 meldete *Schildkröt* ein GM an: *„Halbdurchsichtiges Celluloid in einer Färbung, die den Eindruck einer zart durchbluteten Haut macht mit der No. 662“*. Die nahe Zahlenfolge könnte sich in das firmeneigene System einfügen. Vielleicht waren diese Köpfe auch nur ein Versuch und sind nur in geringen produziert!

Abb. 397: *„Der große und der kleine Hans“*. Der große Kopf, der etwa um 1940 entstand, hat die Größe 55 und ist besonders schön bemalt. Der 13 ½ cm große *„kleine Hans“* hat silberblondes Haar und wurde Ende der 30er Jahre hergestellt.

Abb. 398: *„Hans“* in vierfacher Größenvariation: (von links nach rechts) ...als Stehpuppe mit festem Kopf Größe 35 (MVZ 26) mit gemalten Augen (diese Ausführung gab es ab 1937/38 bis zur Einführung des neuen Körpers 1939); ...im Trachtenanzug, Größe 25 ½ cm mit festem Kopf und gemalten Augen (MVZ 26), um 1950; ...aus der Produktion der 30er Jahre in 18 ½, 19 ½ (MVZ 26) und ... in 13 ½ und 14 cm aus den 50er Jahren mit gemalten Schuhen und Strümpfen. Die kleinste Ausführung mißt 7 ½ cm.

398 Sammlung Anne Stitz

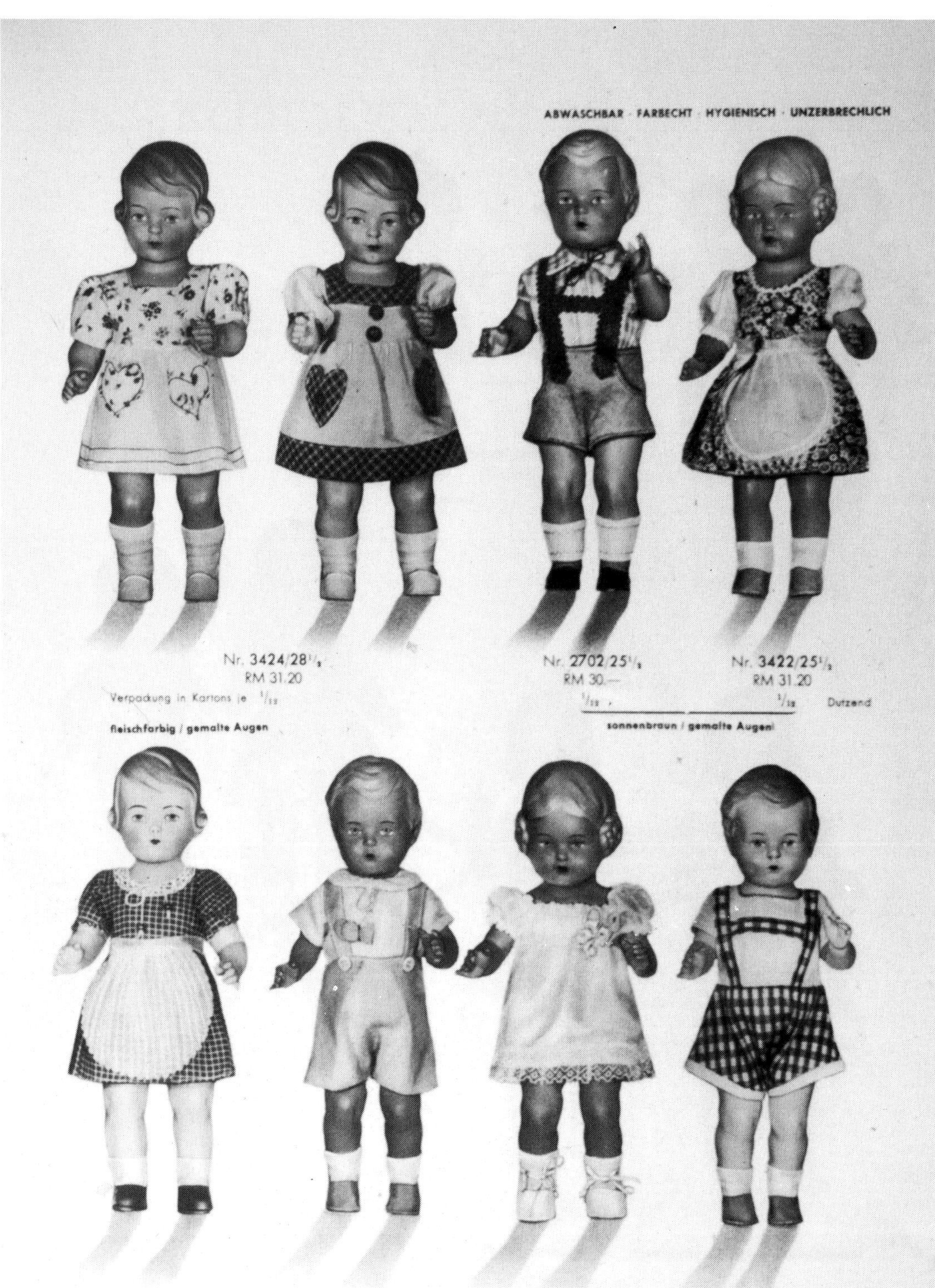

399

„Das Sonnenkind" war das offizielle Attribut, mit dem das Haus *Schildkröt* seine neue Kreation *„Inge"* in der Öffentlichkeit vorstellte. Im gleichen Jahr wie *„Hans"* als GM registriert (1933), gehören diese beiden Puppen untrennbar zusammen. Der 1933er Katalog zeigt *„Inge"* als Sitz- und als Stehbaby. Der Sitz-Baby-Körper entspricht dem Standardmodell *„1925"*.

Zeittafel

1933: Sitzbaby mit beweglichem Kopf, fleischfarbig mit Glas- oder Schlafaugen. Größen: 30, 35, 40, 45 und 50 cm. – Stehpuppe mit beweglichem Kopf und Glas- oder Schlafaugen. Größen: 35, 40, 42, 48, 50 und 60 cm. – Stehpuppe mit festem Kopf und gemalten Augen. Größen: 20 ½ und 25 ½ cm. – Sitzbaby mit festem Kopf und gemalten Augen. Größen: 19 und 24 ½ cm.

1934: Sitzbaby mit beweglichem Kopf, fleischfarbig, Schlafaugen. Größen: 35, 40, 42, 48 und 50 cm. – Stehpuppe mit beweglichem Kopf, fleischfarbig und sonnenbraun, Glasaugen. Größen: 35, 40, 42, 48, 50 und 60 cm. – Stehpuppe mit festem Kopf, fleischfarbig, gemalte

Abb. 399: Katalog 1940. Zum ersten Mal sind die Puppen aus dem Hause *Schildkröt* gekleidet! Bis zu diesem Zeitpunkt wurden die *Schildkröt*-Puppen entweder nackt oder mit einem Hemdchen ausgeliefert.

Abb. 400: Katalog 1933. *„Inge"* als Sitzbaby.

Augen. Größen: 20 ½, 25 ½, 29, 30, 35 und 42 cm. – Sitzbaby mit festem Kopf, fleischfarbig, gemalten Augen. Größen: 19 ½, 24 ½, 28, 30 und 35 cm.

1935: Stehpuppe mit beweglichem Kopf (wie 1934). – Stehpuppe mit festem Kopf, fleischfarbig, gemalte Augen. Größen: 14 ½, 19 ½, 20 ½, 23 ½, 25 ½, 26 ½, 28 ½, 30 ½, 35, 42 und 46 cm; sonnenbraun mit gemalten Augen. Größen: 20 ½, 23 ½, 25 ½, 28 ½, 30 ½, 35, 42 und 46 cm. Ab 28 ½ cm mit Glasaugen.

1936: GM-Eintragung für *„Inge"*: 1. fleischfarbenes Celluloid, mattiert wie Miblu, blonde Haarbemalung oder in silberblond unter Verwendung von Fischperl-Essenz oder 2. fleischfarbig, nicht mattiert mit silberblonder Haarbemalung. 3. Eingesetzte gemalte Augen (Anm.: das sind die *„festen"* lebenden Augen). – Katalog: Stehpuppe, beweglicher Kopf, fleischfarbig, sonnenbraun oder mattiert, mit Glas- oder Schlafaugen. Größen: 30, 35, 40, 42, 48, 53, 56 und 62 cm. – Stehpuppe mit gemalten Augen, fleischfarbig. Größen: 9 ½, 11 ½, 13 ½, 14 ½, 19 ½, 20 ½, 23 ½, 24 ½, 25 ½, 26 ½, 28 ½, 30 ½, 35, 42, 46 und 52 cm; in sonnenbraun Größen ab 14 ½ cm bis 52 cm; mit Glasaugen, fleischfarbig oder sonnenbraun in Größen ab 28 ½ bis 52 cm.

1937/38: GM-Eintragung für *„Inge"*: gelbliche, blonde Haarbemalung, heller als die Hautfarbe. – Katalog: Stehpuppe, beweglicher Kopf, fleischfarbig oder sonnenbraun mit Glasaugen. Größen: 30, 35, 40, 42, 48, 53, 56 und 62 cm; ab Größe 40 auch Glasaugen mit Wimpern. – Stehpuppe, fester Kopf, fleischfarbig, gemalte Augen. Größen: 7 ½, 9 ½, 11 ½, 13 ½, 14 ½, 16, 18 ½, 20 ½, 23 ½, 24 ½, 25 ½, 26 ½, 28 ½, 29, 30 ½, 35, 40, 42, 46, 52 und 55 ½ cm; ab Größe 13 ½ auch in sonnenbraun; fleischfarbig und sonnenbraun mit Glasaugen ab Größe 28 ½.

1939: Achtung! Neuer Körper, neue Größen. – Stehpuppe mit beweglichem Kopf, fleischfarbig oder sonnenbraun mit Glasaugen. Größen: 34, 41, 45, 49, 56 und 64 cm; in sonnenbraun mit Schlafaugen oder lebenden Augen mit Wimpern ab Größe 41. – Stehbaby mit festem Kopf (Größen wie 1937/38) und: sonnenbraun mit *„lebendem Auge"* ab Größe 40.

1940: Stehpuppe mit beweglichem Kopf. Größen: 34, 35, 41, 45, 49, 52, 55 ½, 56 und 64 cm. – Stehpuppe mit festem Kopf. Größe: 7 ½, 9 ½, 11 ½, 13 ½, 14 ½, 16, 20 ½, 22, 23 ½, 28 ½, 30 ½, 35, 40 und 46.

1949: Nur für den Export! Stehpuppe mit beweglichem Kopf, sonnenbraun, Glasaugen. Größen: 41, 49 und 56 cm; mit Schlafaugen in den Größen 49 und 56 cm. – Stehpuppe mit festem Kopf, gemalten Augen, sonnenbraun. Größen: 8 ½, 16, 18 ½, 25, 25 ½, 29, 29 ½, 34, 35 und 42 cm.

1951: GM-Eintragung für *„Inge"*: Puppe mit Haarfärbung braun unter Verwendung einer Bronze oder Farbe von glänzender Wirkung zur Erzielung eines neuartigen Haarglanzes (Anm.: die rotbraune *„Inge"*).

1951/52: Stehpuppe mit beweglichem Kopf, Glas- oder Schlafaugen. Größen: 41, 45, 49, 53, 56 und 64 cm. – Steh-

400

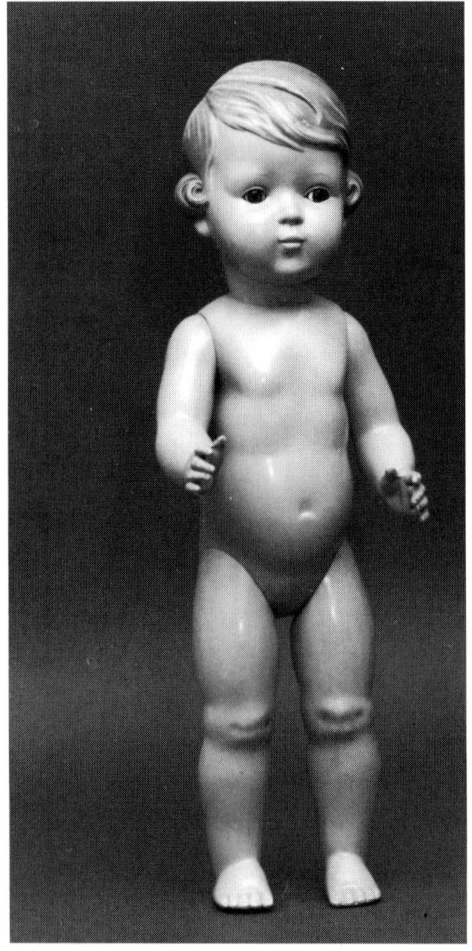

401 Sammlung Silvia Bildt

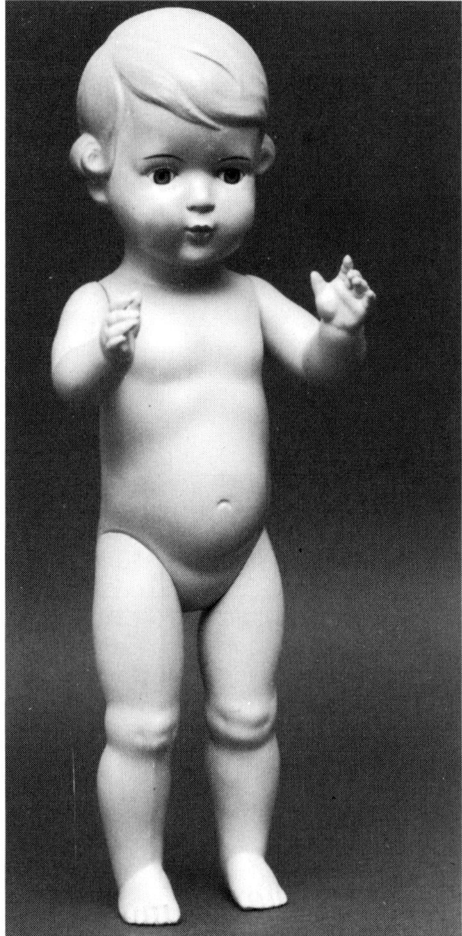

402 Sammlung Silvia Bildt

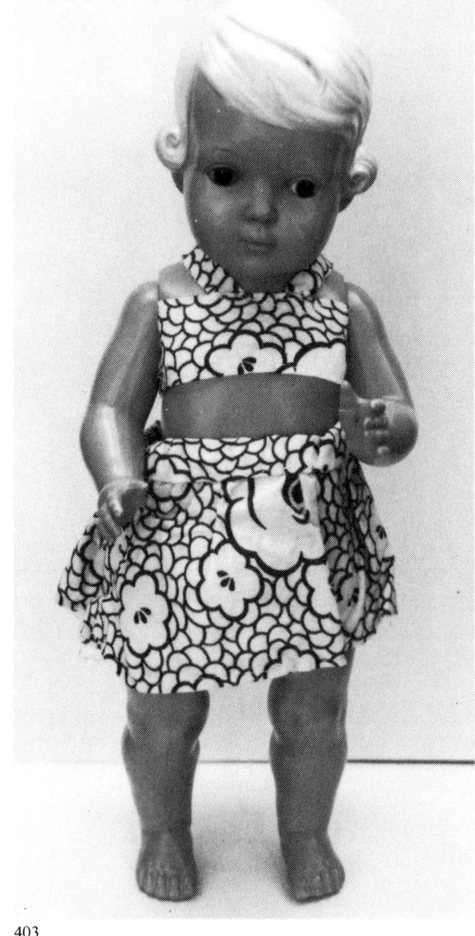

403

puppe mit festem Kopf, gemalten Augen. Größen: 13 ½, 16, 18 ½, 20 ½, 25 ½, 29, 30, 35 und 42 cm; mit Glasaugen in den Größen 35, 42 und 46 cm.

1953/54: Stehpuppe mit beweglichem Kopf, Glasaugen. Größen: 34, 41, 45, 49 und 56 cm; mit Glasaugen ab Größe 25 ½. – Stehpuppe mit festem Kopf, gemalten Augen. Größen: 7 ½, 13 ½, 16, 18 ½, 20 ½, 25 ½, 29, 35 und 42 cm; mit gemalten Strümpfen und Schuhen in den Größen 14, 16 ½, 19 cm; mit Glasaugen in den Größen 25 ½, 29, 35 und 42 cm.

1956: Stehpuppe mit festem Kopf und Stimme. Größen: 35, 40 und 42 cm; mit gemalten Augen in den Größen 7 ½, 9 ½, 13 ½, 16, 18 ½, 20 ½, 25 ½, 29, 35 und 42 cm; mit gemalten Augen und gemalten Schuhen in den Größen 14 und 16 cm.

1958: Stehpuppe mit festem Kopf und gemalten Augen. Größen: 7 ½, 9 ½, 13 ½, 16, 18 ½ und 20 ½ cm.

1961: Stehpuppe mit festem Kopf. Größen: 9 ½, 13 ½, 16, 18 ½ und 20 ½ cm.

Abb. 401: *„Inge"*, Größe 45 (MVZ 26) mit beweglichem Kopf. Sie hat braunes Haar und braune, feste Glasaugen. Anfang der 50er Jahre.

Abb. 402: *„Inge"*, Größe 42 (MVZ 26), als Stehpuppe mit festem Kopf, blauen Glasaugen, hellen Haaren. Anfang der 50er Jahre.

Abb. 403: *„Inge"*, Größe 30 ½ (MVZ 26), sonnenbraun mit silberblonden Haaren. Diesen Typ gibt es seit 1935. Das Foto zeigt *„Inge"* mit dem dicken Körper vor 1939. Die Puppe muß also zwischen 1935 und 1939 hergestellt worden sein.

Abb. 404: *„Inge"*, Größe 13 ½ (MVZ 26). So wurden viele Puppen aus der *Schildkröt*-Werkstatt von der Thüringer Puppenindustrie ausstaffiert.

404

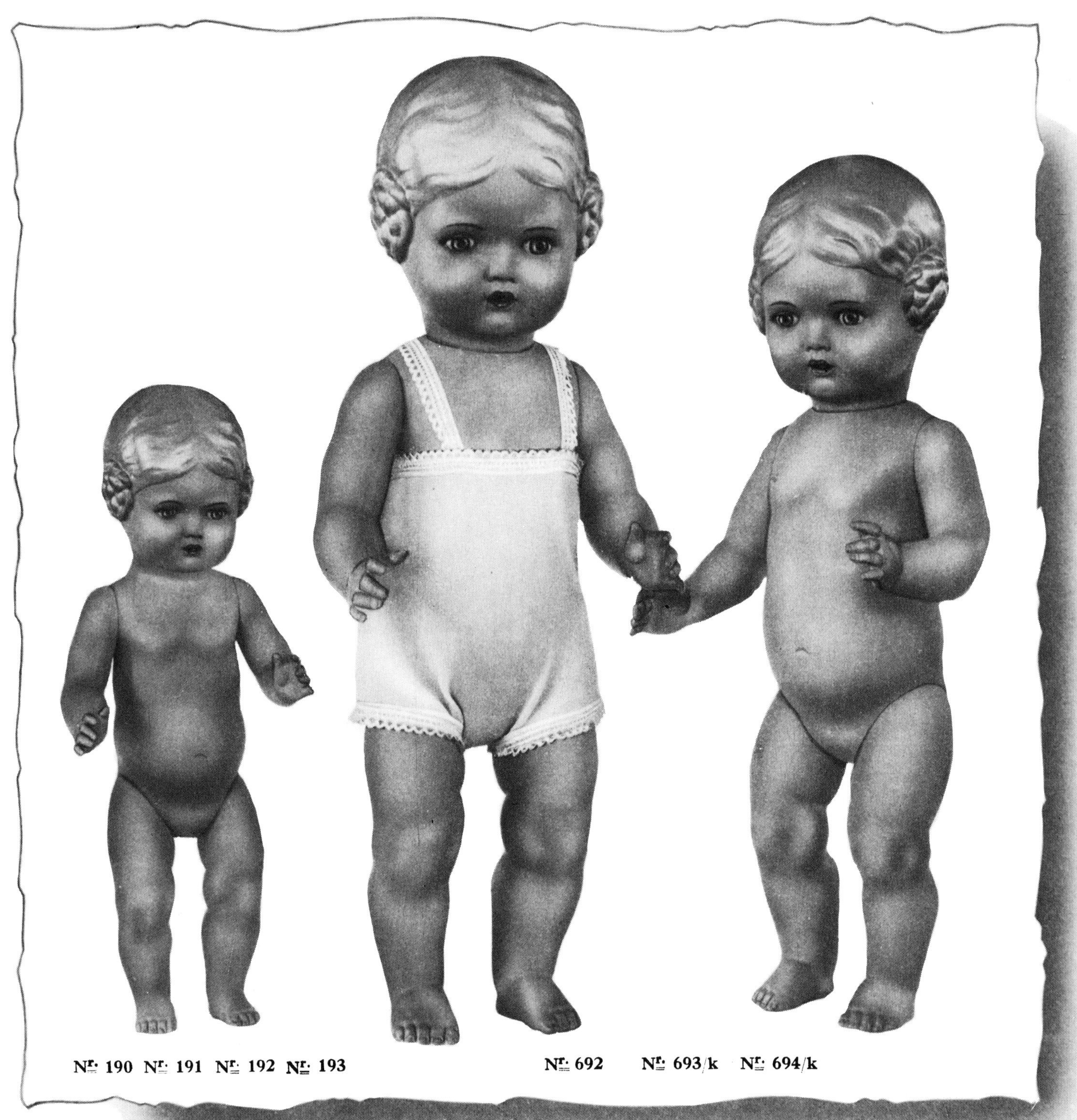

405

Das typische Merkmal der *„Bärbel“* ist ihre Schneckenfrisur. 1937 wird sie als GM registriert. Das Modell verkörpert ein etwa 4 bis 5-jähriges Kind. Die Puppe wird mit verschiedenen Haartönen angeboten: silberblond, blond, braun oder rothaarig. *„Bärbel“* gibt es mit gemalten, festen oder Schlafaugen und geschlossenem Mund. Mit einer Ausnahme: in den Jahren 1939/40 wurde eine Version der Puppe mit Schlafschelmenaugen und offenem Mund (mit Glaszähnchen) hergestellt, aber nicht in den Katalog aufgenommen. Diese Köpfe haben an der Halskurbel den ovalen Aufschnitt, der für das Einsetzen der Augen benötigt wurde (→ Seite 50). *„Bärbel“* gibt es nicht in der Größenvielfalt wie *„Hans“* oder *„Inge“*. Um 1938 wurde der *„Bärbel“*-Kopf auch als Halskopf hergestellt (Größen: 34, 45 und 49 cm).

Zeittafel

1937/38: Stehpuppe mit beweglichem Kopf, fleischfarbig und sonnenbraun mit Glasaugen und sonnenbraun mit Schlafaugen. Größen: 35, 42 und 48 cm (Anm.: auch mit festen *„lebenden“* Augen). – Stehpuppe mit festem Kopf, fleischfarbig und sonnenbraun, gemalte Augen. Größen: 18 ½, 25 ½ und 29 ½ cm; mit Glasaugen Größe 29 ½ cm.

1939: Achtung! Neuer Körper, neue Größen. – Stehpuppe mit beweglichem Kopf, fleischfarbig und sonnenbraun mit Glasaugen oder sonnenbraun mit Schlafaugen oder *„lebenden“* Augen mit Wimpern. Größen: 34, 45 und 49 cm. – Stehpuppe mit festem Kopf (wie 1937/38) und 19 cm.

1940: Stehpuppe mit beweglichem Kopf. Größen: 34, 35 und 49 cm. – Stehpuppe mit festem Kopf. Größen: 18 ½, 25 ½ und 29 1/2 cm.

1949: Stehpuppe mit beweglichem Kopf, sonnenbraun. Größe: 45 cm. – Stehpuppe mit festem Kopf. Größe: 18 ½ cm.

1952: Stehpuppe mit beweglichem Kopf und Glasaugen. Größe: 45 cm. – Stehpuppe mit festem Kopf, mit gemalten oder Glasaugen. Größe: 34 cm (Anm: beide wurden bis 1958 hergestellt).

Abb. 405: Katalog 1938. *„Bärbel“* mit altem Körper (vor 1939).

Abb. 406: *„Bärbel“*, Größe 49 (MVZ 26), mit braunen Glasaugen und braunen Haaren. Diese Größe wurde nur von 1939 an für ein Jahr in Serie gegeben.

406 Sammlung Silvia Bildt

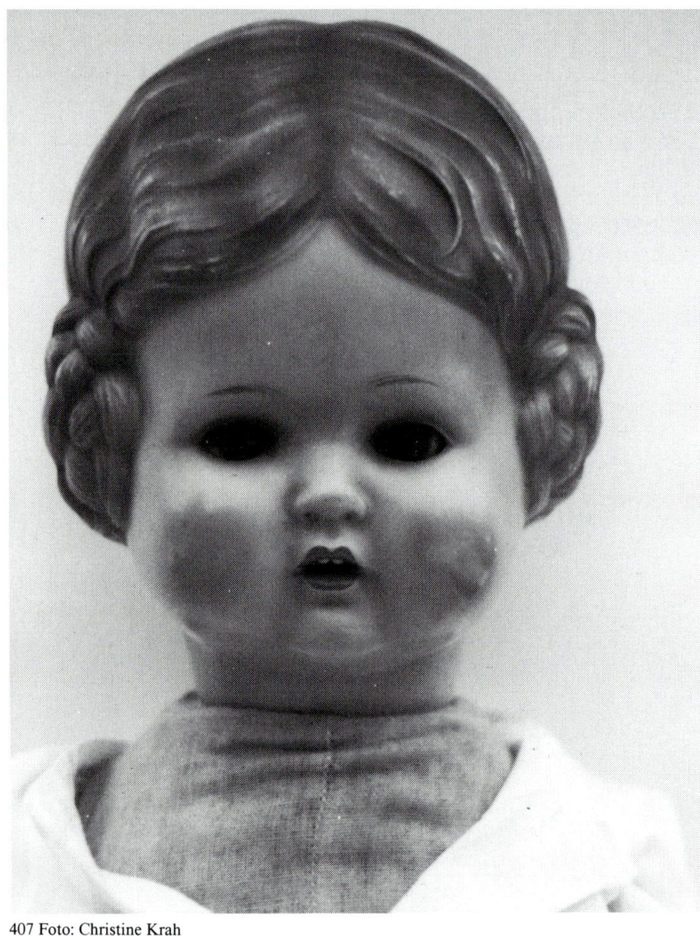

407 Foto: Christine Krah

Auch die Thüringer Puppenindustrie wollte am großen Geschäft mit *„Bärbel"* teilhaben. *Schildkröt* lieferte *„Bärbel"* als Halskopf in den Größen 34, 45 und 49 cm. Ähnlich wie nach DRP 663 330, von geschlossenen Puppenköpfen durch Abschneiden der Kopfkrone Perückenköpfe hergestellt wurden (→ Seite 49), schnitt man die Halskurbel ab und verstärkte sie mit einem Celluloid-Ring. So entstand die Halsrinne zur Befestigung des weichen Körper. Auch das Problem der schwer einzusetzenden Glasaugen wurde so ideal gelöst.

Abb. 407: *„Bärbel"*, Größe 49 (MVZ 26), mit Schlafaugen, auf Stoffkörper. Diese Ausführung mit offenem Mund wurde mit und ohne Zähne geliefert (bis etwa 1940).

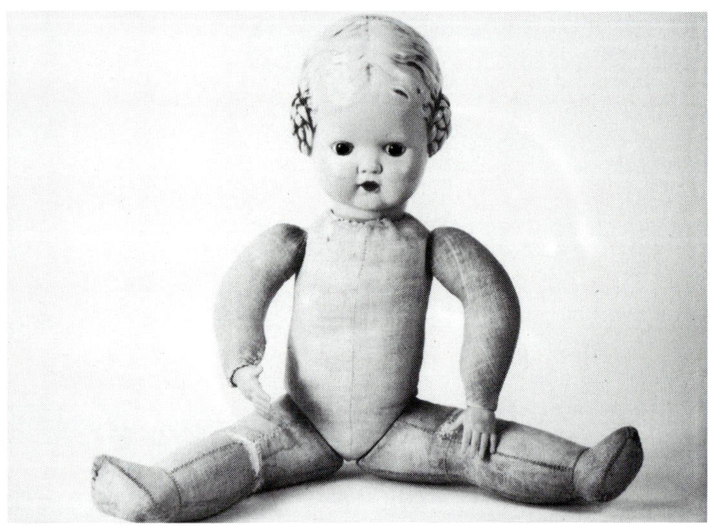

408

Abb. 408: *„Bärbel"*, Größe 45 (MVZ 26), mit festen Glasaugen, einfacher Stoffkörper mit eingebundenen Celluloid-Händen.

Abb. 409: *„Bärbel"* wurde in den verschiedensten Ausführunge angeboten: sonnenbraun mit silberblonden Haaren, fleischfarbig oder mit bräunlichem Haar (von links nach rechts) Größe 34 mit beweglichem Kopf, Größe 29 ½, 25 ½ und 18 ½ (alle MVZ 26). Wichtig: die Größen 25 ½ und 29 ½ wurden nur Ende der 30er Jahre hergestellt.

409 Sammlung Anne Stitz

Zwei Jahre hat es gedauert, bis nach der GM-Anmeldung für *„Christel"* die Puppe endlich im Katalog zu sehen war als *„das schönste Modell aller ‚Schildkröt'-Puppen. Christel zeichnet sich vor allen seinen Brüdern und Schwestern durch ganz besondere Lieblichkeit und Eigenart aus. Es wirkt gleich gut als Bub wie als Mädel gekleidet."* Offenbar eine Universal-Puppe, die unverändert, aber dunkel gefärbt, auch als Neger-Puppe zu den Sammler-Raritäten gehört (→ Seite 128). Besonders erwähnenswert für 1939: *„Christel"* als Halskopf in den Größen 35, 40, 42 und 48 cm. Die Puppe wurde mit blonden, silberblonden und braunen Haaren hergestellt.

Zeittafel

1938: Stehpuppe mit beweglichem Kopf, fleischfarbig oder sonnenbraun mit Glasaugen oder sonnenbraun mit Schlafaugen. Größen: 35, 40, 42 und 48 cm. – Stehpuppe mit festem Kopf, fleischfarbig oder sonnenbraun, gemalte Augen. Größe: 22 cm.

1939: Achtung! Neuer Körper, neue Größen. – Sitzbaby mit beweglichem Kopf, fleischfarbig, mit Glasaugen. Größen: 30, 33, 36, 39, 46, 50 und 57 cm. – Stehpuppe mit beweglichem Kopf, sonnenbraun mit Glas- oder Schlafaugen. Größen: 34, 41, 45, 49, 56 und 64 cm. – Stehpuppe mit festem Kopf, fleischfarben oder sonnenbraun, gemalte Augen. Größen: 22, 25 ½, 29 ½, 34, 42 cm; fleischfarben mit Glasaugen in 29 ½, 34 und 42 cm.

1940: Stehpuppe mit beweglichem Kopf, fleischfarben. Größen: 41, 45 und 49 cm; sonnenbraun in 34, 41, 45, 49, 56 und 64 cm.

1949: Stehpuppe, beweglicher Kopf, sonnenbraun mit Glasaugen. Größen: 41, 49 und 56 cm. – Stehpuppe mit festem Kopf, sonnenbraun mit gemalten Augen. Größen: 29 ½ und 34 cm.

1951/52: Stehpuppe, beweglicher Kopf und Glasaugen. Größen: 41, 49 und 56 cm. – Stehpuppe mit festem Kopf, gemalten Augen. Größen: 12 ½, 22, 29 ½ und 34 cm.

1953/54: Stehpuppe mit festem Kopf. Größen: 12 ½, 22, 29 ½ und 34 cm.

1958: Stehpuppe mit festem Kopf, gemalten Augen. Größen: 12 ½, 22 und 34 cm.

1961: Stehpuppe mit festem Kopf. Größe: 12 ½ cm.

Abb. 410: *„Christel"*, mit gemalten, blauen Augen, festem Kopf, Größe 34 (MVZ 26). In dieser Größe von 1939 bis in die 50er Jahre hergestellt.

Abb. 411: *„Christel"*, Katalog 1939, als Sitzbaby.

Abb. 412: *„Christel"* mit blauen Glasaugen, Größe 46/49 (MVZ 26). Achtung: Dieser Kopf konnte auf zwei Körper montiert werden: die Größe 46 ist für den Sitzbaby-Körper und die Größe 49 für die Stehpuppen-Ausführung. Nur 1939/40 hergestellt.

Abb. 413: *„Christel"*, Katalog 1940, als Junge oder Mädchen gekleidet.

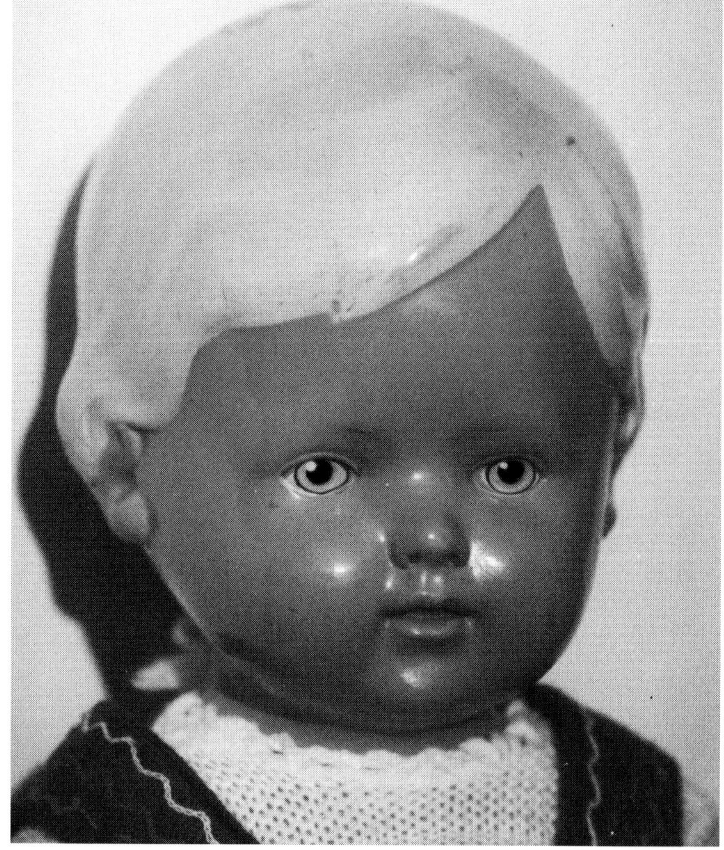
410

411

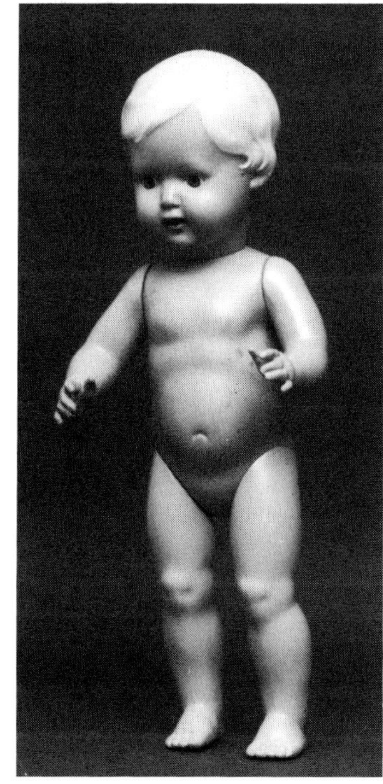

412

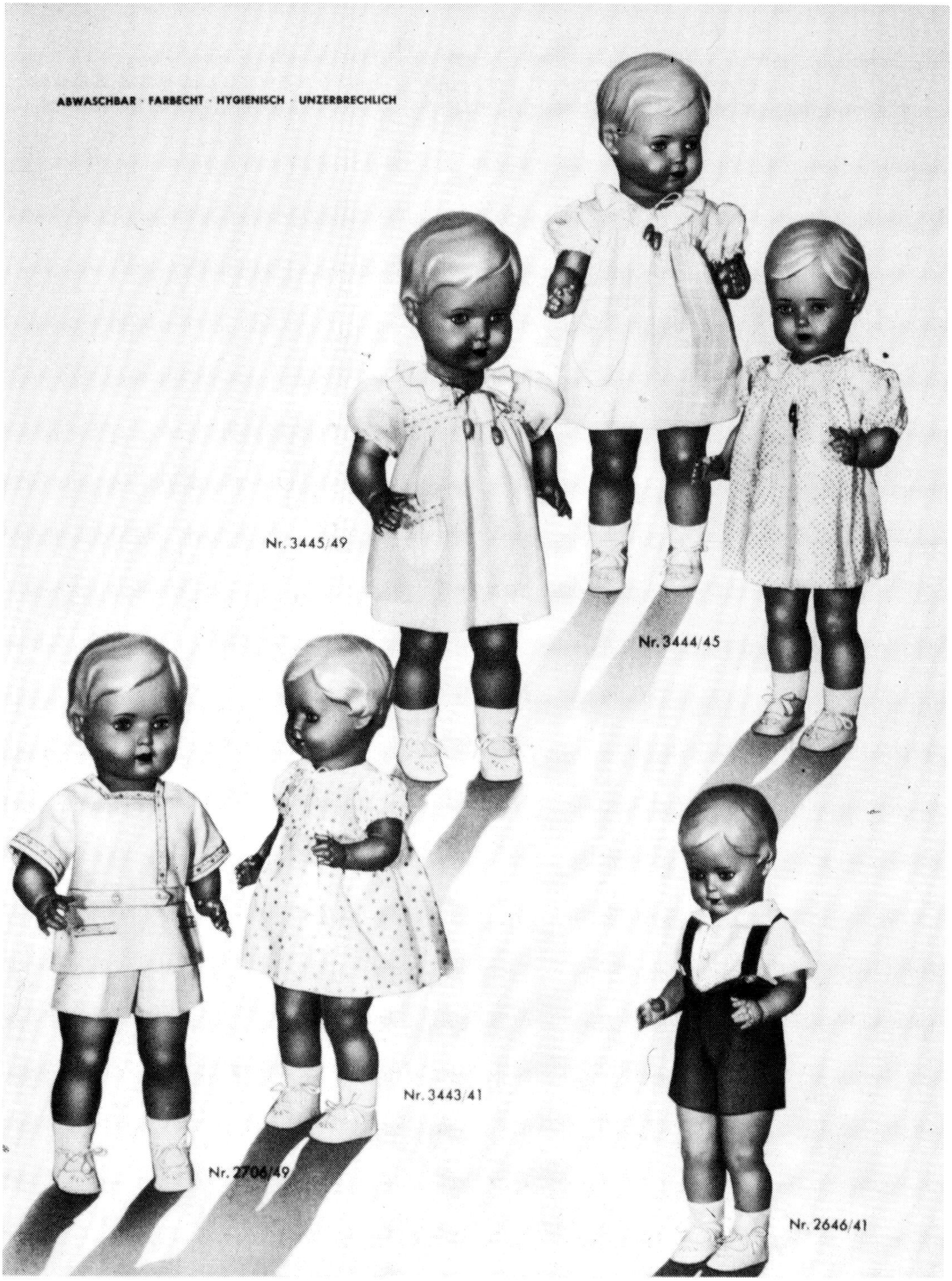

ABWASCHBAR · FARBECHT · HYGIENISCH · UNZERBRECHLICH

Nr. 3445/49

Nr. 3444/45

Nr. 3443/41

Nr. 2706/49

Nr. 2646/41

413

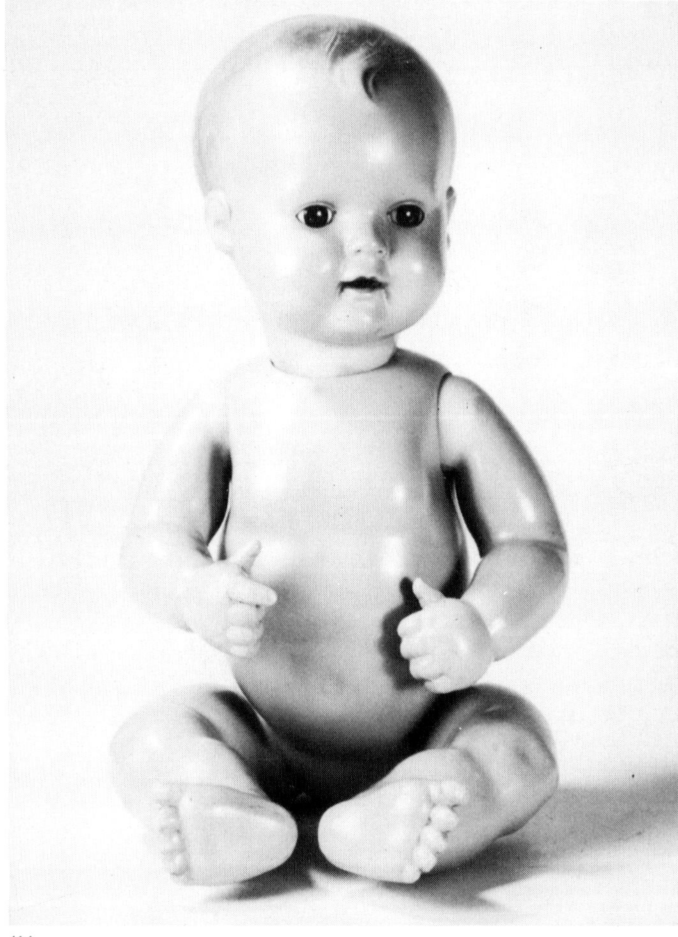

414

Schon 1921 hat *Schildkröt* den Begriff *„Strampelchen"* für den besonders modellierten Körper (→ Seite 97) benutzt. Erst 1934 wurde das klassische *„Strampelchen"*, so wie es allen Sammlern bekannt ist, als GM geschützt. Der Körper war mit Kugelgelenken an Armen und Beinen ausgestattet worden, um beim Liegen oder Sitzen eine babygerechte Stellung der Glieder zu erreichen. Zum ersten Mal wurde hierfür die *Schildkröt*-Verankerung verwendet, um den Gliedern einen möglichst festen, natürlichen Sitz zu geben. Die Hände sind ausgeformt zu geballten Fäustchen mit Daumen, die zum Lutschen in den Mund gesteckt werden können.

Zeittafel

1935: Sitzbaby mit und ohne Windelhose, nur in Größe 35 in folgenden Variationen: fleischfarbig, gemalte Augen oder Glasaugen; fleischfarbig mit mattiertem Kopf und Schlafaugen; mattiert mit Schlafaugen; fleischfarbig oder fleischfarbig mit mattiertem Kopf mit Glas- oder Schlafaugen mit Sauger und Stimme.

1936: Sitzbaby, beweglicher Kopf, fleischfarbig oder fleischfarbig mattiert mit Schlafaugen, Sauger und Stimme. Größen: 35 und 45 cm.

1937/38: (wie 1936) in den Größen 32, 35, 40 und 45 cm. – Stehbaby mit festem Kopf, fleischfarbig, gemalte Augen, mit Sauger. Größen: 9, 13 ½, 16 ½ und 20 cm. – Sitzbaby mit festem Kopf, gemalten Augen. Größen: 8 ½, 12 ½, 16 und 18 ½ cm.

1939: Sitzbaby mit beweglichem Kopf. Größen: 32, 35, 40 und 46 cm. – Sitzbaby mit festem Kopf. Größen: 8 ½, 12 ½, 16 und 18 ½ cm.

1949: Sitzbaby mit beweglichem Kopf. Größe: 35 cm.

1952: Sitzbaby mit Sauger. Größen: 8 ½, 12 ½, 18 ½ und 25 cm. – *„Strampelchen trinkt"* (mit Flasche) in den Größen 25 und 35 cm.

1953/54: Sitzbaby, Größe: 56 cm. Größen: (kleinste Ausführung aus *„Rhenanit"* in Größe 8 ½ cm hergestellt) 8 ½, 12 ½, 16, 18 ½, 23 und 25 cm, in *„Tortulon"* in 32, 35, 40 und 45 cm.

1955: erste Weichbabies aus Latex.

1958: aus Polystyrol, beweglicher Kopf, gemalte Augen. Größe: 31 cm; mit festen Glasaugen in den Größen 35 und 56 cm; mit Schlafaugen und Stimme in den Größen 40 und 50 cm. – Mit festem Kopf, gemalte Augen. Größen: 8 ½, 12 ½, 16, 18 ½, 23 und 25 cm, in 25 cm auch mit festen Glasaugen. – Ein Großhändler-Katalog zeigt *„Strampelchen"* mit Perücke, Schlafaugen, Mama-Stimme und Sauger. 1961 wurde *„Strampelchen"* als Neuheit mit *„Fellperücke"* angeboten. Im Jahre 1963 wird das Erfolgsmodell vom *„Schlummerle"* abgelöst.

Abb. 414: *„Strampelchen"* mit braunen Glasaugen, Größe 40 (MVZ 26).

Abb. 415: Eine Wiege voller wunderschöner Puppen: *„Strampelchen"* in vielen Größen und Ausführungen.

415 Sammlung Anne Stitz

Abb. 416: *„Strampelchen"* als Halskopf, Größe 30 (MVZ 26), von der Puppenfabrik W.G. Müller, Sonneberg, Ende der 30er Jahre bekleidet.

Abb. 417: *„Strampelchen"* als Brustblattkopf, Größe 25 (MVZ 26), Anfang der 50er Jahre. Übrigens: 1937 wurde ein Brustblattkopf für *„Blondköpfchen"* als GM eingetragen.

418: *„Strampelchen"*, Größe 25 (MVZ 26).

416

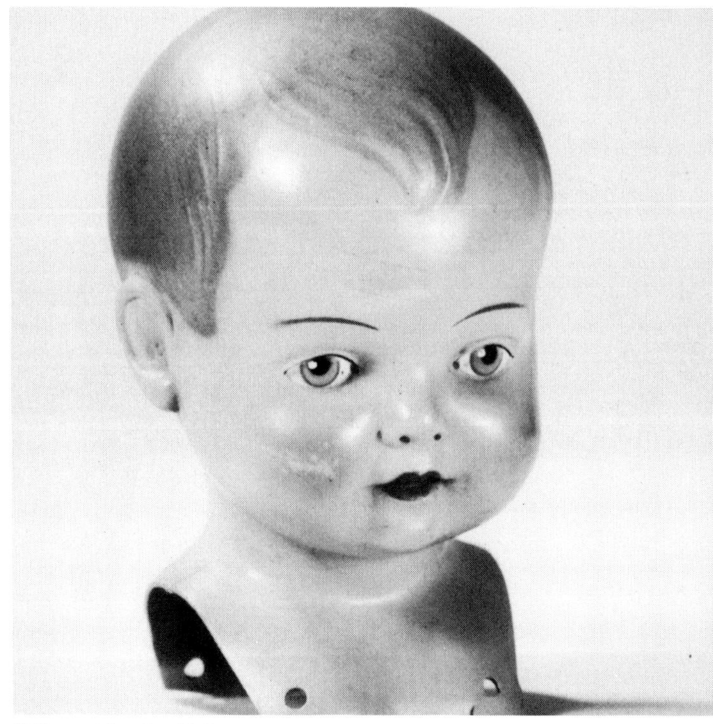

417 Puppendoktor Peter Packert

418

419 Foto: Christine Krah

Abb. 419: *„Strampelchen"*, Größe 12 ½/13 ½ (MVZ 26), in einem Stickkasten mit vorgezeichnetem Muster und Garn.

Abb. 420: *„Strampelchen"*, Katalog 1940, in Größe 35 im Original-Baby-Tragekleid.

Abb. 421: *„Strampelchen"*, Katalog 1938, als Stehpuppe mit Sauger.

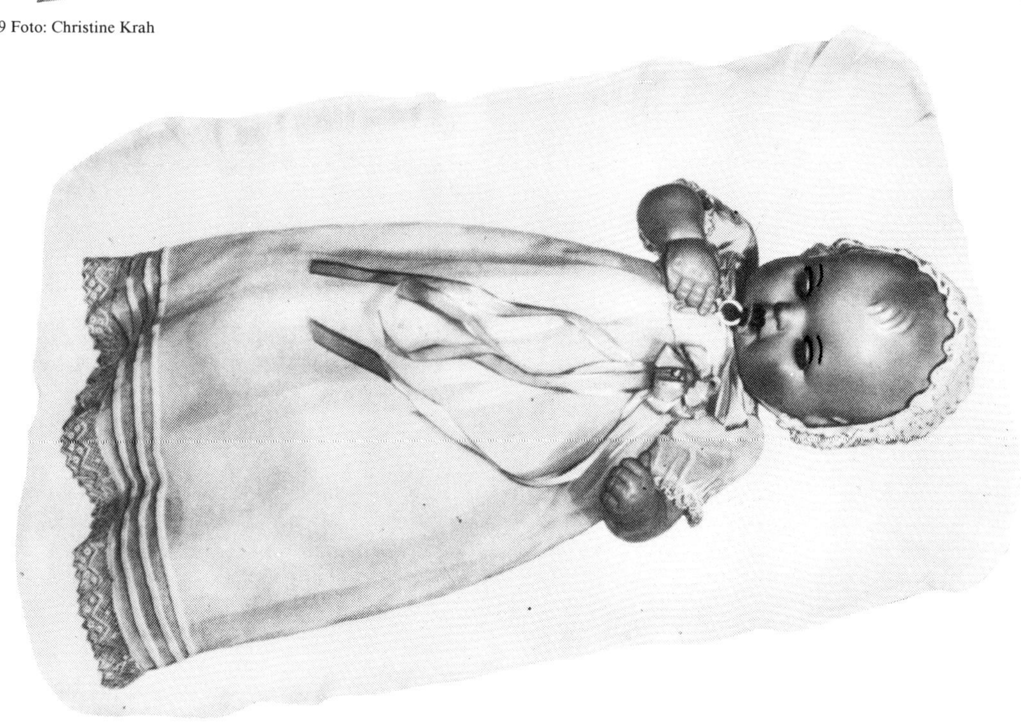

420

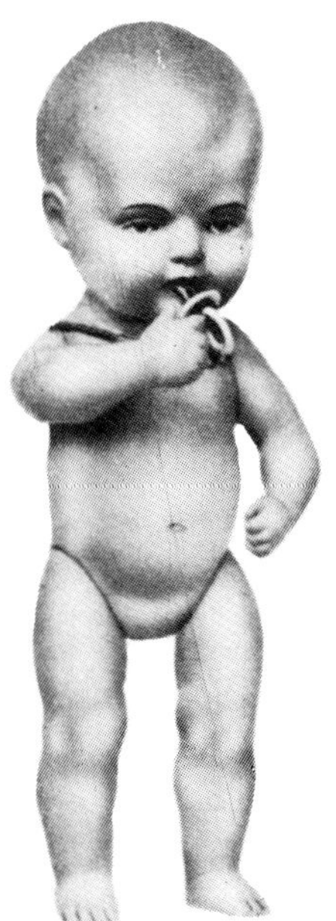

421

Blondköpfchen

Vermutlich ungeliebt als Kind in der *Schildkröt*-Familie war *„Blondköpfchen"* das Kleinkind. Eigentlich könnte man es als 6. *Schildkröt*-Kind bezeichnen, das später dann unter dem Überbegriff *„Strampelchen"* vermarktet wurde. Das Modell wirkt viel niedlicher und zarter als das *„Strampelchen"*. Leicht erkennbar an den sanft aus der Stirn modellierten Haaren. Der Körper entspricht dem 30er Jahre *„Bebi"*-Körper und hat nur eine andere Armstellung: beide Arme sind leicht gebogen, Hände leicht abgespreizt. Es hat nicht die Baby-Fäustchen des *„Strampelchen"*-Modells.

Zeittafel

1936: GM-Eintragung für *„Blondköpfchen"*: 1.Sitzbaby, mattiert, gemalte Augen, silberblondes Haar mit perlmutterartiger Wirkung oder fleischfarbig, gemalte Augen. 2. Sitzbaby, sonnenbraun, Glasaugen, mattiert mit silberblondem Haar, perlmutterartiger Wirkung, wobei die Haarbemalung heller als die Gesichtsfarbe ist. 3. Sitzbaby, fleischfarbig, mit Glas- oder Schlafaugen, silberblondes Haar mit perlmutterartiger Wirkung. – Katalog: Sitzbaby, fleischfarbig, mit gemalten oder Glasaugen. Größen: 28, 32, 36 und 56 cm. – Stehbaby (wie unter GM-Eintragung angegeben). Größen: 30, 32, 35, 37, 41, 47 und 60 cm.

1937/38: GM-Eintragung für *„Blondköpfchen"* als Brustblattkopf. – Sitzbaby, beweglicher Kopf, fleischfarbig, mit Glasaugen. Größen: 28, 30, 32, 36, 39, 45, 50 und 56 cm. – Stehbaby mit festem Kopf. Größen: 13 ½, 14, 15, 16, 18 ½, 19 ½, 22 ½, 24 ½, 25 ½, 26 ½, 28 ½, 30 ½, 35, 41 ½, 46, ab Größe 28 ½ auch mit Glasaugen. – Stehbaby mit beweglichem Kopf, fleischfarbig oder sonnenbraun, mit Glasaugen. Größen: 30, 32, 35, 37, 41,42, 44, 47, 48, 53, 56 und 60.

1939: im Katalog nicht mehr erwähnt.

1953/54: Sitzbaby, beweglicher Kopf, Glas- oder Schlafaugen, mit und ohne Stimme, Größe: 56 cm (und eine Miniatur-Ausgabe in 14 ½ cm).

Abb. 422: *„Blondköpfchen"*, Katalog 1938, als Stehpuppe.

Abb. 423 und **424**: *„Blondköpfchen"*, braune Glasaugen, Größe 56 (MVZ 26). Der Unterschied zum *„Strampelchen"*-Körper ist deutlich zu erkennen (→ Abb. 414). Die Größe 56 wurde 1953/54 mit und ohne Stimme hergestellt.

MVZ	=	Markenverzeichnis Seite 56
SoR	=	Schildkröte ohne Raute
SmR	=	Schildkröte mit Raute
GM	=	Geschmacksmuster
DRP	=	Deutsches Reichspatent
DRGM	=	Deutsches Reichsgebrauchsmuster

422

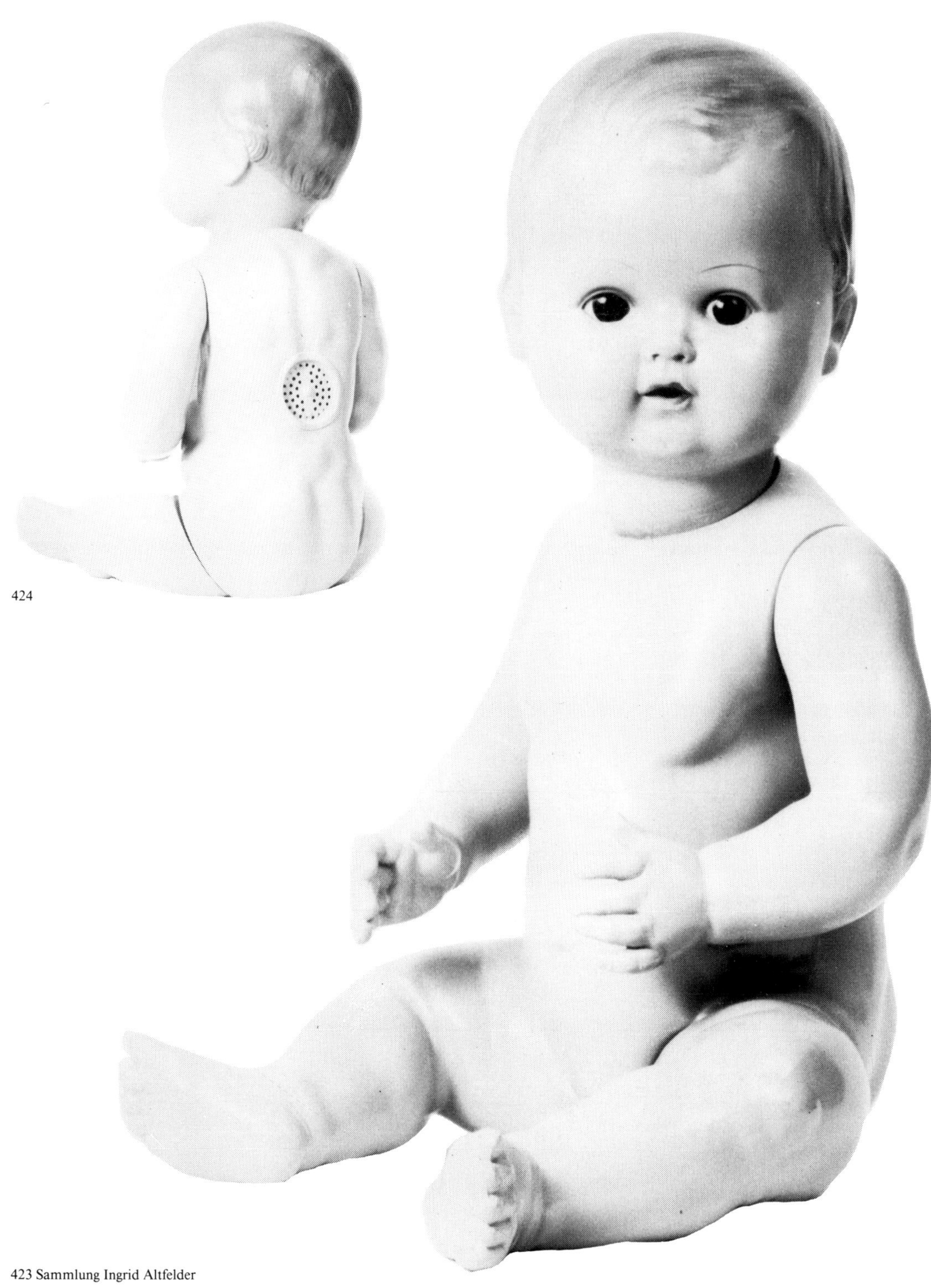

424

423 Sammlung Ingrid Altfelder

„Strampelchen"-Halsköpfe

Mit der zugehörigen Serien-Nummer gibt es die *„Strampelchen"*-Halsköpfe selten. Vermutlich handelt es sich dann um frühe Exemplare. Später wurde nur die Größen-Bezeichnung für den entsprechenden Körper auf den Köpfen eingeprägt. Auffällig ist, das sich die Serien-Nummern *„106"* und *„107"* nur in der Form der Haarlocke auf der Stirn unterscheiden, während die Serien-Nummer *„109"* mit dem *„Blondköpfchen"*-Modell identisch ist. Von 1936 ist noch ein Modell *„108"* erwähnt, dessen Aussehen aber unbekannt ist.

Die *„Strampelchen"*-Halsköpfe findet man auf den verschiedensten Körpern aus Stoff mit und ohne Glieder aus Celluloid oder Masse. Erst in den 50er Jahren stellte *Schildkröt* selbst vollständige Puppen her. Bis zu diesem Zeitpunkt wurden nur Köpfe oder Glieder an Puppenfabriken geliefert.

Die Größenangaben lassen eine zum Teil genaue Datierung nach Jahren zu. Alle Modelle sind etwa Mitte der 50er Jahre aus dem Programm von *Schildkröt* verschwunden.

Abb. 425: Serie *„106"*. 1928 als GM eingetragen, aber zunächst mit anderem Aussehen. Damals gehörte die Serien-Nummer dem Säuglingsbebi, Typ *„Dream-Baby"*. 1933 erhielt der Kopf den ausgeprägten *„Strampelchen"*-Ausdruck. In dieser

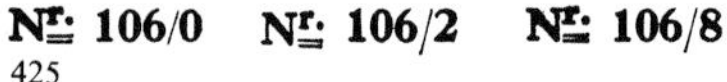

425

Nr: 107/0 Nr: 107/2 Nr: 107/8

426

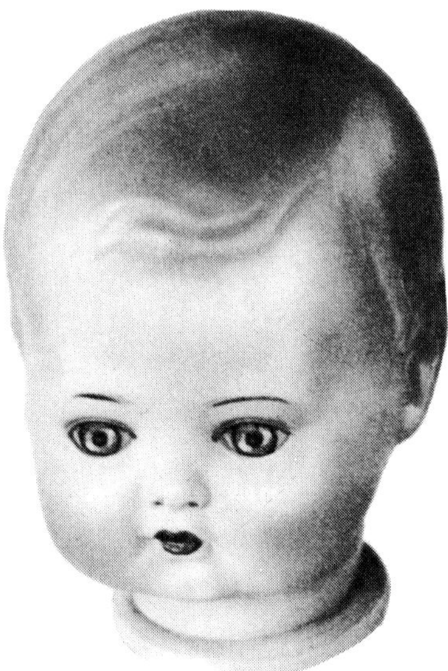

Nr: 109/0 Nr: 109/2 Nr: 109/8

427

Modellierung war er als Halskopf oder Kurbelkopf im Handel. 1938: fleischfarbig, mit gemalten oder Glasaugen, in mattiert auch mit Schlafaugen in den Größen 30, 35, 45, 48 und 60 für entsprechend große Puppen-Körper. Die Kopfgrößen liegen zwischen 10 und 16 cm Höhe. Nach 1950 nicht mehr produziert.

Abb. 426: Serie *„107"*, ab etwa 1936 im Programm. Lieferbar in fleischfarbig mit gemalten oder Glasaugen, in mattiert mit Schlafaugen. Größen: 28, 40 und 48 cm. 1949 in sonnenbraun mit Glasaugen für Puppen in den Größen 40, 45 und 48 cm. 1952 mit Glasaugen oder Schlafaugen für 40, 45 und 48 cm-Puppen. 1954 in den Größen 40, 45 und 48 cm.

Abb. 427: Serie *„109"*, Modell *„Blondköpfchen"*. 1934 als Geschmacksmuster eingetragen. Lieferbar: 1938 für verschieden große Körper in den Doppelgrößen 22/24, 23/25, 24/26, 26/28, 28/30, 30/32, 32/35, 37, 36/41, 39/42, 45/47, 50/53/56, 56/70; Kopfgrößen von etwa 6,5 bis 16,5 cm; fleischfarbig mit gemalten Augen, ab Größe 28/30 in fleischfarbig mit festen Glasaugen oder mattiert mit Schlafaugen. – 1949 in sonnenbraun mit Glasaugen für 35 und 53 cm große Puppen. – 1952 mit Glas- oder Schlafaugen für 35 oder 53 cm große Puppen. – 1954 nur noch in der Größe 30 lieferbar.

Abb. 428: Serie *„107"*, Größe 48 (MVZ 26) mit Stoffkörper und *„Strampelchen"*-Armen und -Beinen. 50er Jahre.

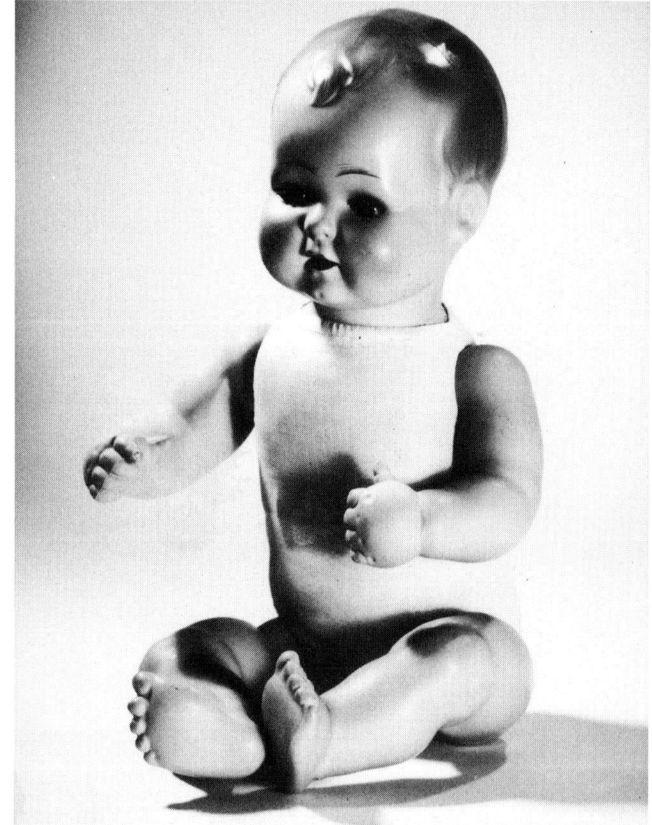

428 Puppendoktor Peter Packert

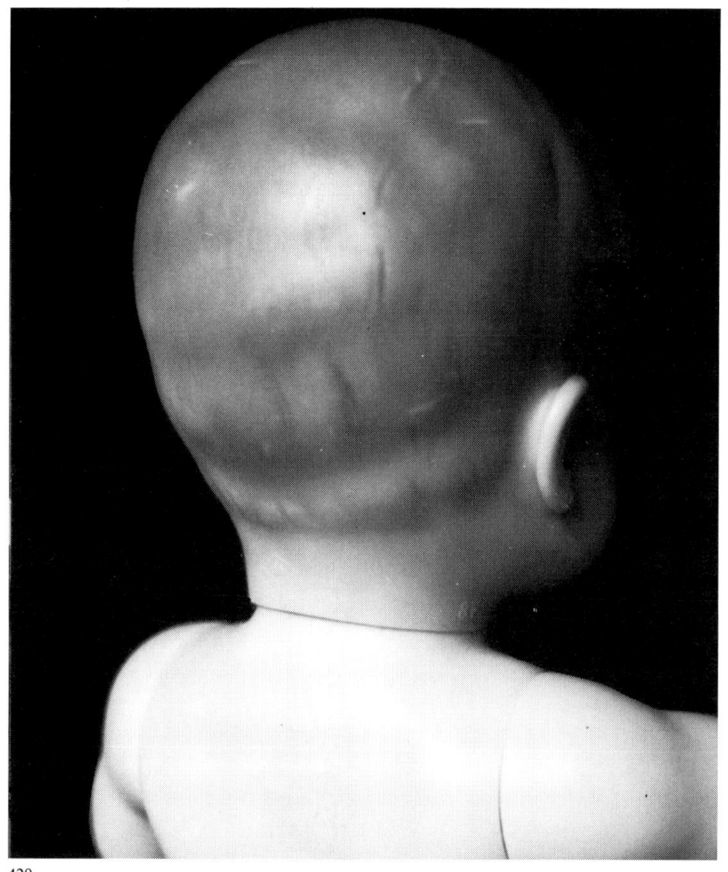

429

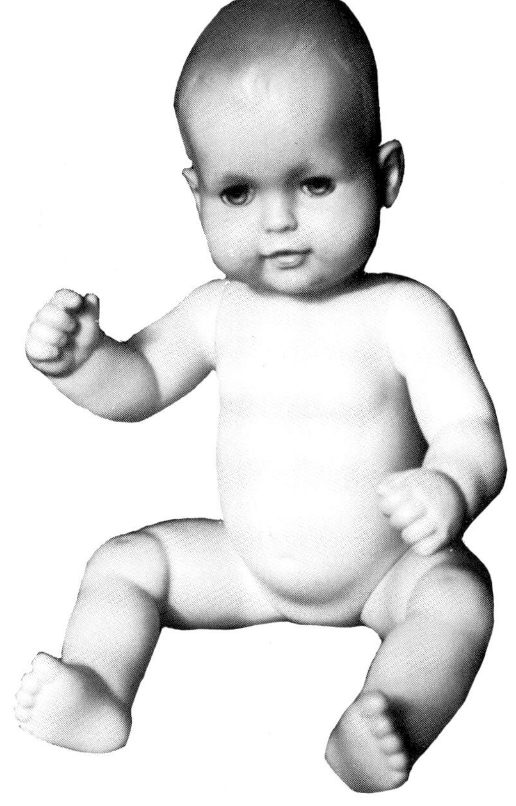

431

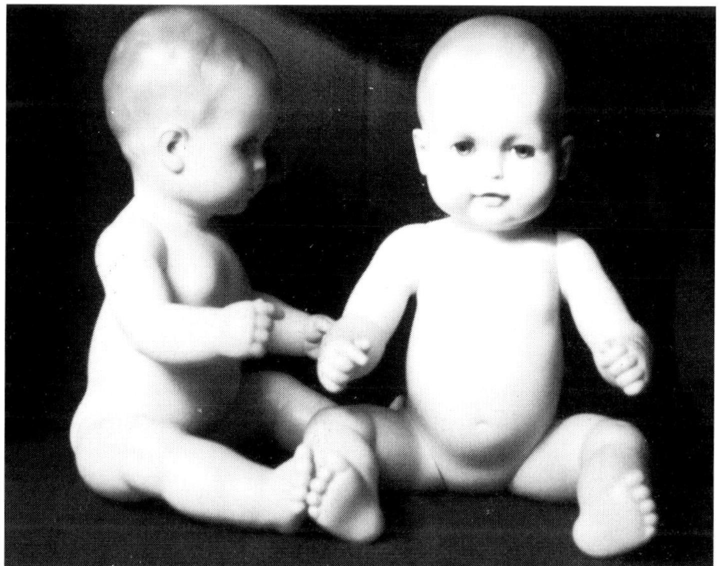

430 Foto: Helene Puls

Abb. 429, 430 und **431**: Unterrichtspuppen mit den Köpfen 87 und 92. Die Körper sind gemarkt mit „Schildkröt GERMANY 50“.

Unterrichts-Puppen

Unter dem Begriff *„Beschwerte Babies für den Unterricht in der Säuglingspflege“* führt die Preisliste 1954 die folgenden zwei Größen auf: 56 cm mit etwa 3,5 kg und 45 cm mit etwa 2,5 kg. Diese Puppen haben einen beweglichen Kopf und Glasaugen. Der Preis dieser Unterrichts-Puppen, die übrigens dem *„Strampelchen“*-Typ entsprechen, war schon damals erstaunlich hoch: 495 Mark für die große und 425 Mark für die kleine Version.

Wovon Kinder träumen

SCHILDKRÖT-PUPPEN

SCHILDKRÖT-SPIELZEUG

432

433 Foto: Iris Faulwetter

434 Sammlung Elfriede Leopoldine Schmidt

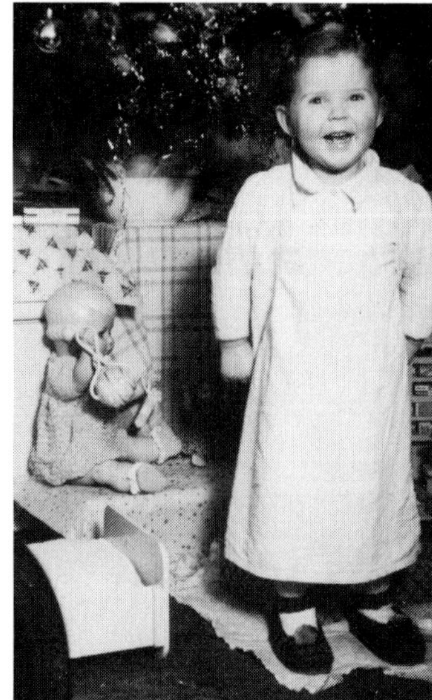

435 Sammlung Elfriede Leopoldine Schmidt

Abb. 432: Anzeige 1952. – **Abb. 433, 434** und **435**: Kinderträume gingen in Erfüllung (von 1949 bis 1952).

Die 50er Jahre

Puppen sind nach den entbehrungsreichen Jahren des Krieges und der Nachkriegszeit ein gefragter Artikel. Doch bis die Fabriken wieder auf Touren kommen und neue Produkte entwickeln können, muß auf das Vorkriegs-Programm zurückgegriffen werden. Deshalb sind die traditionellen Puppentypen der 30er Jahre wie *„Inge"*, *„Hans"*, *„Bärbel"*, *„Christel"* oder das beliebte *„Strampelchen"* schon zwei Jahre nach der 1948er Währungsreform wieder in den Schaufenstern zu finden. Celluloid-Puppen sind in diesen Jahren teuer und eine *Schildkröt*-Puppe zu besitzen, ist fast eine Auszeichnung.

Erst 1952 kommen neue Modelle auf den Markt. *Schildkröt* paßt sich dabei ganz dem Modetrend der 50er Jahre an und verwendet ein völlig neues Material: Tortulon. Aus dem Rahmen fallen die Modelle *„Vera"*, *„Eva"* und *„Jutta"*, die nicht lange im Angebot bleiben. Ein *„Einheitstyp"* setzt sich durch, der aber in verschiedenen Ausführungen angefertigt wird: *„Ursel"* und *„Karin"* mit den modellierten Haaren oder *„Brigitte"*, *„Marion"* und *„Yvonne"* mit jeweils anderen Perücken oder die dunkelhäutige *„Manuela"*. Die Modelle *„Ingrid"* und *„Margrit"* setzen noch die alte Tradition der Perückenköpfe aus den 30er Jahren (350er Serie) fort. Mit kleinen Tricks wird die Kollektion auf Vielfalt gebracht. Aus den Mädchen werden Jungen: aus *„Erika"* wird *„Erik"*, aus *„Kerima"* wird *„Kerimo"* (→ Seite 187).

Auch der Körper paßt sich dem neuen Zeitgeist an. Er ist moderner modelliert: schlank mit leichter Taille, die Beine lang und jungmädchenhaft. Arme und Beine sind mit Kugelgelenken ausgestattet. Die traditionellen Puppen, die zunächst auch weiterhin im Programm von *Schildkröt* mitgeführt werden, behalten ihre Scheibengelenke, werden aber in ihren Proportionen etwas schlanker und die Beine etwas länger modelliert. Genauso waren sie schon 1939 (!) als Messeneuheit vorgestellt worden. *„Hans"* und *„Inge"*, bald auch nur noch aus Tortulon hergestellt, erhalten Ende der 50er Jahre Kugelgelenke in den Armen, um ihre Beweglichkeit zu erhöhen. Wichtig: *Schildkröt*-Puppen aus Tortulon sind entweder mit *„TORTULON"* oder einem einfachen *„T"* gekennzeichnet.

Anfang der 50er Jahre wird der Mechanismus der Schlafaugen modernisiert. Er erhält eine gebogene Pendelstange, um den häßlichen halbovalen Schnitt an der hinteren Halskurbel zu vermeiden (→ Seite 50). Ab 1956 werden in Tortulon-Köpfe nach einem neuen Patent Schlafaugen nur noch von außen montiert. Auch die Puppenkleidung erhält neuen Pfiff: sie wird moderner und frischer. Trachtenpuppen-Pärchen wie Tiroler, Schwälmer, Winzer (Rheinländer) werden angeboten. Auch kombinierte Klarsicht - Geschenkpackungen mit *„Dirndl und Seppl"*, *„Rotkäppchen mit Wolf"*, *„Clown mit Stehaufen"* oder *„Fußballspieler mit Ball"* kommen ins Programm. Verwendet werden dazu die gängigen Modelle wie *„Christel"* oder *„Inge"*, oft mit einer Perücke verfremdet. Besonders stolz ist man bei *Schildkröt* auf die dreieckige Klarsichtverpackung, zu damaliger Zeit für die Kunden ein Luxus – für die Puppenfabrik ein Nebenprodukt aus der eigenen Kunststoff-Abteilung.

Die Größenvielfalt, die in der Geschichte von *Schildkröt* eine besonders gehätschelte Rolle spielte, wird auf wenige Typen herunterrationalisiert. Deshalb gibt es die meisten Modelle aus dieser Zeit nur in wenigen Größen oder nur mit einem Standardkörper. Wichtig: die cm-Angaben eignen sich zur genauen Bestimmung, denn einige Puppen gab es nur in den angegebenen Größen. Anzumerken bleibt, daß die folgende Aufstellung der *Schildkröt*-Modelle bis 1956 nach den registrierten Geschmacksmustern und den Katalogen vorgenommen wurde. Alle anderen Puppen, die hier nicht aufgeführt sind, wurden nach 1956 ins Verkaufsprogramm aufgenommen. Sie gehören einer anderen Puppengeneration an, die aus den damals aktuellen Kunststoffen wie Latex, Vinyl, Polystyrol oder Polyäthylen usw. hergestellt wurden.

Abb. 436: Anzeige 1947.

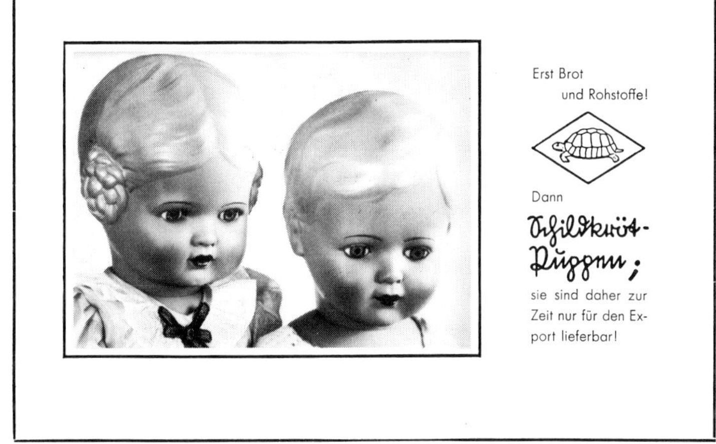

436

437 Sammlung Anne Stitz

Die „doppelte“ Ursel

Zu den raren Exemplaren des *Schildkröt*-Programms gehört das Modell *„Ursel“*. Es wurde 1941 als GM und als Warenzeichen geschützt. Durch die kriegsbedingte Unterbrechung der Produktion sind vermutlich nur sehr wenige Puppen hergestellt worden. Bekannt sind sie in den Größen 41 und 49 mit beweglichem Kopf. 1950 wurde *„Ursel“* mit festem Kopf und Schlafaugen in 26 cm unter der Bezeichnung *„Nr. 124Rh“* (Rhenalon) amtlich registriert. Der 1951er Katalog zeigt dieses Modell, das aber ebenfalls nur kurz hergestellt wurde.

Zur Spielwarenmesse in Nürnberg wurde 1954 eine neue *„Ursel“* in den Größen 40 und 44 cm entwickelt. Der neue Kopf ersetzte die etwas biedere Frisur der 40er Jahre. *„Die neue Ursel“*, mit festem und beweglichem Kopf erhältlich, war aus Tortulon. Folgende Ausführungen konnten bezogen werden: **Fester Kopf**: mit gemalten Augen in 25, 29 und 36 cm; gemalte Augen mit Stimme 36 cm; feste Glasaugen in 29, 36 und 40 cm; feste Glasaugen mit Stimme in 40 cm; Schlafaugen mit Stimme in 36 und 40 cm. **Beweglicher Kopf**: mit festen Glasaugen in 40 und 44 cm; feste Glasaugen mit Wimpern in 70 cm, Schlafaugen mit Stimme in 40, 44 und 70 cm. Auch die Wahl der Haarfarben blieb dem Kunden überlassen: silberblond, braun oder rötlich. Als Stehpuppe mit festem Kopf wurde *„Ursel“* bis Ende der 60er Jahre im Programm geführt.

Abb. 437: *„Ursel“*, GM von 1941, feste blaue Glasaugen, geschl. Mund (Gesichtssausdruck und Frisur erinnern an das *„Inge“*-Modell), Größe 41 (MVZ 26). Wichtig: unter der *„41“* steht noch eine kleine *„2“*!

Abb. 438: *„Ursel“* als Stehpuppe mit festem Kopf, gemalten Augen, geschl. Mund, Größe 25 cm (MVZ 28), aus Tortulon.

Abb. 439: *„Ursel“*, Stehpuppe mit festem Kopf, Schlafaugen, offen/geschl. Mund mit 2 gemalten Zähnchen, dunkelbraunem Haar, Größe 40 (MVZ 26).

Abb. 440: Im 1955er Katalog von *Schildkröt* wird aus der *„Ursel“* unerwartet eine *„Ulla“*, und zwar nur für die Größe 46 cm. Mit anderen Worten: dasselbe Modell unter anderem Namen! Diese Merkwürdigkeit ist nur noch im 1956er Katalog zu finden, in dem *„Ulla“* mit Bluse und flotten, dreiviertellangen Hosen abgebildet ist.

Abb. 441: *„Ursel“,* feste Glasaugen mit Wimpern, offen/geschl. Mund mit 2 gemalten Zähnen, silberblondes Haar, Größe 40 (MVZ 28), Tortulon.

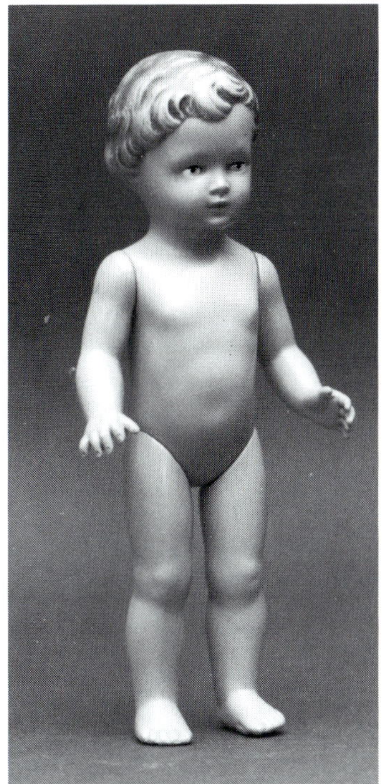

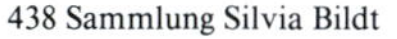

438 Sammlung Silvia Bildt

439 Puppendoktor Peter Packert

440

441 Sammlung Peter + Christa Schultz

Erika
–/17
3616/53/27
–/56/27
–/64/27
–/25
–/26

442

–/21
–/22
Erika
–/23
3616/41/20
–/45/20
–/49/20

442

443

Erika und Erik

Auch die frühe *„Erika“* gehört zu den raren Sammler-Stükken. Sie wurde, wie *„Ursel“*, 1941 als GM angemeldet und nur in wenigen Exemplaren in den Größen 41 und 45 cm hergestellt. 1952 wurde das GM erneuert und *„Erika“* in den Größen 41, 45, 49 und 53 cm in die Produktion aufgenommen. Zur Spielwarenmesse Nürnberg im Jahre 1954 wurde *„Erika“* in 70 cm Größe als die *„größte Celluloidpuppe Deutschlands“* gepriesen. *„Erika“* hat verschiedene Haarfarben: weiß mit Perlmuttglanz, braun oder rot getönt. Mit festen Glasaugen, festen Glasaugen und Wimpern oder Schlafaugen mit Stimme in den Größen 41, 45, 49, 53, 56 und 64 cm. *„Erika“* wurde bis Ende der 50er Jahre hergestellt.

Abb. 442: Katalog 1954 *„Erika“* mit Garderobe.

Abb. 443: Katalog 1954 *„Erik“*.

Abb. 444: *„Erika“* mit festen Glasaugen, offen/geschl. Mund mit gemalten Zähnen, Größe 41 (MVZ 26), Original-Kleid und -Halskette!.

444 Sammlung Peter + Christa Schultz

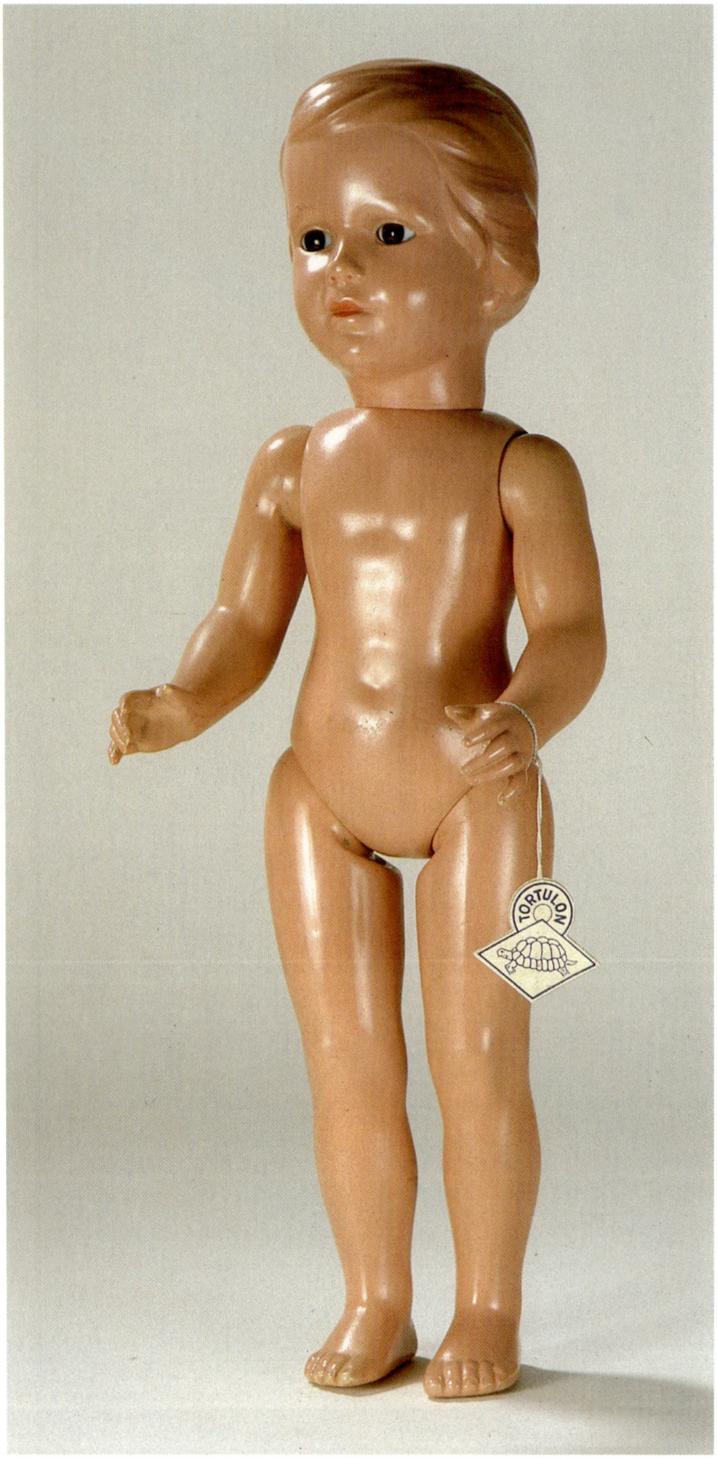

446 Foto: Gisela Grote

Vera, Jutta, Eva

Die für kurze Zeit typische Teenager-Frisur, der sogenannte *„Herrenschnitt"*, läßt diese drei Puppen ein wenig streng und kühl wirken. 1952 wurden sie als GM geschützt, ihre Aufmachung spiegelt die Mode dieser Zeit sehr deutlich wieder. Alle drei sind 46 cm groß und haben feste Glasaugen mit Wimpern. Der jungmädchenhaft modellierte, schlanke Körper verleiht diesen Puppen kein kindliches *„Image"*, sie sind deshalb bei den Sammlern nicht sehr beliebt. Ob wegen der zeitbedingten, modischen Frisur oder wegen ihres strengen Aussehens, *„Vera"*, *„Eva"* und *„Jutta"* blieben nur etwa drei Jahre im Angebot.

„Eva" ist der *„strengste"* Typ mit ganz glatt aus dem Gesicht modellierten Haaren. *„Eva"* und *„Jutta"* wurden in hellen oder bräunlichen Haartönen geliefert, *„Vera"* war nur in braun erhältlich. Die kleinere Typ-Ausgabe von *„Jutta"* und *„Eva"* sind *„Gustel"* mit der exotischen Schwester *„Kerima"*.

Abb. 445: *„Jutta"*, braune Glasaugen, leicht getönte, bräunliche Haare. Deutlich ist der schlanke Körper mit den langen Beinen und den Kugelgelenken zu erkennen. Größe 46 cm (MVZ 27). Original Tortulon-Anhänger.

Abb. 446: *„Vera"*, blaue Glasaugen, braune Haare, Größe 46 cm (MVZ 27), Tortulon.

Abb. 447: Katalog 1954 mit *„Jutta"*, *„Eva"* und *„Vera"*.

445 Puppendoktor Peter Packert

447

TIEFE

Kerima

449 Sammlung Peter + Christa Schultz

Kerima und Gustel

Die Sehnsucht nach fernen Ländern und Schönheiten verkörpert *„Kerima“*, ein sonnengebräuntes Hawai-Mädchen mit Baströckchen und Blütenkranz um den Hals. *„Gustel“* ist die europäische Variante und als Mädchen oder Knabe modisch gekleidet. Beide sind die Miniatur-Ausgabe von *„Jutta“* und *„Eva“* (→ Seite 184). Noch nicht gefunden worden, aber in der 1954er Preisliste aufgeführt ist ein Pendant zu *„Kerima“* namens *„Kerimo“*, ein Knabe in bunter Hose und Halstuch. Alle Modelle wurden in den Größen 24 1/2 und

448

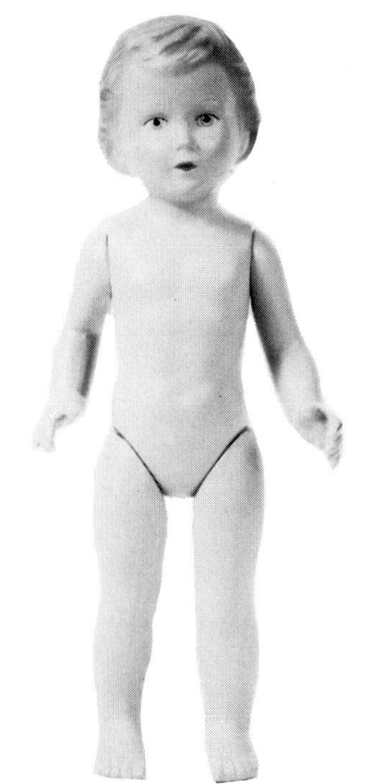

450 Sammlung Anne Stitz

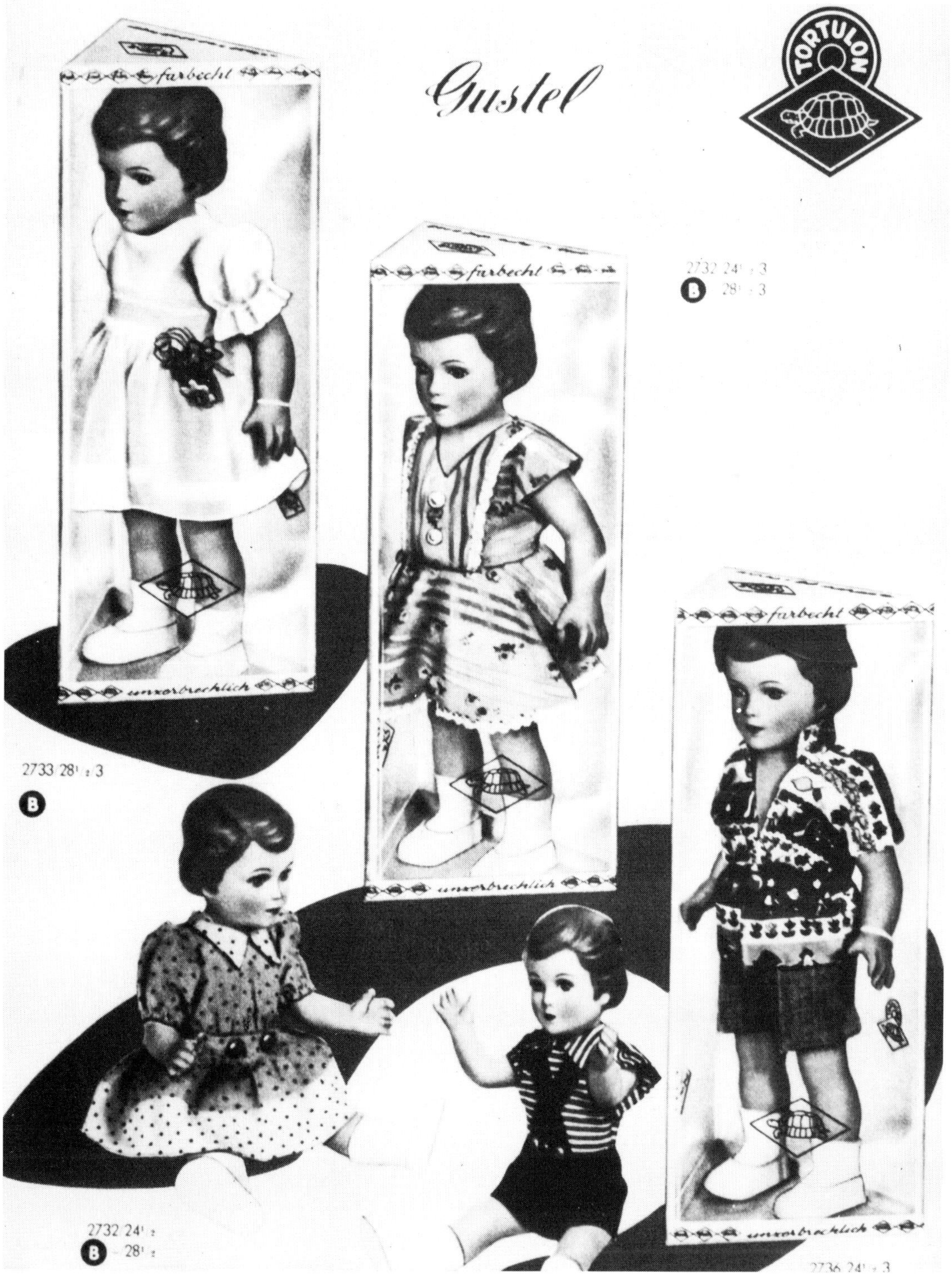

28 ½ cm hergestellt. Ab etwa 1954 bis 1958 waren die Puppen im Programm, markiert sind sie mit *„TORTULON"* (MVZ 27).

Abb. 448: Katalog 1954 *„Kerima"* im Hawai-look.

Abb. 449: *„Kerima"*, blaue Glasaugen, Größe 24 ½ cm (MVZ 27) (auch mit gemalten oder braunen Glasaugen).

Abb. 450: die *„Gustel"* mit gemalten, blauen Augen in Größe 24 ½ cm (MVZ 27).

Abb. 451: Katalog 1954, die und der *„Gustel"* in modischer Kleidung.

Gustel

TORTULON

451

452

453

„Margrit“ und „Ingrid“

Die Ende der 30er Jahre bewährte 350er Serie mit geschlossenem Mund wurde 1951 unter der Bezeichnung *„Margrit“* und *„Ingrid“* neu aufgelegt. Leicht erkennbar ist der Zusammenhang an der Serien-Nummer *„350“* und der entsprechenden Größenangabe, die hinten auf dem Kopf zu finden sind (für die 50er-Jahre-Modelle MVZ 27) (→ Seite 79). Es gibt aber auch Köpfe, die nur die Serien-Nummer tragen. Traditionell gab es *„Ingrid“* und *„Margrit“* in den Größen 41, 45 und 49 cm (ab 1954 nur noch in 44 und 49 cm). Beide Puppentypen haben einen beweglichen Kopf, Schelmenaugen und Stimme.

„Margrit“ erkennt man an der Pferdeschwanz-Frisur oder Zöpfen aus Echthaar. Die Ausführung in Kunsthaar war zusätzlich mit Stirn- oder Seitenlöckchen ausgestattet. *„Ingrid“* trägt die modische Echthaar-Lockenfrisur oder eine Hochfrisur mit Rosette.

Die **Abb. 452, 453** und **456** sind dem Original-Katalog von 1954 und 1955 entnommen, um die ursprünglichen Frisuren und Kleider zu dokumentieren. Ende der 50er Jahre wurden *„Margrit“* und *„Ingrid“* durch das Modell *„Brigitte“* abgelöst.

Abb. 454: *„Modell 350“*, für *„Ingrid“* und *„Margrit“*, Größe 41 (MVZ 26).

Abb. 455: *„Ingrid“* mit der komplizierten Frisur, die nach Werkangaben *„15 Minuten Arbeitszeit“* erforderte. Durch Rationalisierung wurde die gleiche Frisur später in etwa 6 Minuten angefertigt.

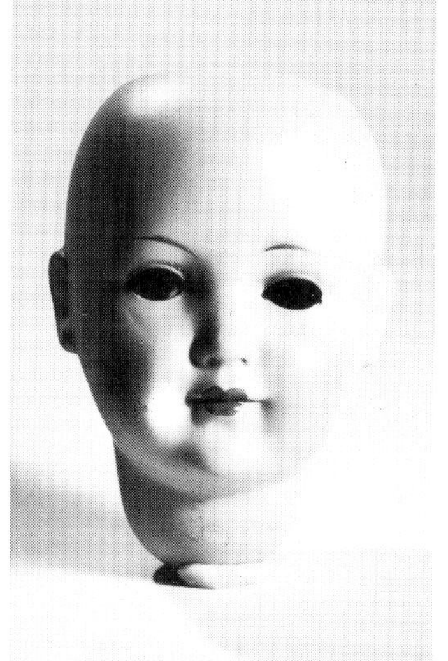

454

455

456

457

MVZ = **M**arken**v**er**z**eichnis Seite 56
SoR = **S**childkröte **o**hne **R**aute
SmR = **S**childkröte **m**it **R**aute
GM = **G**eschmacks**m**uster
DRP = **D**eutsches **R**eichs**p**atent
DRGM = **D**eutsches **R**eichs-**g**ebrauchs**m**uster

„Marion“

Die große, weite Welt ihrer Zeit repräsentierte *„Marion“*, die elegante und extravagante junge Dame. Allein die Kleidung zeichnete *„Marion“* von allen anderen *Schildkröt*-Puppen aus: lange Abendkleider, weite Röcke, trägerlose Mieder mit Bolero und Stola. Sie war ein typischer Vorläufer der *„Barbie“*-Puppe mit ihrer hochgesteckten Echthaar-Lockenfrisur, den Schelmenaugen und der Stimme. 1956 gab es *„Marion“* auch mit Kurzhaarfrisur. Nur in Größe 46!

Abb. 457: Katalog 1954 *„Marion“*.

Abb. 458: *„Marion“* mit roten Sandalen und lackierten Fußnägeln, Originalkleid. Größe 46 (MVZ 27).

458 Sammlung Peter + Christa Schultz

459

460 Sammlung Anne Stitz

„Sternchen" und „Schnuppe"

Die bekannte Wochen-Illustrierte *„Stern"* wurde kurz nach dem Krieg gegründet. Anfang der 50er Jahre wurde in die Zeitschrift eine kostenlose Kinderbeilage eingelegt: *„Das Sternchen"*. Damit das kleine *„Sternchen"* nicht ohne Partner blieb, wurde mit einer Leserumfrage der Name des Freundes gefunden: *„Schnuppe"*. Wer auch immer auf die Idee kam, die beiden Figuren als Puppen umzusetzen, auf jeden Fall meldete *Schildkröt* 1954 darauf ein Geschmacksmuster an. *„Sternchen"* (31 cm) und *„Schnuppe"* (30 cm) sind aus Tortulon gefertigt. *„Sternchen"* trägt ein blaues Kleid mit Faltenrock, orange-weiße Schärpe und rote Schuhe. *„Schnuppe"* dagegen ist mit einem blauen Anzug bekleidet, die orange-weiße Schärpe fehlt ebensowenig wie die braunen Schuhe. Eine kleine, goldfarbene Anstecknadel, ein Stern – stilisiert wie im Zeitschriftenkopf -, ist den beiden *„Stern-Kindern"* auf die linke Brusthälfte aufgesteckt.

Abb. 459: *„Sternchen"* in Originalkleidung, Größe 31 (MVZ 27).

Abb. 460: *„Schnuppe"* im Originalanzug, Größe 30 (MVZ 27).

Abb. 461: Katalog 1955 mit *„Sternchen"* und *„Schnuppe"* und der Original-Verpakkung.

Abb. 462: Original-Anhänger.

Abb. 463: Anzeige aus dem Jahr 1954.

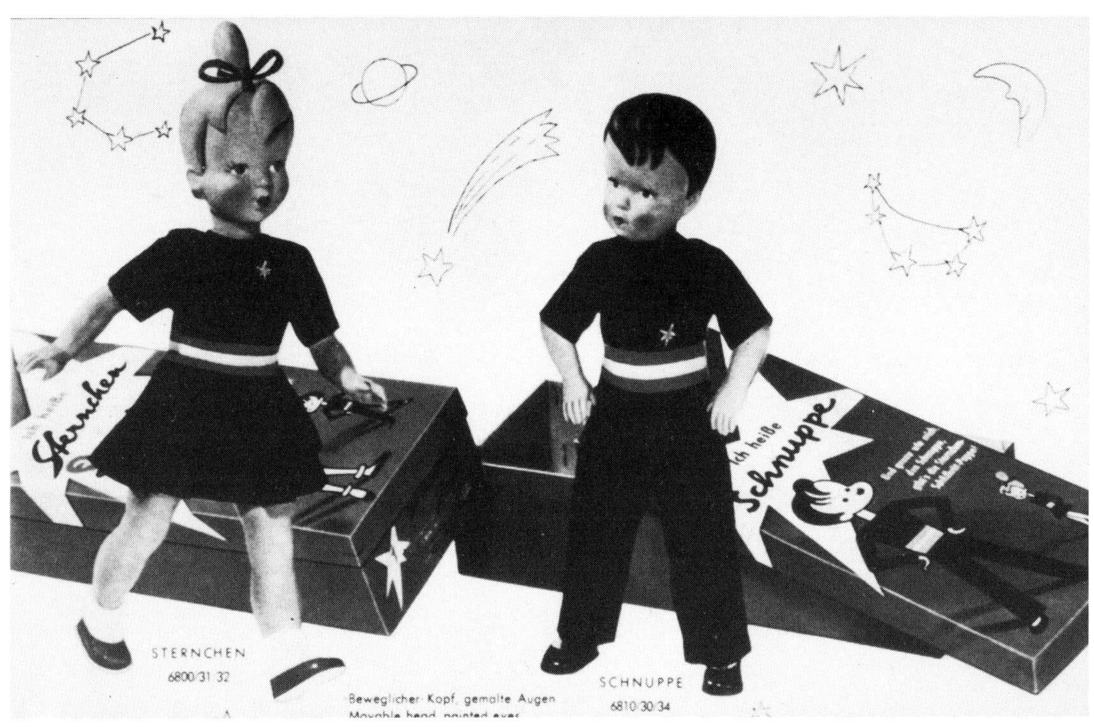

461

Alle kennen mich aus der kleinen Jllustrierten DAS STERNCHEN, die jede Woche der großen Jllustrierten DER STERN beigefügt ist.

Der Stern

Ich bin nicht zerbrechlich und habe nichts dagegen, wenn man mich ab und zu mal tüchtig wäscht. Als echte Schildkröt-Puppe bin ich nicht kleinzukriegen. Jch trage die Sternchen-Nadel.

462

463

Es stellt sich vor:
Yvonne
Yvonne ist aus Tortulon und deshalb weder zerbrechlich noch brennbar noch wasserempfindlich. Sie ist 46 cm groß, hat bewegliche Glieder und Augen, besitzt echtes Haar und kostet im Ladenverkauf DM 34.50.
Wer Yvonne sieht, hat für sie sofort Sympathie!

464

465 Sammlung Peter + Christa Schultz

„Yvonne", „Manuela" und „Annette"

Die Modellpolitik von *Schildkröt* Anfang der 50er Jahre war völlig darauf abgestellt, die alte Marktposition wieder zu erreichen. Viele Typen kamen in den Handel, oft nur Eintagsfliegen, die sich auf eine kurze *„Lebenszeit"* von ein bis zwei Jahren beschränken mußten. *„Yvonne"* und *„Manuela"* eroberten sich im Sturmschritt die Spielwarengeschäfte. Sie unterscheiden sich nur durch ihre Hautfarbe, sind sonst völlig gleich, 46 cm groß, gemarkt mit *„T 46"* und aus Tortulon. Bis in die 60er Jahre wurden sie im Angebot geführt. *„Annette"*, nur 1955 aufgeführt, ist völlig gleich, trägt aber eine kurze Lockenfrisur und karierte 3/4-Hosen. *„Yvonne"* ist fleischfarbig und hat einen modischen Pferdeschwanz aus schwarzem Echthaar. Sie ist mit einer 3/4-langen roten Caprihose aus Samt und einer weißen Bluse mit schwarzer Schleife original gekleidet. *„Manuela"*, die *„schöne Blume von Hawai"*, ist eine Insulanerin mit buntem Hawai- oder Bastrock und einem Kranz von weißen, gelben, blauen und roten Blüten um den braunen Hals. Im rabenschwarzen Echthaar trägt sie eine rote Blume und große goldene Ohrringe zieren die Ohren. Später wurde *„Manuela"* auch als feurige Mexikanerin in weißen Bolero-Oberteil und langem, weißen Rock mit roter Zackenlitze abgesetzt, angeboten.

Abb. 464: Anzeige aus dem Jahr 1954 mit *„Yvonne"*.

Abb. 465: *„Manuela"*, im Original-Bikini, der auch mit einer langen Strandjacke ergänzt werden konnte.

Abb. 466: Katalog 1955 *„Yvonne"* und *„Annette"*.

466

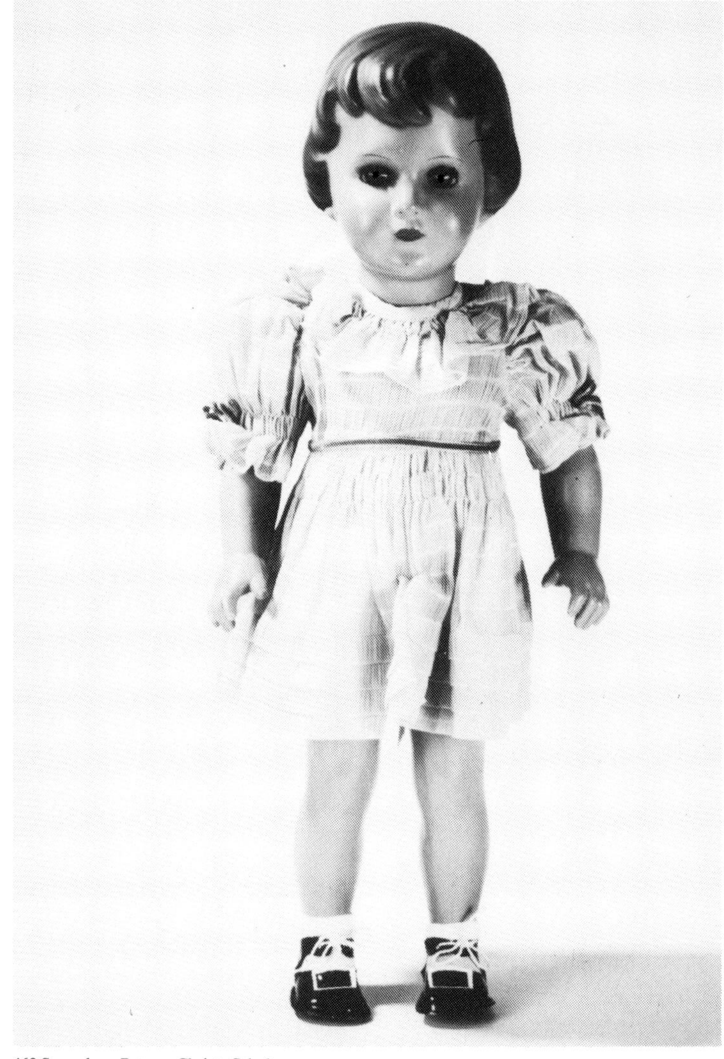

468 Sammlung Peter + Christa Schultz

467

„Karin“

Eintragung als GM 1956 in der Größe von 43 cm. *„Karin“* trägt modellierte Haare und hat von außen eingesetzte Glasaugen mit Wimpern. Der bewegliche Kopf wurde mit festen oder Glasaugen mit Wimpern hergestellt (oder Schlafaugen mit Stimme) und zwar in den Größen 43, 48 und 53 cm bis Ende der 60er Jahre.

Wichtig: *„Karin“* und *„Brigitte“* sind ein Modell, die sich nur durch die Frisur unterscheiden.

Abb. 467: Katalog 1958 *„Karin“*.

Abb. 468: *„Karin“*, 43 cm (MVZ 28) in Originalkleid.

469 Sammlung Peter + Christa Schultz

„Brigitte“

„Brigitte“ wurde als GM 1956 registriert in 43 cm Größe und mit von außen eingesetzten Glasaugen mit Wimpern oder Schlafaugen mit Stimme und Perücke. Sie trägt modische Echthaar-Frisuren wie *„Pferdeschwanz“* glatt oder gelockt und *„Wirbelsturmfrisur“*. Ausführungen in 43, 48 und 53 cm Größe.

Abb. 469: *„Brigitte“*, 43 cm (MVZ 28) in Originalkleid.

Abb. 470: Katalog 1958 *„Brigitte“*.

470

Ja - da ist sie also nun:

Die neue Schildkröt-Puppe Modell Käthe Kruse

und das ist gewiß für viele meiner Anhänger und Freunde eine große Überraschung.

Und man wird mich fragen: „Mußte das sein? Hat Käthe Kruse nicht immer nur für die weiche, die anschmiegsame Puppe plädiert? — Ja, und nun nach 40 Jahren läßt sie also eine Puppe herausbringen aus einem harten Material, unter ihrem Namen."

Ich möchte den vielen und begreiflichen Fragen gleich von vornherein begegnen. Einmal sagt sich's leichter als immer wieder.

Ja — ich bin und ich bleibe natürlich ein Freund der weichen, der warm anfühlbaren Puppe, und ich werde weiterhin in meinem Donauwörther Betrieb die weichen Käthe-Kruse-Puppen herstellen lassen.

Man hat mich nun oft und unzählige Male gefragt: „Machen Sie doch Ihre Puppen billiger — können Sie Ihre Puppen nicht billiger machen?" Ich bekomme Briefe über Briefe, in denen diese Bitte an mich herangetragen wird, und ich muß immer wieder sagen: „Nein, ich kann meine ganz aus Stoff und in Handarbeit hergestellten Puppen nicht billiger machen, und deshalb werden sie für einen großen Käuferkreis ausgeschlossen bleiben und für unzählige kleine Mädchen, die sie zärtlich lieben würden. Und das ist schade. —"

Aber auch diese unzähligen kleinen Mädchen sollen ihre Käthe-Kruse-Puppe haben. Und wenn für sie und ihre Eltern der Preis für meine Original-Puppen unerschwinglich ist, dann muß eine billigere Herstellung gefunden werden, die trotzdem die Schönheit der Käthe-Kruse-Puppen und die Besonderheit ihres Ausdrucks voll zur Geltung bringt.

Und so, sehen Sie, ist eigentlich diese Idee geboren worden. Um die Käthe-Kruse-Puppe billiger herstellen zu können und ihr nun endlich die lange gewünschte weite Verbreitung zu verschaffen, habe ich bei der neuen Puppe den Verzicht geleistet auf das weiche Material und auf die eigene Fertigung. Ich habe mich dazu um so leichter entschließen können, als die harte Puppe sich seit Jahrzehnten einen großen Markt in der ganzen Welt erobert hat, und weil ich die Herstellung dieser neuen Puppe mit dem größten Vertrauen in die Hände der ältesten, bekanntesten und führenden Puppenfabrik legen konnte, nämlich in die Hände der Rheinischen Gummi- und Celluloid-Fabrik, Mannheim-Neckarau. Sie bietet mir in Anbetracht ihrer großen Erfahrung, ihres seit 60 Jahren begründeten hervorragenden Rufes für Qualitätserzeugnisse und ihrer Fortschrittlichkeit in bezug auf neue Fabrikationsmethoden die absolute Gewähr dafür, daß diese neue Puppe in einer Ausführung, die keine Wünsche offenläßt, erscheinen und die helle Begeisterung der Kinderwelt hervorrufen wird.

Das Verständnis, welches man meinen Wünschen, die nicht immer leicht zu begreifen und zu erfüllen gewesen sind, entgegengebrachte, und die Liebe, mit der auch die Herren der Rheinischen an diese für sie neue Aufgabe herangegangen sind, scheinen mir ein schönes Omen für die Zukunft dieser neuen Puppe zu sein.

Ich bitte Sie deshalb, nehmen Sie diese neue Schöpfung herzlich und freudig auf. Ich glaube an einen Erfolg und hoffe, daß auch Sie sich freuen werden. Uns allen wünsche ich viel Glück auf diesem ganz neuen Wege.

Ihre

471

Modell „Käthe Kruse“

1955 waren sie die Puppen-Sensation auf der Nürnberger Spielwarenmesse: Käthe-Kruse-Puppen aus der *Schildkröt*-Fabrik (→ Seite 35). Ein Jahr später erst wurden drei Modelle als GM offiziell registriert: 1. mit von außen eingesetzten, festen Glasaugen und Perücke; 2. mit Schlafaugen und Perücke und 3. fester Kopf, gemaltes Haar, ohne gemaltes Haarband, gemalte Augen. Drei Größen wurden im Katalog aufgeführt: in 35 cm mit festem Kopf, modellierter Frisur mit Haarband, gemalte Augen; in 40 cm mit Schlafaugen, festen Glasaugen oder gemalten Augen und in 45 cm mit modellierter Frisur und gemalten Augen. 1958 haben im Katalog alle *„Modell Käthe Kruse“*-Puppen Schlafaugen. Aus Demiflex gab es 1961 sogenannte *Schildkröt*-Märchenpuppen; sie waren aus einem neuen Kunststoff und in den Formen der Käthe-Kruse-Puppen entstanden: *„Modell Käthe Kruse mit beweglichem Kopf, Schlafaugen und lebensechtes Saran-Haar in 40 cm“*. Auf jeden Fall gehören die Exemplare mit modellierter Frisur zu den seltenen *Schildkröt*-Ausgaben.

Abb. 471: Anzeige aus dem Jahr 1955.

Abb. 472: *Schildkröt*-Manager Kühn mit Frau Prof. Käthe Kruse und ihren Kindern Max und Hanne. Kühn: *„Diese Glasaugen sind in der Serien-Herstellung einfacher und billiger als aufgemalte Augen, und die Natürlichkeit des Ausdrucks erleidet keine Einbuße“*.

Abb. 473: *„Modell Käthe Kruse“* original verpackt, Größe 40 (MVZ 28).

473

472

Abb. 474: *„Modell Käthe Kruse“* mit Schlafaugen in Größe 40 (MVZ 28).

Abb. 475: Diese Markierung mit den entsprechenden Größenangaben ist bei allen *„Modell Käthe Kruse“*-Puppen auf dem Rücken zu finden. Der Kopf ist nur mit der MVZ 28 versehen.

Abb. 476: *„Modell Käthe Kruse“* im Vergleich – links mit gemalten Augen, Mitte mit Schlafaugen (beide Größe 40 und MVZ 28), dahinter Größe 45 (MVZ 28), die größte *„Käthe-Kruse“* mit modellierter Frisur und gemalten Augen, rechts Größe 35 (MVZ 28) mit festem Kopf, modellierter Frisur mit Haarband und gemalten Augen.

474

475

476

Celluloid als Material für Spielzeug war universell einsetzbar. Es war unzerbrechlich, abwaschbar und hygienisch. Insbesondere für Kleinkinder boten sich viele Möglichkeiten seines Einsatzes. Verwendet wurden dabei schon bekannte Puppen-Modelle, die leicht verändert wurden. Als Rasseln, Lauf- oder Verwandlungspuppen kamen sie in die Spielzeug-Geschäfte. Die Rassel-Nr. *„1026"* (auf dem Katalog-Auszug Mitte rechts) war schon 1910 als GM eingetragen als „Verwandlungspuppe„ mit beweglichem Hut und lachendem und weinendem Gesicht. Die untere Reihe (aus dem Katalog 1923) zeigt Rasseln in Biedermeier-Kostümen.

477

Schildkröt als Zulieferer für andere Puppenfabriken

Das Sammeln von *Schildkröt*-Puppen hat auch seine problematischen Seiten. Zum einen gibt es kein übersichtliches Nummernsystem, zum anderen auch keine Garantie für die Originalität der einzelnen Puppe. Oft scheinen Kopf, Körper und Glieder willkürlich zusammengefügt worden zu sein. Sicherlich, sie passen zueinander, aber im Katalog sind andere Angaben über diesen Puppentyp zu finden. Meist war der Puppendoktor schuld (→ Seite 209). Aber es gibt auch noch andere Erklärungen.

Das Bestreben von *Schildkröt* war, möglichst die gesamte Puppenindustrie mit Fertig-, Halb- oder Rohfabrikaten zu beliefern. Fast jede Puppenfabrik in Thüringen führte *Schildkröt*-Produkte in ihrem Programm. In der Spielzeug-Metropole Sonneberg hatten sich Puppenkopf-Malereien darauf spezialisiert, Rohköpfe von *Schildkröt* zu bemalen. Die bekanntesten unter ihnen waren die Malereien Rempel & Breitung und Eduard Liebermann. Sie erfüllten spezielle Wünsche der heimischen Puppenfabriken. Deshalb auch oft das unterschiedliche Aussehen desselben Puppentyps.

Um unnötige Anlieferung und Wartezeit zu vermeiden, richtete *Schildkröt* in Sonneberg ein eigenes Depot ein, das von der Firma Oscar Treuter unter der Leitung von Karl Kestel in der Georgstr. 4 unterhalten wurde. Hier konnten die hunderte von Puppenfabriken, die in und um Sonneberg arbeiteten, jederzeit ihre benötigte Fertigware oder Halbfabrikate einkaufen. Das große Musterlager, immer auf aktuellem Stand, berücksichtigte alle Wünsche der Puppenfabrikanten. Standardmodelle waren immer auf Lager, aber auch alle Einzelteile. Hier konnte sich jede Puppenfabrik nach ihren Wünschen die Puppen *„komponieren"*. Im Betrieb selbst wurden sie dann nur noch zusammenmontiert und bekleidet. Jede einzelne Fabrik hatte ihre Spezialitäten, deshalb die vielen unterschiedlichen Puppen.

Die großen nordthüringischen Puppenfabriken wie Kämmer & Reinhardt, J.D. Kestner jr., Kley & Hahn oder Koenig & Wernicke ließen eigene Modelle bei *Schildkröt* als Rohlinge herstellen. Die Bemalung erfolgte in der jeweiligen Puppenfabrik nach selbst gefertigten Farbmischungen. Diese Köpfe, die bei *Schildkröt* in Auftrag gegeben wurden, sind immer klar mit dem Markenzeichen der Puppenfabrik und der *„Schildkröte"* versehen worden.

Das jeweilige Nummernsystem ist Puppenfabrik-*„eigen"*. So hat zum Beispiel Kämmer & Reinhardt seine berühmte 100er-Charakter-Serie (in Biskuitporzellan) als 700er Serie in der Celluloid-Ausführung anfertigen lassen. Aber auch andere Serien, die in Porzellan große Erfolge wurden, kamen als Celluloid-Ausgabe auf den Markt; so die 200er Serie in Brustblattköpfen und die bekannte Kurbelkopf-Ausgabe *„406"*, die über 20 Jahre lang hergestellt wurde. 1908 lieferte *Schildkröt* an die Puppenfabrik Kämmer & Reinhardt Rohlinge des Modells *„406"* in 11 Größen von 23 bis 70 cm. Spätere Modelle aus den 30er Jahren sind zwar mit *„K&R"* gemarkt, aber der Judenstern, bis 1933 Firmensymbol, fehlt. Kämmer & Reinhardt hatten sehr schöne Celluloid-Köpfe im Programm. Das auffallend gute Aussehen wurde durch ein besonderes Verfahren mit durchsichtigem Mattlack und durch geschicktes Schminken erreicht.

Die Puppenfabrik J.D. Kestner jr. brachte in Celluloid einige schöne Brustblattköpfe in der 200er Serie auf den Markt. 1908 lieferte *Schildkröt* das Modell 200 und 201 in vielen Größen in die Puppenfabrik. Hinzu kamen wenig später interessante Charakter-Babymodelle, wie das Katalogblatt **Abb. 479** beweist.

Eine ungewöhnliche enge Zusammenarbeit pflegte die Puppenfabrik Koenig & Wernicke, Waltershausen" bis Anfang der 80er Jahre mit *Schildkröt*. Eigene Modelle, wie das Charakterbaby Serie 298, aber auch Original *Schildkröt*-Puppen wurden auf das Feinste bekleidet. Durch eine besonders schöne Wirkung zeichnen sich die Cellowachsköpfe aus, eine Entwicklung von Koenig & Wernicke, die exklusiv für die Puppenfabrik nach eigenen Entwürfen in Mannheim-Neckarau hergestellt wurde. Die Cellowachsköpfe, zum ersten Mal 1926 im Angebot, haben ein wachsartiges Aussehen und sind mit den Miblu-Köpfen aus *Schildkröt*-eigener Produktion vergleichbar.

Auch die Spielwarenfabrik Margarete Steiff in Giengen hatte Verbindung mit dem Celluloid-Giganten *Schildkröt*. Das bekannte *Schildkröt*-Modell *„Bebi N"* wurde nach einem von Albert Schlopsnies entwickelten Verfahren mit einer aprikosenfarbenen Tinktur bemalt. Dazu mußte der Hinterkopf ausgeschnitten und nach der Bemalung im Innern wieder zusammengeklebt werden. *„Aprico"* heißt dieses Modell der *„Steiff-Schlopsnies-Puppe"*.

Den amerikanischen Markt belieferte *Schildkröt* über die großen US-Exporthäuser, die

478

Gekleidete Celluloid-Sitz- und Stehbabies

Tafel 4

479

in Berlin und Sonneberg eigene Niederlassungen hatten: Modelle wie *„Baby Bo-Kaye"*, *„Bonnie Babe"*, *„Peek-a-boo"* (Dolly-Puppe) oder *„Fingy-Legs The Tiny Tot"*, eine lustige Laufpuppe, die mit zwei Fingern zum Laufen gebracht werden konnte und die ein Exportschlager für Geo. Borgfeldt & Co. wurde.

Es kann nicht Aufgabe eines Buches über die Firma *Schildkröt* sein, sämtliche Fremdfirmen aufzuführen, die *Schildkröt*-Puppen oder -Einzelteile verwendet haben. Fast alle Puppenfabriken in Deutschland, insbesondere in Thüringen, existierten nur durch das Zusammenmontieren vorgefertigter Einzelteile. Die Puppen wurden dann bekleidet und in alle Welt verschickt. Selbst haben diese Puppenfabriken keine Materialien verarbeitet, sondern nur Fertigteile, ob aus Celluloid, Papiermache, Porzellan usw. Einige wichtige Beispiele sollen hier belegen, wie vielfältig die Kundenliste von *Schildkröt* gewesen ist. Sie sind in diesem Buch abgebildet. Wagner & Zetsche, Ilmenau (→ Seite 78); Moritz Pappe, Liegnitz (→ Seite 60, 65 und 91); W.G. Müller, Sonneberg (→ Seite 67 und 172); Richard Haueisen, Gehren (→ Seite 80); Wilhelm Buschow, Dresden (→ Seite 72) oder die wunderschönen beweglichen Spielzeuge von Gottlieb Zinner & Söhne, Schalkau (→ Seite 83, 86, 87 und 88).

Abb. 478: Musterkarte von Elise Rohrhirsch, Ulm. Original *Schildkröt*-Modelle werden unter der Markenbezeichnung *„Ulmer Spatz"* angeboten. Sie wurden 1925 bekleidet von Elise Rohrhirsch. Links und Mitte das Modell Brustblattkopf *„J.g.A."* als Koch und als Guttacher Bauer und Bäuerin. Daneben gekleidet als *„Stadtmädel"*. Rechts *„Bebi N"*, mattlackierte Ausführung mit gemalten Augen.

Abb. 479: Katalog. Celluloid-Puppen von J.D. Kestner, Waltershausen. Um 1930.

Abb. 480: Katalog von Kämmer & Reinhardt 1931. Serie *„Mein Lieblingsbaby"* Modell *„128"* in Celluloid-Ausführung *„728"*. Alle Modelle in *„Cello"* oder *„Roli"*, den stark rosig bemalten Köpfen, entweder ganz aus Celluloid oder auf Papiermache- oder Pappkörpern. Unter der Bezeichnung *„7775"* und *„7675"* das besonders schöne neugeborene *„Erstlingsbaby"* in heller Ausführung oder als *„Samoa-Baby"*. Die Nr. 7727 ist die Celluloid-Ausführung des Modells *„127"*.

Abb. 481: Koenig & Wernicke, Waltershausen. Modell *„298"*, Größe 37, gemarkt *„K&W.W."* und SmR.

Abb. 482: Kley & Hahn, Ohrdruf. Brustblattkopf Modell *„2200"*. Gemarkt *„K&H"* und SoR. 1908 lieferte *Schildkröt* die Rohlinge in den Größen 10, 11, 12, 13, 14, 15 und 16 ½.

Abb. 483: J.D. Kester, Waltershausen. Brustblattkopf Modell *„201"* mit SoR.

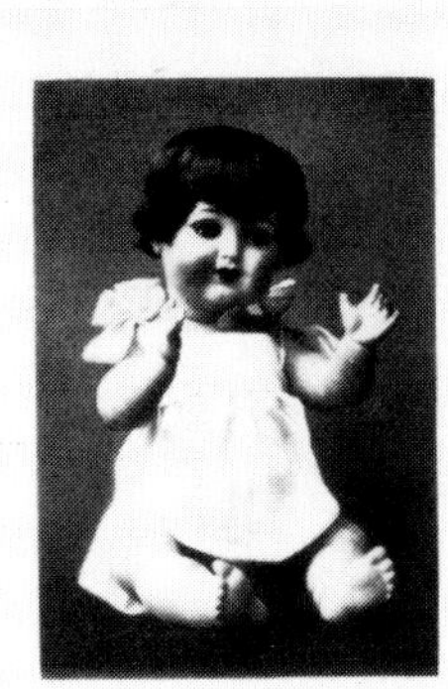

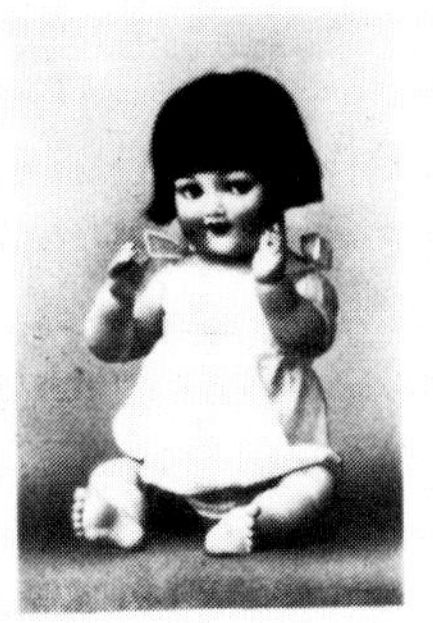

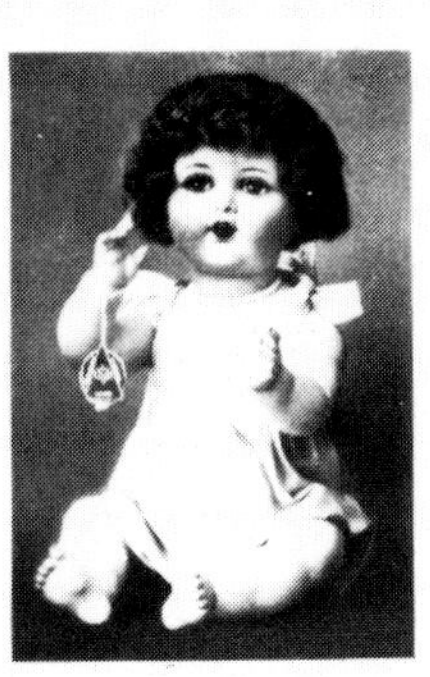

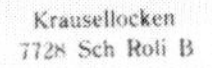

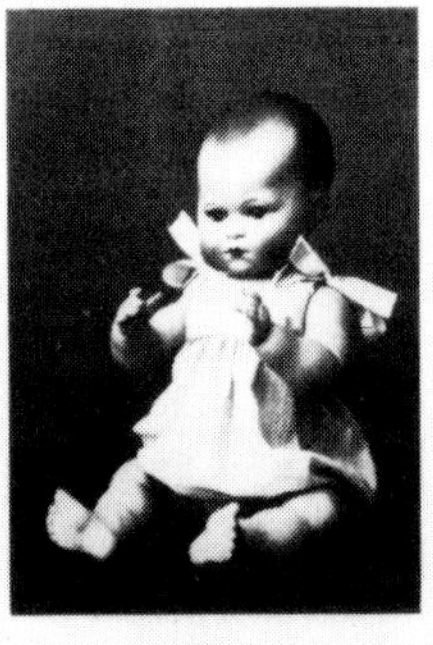

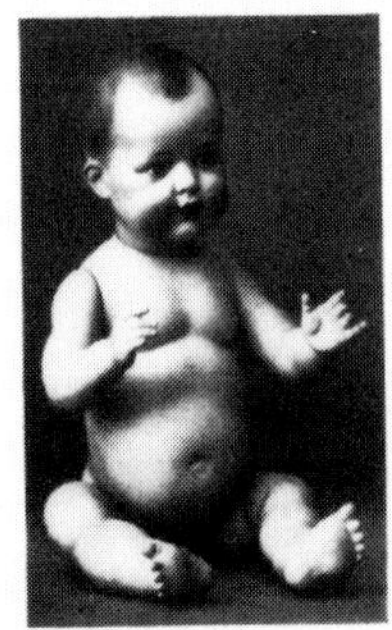

480

481

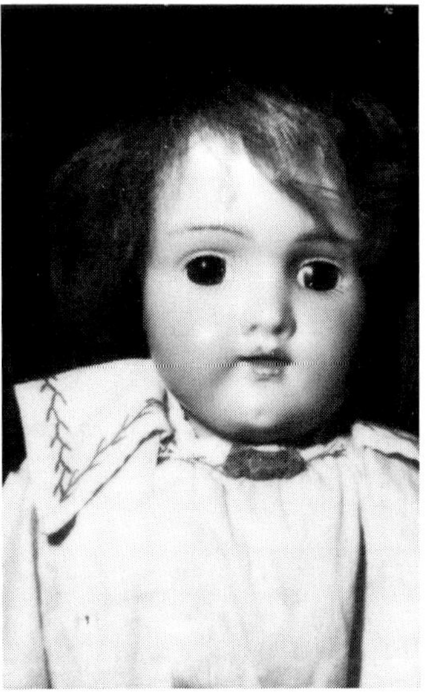

482

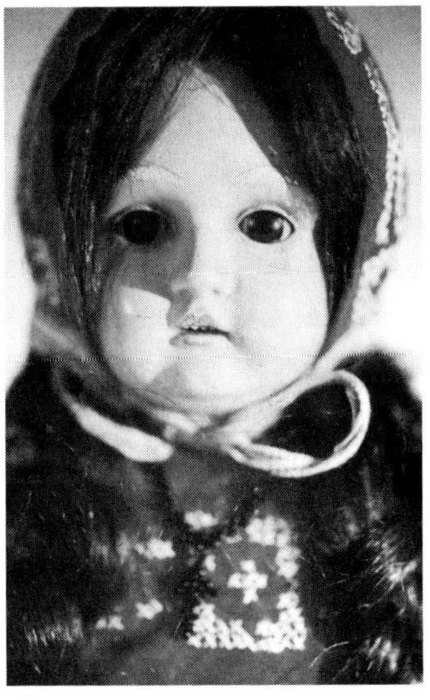

483

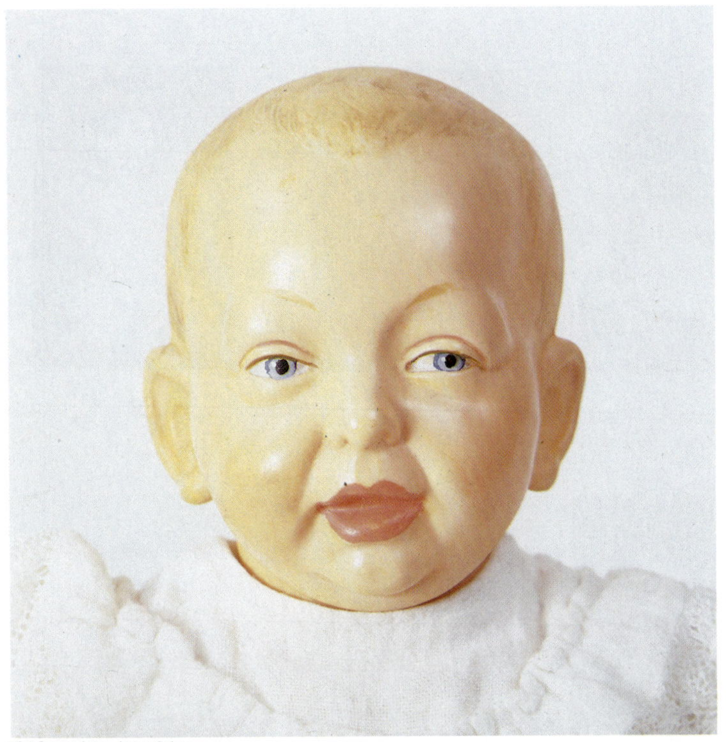
484 Sammlung Anne Stitz

485

486

487 Sammlung Anne Stitz

MVZ	= **M**arken**v**er**z**eichnis Seite 56
SoR	= **S**childkröte **o**hne **R**aute
SmR	= **S**childkröte **m**it **R**aute
GM	= **G**eschmacks**m**uster
DRP	= **D**eutsches **R**eichs**p**atent
DRGM	= **D**eutsches **R**eichs-**g**ebrauchs**m**uster

488 Sammlung Anne Kasten

Die berühmte Charakter-Serie von der Puppenfabrik Kämmer & Reinhardt, Waltershausen, die *„100"*-er, wurde als *„700"*-er Serie in Celluloid hergestellt. Alle diese Puppen sind gemarkt mit *„K&R"* und SoR.

Abb. 484: K&R, Serie *„700"*, Größe 36.

Abb. 485: K&R, Serie *„727"*, Größe 28 (GM 1915).

Abb. 486: K&R, Serie *„728"*, Größe 43/46 (1915).

Abb. 487: K&R, Serie *„721"*, Größe 35 (1912).

Abb. 488: K&R, Serie *„701"*, Größe 30, genannt *„Peter"* (1909).

Kopien und Plagiate kamen meist aus Japan

In der Spielzeugindustrie gehört es zum guten Ton, die schönsten Modelle der Konkurrenz nachzuahmen. Keine Fabrik zu keiner Zeit kann sich von fremden Einflüssen freisprechen. Schon gar nicht die Puppenbranche. Erfolgsmodelle sind innerhalb kürzester Zeit auch im Programm der Konkurrenz zu finden; natürlich nicht schamlos original, sondern mit kleinen winzigen *„Verbesserungen"*. Prozesse, die damals wie heute stattfanden, haben selten dem Urheber recht gegeben. Und: wer die gerichtliche Klärung sucht, ist bald in der gesamten Branche geächtet.

Es ist wie eine stille Übereinkunft: jeder holt sich *„Anregungen"* von jedem, detailgetreue Kopien werden vermieden. Kein Dokument verdeutlicht dies mehr als ein offener Brief von Franz Reinhardt, Inhaber der größten Puppenfabrik Thüringens, aus dem Jahre 1925 an Käthe Kruse wegen deren Plagiats-Prozesses gegen die Bing-Werke. Er schreibt darin unter anderem über das *„Kopieren"*: *„... daß ich dieses Urteil für das größte Fehlurteil halte, das mir je vorgekommen ist. Ich weiß mich in dieser Ansicht eins mit allen meinen Fachkollegen... Meine Charakterpuppe und viele andere spätere Neuheiten sind mir von der Konkurrenz glatt kopiert worden... Ich könnte aufgrund dieses Reichsgerichtsurteils ohne Zweifel fast die gesamte Konkurrenz meiner Firma ... tributpflichtig machen. Aber: ‚Leben und leben lassen'."*

Bei einer Celluloid-Fabrik sind die Investitionskosten für die Entwicklung neuer Modelle und Formen so hoch, daß jedes Konkurrenz-Plagiat riesige Verluste bedeutet. Und weil die Kosten so immens sind, wird jedes Puppenmodell als Brustblatt-, Kurbel- oder Halskopf doppelt und dreifach genutzt, deshalb auch die gleichen Puppentypen immer wieder als Neger oder Exoten.

Wenn man heute die Puppenkopf-Modelle anderer Celluloid-Fabriken aus jener Zeit mit der Produktion von *Schildkröt* vergleicht, findet man sehr schnell die Kopien der Konkurrenz. Obwohl man in Mannheim-Neckarau jeden neuen Puppentyp beim örtlichen Amtsgericht als Geschmacksmuster gesetzlich schützen ließ, war man vor den Nachahmungen nicht sicher. Musterschutz-Prozesse wurden mit einigen Firmen geführt. So zum Beispiel mit der Nürnberger Celluloidwarenfabrik Gebr. Wolff, der 1911 vorgeworfen wurde, mehrere Köpfe von *Schildkröt* schamlos kopiert zu haben. Hintergrund: auch die Firma Wolff wollte am Puppen-Boom teilhaben und produzierte zum ersten Mal Puppen. Daß gleich bei ersten Modellen *„Kopien"* herausgekommen sein sollten, wurde natürlich vor Gericht ernsthaft bestritten.

Der Urteilsspruch ist klassisch für die Spielwaren-Industrie. Das Gericht wies die Klage ab und bürdete *Schildkröt* die Kosten des Verfahrens auf. Wen wundert,s, daß etwa 25 Jahre später *Schildkröt* zum Prozessieren keine rechte Lust verspürt, als die Modelle *„Hans"*, *„Inge"* und das *„Strampelchen"* in leichter Abänderung auch bei der Konkurrenz auftauchten.

Die Japaner haben den Ruf, vom Kopieren zu leben. Fernöstliche *Schildkröt*-Kopien gibt es schon seit den 20er Jahren (→ Seite 15), in den USA wurden sie sogar mit dem Orignal Markenzeichen, der Schildkröte, angeboten und verkauft. Japan überschwemmte den Markt mit billigsten Celluloid-Artikeln. Die einzige Möglichkeit, sich vor dieser unangenehmen und oft tödlichen Konkurrenz abzuheben, war, die Qualität der Erzeugnisse zu verbessern. Das wurde bei *Schildkröt* als oberstes Ziel verkündet. Doch, wie die Firmen-Geschichte zeigt, ohne lang anhaltende Wirkung. In den 60er Jahren wurden die Japaner noch stärker und drückten die Mannheimer Puppenfabrik vom Markt.

Abb. 489: Der japanische *„Hans"*, gemarkt mit der Bourbonischen Lilie, Größe 28 cm.

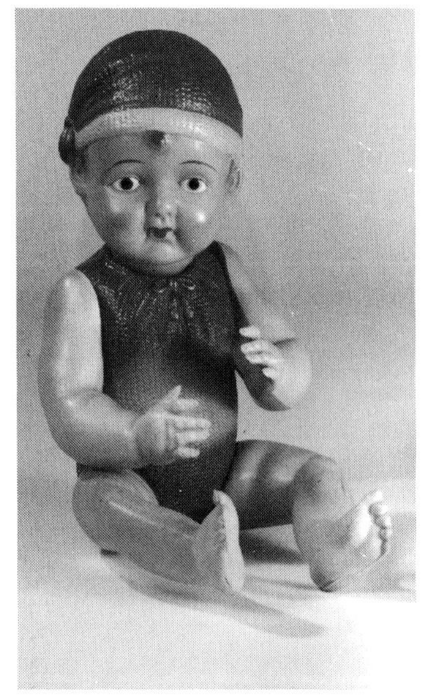

Abb. 490: Japanische Kopie des *„Bebi 1910"* mit modellierter Zipfelmütze (→ Seite 175).

Tips vom Puppendoktor

Mit dem Motto *Abwaschbar, Farbecht, Hygienisch und Unzerbrechlich"* suggerierte *Schildkröt* seiner Kundschaft in aller Welt, daß die in Millionen-Auflage gefertigten Puppen pflegeleicht und von ewiger Dauer sein würden. Aber die Praxis zeigte ein anderes Bild: *Schildkröt*-Puppen aus Celluloid waren zwar unempfindlicher als die Porzellan- oder Papiermache-Puppen, doch auch sie konnten zerbrechen, eingedrückt werden usw. Besonders das frühe Celluloid-Material und die Miblu-Ausführungen waren und sind auch heute noch von den Sammlern mit äußerster Vorsicht zu behandeln. Erst die späteren Puppen, insbesondere nach 1950, zeigen sich robuster als ihre Vorgängerinnen.

Oberstes Ziel bei *Schildkröt* war, daß bei einer defekten Puppe die lädierten Teile möglichst schnell repariert oder ausgetauscht werden konnten. Durch die Herstellung und den Vertrieb von Kämmen und anderen Toilettenartikeln war die Firma beim Friseurhandwerk gut eingeführt. Nichts lag also näher, als hier auch die Reparatur-Werkstätten für Puppen einzurichten. So hatte bis weit in die 50er Jahre fast jeder Friseur gleichzeitig auch noch eine einträgliche Puppen-Klinik. Hier lagen die Ersatzteile, die schnell montiert werden konnten.

Die Puppendoktoren konnten sich vor den vielen Aufträgen kaum retten: Augen auswechseln, Arme oder Beine erneuern usw. Oft waren die originalen Teile für eine Reparatur nicht vorrätig oder nicht mehr lieferbar, weil die Puppe aus dem Programm geflogen war. Aber: der Puppendoktor mußte und wußte zu helfen. Er nahm die Ersatzteile, die er auf Lager hatte, ob sie nun zum Original paßten oder nicht. Hauptsache, die Größenverhältnisse stimmten. Das ist einer der Gründe, warum *Schildkröt*-Puppen häufig nicht *„stimmig"* sind.

Puppendoktoren wurden von der Puppenindustrie gehegt und gepflegt. Sie hatten den unmittelbaren Kontakt zum Kunden, zum Endverbraucher, und konnten aufgrund der vorliegenden Reparatu-

Abb. 491: Transparente Schaupuppe Modell *„Ursel"* als Demonstrations-Objekt für den Puppendoktor. Deutlich sind der Schlafaugen-Mechanismus und die *Schildkröt*-Verankerung zu erkennen.

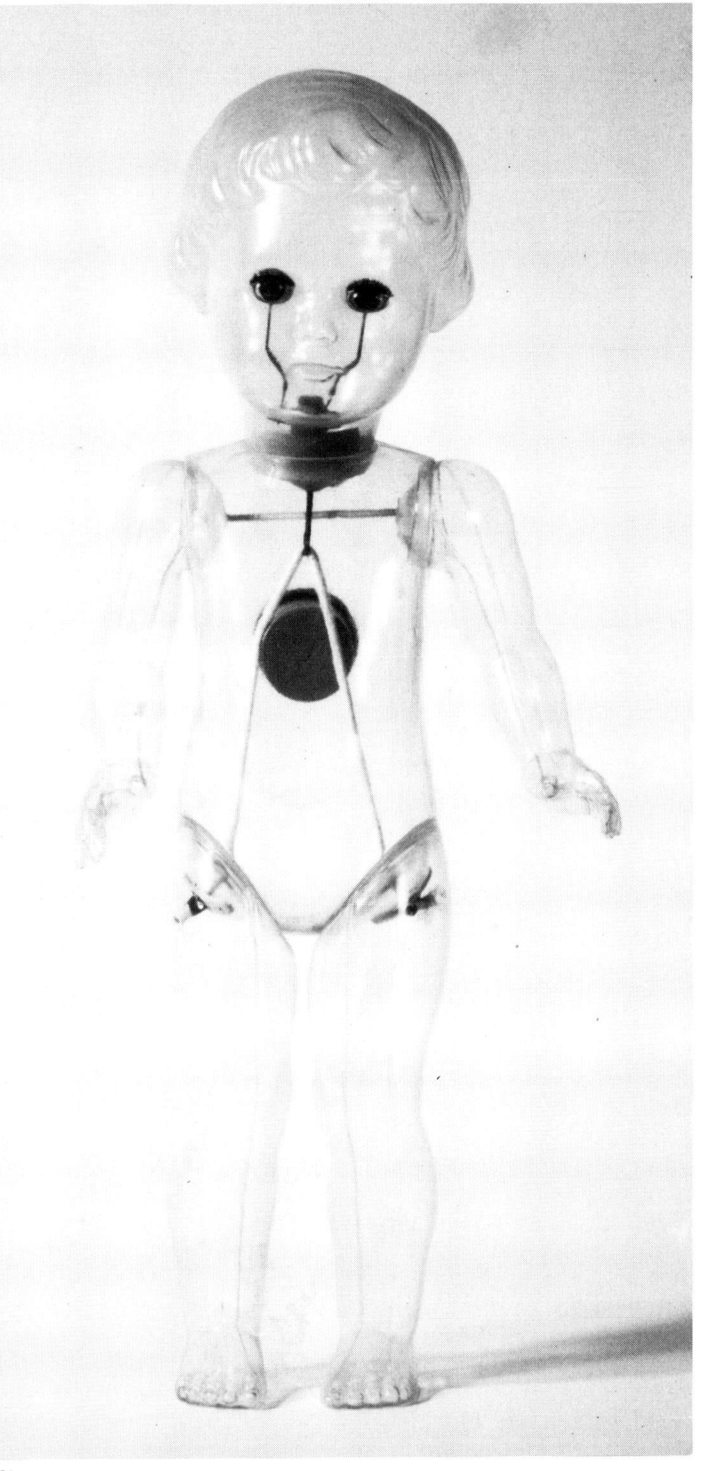

491

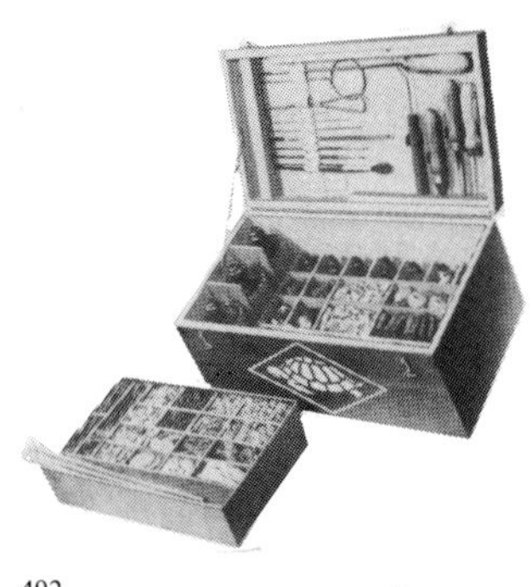

492

493

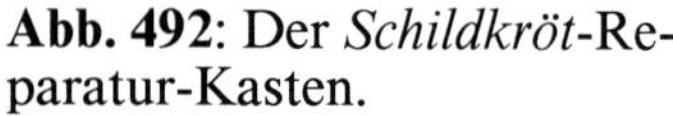

Abb. 492: Der *Schildkröt*-Reparatur-Kasten.

Abb. 493: Utensilien für den Puppendoktor, vom Metallklemmer bis zum Anker.

ren die Puppenfabriken schnell darüber unterrichten, warum ein Modell besonders anfällig war.

Bei den großen Thüringer Puppenherstellern war es üblich, daß in der Vorweihnachtszeit Fachkräfte in die Kaufhäuser der Großstädte abgestellt wurden, um dort Puppen zu reparieren, und jedermann konnte dabei zuschauen.

Schildkröt suchte immer die Verbindung zu seinen Puppen-Kliniken und stand mit Rat und Tat zur Seite, wenn Problemfälle auftraten. Regelmäßig wurden die Puppendoktoren über die neuesten Entwicklungen unterrichtet, wurde ihnen das Innenleben der Puppen erklärt und auch transparent gemacht. Damit nämlich der Schlafaugen-Mechanismus oder die richtige Glieder-Spannung vorgeführt werden konnte, hatte *Schildkröt* eine Sonderserie von Puppen anfertigen lassen, deren Celluloid-Körper durchsichtig war. Besser konnte man nicht demonstrieren, worauf es bei einer möglichen Reparatur ankam.

Voraussetzung war in jedem Fall eine genaue Materialkenntnis. Celluloid war leicht zu bearbeiten und auch zu reparieren. Lösungsmittel war zum Beispiel Aceton (Achtung: nur in ganz geringen Mengen) und der sogenannte *„Celluloid-Kitt“* (feine Celluloid-Späne werden mit Aceton zu einer breiigen Masse vermischt). Als Farben sollten nur Original-Farben verwendet werden. Größere Temperatur-Schwankungen sollten vermieden werden, sowohl extreme Wärme als auch Kälte. Denn Celluloid reagiert sehr empfindlich und verzieht sich, so daß auch die Funktion der Schlafaugen beeinflußt werden kann. Verformte oder verzogene Puppen sind nicht mehr zu reparieren, die entsprechenden Teile müssen ersetzt werden. Besonders wichtig ist, daß Celluloid im Laufe der Jahrzehnte spröde geworden sein kann, je nach Lagerung. Hier ist Vorsicht geboten: nur ein kleines unbedachtes Anstoßen kann das Celluloid zerspringen lassen.

Das notwendige Ersatz-Material wurde in perfekter Sortierung angeboten. Die *Schildkröt*-Reparatur-Kästen waren in der gesamten Branche als vorbildlich bekannt. Sowohl Werkzeug als auch Materialien waren darin enthalten, in praktisch angeordneten Fächern und übersichtlicher Einteilung. Außerdem eine genaue Anleitung über die *„einfachste“* Wiederherstellung von beschädigten *Schildkröt*-Puppen. (Anmerkung: Viele Sammler haben uns gebeten, möglichst ausführlich auf das Reparieren von Celluloid-Puppen einzugehen. Entweder zur Anregung eigener Aktivitäten oder aber, um sachgemäße Restaurierungen auch kontrollieren und überwachen zu können. Deshalb ist dieses Kapitel sehr umfangreich geworden. Wir haben uns entschlossen, eine der

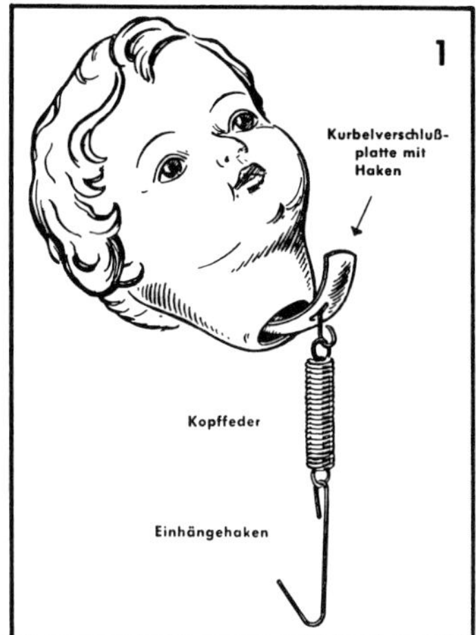

letzten Reparatur-Anweisungen von *Schildkröt* zu veröffentlichen. Sie gilt, mit wenigen Einschränkungen, auch für ältere Modelle.).

Nachfolgend ein Auszug aus der Broschüre *„Der Puppendoktor"* aus den 50er Jahren:

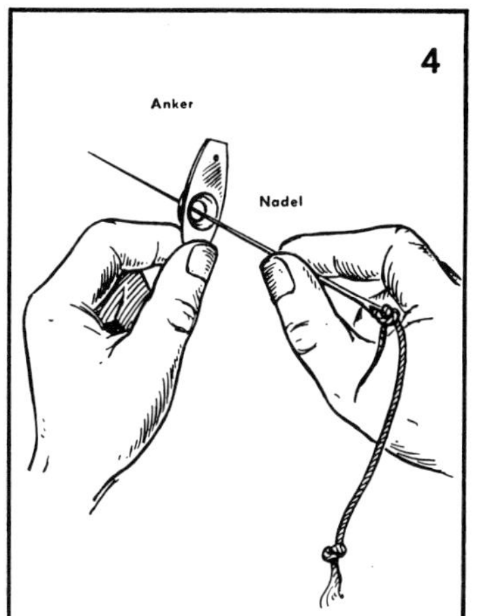

Reparatur-Anleitung

I. Befestigung des Kopfes bei Celluloid-Puppen. Wenn ein Kopf repariert oder ausgetauscht werden muß, ist oft auch die Kopffeder erneuerungsbedürftig oder sie verzieht sich beim Auswechseln des Kopfes derart, daß sie ersetzt werden muß. – Es gibt zwei Größen: Die Feder mit dem kleineren Haken wird für Puppen der Größen 34 bis 41 verwendet, die Feder mit dem größeren Haken für Puppen ab Größe 45. – Das Einhängen des Kopfes ist einfach: Man hängt die Kurbelverschlußplatte mit ihrem Haken in die freie Öse der Kopfeinhängefeder ein (Abb. 1). – Nun wird der Haken der Kopffeder mit der Kopfeinhängegabel an das Celluloidrohr gehängt, das sich im unteren Teil des Puppenrumpfes befindet (Abb. 2).

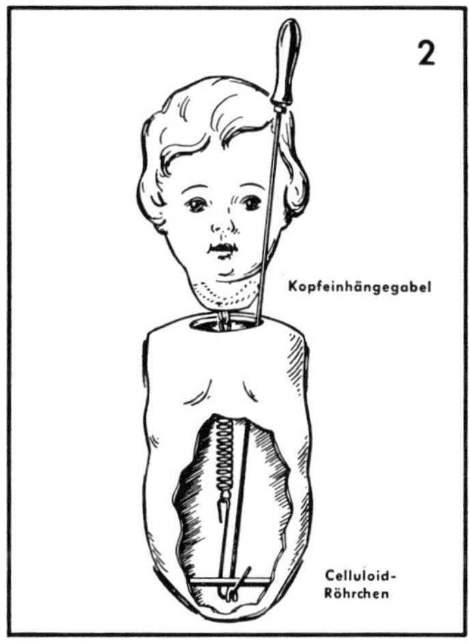

II. Befestigung der Glieder am Körper bei Puppen der Größen von 25 cm aufwärts. Zunächst wird der Anfang der Gummikordel bis zur Länge von etwa 2 cm ausgefranst, damit die dann freigelegten Gummiadern herausgerissen werden können. Die Umklöppelungslitze wird zu einer Spitze gedreht, in das Nadelöhr eingefädelt und verknotet (Abb. 3). – Das Befestigungsplättchen (Schildkröt-Anker) wird so gehalten, daß die zur Aufnahme des Knotens bestimmte Vertiefung des Ankers zur Nadelspitze zeigt. Der Anker wird aufgefädelt und die Gummikordel verknotet (Abb. 4). – Der aufgefädelte Anker wird jetzt in die Pfanne des rechten oder linken Gliedes eingeführt (Abb. 5). – Dann fährt man mit der Nadel und Gummischnur durch den Puppenrumpf und nimmt ein zweites Befestigungsplättchen auf, diesmal jedoch mit dem Knotenloch entgegengesetzt zur Nadelspitze. Die Gummikordel wird etwas angezogen, hinter dem Anker verknotet und etwa 1 cm hinter dem Knoten abgeschnitten (Abb. 6). – Anschließend faßt man mit einer Nadel oder Ahle in das Knotenloch des zweiten Ankers und führt diesen in das zweite Glied ein (Abb. 7) – Dieser Vorgang ist für Arme und Beine der gleiche. (Anm.: Arme und Beine sind in Regel mit Gummikordel gespannt. 1925 heißt es aber im Katalog: *„bei größeren Überseeaufträgen können auf besonderen Wunsch auch Stahldrahtfedern verwendet werden"* – eine praktische Konzession an die trockenen, heißen Länder, in denen das Gummi schnell spröde wurde).

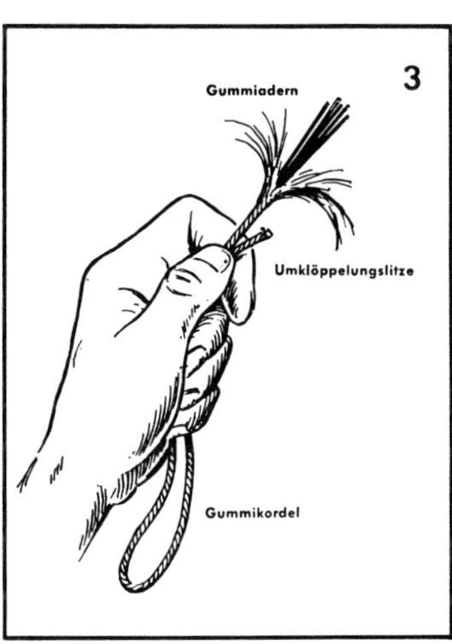

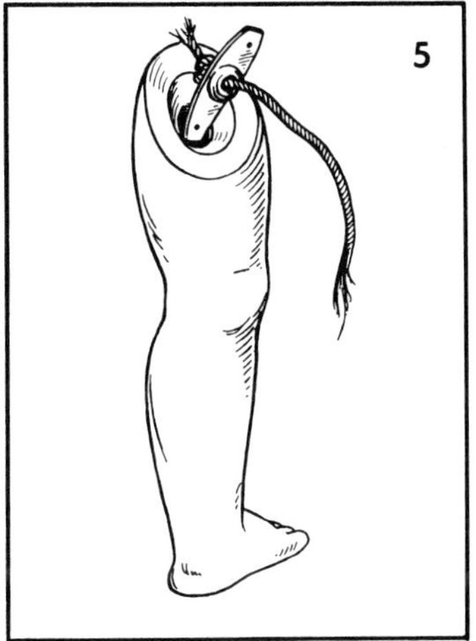

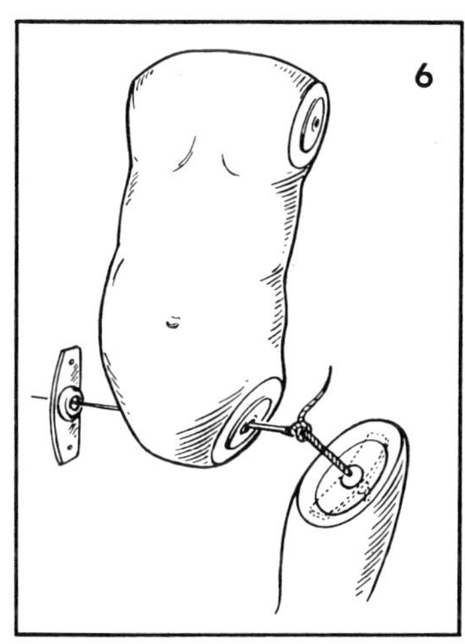

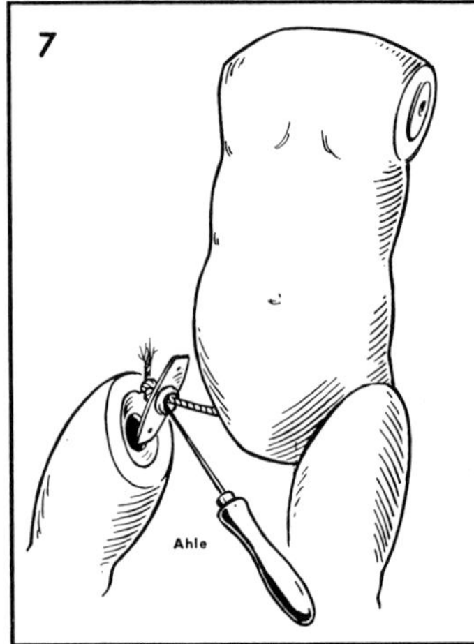

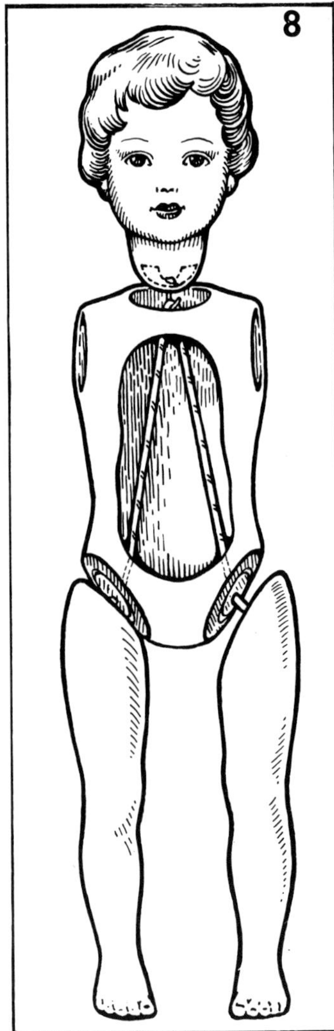

III. Kopf- und Glieder-Befestigung bei Tortulon-Puppen mit beweglichem Kopf ab Größe 40. a) Steh-Sitz-Puppen: Die Tortulon-Puppe braucht zwischen den Armen und zwischen den Beinen kein Versteifungsrohr. Die Arme sind mittels Gummikordel und Faltankern quer miteinander verbunden. Die Montage erfolgt wie unter Abschnitt II. – Kopf und Beine sind nicht getrennt montiert, sondern mittels Gummikordel miteinander verbunden (Abb. 8). Die beiden Enden der Gummikordel sind mit Ankern versehen und stekken, wie unter II beschrieben, in den Bohrlöchern der Beine. - b) Sitz-Babies: Bei Sitz-Babies sind Kopf und Beine mit einer ringförmigen Gummischlaufe verbunden. In diese Gummischlaufe sind eingehängt die Kurbelverschlußplatte des Kopfes sowie die Faltanker der Beine.

IV. Befestigung der Glieder an Puppenkörpern und sonstigen Figuren von 22 cm abwärts. Im wesentlichen ist der Vorgang fast der gleiche wie bei Abschnitt II. Die Glieder werden aber ohne Anker eingehängt, dessen Funktion vom Knoten der Gummikordel übernommen wird, und zwar in der Weise, daß nach dem Einfädeln der Gummikordel hinter der Nadel ein Knoten gemacht und dieser mit der Ahle in die geschlitzte Gliederpfanne eingedrückt wird (Abb. 9). Jetzt zieht man das freie Ende der Gummikordel durch den Puppenrumpf auf Spannung, steckt einen Klemmer direkt am Rumpf auf die Gummikordel, macht wieder einen Knoten, schneidet 1 cm hinter dem Knoten ab, steckt die Ahle durch den Knoten und drückt ihn in die andere Gliederpfanne ein. Dann zieht man den Klemmer von der Gummikordel herunter (Abb. 10). – Sollte eine Gliederpfanne ausgerissen sein, kann man den Ausschnitt durch Einkitten eines Stöpsels aus Celluloid-Stäbchen entsprechend vereinigen oder mit

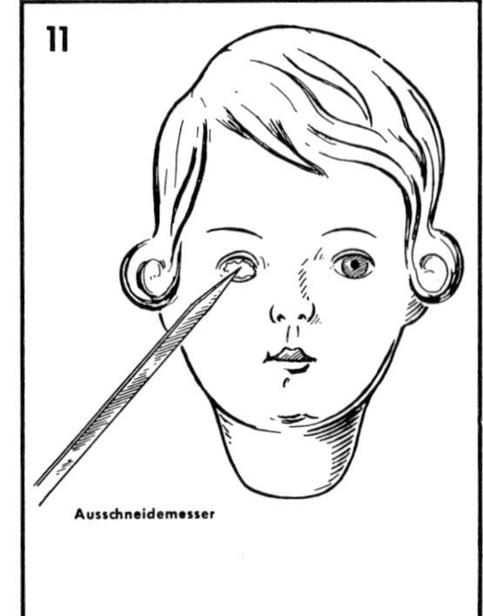

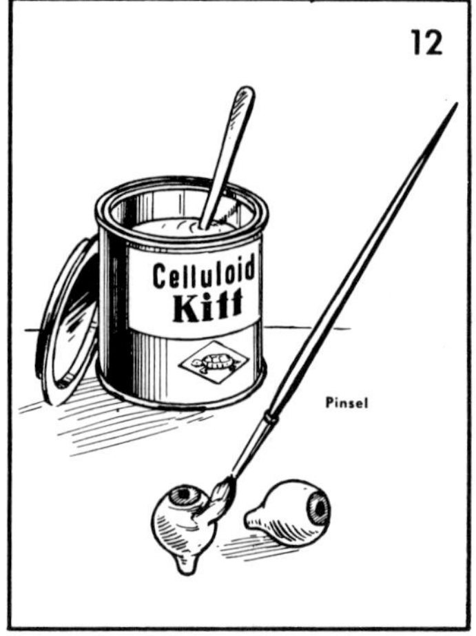

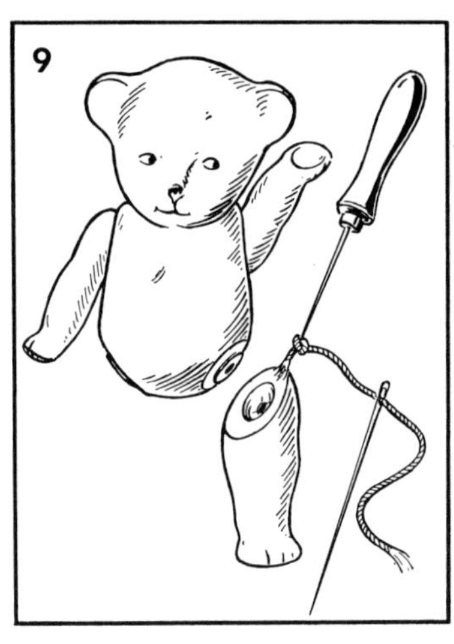

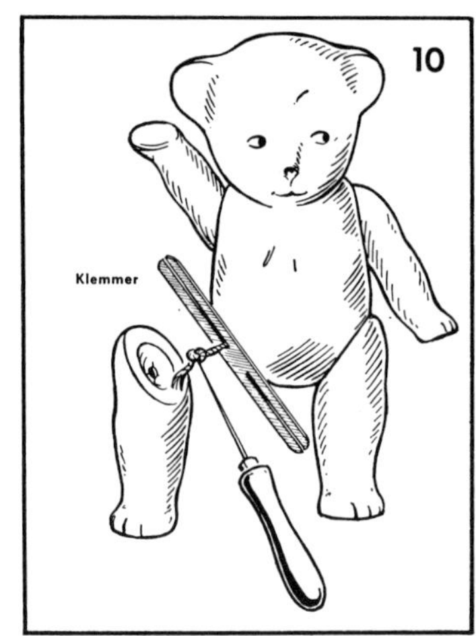

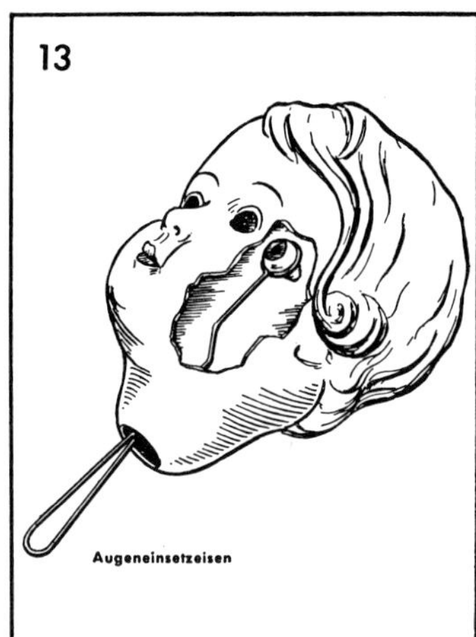

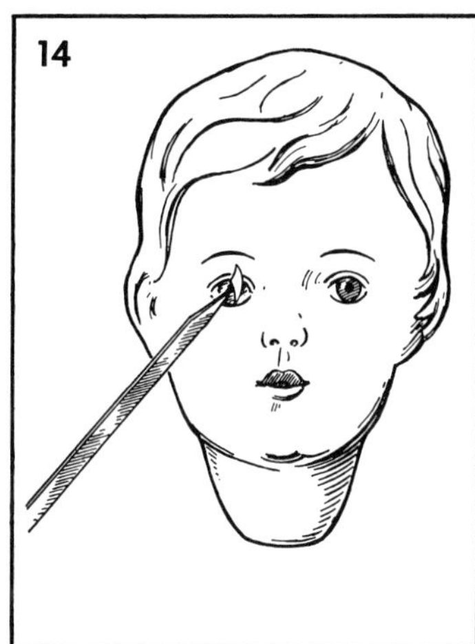

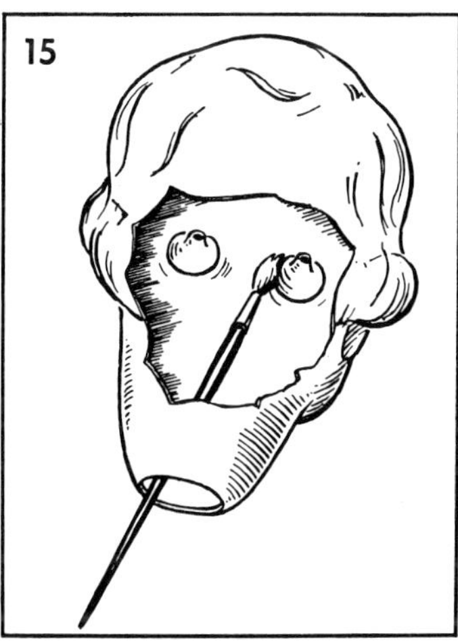

Celluloid-Kitt eine Celluloid-Scheibe in die Gliederpfanne kleben. Ist der Rumpf an einer Gliederansatzstelle eingerissen, klebt man zur Instandsetzung oder Verstärkung ebenfalls mit Celluloid-Kitt eine passende Celluloid-Scheibe auf.

V. Einsetzen von festen Glasaugen. a) Augen, die von innen eingesetzt werden: bei Puppen mit beweglichem Kopf (Kurbelkopf) aus Celluloid und Tortulon. – Man entfernt das beschädigte oder losgelöste Auge und säubert den inneren Augenrand von Kittresten (Abb. 11). – Das neu einzusetzende Auge wird auf der gesamten Oberfläche mit glashellem Celluloid-Kitt bestrichen. Sobald die Kittschicht um das Auge getrocknet ist (ca. 4 Stunden), wird das Auge nur an der Vorderseite ein zweites Mal mit Celluloid-Kitt bestrichen (Abb. 12). – Mit dem entsprechenden Augeneinsetzeisen wird das Auge nunmehr durch die Kopfbohrung (Halsloch) von innen her in die Augenhöhle eingesetzt (Abb. 13). Hierbei ist auf eine gute Ausrichtung zu achten, damit durch richtigen Sitz des Auges ein natürlicher Blick erzielt wird. Nach dem Einkitten lagere man den Kopf zum Trocknen mit dem Gesicht nach unten. Nach etwa 5 Stunden Trockenzeit wird die äußere, sichtbare Celluloid-Kitt-Schicht über dem Glasauge mit einem scharfen Messer rund um den Augapfel entfernt (Abb. 14). Dann bestreicht man das eingesetzte Auge im Inneren des Kopfes nochmals am Augenrand mit ein wenig Kitt, damit der Augapfel gut mit dem Material des Kopfes verbunden ist (Abb. 15). – b) bei Puppen mit festem Kopf aus Celluloid oder Tortulon: Das Einsetzen von Glasaugen in Puppen mit festem und beweglichem Kopf erfolgt grundsätzlich auf die gleiche Weise. Da bei Puppen mit festem Kopf keine Öffnung zum Einführen der Glasaugen vorhanden ist, wird am Körper seitlich dort, wo die Arme befestigt werden, bei schrägem Ansatz des Messers ein rundes, etwa 10 Pfennigstück großes Plättchen herausgeschnitten. Durch die entstandene Öffnung wird das gebogene Augeneinsetzeisen eingeführt und wie bei a) verfahren. Nach erfolgter Reparatur werden die Schnittflächen dünn mit Aceton bestrichen und das herausgeschnittene Plättchen wieder eingefügt. Die Kleberänder sind anschließend zu säubern. – c) feste Glasaugen, von außen einsetzbar. Neu sind die von außen einsetzbaren festen Glasaugen, die wir Flachschalaugen nennen. Diese Augen werden verwendet für Puppen oder Köpfe, bei denen die Augen nicht ausgestanzt sind, sondern in eine Augenhöhle eingesetzt werden. Das Einsetzen erfolgt nicht im Kopfinnern, sondern von Außen mit einem Klebemittel, zum Beispiel Alleskleber (Abb. 16).

VI. Instandsetzung von Schlafaugen. a) die von innen eingesetzt werden bei Celluloid- und Tortulon-Puppen: Bei *Schildkröt*-Puppen mit gemaltem Haar werden Reparaturen an Schlafaugen durch das Innere des Kopfes vorgenommen. Das Einsetzen eines neuen Schlafaugengestelles geschieht wie folgt: Zunächst werden die verbliebenen Klebstoffreste aus dem Kopfinnern entfernt. Dies geschieht zweckmäßigerweise mit einem Schaber oder Schraubenzieher, nachdem man die Kopfwände an den betreffenden Stellen leicht gerückt hat, damit sich die Klebtoffreste besser lösen. Der derart gesäuberte Kopf wird nun zur neuen Schlafaugenmontage vorbereitet. An den späteren Klebestellen werden mittels transparentem Celluloidkitt kleine Stoffläppchen, etwa 25 x 40 mm, eingeklebt; man läßt dann kurz trocknen. Anschließend wird das neue Schlafaugengestell in den Kopf eingepaßt und dabei darauf geachtet, daß der Augenabstand mit dem Abstand der Augenlöcher genau übereinstimmt. Das Schlafaugengestell wird jetzt zur endgültigen Montage in den Kopf eingesetzt, die Augen nach den Augenhöh-

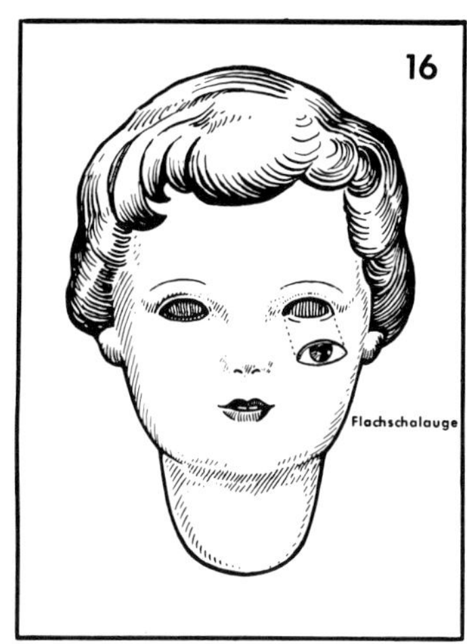

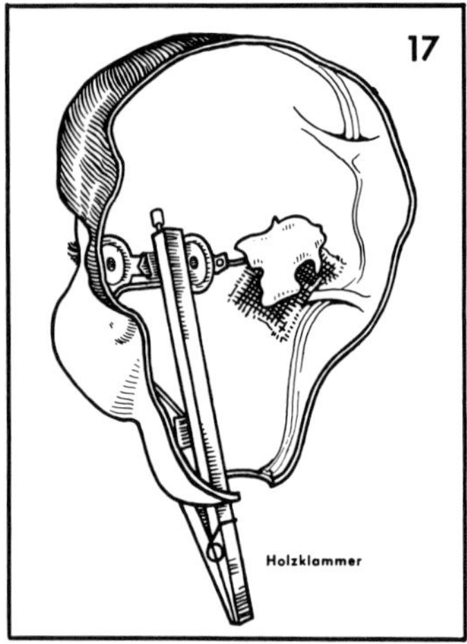

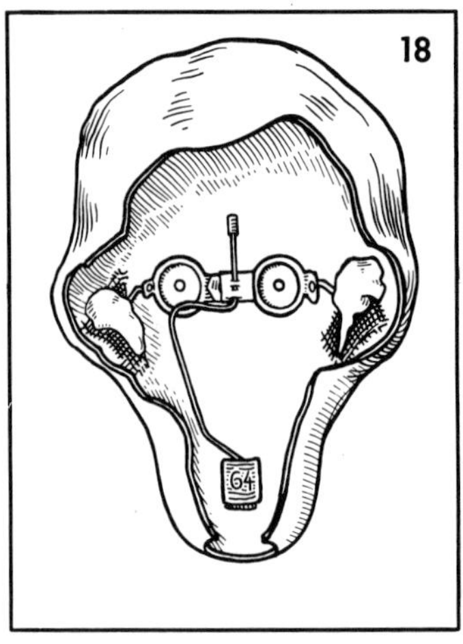

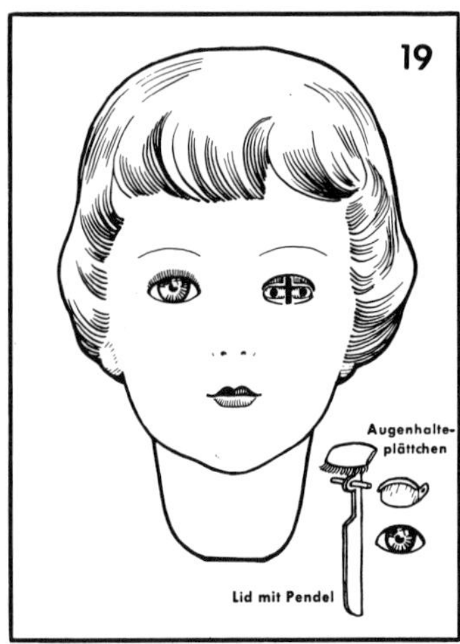

len ausgerichtet und mit einer Holzklammer festgehalten (Abb. 17). -Bemerkenswert ist, daß das jetzt Verwendung findende Schlafaugengestell in den Kopf eingeführt werden kann, ohne daß, wie bisher, ein Stück aus der Halskurbel herausgeschnitten werden muß, weil die Pendelstange entsprechend gebogen ist (Anm.: → Seite 50). Damit man nachher keine große Nacharbeit mehr hat, legt man zwischen die Augenkörper und die Kopfwand Abstandsplättchen, etwa in Form von feinen, 05 mm dikken Gummistreifen. Jetzt werden die Befestigungsbügel zu beiden Seiten des Augengestelles an die Innenseite der Kopfwand in Höhe der Schläfen angelegt und in diesem Zustand mit der Klebemasse bestrichen (Abb. 18). – Das Klebemittel besteht aus einer Masse aus Schlämmkreide (Calciumbicarbonat) und Knochenleim, welche als dünner Brei aufgetragen wird.

Die Masse wird hergestellt, in dem man Knochenleim in einem Wasserbad heiß macht, so viel Wasser zugießt, daß er dünnflüssig wird und dann Schlämmkreidepulver so lange zusetzt, bis eine breiige Masse entsteht, die sich eingießen läßt, aber nicht so dünn ist, daß sie abfließt. Zweckmäßigerweise setzt man nur so viel Schlämmkreide-Knochenleim-Gemisch an, wie man im Augenblick verarbeiten kann, da ein Verflüssigen nach der Erhärtung durch Wiedererwärmen nicht mehr möglich ist. Nach einer Zeit von etwa 12 bis 16 Stunden werden die Distanzstreifen zwischen Augen und Lochrand wieder entfernt. Sollten die Augen noch etwas klemmen, werden sie mit dem Augenausschneidemesser an den Augenrändern leicht nachgeschnitten, bis leichtes Spiel der Augen erzielt wird.

b) die von außen eingesetzt werden, Befestigung mit Krampen, bei Tortulon-Puppen: Neben den bisherigen Schlafaugen werden wir mehr und mehr auf neue Schlafaugen übergehen, die eine Entwicklung unseres Werkes darstellen und Gegenstand von Patentanmeldungen (im In- und Ausland) sind. Diese von außen einsetzbaren Schlafaugen haben den Vorteil, daß ihre Montage und daher auch ihre Reparatur denkbar einfach ist. Ein weiterer Vorteil liegt darin, daß die beiden Schlafaugen voneinandner unabhängige Einbauteile sind, das heißt also, daß jedes einzelne Auge im Kopf für sich ausgewechselt werden kann. – Das Auswechseln eines Schlafauges geschieht wie folgt: Man setzt den Kopf ab. Vor dem Herausnehmen der Lider muß zunächst die Querverbindung der Pendel entfernt werden. Anschließend werden die Krampen des Augenhalteplättchen aus Metall, welche in das Kopfinnere hineinragen, gelöst. Dies kann mit einer Zange oder einem kleinen Schraubenzieher geschehen. Nachdem die Krampen hochgestellt sind, läßt sich das komplette Augengestell durch leichten Druck auf das Pendel aus dem Kopf herausdrücken (Abb. 19). – Der Einbau des Ersatzgestelles geschieht in umgekehrter Reihenfolge, das heißt zunächst wird das Lid mit Pendel durch den Schlitz in den Kopf hineingeschoben und durch Umlegen der beiden Krampen des Augenhalteplättchens an die innere Kopfwand befestigt. Anschließend werden die beiden Lidpendel mit der Querverbindung, die mit einer Schaumstoffdämpfung versehen ist, miteinander verbunden. Nun wird das Auge selbst eingefügt. Es wird mit dem Augenhalteplättchen mittels Klebstoff (Alleskleber) befestigt.

c) die von außen eingesetzt werden, vereinfachte Befestigungsart ohne Krampen, bei Tortulon-Puppen: Inzwischen wurde das von außen einsetzbare Schlafauge in seiner Konstruktion vereinfacht. Dieses Schlafauge besteht nur noch aus 1) Lid mit Wimpern, Pendel und der querlaufenden Lagerachse – alles ein einstückiges Ganzes – sowie 2) der Querverbindung, bestehend aus dem Verbindungsstück mit aufgesetzten Begrenzungsflanschen, der Beschwerung und dem Schaumstoffdämpfer, alles ebenfalls einstückig. Hinzu kommt 3) das Lagerabschlußlättchen und 4) der Augenkörper aus Glas (Flachschalauge). – Die Reparatur des vorstehend beschriebenen verbesserten Schlafauges wird folgendermaßen durchgeführt: Zunächst ist die Querverbindung zu entfernen. Dies geschieht, in dem man sie unter Überwindung der an den Pendel-Enden angebrachten Sicherungsdrähten aushakt. Dann entfernt

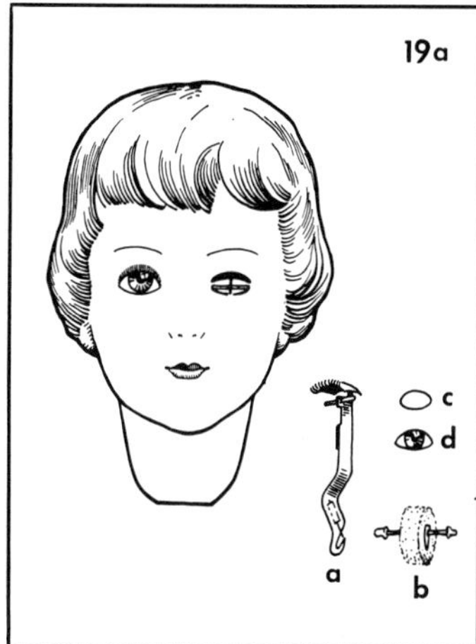

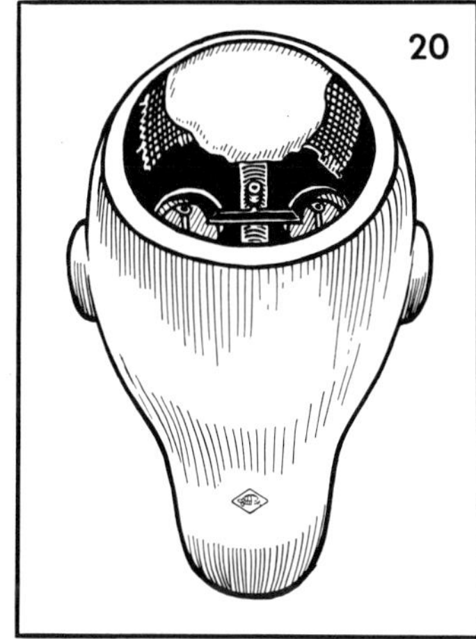

man die Glasaugenkörper, in dem man mit einem Messer oder einem ähnlichen Werkzeug das Auge von seiner Verbindung löst. Das unter dem Auge befindliche Lagerabschlußplättchen wird nun vom Boden der Augenhöhle ebenfalls gelöst. Damit liegt die Lagerachse des Lides frei und das Lid kann aus dem Kopf herausgezogen werden. Ersatzteile werden nun in umgekehrter Reihenfolge wieder eingebaut, das heißt es wird zunächst das neue Lid durch den senkrechten Schlitz in der Augenhöhle so weit eingeführt, bis die Lagerachse sich in die eingeblasene Vertiefung am Boden der Augenhöhle eingelegt hat. Anschließend wird das Lager mit dem Lagerabschlußplättchen verschlossen. – Das Lagerabschlußplättchen kann aus einem Stückchen Celluloidfolie selbst geschnitten werden. Es wird mit Acetatkitt auf den Boden der Augenhöhle geklebt. Anschließend wird das Glasauge (Flachschalauge) eingesetzt, das mit Alleskleber auf dem Augenabschlußplättchen befestigt wird. Schließlich wird an den beiden Pendel-Enden die Querverbindung angebracht, so daß der Gleichlauf beider Lider gewährleistet ist. Die Querverbindung wird in die hakenförmige Aussparung am Ende beider Pendel eingerastet (Abb. 19a).

VII. Instandsetzung von Schelmenaugen. Schelmenaugen sind meistens in Perückenköpfe eingebaut. Bei notwendig werdender Reparatur entfernt man die Perücke und hebt den Perückendeckel ab. Das beschädigte Schelmenaugengestell kann nun leicht aus dem Kopfinnern herausgenommen werden. Etwa vorhandene Klebstoffreste werden entfernt. Das Ersatz-Schelmenaugengestell ist ein kompletter Einbauteil; er kann also nur als Ganzes ausgetauscht werden. – Das neu einzusetzende komplette Schelmenaugengestell muß der Puppenkopfgröße entsprechen. Die Größen-Nr. ist in das Beschwerungsplättchen des Lidpendels eingeprägt. Bei Verwendung des richtigen Gestelles paßt dieses ohne weiteres in Bezug auf Augenabstand und richtigen Sitz im Kopfinnern.

Es ist so konstruiert, daß es ohne große Richtarbeiten eingesetzt werden kann. Damit es beim Festkleben nicht verrutschen kann, klemmt man es mit einer Holzklammer fest. Das Einkleben erfolgt bei Schelmenaugen-Gestellen an der Stirnseite des Kopfes. Im übrigen wird genau so verfahren, wie dies bei dem Einsetzen von Schlafaugen beschrieben ist. Also zuerst Leinenläppchen einkleben, Gestelle in die richtige Lage bringen, mit Holzklammer festklemmen und die Kittmasse über den Befestigungsbügel streichen (Abb. 20). – Nach einer Trockenzeit von etwa 12 bis 16 Stunden – oder wie es ein sonstiges jeweils verwendetes Klebemittel vorschreibt – wird das Spiel der Augen und der Lider überprüft. Bei Schwergängigkeit werden die Augenränder mit dem Auschneidemesser leicht nachgeschnitten. Spielen die Augen nicht oder nur schwer, so läßt sich der Augenträger mittels Zange vorsichtig biegen bis freies Spiel eintritt.

VIII. Reparatur von Rissen in Köpfen, Rümpfen und Gliedern. Die Bruchstelle wird, wenn sie verzogen ist, durch Aufgießen von etwas heißem Wasser erweicht, damit die Bruchnähte in eine Ebene gedrückt werden können. Schmale Risse werden bei Celluloid-Puppen mit Celluloid-Kitt, bei Tortulon-Puppen mit Acetat-Kitt zugeschmiert. Nach dem Trocknen können die Riß-Stellen mit Schaber und Glaspapier geglättet werden. – Ist der Riß weit oder ist ein Stückchen ausgebrochen, so wird zuerst auf der einen Seite des Risses ein Stückchen dünnwandiges Celluloid (etwa 0,3 mm stark) mit Aceton aufgeklebt. Nachdem dieses Plättchen fest angetrocknet ist, wird es auf der anderen Rißhälfte festgeklebt und bis zur Trocknung mit dünnem Bindfaden gehalten. Nach dem Trocknen wird die Klebestelle mit Schaber und Glaspapier geglättet. – Anstelle von neuen Celluloid-Stückchen können auch Bruchstücke von alten Puppen, die ungefähr die erforderliche Form haben, verwendet werden.

IX. Ausdallen von eingedrückten Köpfen, Körpern oder Gliedern. Glieder, Körper und Köpfe werden in folgender Weise ausgedallt: Die auszudallende Stelle wird über Wasserdampf soweit erwärmt, bis das Material verformbar wird. Nun wird ein Metall- oder Holzstab in die Öffnung (Bohrloch) des zu re-

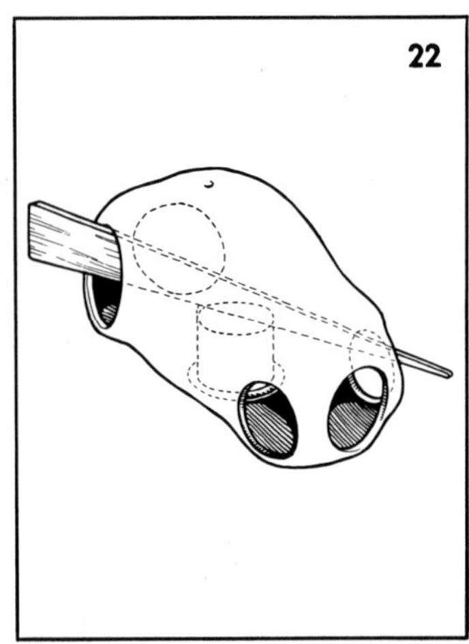

parierenden Teiles eingeführt und mit seinem möglichst abgerundeten Ende die Dalle von innen herausgedrückt oder -gestrichen. Tritt inzwischen ein Erkalten der Stelle ein, muß sie erneut über Wasserdampf erweicht werden. – Es empfiehlt sich, den Wasserdampf auf die Art zu erzeugen, daß etwas Wasser auf die Heizplatte getropft wird, welches sich sofort in Dampf umwandelt und eine abgegrenzte örtliche Erwärmung des zu reparierenden Artikels gestattet (Abb. 21).

X. Reparatur von Mamastimmen. a) von außen montiert: Wenn eine Stimme ausgewechselt werden muß, so geschieht das folgendermaßen: Der auf den Rücken aufgeklebte Stimmendeckel wird mit einem scharfen Messer vorsichtig und sorgfältig von seiner Klebeauflage gelöst. Dies ist mitunter nicht ganz leicht, weil der verwendete Celluloid-Kitt ziemlich aushärtet. Es gelingt aber mit einiger Übung. – Nach dem Ablösen des Deckels wird dieser mit der daran hängenden Stimme aus dem Rückenloch herausgehoben, die Stimme abgelöst. Nach der Säuberung des Stimmendeckels von Klebstoff und Papperesten wird die neue Stimme auf den Deckel aufgeklebt. Dabei ist es ratsam, die Klebestelle ca. 4 bis 6 Stunden unter Druck zu halten, indem man beispielsweise eine Beschwerung vornimmt. – Anschließend wird die Stimme in den Körper eingesetzt und der Deckel mit dem Puppenrumpf mittels Celluloid-Kitt verklebt.
b) von innen montiert, mit Befestigungsring: Stimmen, die im Innern des Puppenkörpers am Rücken befestigt sind, haben anstelle des Stimmendeckels einen Befestigungsring. Bei diesen Puppen tritt der Schall durch eine Perforation am Rücken aus. Auch diese Stimmen können leicht ausgewechselt werden. Dazu ist es notwendig, daß man den Kopf und die Glieder abnimmt, damit man mit Werkzeugen ins Rumpfinnere gelangen kann. Mit einem scharfen Messer wird die Klebestelle des Befestigungsringes am Körper gelöst und die beschädigte Stimme aus dem Körper entfernt. Nach der Säuberung der Klebestelle von Kittresten wird eine Ersatzstimme, die bereits mit Befestigungsring versehen ist, mit Acetatkitt eingeklebt. Es ist darauf zu achten, daß die Klebung einige Stunden unter Druck gehalten wird. – Dies erreicht man am besten durch Einführen eines hochkant gestellten Holzbrettchens, welches man vorteilhaft keilförmig zugeschnitten hat (Abb. 22).
c) von innen montiert mit Textilband: Eine weitere Möglichkeit des Befestigens von Mamastimmen im Innern eines Puppenkörpers besteht darin, daß man die Stimme mittels eines Textilbandes am Puppenkörper mit Celluloid-Kitt oder Alleskleber festklebt. Das Band wird an der dem Puppenkörper zuzukehrenden Seite um den Stimmenmantel so herumgelegt, daß es teilweise über die Stirnfläche des Stimmengehäuses hinausragt. Es ist an seinem Umfang mehrmals bis zur Stirnfläche des Stimmengehäuses hin geschlitzt. Dadurch lassen sich die überstehenden Teile des Befestigungsbandes flanschartig umlegen. Sie dienen nun als Klebflächen für die Befestigung der Stimme im Innern des hohlen Puppenkörpers. Einbau und Befestigung der Stimme erfolgen derart, daß die Stimme durch eine Öffnung im Puppenkörper, zum Beispiel durch das Halsloch, ins Innere gebracht und an der vorgesehen Stelle mittels der hervorstehenden flanschartig umgelegten Teile des Befestigungsbandes an die Körperfläche geklebt wird (mit Celluloid-Kitt oder Alleskleber). – Die zuletzt beschriebene Befestigungsmethode ermöglicht es, Stimmen jeglicher Größe, unabhängig von ihrem Durchmesser und der Bewegung der Anlagefläche des Puppenkörpers, in den Puppen zu befestigen, denn das flexible Befestigungsband schmiegt sich jeder Flächenbewegung an und ist daher universell anwendbar. – Die neue Befestgungsart hat außerdem den Vorteil, daß die derart befestigte Mamastimme infolge der dem Befestigungsband innewohnenden Elastizität weitaus unempfindlicher gegen Schlag, Erschütterung und Stoß ist, als die nach der bisher bekannten Befestigungsart angebrachten Stimme. Allgemeiner Hinweis: Es kommt vor, daß Stimmen bei Kälte versagen infolge Versteifung des Stimmenbalges, die behoben wird, sobald die Puppe in Zimmertemperatur erwärmt ist – und notfalls bewegt wird.

XI. Auffrischen der Wangen. Verblaßte oder zerkratzte Wangen werden zunächst mit warmem Wasser und Bimspulver oder einem anderen Scheuermittel unter Verwendung eines Lappens von Fett und Schmutz gereinigt. Dann wird ein wollenes Läppchen sparsam mit Wangenschminke getränkt und diese vorsichtig auf die Wangen getupft und leicht verrieben. Man darf nicht zuviel Schminke auftragen, weil dadurch fleckige Wangen und unnatürliche Ränder entstehen; also auch Schminke sparsam verwenden...

XII. Nachbemalung des Haares. Wenn die gemalte Frisur stellenweise abgescheuert ist, werden Schmutz und Fett mit warmem Wasser entfernt; dann trägt man neue Farbe mit einem Feinhaarpinsel auf.

XIII. Bemalung der Augen und des Mundes. Das Nachmalen der Augen und des

Mundes geschieht mit einem feinen Pinsel durch geschicktes Auftragen der für diesen Zweck bestimmten Farben. Eingetrocknete Farbpinsel werden vor Gebrauch in Aceton gelegt, damit sie wieder weich werden.

XIV. Besondere Hinweise für die Reparatur von Tortulon-Puppen. Wir weisen im besonderen darauf hin, daß bei der Reparatur von Tortulon-Puppen nicht immer die Anleitungen, wie sie für die Celluloid-Puppen bestehen, Geltung haben. Wo Abweichungen gegenüber Celluloid bestehen, werden diese nachstehend aufgeführt:

1. Farbspritzen, Schminken, Malen: Nur unter Verwendung von Acetat-Farbe.

2. Reparatur von Rissen in Körpern, Köpfen oder Gliedern sowie Klebearbeiten: Nur mit Acetat-Kitt transparent oder fleischfarbig.

3. Stimmen-Reparatur und Montage: Nur mit Acetat-Kitt einkleben.

4. Augen-Reparatur: Feste Glasaugen können sowohl mit transparentem Acetat-Kitt als auch mit Celluloid-Kitt eingeklebt werden.

5. Einhängung der Glieder und des Kopfes: Tortulon-Puppen haben keine Querrohre zur Versteifung des Körpers und zur Befestigung des Kopfes; deshalb werden Kopf und Glieder bei Tortulon-Puppen grundsätzlich nur mit Gummikordel befestigt, nicht mit Federn.

XV. Einige besondere Hinweise.
1. Obwohl bekannt, wird empfohlen, Reparaturarbeiten weder in untertemperierten Räumen auszuführen, noch in unmittelbarer Ofennähe, sowie den Gegenstand, da es sich um thermoplastisches Material handelt, nicht auf Heizkörper zu legen.
2. Wimpern bei festen Glasaugen werden, wenn solche teilweise beschädigt sind, am besten ganz entfernt.
3. Perücken sollen aber, soweit möglich, wieder verwendet werden, weshalb es sich empfiehlt, solche bei Reparaturen recht vorsichtig zu entfernen und zwar von hinten nach vorn. Bei erneuter Montage wird das Klebemittel nur dünn aufgetragen (für den Fall einer später erneut erforderlichen Reparatur).

Tips für Sammler

1. Die Puppe darf nicht zusammengebastelt sein. Das heißt: Kopf, Arme, Körper und Beine müssen von *Schildkröt* kommen.

2. Die Größen-Angaben der Nummern bei Armen und Beinen sollten übereinstimmen.

3. Die Farbe des Celluloids muß überall gleich sein. Später ergänzte Teile mit unterschiedlichen Farben sind qualitätsmindernd. Allerdings: von der Sonne ausgebleichte Stellen sind zwar nicht schön, aber auch nicht zu vermeiden.

4. Die Bemalung der Lippen, Wimpern und Augenbrauen müssen original sein. Häufig wurde zur späteren *„Verschönerung"* Nagellack verwendet. Dadurch wird das Celluloid ebenso aufgeweicht wie durch Nagellack-Entferner. Die Farbe *„brennt"* sich ein, ist also nur sehr schwer wieder abzulösen.

5. Wird eine Celluloid-Puppe als unbespielt verkauft, sind Bemalung und Wangenrot ohne Tadel. (Wichtig: eine unbespielte Puppe fühlt sich leicht *„rauh"* an, ist also nicht in jedem Fall blank und glänzend).

6. Rückstände von einer aufgeklebten Perücke dürfen nicht auf einem Kopf zu finden sein, der eine modellierte Frisur hat. Es sei denn, daß es sich um Rückstände von Knochenleim handelt, die sich mit Wasser beseitigen lassen. Alleskleber hinterlassen Spuren, die nicht mehr zu entfernen sind.

7. Bei Perücken sollte man darauf achten, ob sie alt oder neu sind.

8. Rissen, Dellen oder gar Löcher im Celluloid sind wertmindernd. Man sollte immer die Reparaturkosten beim Kauf mit einkalkulieren.

9. Reparaturen an Celluloid ist zeitraubend und kostspielig und wegen der verwendeten Chemikalien auch gesundheitsschädlich für den Puppendoktor. Deshalb lassen Sie sich vor einer Reparatur einen Kostenvoranschlag machen. Eine Reparatur kann manchmal teurer werden als der Marktwert der Puppe.

10. Bei Puppen mit Stoff- oder Filzkörpern muß auf die Größenverhältnisse Kopf/Körper geachtet werden.

11. Sitzbaby-Körper dürfen keine geraden Beine haben. Wenn doch, dann wurden sie nachträglich montiert.

12. Bei kleinere Puppen mit festem Kopf werden häufig nachträglich Glasaugen eingesetzt, um den Verkaufswert zu steigern. Das ist leicht an der ausgeschnittenen und wieder eingesetzten Scheibe am Armansatz zu erkennen.

13. Auf Originalkleidung oder zeitgerecht neu genähte Kleidung achten.

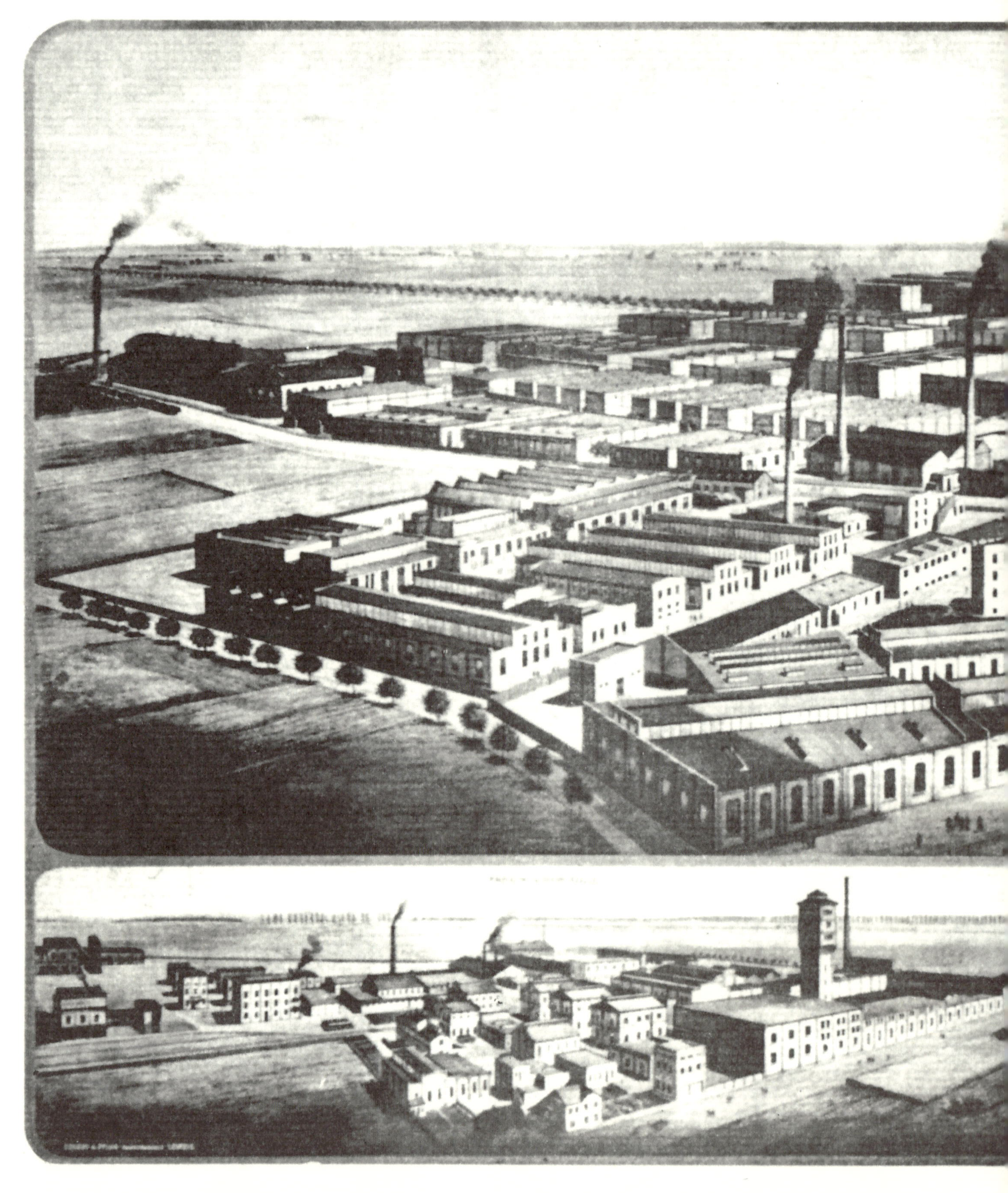